인사
보감

노동법 교과서에 나오지 않는 인사실무 50선

인사보감(人事寶鑑) [제3권]

초 판 인 쇄 | 2016년 4월 18일
초 판 발 행 | 2016년 4월 29일

지 은 이 | 안 성 호 · 류 문 호
펴 낸 이 | 김 희 성
펴 낸 곳 | (주)중앙경제
편집·디자인 | 한 지 희

주 소 | 서울시 중구 다산로 11길 19(신당2동 355-8)
백석빌딩 신관 4층
전 화 | 02-2231-7293
팩 스 | 02-2235-5344
홈 페 이 지 | www.elabor.co.kr
출 판 등 록 | 80. 6. 21 제2-66호

I S B N | 978-89-7017-347-4 (93330)
정 가 | 23,000원

노동법 교과서에 나오지 않는 인사실무 50선

인사보감

人事寶鑑

제3권

안성호 · 류문호 공저

(주)중앙경제

머리말

3번째 책을 세상에 내놓는다니 감회가 새롭다. 거창한 계획에서 시작한 것은 아니었다. 틈틈이 작성하는 공부의 기록들을 모아 책으로 엮어 보자는 생각이 여기까지 왔다. 앞으로도 어려움이 있겠지만 〈인사보감〉이라는 제명으로 계속 책을 써 나가려고 한다. 이렇게 조금씩 고민하고 공부한 기록들을 계속 모아가면 몇 권의 책을 낼 수 있을까라는 막연한 꿈은 저자들에게 즐거운 상상이다.

이제까지 출간된 세 권의 〈인사보감〉은 공통의 방향을 가지고 있으면서도 조금씩 다른 내용을 담고 있다. '제1권' 은 인사실무자들이 기본적으로 꼭 알아야 할 50가지 인사실무 이론과 사례를 최대한 쉽게 서술하고자 했다. '제2권' 은 이른바 '갑을노동' 이 사회적 이슈로 부각됨에 따라 기업에서 고민할 수 있는 노동법의 새로운 현상과 문제들을 검토했다. 이번에 출간하는 '제3권' 은 노동법 이론만으로는 해결하기 힘든 인사실무 사례들을 민법이나 형법 등 인접 법률의 시각에서 설명하였다.

'제3권' 의 구상은 사실 꽤 오래 전에 이루어 진 것이다. 저자들이 박사과정에서 함께 공부할 당시, 안성호 대표는 본인이 대기업 인사팀에서 처음으로 업무를 시작했을 때의 고충을 회고한 적이 있었다. 경제학을 전공하고 인사업무를 처음 시작하니 노동법 뿐만 아니라 고소, 고발, 소멸시효 등 제반 법률용어가 너무 생소하여 익히는데 고생이 많았다는 것이다. 그런 측면에서 법학을 전공하지 않은 사람이 인사업무를 할 때 노동법과 더불어 기본적인 법률지식을 함께 습득할 수 있는 책이 있으면 좋겠다는 아이디어를 내었다. '제3권' 은 그러한 동기에 착안하여, 인사실무자들이 알고 있어야 할 일반법률에 관한 기본지식과 노동법 교과서 등에서는 상세히 설명하지 않는 노동문제에 관한 설명이 주를 이루고 있다. 이는 류문호 책임연구위원이 로스쿨에 진학하여 노동법과 함께 다양한 법률들을 공부하면서 더욱 구체화될 수 있었다.

세 권의 〈인사보감〉은 나름의 연관관계도 있다. '제1권' 을 '기본편' 에 해당한다고 본다면, '제3권' 은 '심화편' 이라고 보면 좋을 듯하다. 순서에 상관없이 읽어도 무방하지만, 가능한 '제1권' 을 충분히 이해한 후에 '제3권' 을 읽어볼 것을 권한다. 아무래도 '제1권' 에 비하여 '제3권' 이 다루고 있는 법률의 내용이 넓어 어려운 측면이 있기 때문이다. '제1권' 과 '제3권' 의 내용 중 주제가 겹치는 부분은 거의 없기 때문에 '제1권' 과 '제3권' 을 모두 읽으면 총 '100가지 인사업무에 대한 이론과 실무' 를 익히게 된다. 나아가 각주나 심화 사례연구의 내용까지 꼼꼼하게 읽고 익힌다면 인사실무자로서 갖추어야 할 실력을 상당 부분 갖출 수 있을 것으로 생각한다.

한편, '특별편' 쯤에 해당하는 '제2권' 은 '제1권' 이나 '제3권' 과 달리 '갑을 노동' 을 둘러싼 특별한 쟁점들을 다루고 있다. 직접적으로 현실과 연결되는 문제가 아닐지는 모르겠지만, 향후 노동시장에서 중요한 이슈로 떠오를 내용들을 담고 있다. 실제로 최근에 직장 내 괴롭힘, 노동감시 문제, 열정페이(인턴) 문제, 진상고객으로부터 서비스업 근로자 보호 문제, 스트레스로 인한 근로자 자살 문제 등 '제2권' 에서 다루었던 문제들이 상당 부분 국가의 정책사항이나 사회적 관심 이슈로 부각되는 것을 보면서 저자들도 놀라곤 한다.

현재 저자들은 내년 발간을 목표로 '제4권' 의 원고를 절반쯤 작성하였고, 노동분야 주요판례를 분석한 '제5권' 의 발간도 계획하고 있다. 〈인사보감〉 시리즈가 이론적 정합성이나 체계성을 갖춘 책은 아니지만, 빠르게 변화되어 가는 노동현실의 문제에 유연하게 대응해 나가는 측면에서는 독자들에게 만족을 드릴 수 있으리라 생각한다.

'제3권' 의 부제(副題)가 '노동법 교과서에 나오지 않는 인사실무 50선' 이기는 하지만 실제로는 교수님들의 교과서가 없었다면 이 책의 집필은 불가능했을 것이다. 여러 학자분들의 논문뿐만 아니라 노동법실무연구회에서 발간한 주해서에서도 많은 아이디어와 도움을 받았다. 다만, '제3권' 은 저자들 나름대로 종래 노동법 이론만으로 설명이 이루어졌던 문제들을 다른 연관 법학의 측면에서도 접근해 보고자 노력했고, 아무래도 그런 접근들은 종래 노동법 교과서 등과 비교했을 때 차이점이 있다고 생각했다. '제3권' 의 부제가 노동법 분야 교수님들과 학자분들께서 집대성하신 학문적 성과를 폄하하거나 왜곡하는 의미가 아니라는 점을 간곡히 말씀드린다.

몇 권의 책과 논문 등을 발표하기는 하였지만 항상 마무리하는 무렵에는 부끄러움과 아쉬움을 느낀다. 보다 부끄러운 이야기지만 사실 저자들은 여전히 모르는 것이 많다. 책을 쓰는 과정에서 아는 것을 풀어내는 것 보다 모르는 것을 알아가는 시간이 훨씬 더 많은 시간을 차지했다. 실무를 경험하고 공부를 할 수록 먼저 공부를 한 분들과 훌륭한 저서들 앞에서 저자들 자신이 작아짐을 느낀다. 공부의 완성 내지 끝이란 불가능한 것이다. 학문과 실무를 불문하고, 계속 새로운 현상과 문제들을 대면하면서 그것을 알아가려고 노력하는 과정에서 즐거움과 보람을 느끼는 것이 공부의 의미가 아닌가 싶다.

서로의 본분 속에서 같이 생각을 나누며 글을 쓰는 일은 생각만큼 쉽지 않았다. 그러나 저자들은 계속 서로를 도와 가며 함께 글을 쓰고 책을 펴내기 위해 노력할 생각이다. 종종 〈인사보감〉 시리즈를 잘 보고 있다는 사람들의 한 마디가 저자들에게는 얼마나 즐거운 일인지 모른다. 〈인사보감〉 시리즈가 빠르게 변화하는 현상 및 많은 사람들과 계속 호흡해 나가면서 발전해 나갈 수 있기를 희망한다.

끝으로 부족한 원고임에도 출판의 기회를 주신 중앙경제사 관계자 여러분과 저자 가족들에게 감사의 말씀을 드린다.

2016년 3월

안성호 · 류문호

Contents

1장 법학일반

1. **노동관계법령의 용어** "'근로자'와 '노동자' 중 어떤 용어를 사용하는 것이 맞나요?" …15
2. **노동법의 법원(法源)** "판례와 행정해석 중 무엇을 우선순위로 삼아야 하나요?" …20
3. **심급제도와 판결문** "법원 판례의 사건번호에는 어떤 의미가 있나요?" …25
4. **표절과 인용** "노동법 관련 문헌과 판례를 인용할 때 각주 표시만 잘 하면 문제 없나요?" …31
5. **채용 취소** "회사가 부득이한 사정으로 근로자를 채용할 수 없는 경우 손해배상책임이 있나요?" …37
6. **휴업손해** "직원이 회사 영업용 물건을 파손한 경우 어느 범위까지 손해배상을 청구할 수 있나요?" …43
7. **당사자 적격** "직원이 병원을 상대로 부당해고구제신청을 했는데, 왜 피신청인이 그룹 회장님으로 변경되나요?" …47
8. **진의 아닌 의사표시** "스스로 퇴직한 직원이 강요된 사직이라며 무효를 주장하면 어떻게 하나요?" …53
9. **부제소 합의** "향후 어떠한 이의제기를 하지 않겠다는 합의서의 효력이 인정되나요?" …59
10. **고소의 포기** "고소하지 않겠다고 말한 뒤에는 고소할 수 없나요?" …64
11. **실효의 원칙** "2년 전에 권고사직 한 직원이 부당해고라고 주장할 수 있나요?" …69
12. **법률행위의 부관(附款)** "회사가 파산선고를 받은 경우에도 희망퇴직 위로금을 지급해야 하나요?" …75
13. **소멸시효** "부당해고 판정으로 복직한 직원에게 3년이 지난 명절선물비도 지급해야 하나요?" …80
14. **후유손해** "3년이 지난 후유증에 대해서도 회사가 손해배상을 해야 하나요?" …86
15. **임금체불죄** "임금을 체불하면 무조건 징역형이나 벌금형을 받게 되나요?" …90

2장 노동법 실무

16. **임금 감액** "직원이 지각할 때마다 벌금조로 급여를 깎으면 안 되나요?" …99

17. **임금성 판단** "최우수 직원에 대한 포상금도 임금에 해당하나요?" …105

18. **위약 예정의 금지** "해외 장기연수 후 퇴사한 직원에게 임금 및 연수비용을 반환토록 하면 안 되나요?" …111

19. **연차유급휴가의 시기변경권** "회사 사정으로 직원들의 휴가일정을 변경할 수 있나요?" …116

20. **취업규칙의 변경** "부서별로 동의서를 회람하는 방식으로 취업규칙 변경 동의를 받아도 되나요?" …123

21. **직장질서** "고등학교 선배인 직장 후임은 반말 해도 되나요?" …128

22. **징계의 종류** "상사의 멱살을 잡은 직원은 징계해고를 해도 되나요?" …132

23. **제척제도** "징계대상자와 이해관계가 있는 자를 징계위원회 위원으로 참석시키면 안 되나요?" …139

24. **부당해고구제신청의 대상** "호봉승급 보류조치도 근로기준법 제23조 제1항의 '그 밖의 징벌' 에 해당하나요?" …144

25. **전직명령** "직원을 지방 지사로 발령할 경우, 반드시 동의를 받아야 하나요?" …148

26. **원직복직** "부당해고인 경우 해당 직원을 예전과 동일한 직에 복직시켜야 하나요?" …154

27. **위험부담** "왜 부당해고기간 중에 근무하지도 않은 직원에게 임금을 지급해야 하나요?" …159

28. **공민권** "시의원 후보에 출마한 직원의 선거운동시간도 회사에서 보장해야 하나요?" …163

29. **고용보장 합의** "구조조정을 실시하지 않겠다는 확약서를 작성한 이상, 경영상 해고를 실시할 수 없나요?" …168

30. **준법투쟁** "직원들이 집단적으로 연장근로를 거부하는 것은 정당한 행위인가요?" …174

31. **단체교섭의 대상** "경영사항도 노동조합과 단체교섭을 해야 하나요?" …179

32. **시설관리권** "산별노조 간부는 회사에 자유롭게 출입할 수 있나요?" …186

33. **노동조합의 불법행위책임** "노조 간부의 불법행위로 인한 책임을 노동조합에게도 물을 수 있나요?" …191

34. **지배 · 개입** "직원들에게 노동운동에 비판적인 책을 읽도록 하면 법적으로 문제가 되나요?" …196

3장 비정규직

35. 인턴의 근로자성 "인턴도 근로자라고요?" …205

36. 자원봉사자의 근로자성 "자원봉사자에게도 최저임금과 퇴직금을 지급해야 하나요?" …211

37. 기간제근로자의 사용기간 "조금만 더 일하겠다는 계약직 직원의 각서, 문제 없나요?" …217

38. 무기계약직 "기간의 정함이 없는 근로계약을 체결하면 정규직인가요?" …221

39. 불법파견 "도급계약을 통해 외부업체 직원과 같이 근무하면 모두 불법파견이 되나요?" …226

40. 파견근로자의 직접고용의무 "2년 근무한 파견직을 다시 계약직으로 채용해도 되나요?" …233

41. 노동조합법상 근로자 "회사와 근로계약을 체결하지 않은 사람도 조합원이 될 수 있나요?" …240

42. 단체교섭의 사용자 "협력사의 노동조합과도 단체교섭을 해야 하나요?" …246

4장 최근 이슈

43. 직장의 내기문화 "월드컵 축구 내기, '1명당 5만원' 이면 도박 아닌가요?" …253

44. 미스터리 쇼퍼(Mystery Shopper) "손님인척 하면서 매장 직원들을 몰래 관찰해도 되나요?" …259

45. 이메일 모니터링 "회사가 정보보안을 위해 직원들의 전자우편을 열람하면 불법인가요?" …263

46. 경업금지 약정 "경업금지의무를 위반한 퇴직자에게 퇴직위로금 전액반납을 요구할 수 있나요?" …269

47. 사이닝보너스 "의무근무기간을 위반하여 사직한 직원에게 전속계약금의 반환을 청구할 수 있나요?" …276

48. 사내 불륜 "회사 동료간 불륜행위가 발생했을 경우, 해당자를 징계해도 되나요?" …282

49. 강제추행죄 "뒤에서 껴안으려다 멈추어도 법적으로 죄가 되나요?" …288

50. 사내 동호회와 산재 "직원들이 회사 산악회 활동 중 사고가 발생하면 회사에 책임이 있나요?" …293

5장 심화 사례연구

제1절 '채용내정 취소 법리'의 재검토 …301

제2절 사이닝보너스에 관한 최근 대법원 판결과 인사실무 …315

제3절 부당해고 후 원직복직에서 '원직'을 둘러싼 분쟁과 해결 …327

제4절 부당해고에 따른 근로자의 정신적 고통은 어떻게 회복될 수 있는가? …338

제5절 직장 내 폭행 문제, 어떻게 접근하는 것이 좋은가? …353

제1장

법학일반

1. 노동관계법령의 용어: " '근로자' 와 '노동자' 중 어떤 용어를 사용하는 것이 맞나요?"
2. 노동법의 법원(法源): "판례와 행정해석 중 무엇을 우선순위로 삼아야 하나요?"
3. 심급제도와 판결문: "법원 판례의 사건번호에는 어떤 의미가 있나요?"
4. 표절과 인용: "노동법 관련 문헌과 판례를 인용할 때 각주 표시만 잘 하면 문제 없나요?"
5. 채용 취소: "회사가 부득이한 사정으로 근로자를 채용할 수 없는 경우 손해배상책임이 있나요?"
6. 휴업손해: "직원이 회사 영업용 물건을 파손한 경우 어느 범위까지 손해배상을 청구할 수 있나요?"
7. 당사자 적격: "직원이 병원을 상대로 부당해고구제신청을 했는데, 왜 피신청인이 그룹 회장님으로 변경되나요?"
8. 진의 아닌 의사표시: "스스로 퇴직한 직원이 강요된 사직이라며 무효를 주장하면 어떻게 하나요?"
9. 부제소 합의: "향후 어떠한 이의제기를 하지 않겠다는 합의서의 효력이 인정되나요?"
10. 고소의 포기: "고소하지 않겠다고 말한 뒤에는 고소할 수 없나요?"
11. 실효의 원칙: "2년 전에 권고사직 한 직원이 부당해고라고 주장할 수 있나요?"
12. 법률행위의 부관(附款): "회사가 파산선고를 받은 경우에도 희망퇴직 위로금을 지급해야 하나요?"
13. 소멸시효: "부당해고 판정으로 복직한 직원에게 3년이 지난 명절선물비도 지급해야 하나요?"
14. 후유손해: "3년이 지난 후유증에 대해서도 회사가 손해배상을 해야 하나요?"
15. 임금체불죄: "임금을 체불하면 무조건 징역형이나 벌금형을 받게 되나요?"

01

노동관계법령의 용어

"'근로자'와 '노동자' 중 어떤 용어를 사용하는 것이 맞나요?"

상담사례(Question)

최근 노동조합이 단체교섭 과정에서 단체협약 및 회사의 공식문서에 사용되는 '근로' 라는 용어를 모두 '노동' 으로 변경해 달라는 주장을 하였습니다. 예를 들면, 단체협약상의 '근로자', '근로계약', '근로시간' 을 '노동자', '노동계약', '노동시간' 으로 바꿔달라는 것입니다. 이에 회사는 공식적인 법률용어를 사용해야 한다는 입장입니다. 현행 노동관계법령을 고려할 때 '근로' 와 '노동' 중 어떤 용어를 사용하는 것이 바람직한지 의견을 부탁 드립니다.

근로자 vs. 노동자

'근로자(勤勞者)' 와 '노동자(勞動者)' 의 용어를 사용하는 것을 두고 국립국어원 트위터(@urimal365)의 답변이 도마에 올랐던 적이 있다. 한 누리꾼이 국립국어원에 5월 1일인 '근로자의 날' 을 '노동자의 날' 로 바꾸어 달라고 요청을 했고, 국립국어원은 1963년 '노동절' 에서 '근로자의 날' 로 공식명칭이 바뀌었으며 '노동자' 는 '근로자' 로 다듬어 쓰는 것이 바

람직하다고 답했다.[1]

이와 같은 국립국어원의 답변에 “그 말이 맞다면, 고용 ‘노동’ 부도 고용 ‘근로’ 부로, 중앙 ‘노동’ 위원회도 중앙 ‘근로’ 위원회로 다듬어 쓰라.” 와 같은 조소 섞인 누리꾼들의 비난이 이어졌다. 국립국어원은 논란이 커지자 국립국어원 트위터의 답변은 담당자의 실수이며, ‘근로자’ 와 ‘노동자’ 모두 사용해도 좋은 말이라고 수정된 보도자료를 냈다.[2]

한 번 웃고 넘겨도 될 것 같은 ‘근로’ 와 ‘노동’ 이라는 용어를 둘러싼 이 해프닝을 국어학의 관점이 아닌 법률적인 관점에서 보면 어떨까?

언론기사를 통해 확인되는 ‘근로자’ 와 ‘노동자’ 의 사용빈도(추이)

네이버 뉴스라이브러리(http://newslibrary.naver.com)의 키워드 검색메뉴에서 ‘근로자’ 와 ‘노동자’ 를 키워드로 검색해 보면 언론기사에서 해당 용어를 사용하는 빈도에 시대별 차이가 있다는 흥미로운 사실을 알 수 있다.

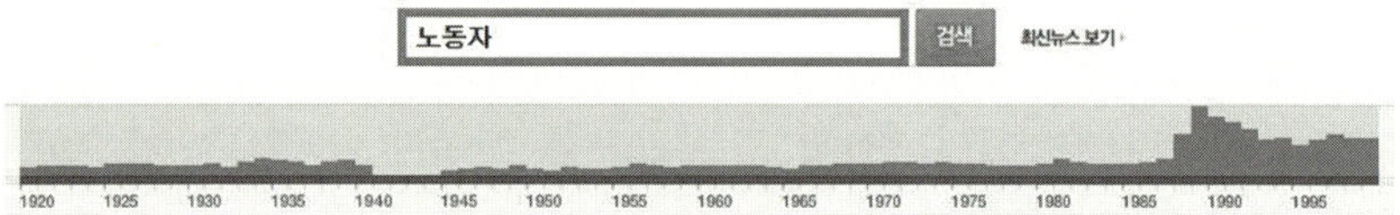

먼저, ‘노동자’ 라는 용어는 ① 1920년대부터 꾸준하게 사용되다가, ② 1945년대 초부터 그 사용이 감소하였고, ③ 1980년대 말 민주화 운동을 기점으로 사용빈도가 크게 증가한 후, ④ 1990년대 중반부터 하향되는 추이에 있다.

---

1) 경향신문, “곤욕 치른 국립국어원 · · · “노동자, 근로자로 써야” 트윗에 “그럼 고용근로부냐” 여론 뭇매”, 2014. 5. 1.

2) 국립국어원, “ ‘노동자’ 와 ‘근로자’ 는 모두 사용해도 좋은 말입니다.”, 국립국어원 홈페이지(http://www.korean.go.kr).

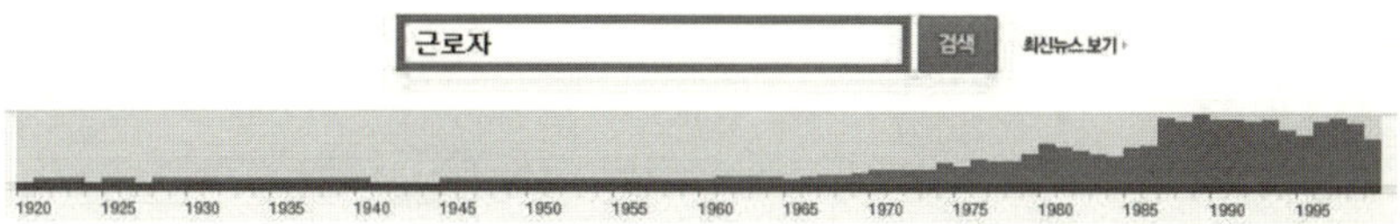

한편, '근로자' 는 ① '노동자' 에 비해 사용빈도가 낮은 용어였지만, ② 1970년대에 들어 사용이 증가하기 시작하여 1980년대 말에서 1990년대 초에 그 정점을 찍고, ③ 현재에는 '노동자' 보다는 '근로자' 라는 용어가 더 많이 사용되고 있다.

법률규정에서 사용되는 '근로' 와 '노동' 관련 용어

법률적인 관점에서 보아도 언뜻 현행 노동관계법령이 '근로' 와 '노동' 이라는 용어를 별다른 구별 없이 사용하고 있는 것이 아닌가 하는 생각이 들 수 있다.

하지만 노동관계법령의 가장 대표적인 법률이라고 할 수 있는 근로기준법과 노동조합 및 노동관계조정법(이하, '노동조합법')을 자세히 살펴보면 '근로' 와 '노동' 의 용어 사용에 어느 정도 일정한 틀이 유지되고 있다.

첫째, 근로기준법과 노동조합법은 '노동관계' , '노동조합(단체)' , '고용노동부(관서)' , '노동위원회' 라는 4개 용어를 공동으로 사용하며, 이 때는 '근로' 가 아닌 '노동' 이라는 표현을 쓴다.

둘째, 근로기준법은 노동조합법과 공동으로 사용하는 위의 4개 용어와 근로기준법 제2조 제1항 제3호의 "근로란 정신노동과 육체노동을 말한다."의 '노동' 을 제외하고는 '노동' 이라는 표현을 사용하지 않는다. 근로기준법은 '근로' , '근로자' , '근로계약' , '근로시간' 등 통상 노동으로 혼용될 수 있는 용어에서 '노동' 이 아닌 '근로' 라는 표현만을 선택하여 사용하고 있다.

셋째, 노동조합법은 근로기준법과 공동으로 사용하는 위의 4개 용어 이외에도 '노동계', '노동쟁의', '부당노동행위' 라는 3개 용어를 더 사용하고 있다. 물론 그 밖에는 근로기준법과 마찬가지로 '노동' 이 아닌 '근로' 라는 용어만을 사용하고 있다.

헌법에도 '노동' 이라는 용어는 사용되지 않는다. 헌법은 '근로의 권리', '근로자', '근로조건' 등 '근로' 라는 용어만을 사용한 규정을 두고 있다. 우리가 흔히 '노동3권' 을 규정한 조항이라고 말하는 헌법 제33조 역시 "근로자는 근로조건의 향상을 위하여 자주적인 단결권 · 단체교섭권 및 단체행동권을 가진다."라고 되어 있다. '노동3권' 이라는 표현은 단결권, 단체교섭권, 단체행동권을 지칭하는 강학상(講學上)의 명칭일 뿐, 공식적인 법률용어는 아니다.[3] 더 나아가 우리가 '노동법' 이라고 부르는 명칭 역시 근로기준법, 노동조합법 등 노동관계법령을 총칭하여 이르는 강학상의 표현이다.

---

3) 우리나라 제정 헌법과 노동관계법령은 일본의 관련 법률규정과 그 형식 · 내용이 거의 동일하다. 그런데 일본의 관련 법률규정이 노동자, 노동계약 등 '노동' 이라는 표현을 전반적으로 사용하고 있는데 반하여, 왜 우리나라 제정 헌법과 노동관계법령은 '노동' 이 아닌 '근로' 라는 용어를 사용하고 있는지에 대해서는 별다른 기록이 없다. 다만, 헌법(1948. 7. 17. 제정)과 노동관계법령(근로기준법 1953. 5. 10. 제정; 노동조합법 1953. 3. 8. 제정)의 제정 당시 남북한의 이념적 대립상황을 고려했을 때, 사회주의자들이 널리 사용하던 '노동' 이라는 용어를 피하려는 생각에서 '근로' 라는 용어를 사용한 것이 아닌가 생각한다. 실제 북한의 집권 정당이 1949년 창당된 조선노동당(朝鮮勞動黨)이기 때문에 '노동' 이란 단어의 어감이 국민 정서에 맞지 않았을 수 있다. 헌법에서 기본권의 주체가 '인민(人民)' 에서 '국민(國民)' 으로 바뀐 것도 북한이 '조선민주주의인민공화국' 이라는 국가명칭을 사용하기 때문이라는 동일한 관점에서 접근할 수 있을 것이다(이에 대한 당시의 제정상황에 대해서는 강성태, 『근로자의 개념』, 서울대학교 박사학위논문, 1994, 1~2면).

공식적인 법률용어의 선택과 사용

노동관계를 표현함에 있어서 어떠한 용어를 사용할 것인지의 문제는 노사간의 자율에 맡겨진 문제다. 근로기준법 등 노동관계법령에서 사용하지 않는 용어를 썼다고 해서, 해당 용어를 사용한 문서의 효력이 없는 것도 아니다.

그러나 용어의 사용은 가급적 그 목적과 범위에 맞는 공식적인 표현을 사용하는 것이 바람직하다. 위의 사례에서도 회사의 단체협약과 같이 법률적인 효력을 갖는 문서에는 현행 노동관계법령에서 사용하는 공식적인 법률용어를 쓰는 것이 가장 합리적일 것이다.

요컨대, 현행 헌법과 노동관계법령은 '노동관계', '노동조합(단체)', '고용노동부(관서)', '노동위원회', '(정신 · 육체)노동', '노동계', '노동쟁의', '부당노동행위' 등 총 8개 용어에서만 '노동'이라는 표현을 사용하고 있다. 그리고 '근로자'를 포함하여 그 밖의 모든 법률용어는 '근로'라는 표현만을 사용하고 있다는 점을 확인할 수 있다.

02

노동법의 법원(法源)

"판례와 행정해석 중 무엇을 우선순위로 삼아야 하나요?"

상담사례(Question)

인사업무를 처리하다 보면 법원(法院) 판례와 고용노동부 행정해석의 입장이 다르거나, 관련 판례는 없고 행정해석만 있는 경우 또는 관련 판례는 있지만 행정해석이 없는 경우 등의 사례를 종종 겪습니다. 특히, 판례와 행정해석의 입장이 다를 경우에는 두 가지 중 어느 입장을 따라야 하는 것이 맞는지 혼란스러울 때가 많습니다. 판례와 행정해석의 입장이 다를 경우, 무엇을 더 우선하는 기준으로 업무처리를 해야 하는지 문의를 드립니다.

노동법의 법원(法源)

노동법상의 분쟁을 해결하기 위하여 법관이 재판규범으로 삼아야 할 법의 존재형식(법적 근거)이 되는 것을 '노동법의 법원(法源)'이라고 한다.[4] 일반적으로 노동법의 법원(法源)이라고 하면 노동관계법령, 단체협약, 취

4) 김형배, 『노동법(제21판)』, 박영사, 2012, 92면; 임종률, 『노동법(제10판)』, 박영사, 2012, 8면.

업규칙, 근로계약 등을 의미한다.

노동법의 법원(法源) 중에 가장 우선적인 효력을 가지는 것은 국가가 제정한 노동관계법령[5]이다. '법령'은 법률과 명령을 모두 포함하는 개념으로, 예컨대 근로기준법은 '법률(法律)',[6] 근로기준법시행령은 '명령(命令)'[7]에 해당한다.[8] 단체협약 · 취업규칙 · 조합규약 · 근로계약은 그 적용을 받는 사용자와 근로자의 권리 · 의무를 규율하는 규범(계약)이라는 점에서 노동법의 법원(法源)으로 인정된다.[9]

노동법의 법원(法源)에는 여러 유형이 있어 법원(法源) 간의 내용이 서로 상충할 경우에는 '상위법우선의 원칙'이 적용된다. 즉, 법률, 명령, 단체

---

5) 노동관계법령에는 헌법의 관계 조항(제32조, 제33조 등)과 노동관계에 관한 제 법령이 모두 포함된다.

6) 법률은 여러 가지 의미로 사용되고 있지만 여기서 말하는 법률은 좁은 의미로, 국가의 최고 입법기관인 국회의 의결을 거쳐 제정되는 법, 즉 헌법에서 '법률'이라고 규정하고 있는 것을 의미한다(이균성, 『법학입문』, 육법사, 2009, 277면). 참고로 현행 법률의 제명을 부여하는 방법에는 '○○법(정부조직법 · 건축법 등)이라고 하는 방식'과 '○○에 관한 법률(공공기관의 정보공개에 관한 법률 · 국가를 당사자로 하는 계약에 관한 법률 등)이라고 하는 방식'이 있어서, '법'과 '법률'의 두 가지 종류가 있는 것처럼 보이지만 (양자 모두 동일한 '법률'로서) 효력면에 있어서는 아무런 차이가 없다(이상희, "법령 체계와 입법 절차", 법제처, 2009, 99면).

7) 명령은 국회의 의결을 거치지 않고 일정한 권한 있는 국가기관에 의해 제정된 성문법 중에서 자치법에 속하지 않는 것을 의미한다. 명령의 종류에는 시행령과 시행규칙이 있는데, 시행령은 대통령이 정한 명령(대통령령)을 의미하며 시행규칙은 총리나 장관이 정하는 명령(총리령, 부령 등)을 의미한다.

8) '시행규칙(施行規則)'이란 법령의 시행에 관한 사항을 상세히 규정한 규칙으로 통상 대통령령의 시행에 관하여 필요한 사항을 규정한 총리령 또는 부령(部令) 따위를 이른다. 예를 들어, 고용노동부령에 해당하는 근로기준법 시행규칙이 있다.

9) 김형배, 『노동법(제21판)』, 박영사, 2012, 97면; 임종률, 『노동법(제10판)』, 박영사, 2012, 10면. 참고로 노동관행은 그 자체로 법적인 효력을 갖지 않는다. 그러나 당사자 사이에 이의 없이 오랫동안 적용되면, 묵시적인 합의가 성립된 '사실인 관습(민법 제106조)'으로서 근로계약으로 그 효력이 인정된다(하갑래, 『근로기준법(제23판)』, 중앙경제, 2011, 66면).

협약,[10] 취업규칙과 조합규약, 근로계약의 순으로 적용순서를 가지며, 상위규범에 저촉되는 하위규범은 효력을 가질 수 없다.[11] 다만, 근로기준법보다 근로계약이 근로자에게 유리하면 근로계약이 우선 적용되고,[12] 취업규칙보다 근로계약이 근로자에게 유리하면 근로계약이 우선 적용된다.[13]

판례와 행정해석의 법원성(法源性)

한편, 일반적으로 생각하는 것과 달리 인사실무적으로 매우 중요한 판단기준이 되는 법원(法院) 판례와 고용노동부 행정해석은 노동법의 법원(法源)으로 인정되지 않는다.[14]

판례란 법원(法院)이 구체적인 사건에 대한 재판을 통하여 행한 법에 대한 공정의 해석으로서 장래의 재판의 '지침'이 되는 것이라고 정의할 수 있다.[15] 통상적으로는 '판례(判例)'라는 용어를 많이 사용하지만, 개별 사건에 대하여 법원(法院)이 내린 법적 판단은 '판결(判決)'이라고 부르는 것이 정확한 표현이다.[16] 따라서 일반적으로 '판례'는 재판의 지침으로 존중될 수는 있지만, 재판의 소송당사자가 아닌 사람들에 대해서는 법적 구속력이 발생하지 않는다.

---

10) 동일한 단체협약이라도 기본협약에 대하여 보충협약은 낮은 순위로 보아야 한다.

11) 같은 순위의 법원이 충돌하면 특별법우선원칙이 적용되고, 시간적으로는 신법우선원칙이 적용된다.

12) 근로기준법 제15조의 반대해석.

13) 근로기준법 제97조의 반대해석.

14) 성문법 국가인 우리나라와 달리 불문법 국가인 영국과 미국에서는 '선례(先例)'는 후일 동종의 사건에 대해 법관의 판단을 구속한다는 '선례 구속성의 원칙'에 의해 판례의 법원성이 인정된다.

15) 실정법률상으로는 "대법원에서 판시한 헌법 · 법률 · 명령 또는 규칙의 해석적용에 관한 의견"이라는 표현을 쓰고 있다(양창수, 『민법입문(제5판)』, 박영사, 2011, 145면).

16) 판례를 다른 말로 판결례(判決例) 또는 재판례(裁判例)라고도 한다.

행정해석도 판례의 경우와 유사하게 생각할 수 있다. 예컨대, 고용노동부 행정해석은 개별적인 사건에 대해서 표명된 고용노동부의 공식 의견이라고 할 수 있지만, 법적 효과나 구속력을 갖는 것은 아니다. 단지 행정처분을 내릴 수 있는 권한을 가진 행정기관의 의견으로 고려할 수 있다는 점에서 행정해석을 '유권(有權)해석' 이라고도 부른다.

그럼에도 실질적으로는 판례와 행정해석이 매우 중요하게 다루어지는 이유는 법원(法院)이나 행정기관에 정착된 '관행성(慣行性)' 으로 인하여 지대한 영향력을 미치기 때문이다. 즉, 법원(法院)과 행정기관에서 법의 판단 및 해석을 담당하는 사람이 종래 판례와 행정해석을 존중하여 그 경향에서 크게 어긋나지 않는 결론을 내리는 경우가 많기 때문에 판례와 행정해석이 '사실상' 으로는 법원(法源)의 역할을 수행하게 되는 것이다.

판례와 행정해석의 효력순위

한 가지 오해가 더 있다. 많은 사람들이 판례와 행정해석 중 판례가 더 상위규범으로서 우선하는 효력을 갖는다고 생각하는 경향이 있다. 그러나 판례와 행정해석은 법원(法源)으로 인정되지 않을 뿐만 아니라, 양자 간의 효력순위를 결정하는 어떠한 법적 기준도 없다. 법원(法院) 판례와 행정기관 행정해석은 법의 해석과 적용에 관한 각 기관의 의견으로서 양자 중 어느 것이 더 우선하는 것이라고 볼 수 없고 얼마든지 법원(法院)은 행정해석과 다른 판례를, 행정기관은 판례와 다른 행정해석을 제시할 수 있다.

다만, 많은 행정기관 담당자들이 판례와 행정해석의 일반적인 경향을 주지하면서 판례와 행정해석의 입장을 일치시키기 위해 노력하는 것이 사실이다. 또한 행정해석이 법원(法院)에 의하여 그대로 인정을 받는 경우가 누적되면서 행정해석에 반하는 주장의 관철을 위한 소의 제기는 적은 편이라고 할 수 있다. 그렇게 법원(法院) 판례와 고용노동부 행정해석 간의 통합성이 점차적으로 높아지게 된다.

법원(法院) 판례와 고용노동부 행정해석은 노동법의 법원(法源)으로 인정되는 것은 아니지만, 실제 노동분쟁에서는 양자 모두 중요한 판단기준으로 기능을 한다. 법원(法院) 판례와 고용노동부 행정해석의 입장이 상이할 경우, 그 이론적 성격이나 구분에 집착하기 보다는 실제로 다루어지는 사안의 내용과 형태, 대응을 해야 할 기관의 성격 등을 고려하여 양자의 중요성을 달리 가져가는 유연한 대응이 필요하다. 예컨대, 일상적인 인사실무나 고용노동부의 일선 지도 · 점검에 대응하는 경우라면 우선적으로 고용노동부 행정해석을 고려하는 것이 바람직하겠지만, 노동분쟁이 크게 악화되어 노동위원회나 법원(法院)의 단계로까지 이어지는 경우까지 법원(法院) 판례와 상이한 고용노동부 행정해석의 입장을 계속 고수하는 것이 실제 문제해결에 유리하게 작용할 수 없다는 점은 너무나 당연한 결론이기 때문이다.[17]

17) 대표적으로 2013년 정기상여금의 통상임금 해당성에 관한 대법원 전원합의체 판결(대법원 2013. 12. 18. 선고2012다89399 판결; 대법원 2013. 12. 18. 선고 2012다94643 판결)이 그 사례라고 할 수 있다. 해당 판결 이전까지만 하더라도 고용노동부 행정해석은 정기상여금을 통상임금으로 인정하지 않았지만, 해당 판결에서 고용노동부 행정해석과 달리 정기상여금을 통상임금으로 인정하면서 큰 혼란이 발생하였다. 당시 회사(피고)측은 고용노동부의 행정해석이 정기상여금을 통상임금으로 인정하지 않아 왔다는 점을 주요한 근거 중 하나로 제시하였지만, 법원(法院)은 그를 받아들이지 않았다. 그리고 현재는 고용노동부 행정해석이 해당 판결의 취지에 맞게 상당 부분 수정이 되었다는 점을 주지할 필요가 있다.

03

심급제도와 판결문

"법원 판례의 사건번호에는 어떤 의미가 있나요?"

상담사례(Question)

저는 법학을 전공하지는 않았지만, 회사에서 인사업무를 담당하면서 법원 판례를 검토하는 일이 많은데 판례의 사건번호에는 어떤 의미가 있는지 궁금합니다. 예를 들어, 통상임금 관련 법원 판결문(대법원 2013. 12. 18. 선고 2012다89399 판결) 중 '대법원' 이라고 쓰여진 법원 명칭과 판결의 선고일자인 '2013. 12. 18.' 은 그 의미를 쉽게 이해할 수 있습니다. 그런데 그 이후에 명기된 '2012다89399' 와 같은 사건번호에는 어떤 의미가 있는 것인지요?

판례(判例)의 의의

판례는 '법원에서 재판을 통해 판시한 헌법 · 법률 · 명령 · 규칙 등의 해석과 적용에 관한 의견' 을 말한다.[18] 재판은 ① '사실의 확정(소전제)' → ② '법령의 적용(대전제)' → ③ '법률효과의 부여(결론)' 라는 삼단논

18) 법원조직법 제7조 제1항 단서 제3호.

법(三段論法)의 논리형식에 따라 진행된다. 이와 같은 재판의 논리와 결론을 총칭하여 일반적으로 '판례'라고 부른다.

우리나라는 성문법(成文法) 국가이기 때문에 제정된 법률이 아닌 판례는 우리나라에서 '법'이 아니다.[19] 그러나 우리나라에서도 판례는 장래의 또 다른 재판에 대한 중요한 '지침'으로서 존중된다.[20] 판례는 구체적인 사안에 법이 적용되는 사례를 보여주면서 국민에게 법의 운용과 해석적용에 관한 법원의 입장을 공시(公示)하는 기능을 한다.[21] 우리나라에서 판례는 법으로서의 구속력을 갖는 것은 아니지만, 법원에서 법을 해석하고 적용하는 것에 관하여 가장 큰 영향을 미치는 판단기준으로서 의미를 갖는다.

보통 판례와 판결을 명확하게 구별하지 않지 않고 혼용(混用)하는 경우가 많지만, 판례와 판결은 그 의미가 다르다. 개별 재판을 통해 확정되어 해당 사건의 당사자들에게만 법률효과가 부여되는 것이 '판결(判決)'이고, 그와 같은 여러 판결들이 축적되어 '일반화된 판결의 적용례'로 존중될 수 있는 것이 바로 '판례(判例)'이다.[22]

우리나라의 심급제도(審級制度)

우리나라의 재판기관은 지방법원, 고등법원, 대법원, 가정법원, 특허법원, 행정법원의 6종류가 있다.[23] 이 중에서 재산관계에 관한 소송(민사소

---

19) 한편, 영국과 미국 등의 불문법(不文法) 국가에서는 판례법이 법으로서 인정된다.

20) 양창수, 『민법입문(제5판)』, 박영사, 2011, 145면.

21) 사법연수원, 『민사실무(Ⅱ)』, 사법연수원 출판부, 2011, 4면.

22) 어떤 특수한 사안에 대하여 법원의 이례적인 '판결'이 나왔다고 해서 반드시 그 '판결'이 모든 사안에 대해 보편적으로 적용될 수 있는 '판례'의 의미를 갖는 것은 아니다. 개별 판결은 그 논리와 결론을 따르는 판결들이 계속 후속하면서 점차 법원의 판결에 있어 존중되는 '판례'로서의 의미를 갖게 된다.

23) 헌법 제101조 제2항; 법원조직법 제3조 제1항.

송)은 〈지방법원-고등법원-대법원〉에서 다루며, 이를 통상 '민사법원(民事法院)' 이라 한다. 그 밖에 특수한 법률관계를 다루는 전문법원(專門法院)으로 가정법원, 특허법원, 행정법원이 있다.

민사소송의 경우, 맨 처음 소를 제기하는 법원(제1심 법원)은 지방법원이다. 소송가액(訴訟價額)[24]이 2억원 이하의 사건은 지방법원의 단독판사(單獨判事)가, 2억원을 초과하는 사건은 3명 이상의 판사로 구성하는 지방법원 합의부(合議部)가 담당한다.[25] 지방법원(제1심 법원)의 판결에 대한 제2심의 '항소심(抗訴審)'[26]은 단독판사에 의한 판결의 경우 지방법원 또는 그 지원의 항소부가, 합의부 판결에 대한 항소심은 고등법원(통상, 제2심 법원)이 관장한다. 최종적으로 항소심의 판결에 대한 '상고심(上告審)'[27]은 대법원(제3심 법원)에서 다루어진다.[28]

이와 같이 소송사건에 대한 재판이 3단계로 이루어지고 있는 것을 '삼심제(三審制)' 라고 하며, 그 위계(位階)에 착안하여 '심급제도(審級制度)' 라

---

24) 소송의 목적물인 소송물 또는 청구권의 가액을 의미한다.

25) 2015. 2. 17.부터 민사 및 가사소송의 사물관할에 관한 규칙이 개정 · 시행되어 민사소송의 단독사건의 소송가액은 2천만원 초과 2억원 이하로 변경되었다. 참고로 소송가액 2천만원 이하는 소액사건으로 분류한다.

26) 지방법원의 제1심 판결에 대하여 제2심 법원에 불복신청 하는 것을 '항소(抗訴)' 라고 한다.

27) 판결에 대해 대법원에 불복신청 하는 것을 '상고(上告)' 라고 한다. 참고로 판결 이외의 재판인 '결정' 이나 '명령' 에 대해 불복신청 하는 것을 '항고(抗告)' 라고 한다. 이와 같이 재판에 대하여 상급법원에 불복신청 하는 항소, 상고, 항고를 모두 통칭하여 '상소(上訴)' 라고 한다.

28) 항소심과 상고심에서는 원심(제1심, 제2심)의 판결에 대한 상소인(항소인, 상고인)의 불복신청(不服申請)이 이유가 없으면 기각판결을 하고, 이유가 있으면 파기판결(破棄判決)을 한다. 파기판결은 원심판결을 취소하고 스스로 판결을 하는 이른바 파기자판(破棄自判)의 경우와 원심법원으로 돌려보내 다시 심판하도록 하는 파기환송(破棄還送)의 경우가 있다.

고도 한다.[29)]

대법원 전원합의체

인사실무자들이 대법원 전원합의체에 관하여도 알아두면 좋다. 대법원은 대법원장을 포함해 14명의 대법관으로 이루어져 있고, 각 4명이 하나의 부를 이루어 재판에 참여하고 4명 중 1명이 재판장으로 선임된다. 따라서 대법원에 올라온 사건들은 대법관 4명으로 구성된 각 부에서 먼저 심리하여 의견이 일치한 때에 그 부에서 재판을 할 수 있다.

그러나 각 부의 대법관들의 의견이 일치하지 않고 소수의 의견이 나오거나 그 사건이 종전에 대법원에서 판시한 헌법 · 법률 · 명령 또는 규칙의 해석적용에 관한 의견을 변경할 필요가 있음을 인정하는 경우 전원합의체로 사건이 넘겨진다.

전원합의체는 쉽게 말해 대법관 전원회의를 말하는데 대법원에 있는 사법행정상의 최고의결기관이며 대법관은 전원합의체의 구성원이 된다. 전원합의체는 대법원장과 대법관 13명으로 구성되며 대법원장이 재판장이 된다. 대법관 전원의 2/3 이상의 출석과 출석인원 과반수의 찬성으로 의결한다.

판결문에서 사건번호의 표시

'2012다89399' 등과 같이 표시되는 판결문의 사건번호는 ① 각 법원별로 그 사건을 접수한 서기 연수(年數)의 4자리 아라비아숫자(2012),[30)]

29) 제1심과 제2심에서는 '사실의 확정'과 '법의 적용'에 관한 문제를 모두 다루지만, 제3심인 대법원의 상고심은 '법의 적용' 문제만 취급한다.

30) 예컨대, 2000년 접수사건은 '2000'. 한편, 1999년까지는 서기 연수(年數)의 10단위 이하의 숫자로만 표시하였다(예컨대, 1998년 접수사건의 경우 '98'로 표시).

② 사건별 부호문자(다), ③ 법원에서 접수한 순서에 따른 일련번호인 아라비아숫자(8939)를 차례로 연결하여 구성한다.[31] ④ 이 때 민사본안사건, 조정사건, 부동산경매사건 등 송달료가 전산으로 처리되는 사건에서 사건번호의 가장 마지막 아라비아숫자(9)는 전산처리를 위한 검색용 숫자로서 접수상의 순서에 따른 일련번호와는 관계없이 일정하게 부여된다.

특히, '사건별 부호문자'는 각 문자별로 고유의 의미를 가지고 있어 이해가 필요하다. 사건별 부호문자는 법원재판사무 처리규칙 제20조에 따라 대법원의 「사건별 부호문자의 부여에 관한 예규」에 규정되어 있는데, 인사실무에서 주로 볼 수 있는 사건별 부호문자를 정리해보면 아래의 표와 같다.

〈표〉 판결문에서 사건별 부호문자

구 분	민사(民事)	형사(刑事)	기 타
사건별 부호문자	가합(제1심 합의사건) 가단(제1심 단독사건) 가소(소액사건) 나(항소사건) 다(상고사건) 자(화해) 차(독촉) 회(회사정리사건) 하(파산사건)	고합(제1심 합의사건) 고단(제1심 단독사건) 고약(약식사건) 노(항소사건) 도(상고사건) 조(즉결심판사건) 초적(체포 · 구속적부심사건)	구합(행정 제1심 사건) 구단(행정 제1심 재정단독사건) 누(행정 항소사건) 두(행정 상고사건) 성(성매매관련보호사건) 헌가(위헌법률심판사건) 헌나(탄핵심판사건) 헌다(정당해산심판사건)

상기 사례에서 판결문의 사건번호 '2012다89399'는 '2012년도'에 대법원에 접수된 '민사 상고사건' 중 '8939번째 사건'이라는 뜻이다. 가장 끝자리의 '9'는 법원이 전산처리를 위해 별도로 부여한 고유번호에 해당한다.

31) 법원재판사무 처리규칙 제19조 제2항.

인사실무에서는 주로 최종심인 대법원의 판례(판결)를 많이 참조한다. 따라서 판결문의 사건번호는 ① 임금이나 해고 등에 관한 민사 상고사건(부호문자: '다'), ② 노동관계법령 위반에 따른 형사 상고사건(부호문자: '도'), ③ 노동위원회의 판정에 불복하여 행정법원, 고등법원, 최종 대법원으로 이어진 행정 상고사건(부호문자: '두')이 가장 많다는 점을 참고하면 좋을 것이다.[32]

32) 근로자가 노동위원회에 부당해고, 부당노동행위에 대하여 구제신청을 하게 되면 지방노동위원회에서 초심 판정을 하고 사건의 당사자가 불복하면 중앙노동위원회에서 재심 판정을 한다. 이 때 노동위원회의 판정은 '행정처분' 이므로 중앙노동위원회의 판정에 불복하면 행정법원(제1심 법원)에 해당 판정에 대한 취소소송을 제기하여야 한다. 그 이후 행정법원의 취소소송에 대한 항소심은 고등법원(제2심 법원)에서, 다시 그 상고심은 대법원(제3심 법원)에서 다루어진다. 이러한 측면에서 노동위원회를 통한 구제신청과 관련한 소송은 사실상 '5심제(지방노동위원회-중앙노동위원회-행정법원-고등법원-대법원)' 의 형태라고 할 수 있다.

04

표절과 인용

"노동법 관련 문헌과 판례를 인용할 때 각주 표시만 잘 하면 문제 없나요?"

상담사례(Question)

내년부터 그룹 내 각 계열사의 인사담당자들에게 배포되는 월간 뉴스레터에 "노동법 & 인사실무 가이드"라는 제목으로 매월 칼럼을 작성하여 게재하고자 합니다. 칼럼을 작성하는 과정에서 노동법과 관련된 법원 판례, 고용노동부 행정해석, 책, 논문 등을 많이 참조하게 될 것 같습니다. 그런데 비영리로 발간하는 월간 뉴스레터라고 할지라도 저작권 위반 등 문제가 될 수 있는지 궁금합니다. 대학교 수업 때 리포트는 종종 작성해 보았지만, 공식적으로 글을 쓰거나 발표한 경험은 없어서 각종 칼럼, 기고문, 논문, 책 등 다양한 문헌을 작성해 보신 입장에서 의견을 부탁 드립니다.

표절과 저작권

종래 사회는 "책 도둑은 도둑도 아니다."라는 속설이 용인될 만큼 '글도둑' 또한 범죄의 범주에 속하지 않다는 사회 분위기가 강했다. 그러나 최근 들어 공직사회의 검증절차와 학계의 연구윤리가 강화되면서 다른 사람의 책이나 논문을 '표절' 한 것으로 밝혀진 사례가 다수 발생하였고, 저작권에 대한 경각심이 높아지고 있다.

저작권자의 허락 없이 그 저작물[33]을 복제, 공연, 전시, 배포, 전송하고 그것이 공정이용(fair use)에 해당되지 않는 것을 '표절'이라고 한다.[34] 표절은 저작권 침해의 한 유형으로 저작권법은 표절이라는 용어 대신 '저작권 침해'라는 용어로 통칭하고 있다.[35]

이하에서는 저작권의 침해유형 중 사회생활에서 가장 일반적으로 활용되면서도 표절로 오인되기 쉬운 인용의 문제에 관해서 살펴보기로 한다.

---

33) 저작권법에 따르면, 저작물은 인간의 사상 또는 감정을 표현한 창작물이며(제2조), 그 종류는 소설 · 시 · 논문 · 강연 · 연설 · 각본과 그 밖의 어문저작물, 음악저작물, 연극 및 무용 · 무언극과 그 밖의 연극저작물, 회화 · 서예 · 조각 · 판화 · 공예 · 응용미술 저작물과 그 밖의 미술저작물, 건축물 · 건축을 위한 모형 및 설계도서와 그 밖의 건축저작물, 사진저작물, 영상저작물, 지도 · 도표 · 설계도 · 약도 · 모형과 그 밖의 도형저작물, 컴퓨터프로그램저작물 등이 있다(제4조). 한편, 국민에게 널리 알려 이용하게 함으로써 훨씬 유익한 효과를 가져올 수 있는 것은 저작권법의 보호대상에서 제외된다. 이에 따라 ① 헌법 · 법률 · 조약 · 명령 · 조례 및 규칙, ② 국가 또는 지방자치단체의 고시 · 공고 · 훈령 그 밖에 이와 유사한 것, ③ 법원의 판결 · 결정 · 명령 및 심판이나 행정심판절차 그 밖에 이와 유사한 절차에 의한 의결 · 결정 등, ④ 국가 또는 지방자치단체가 작성한 것으로서 제1호 내지 제3호에 규정된 것의 편집물 또는 번역물, ⑤ 사실의 전달에 불과한 시사보도는 저작권법의 보호를 받지 않는다(제7조). 아울러 '공지의 사실'은 인용이 필요하지 않다. 예컨대, 아리스토텔레스가 '학문의 아버지'라고 불린다고 하여, 아리스토텔레스를 인용해야 하는 것은 아니다.

34) 표절의 한자어인 '剽竊'이나 영어 단어 'plagiarism'('plagiarus(훔치다)'라는 라틴어에서 유래)에 내포된 공통점은 "무엇인가 남의 것을 몰래 훔치는 것"으로 다른 사람의 아이디어나 글을 훔치고 그 훔친 것을 자신의 것이라고 은근히 주장한다는 의미를 내포하고 있다. 그런데 훔치는 대상이 구체적인 물질이 아닌 다른 사람의 생각이나 글과 같은 "정신적 산물(brain child)"을 훔친다는 점에서 표절은 단순한 절도가 아닌 "지적인 절도(intellectual thievery)"로 간주된다(좋은연구, "한국학술단체총연합회의 연구윤리 지침 해설", 2010, 10면).

35) 좋은연구, "한국학술단체총연합회의 연구윤리 지침 해설", 2010, 8면.

정당한 인용의 의미

저작권법은 공표된 저작물을 보도 · 비평 · 교육 · 연구 등을 위하여 정당한 범위 안에서 공정한 관행에 합치되게 인용할 수 있도록 허용하고 있다(제28조).[36] 공표된 저작물을 보도 · 비평 · 교육 · 연구 등의 목적으로 '인용' 하는 것은 저작권 침해(표절)가 아니지만, 그것은 정당한 범위 안에서 이루어져야 하고 공정한 관행에 합치되는 방법에 의해야 한다는 의미이다.[37] 공표된 저작물을 정당한 범위 안에서 공정한 관행에 따라 인용하는 경우에는 비영리 뿐만 아니라 상업적 이익을 목적으로 하더라도 저작권자의 허락 없이 인용이 가능하다.

다만, 저작권법은 저작물을 이용할 때는 시사보도나 영리를 목적으로 하지 않는 공연 · 방송 또는 시험문제, 방송사업자의 일시적 녹음 · 녹화를 제외하고는 그 출처를 명시하도록 하고(제37조), 이를 위반한 자는 500만원 이하의 벌금에 처한다고 규정하고 있다(제138조).

'정당한 범위 안에서의 인용' 이란 인용의 분량과 관련된 것으로 자신의 저작물에서 자신의 내용이 '주(主)' 가 되고, 인용하는 내용이 '종(從)' 이 되도록 가급적 필요한 부분을 짧게 인용해야 함을 의미한다. 출처를 표시했다고 해도 지나치게 많은 분량을 그대로 가져다 활용하는 것은 저작권 침해에 해당한다.[38] 아울러 '공정한 관행에 합치되는 인용' 이란 해당 분야별로 오랫동안 활용해 온 출처표시 방법에 적절하게 따르면서 그 인용의 목적이 분명해야 한다는 것을 의미한다.[39] 분야마다 방법이 조금씩 다

---

36) '보도 · 비평 · 교육 · 연구 등은 인용의 예시일 뿐 이 외에도 정당한 범위 안에서 공정한 관행에 따라 인용이 가능하다.

37) 김기태, 『표절과 저작권』, 지식의 날개, 2010, 117면.

38) 저작물의 일부를 인용하는 것이 아니라 저작물 전체를 사용하는 경우는 '인용' 이 아니라 '이용(利用)' 으로 저작권자의 허락을 받지 않으면 저작권 침해에 해당한다.

39) 좋은 연구, "한국학술단체총연합회의 연구윤리 지침 해설", 2010, 31면.

르기는 하지만, 저작물의 서지사항(저자명, 문헌 제목, 출판사, 출판연도, 페이지 등)을 정확하게 표시하여 독자들이 원본을 참조할 수 있도록 하는 것이 일반적이다.

올바른 인용의 방법

표절의 대부분은 자신이 활용하는 타인의 저작물에 대한 인용이 잘못되어 발생한다. 그에 따라 다음의 3가지 경우 표절의 논란이 발생할 수 있으니 각별히 유의하여야 한다.

첫째, 무조건 '각주'를 달고 다른 사람의 저작물을 사용했다고 해서 표절이 아니라고 생각해서는 안 된다. 각주를 달았다고 하더라도 저작물의 문장을 그대로 옮기는 것은 저작권 침해에 해당하기 때문이다. "문장을 그대로 옮겨온다."라는 기준이 모호하기는 하지만, 종래 교육부 가이드라인은 여섯 단어를 초과하여 연속해서 일치하는 경우에는 저작권 침해(표절)이라고 하는 기준도 있었다.[40] 만일 저작물의 문장을 그대로 옮겨와 똑같이 쓰고자 한다면 따옴표 안에 넣어 그대로 인용한 것임을 명시하는 것이 원칙이다.[41]

둘째, 글의 서두나 일부 장(章)에 "이하의 내용은 ○○○(문헌명)를 참조로 작성하였다."라는 형식의 각주를 달고 적게는 1/2면에서 많게는 5~6면까지 본문을 작성하는 경우가 있는데 이 역시 올바른 인용방법이라고 할 수 없다. 매 문장마다 출처를 밝히는 것이 현실적으로 어려울 수도 있

---

40) 저자들은 대학원 공부 당시 후배들에게 "오탈자까지 베끼는 것은 완벽한 표절이다."라고 논문작성법을 조언하곤 했다. 그만큼 기존 문헌에 대하여 아무런 이해나 고민 없이 무작정 베끼기만 하고 각주만 달면 표절이 아니라고 생각하는 사람이 많다. 글은 언제나 자기가 이해한 내용을 자신의 표현으로 써야 한다는 점을 명심할 필요가 있다.

41) 홍영기, 『법학논문작성법 - 법학의 연구방법과 학문적인 글쓰기』, 박영사, 2014, 225면.

지만, 적어도 문장의 흐름이 달라지는 곳이나 출처의 페이지가 달라지는 경우에는 해당 부분마다 출처를 명시해야 한다.[42)]

셋째, 이 밖에도 많이 발견되는 표절유형으로는 저자를 밝히지 않고 다른 사람이 저술한 텍스트의 일부를 베끼는 '텍스트 표절', 다른 사람이 저술한 텍스트의 일부를 조합하거나 단어를 추가 또는 삽입하거나 단어를 동의어로 대체하여 사용하면서 원저자와 출처를 밝히지 않는 '모자이크 표절',[43)] 저작물의 아이디어(설명 · 이론 · 결론 · 가설 · 은유 등)를 그대로 또는 피상적으로 수정해서 도용하는 '아이디어 표절' 등이 있다.[44)]

요컨대, 원칙적인 입장에서 '인용'이라 함은 "다른 사람의 저작물을 읽고 공부하여 이해한 내용을 자신의 표현으로 작성하는 것"을 의미하므로, 인용부호를 표시했다는 이유만으로 다른 사람의 저작물을 그대로 옮겨와 적는 것은 표절이나 저작권 위반에 해당한다는 점을 유념할 필요가 있다.

저자들도 칼럼, 기고문, 논문 등을 작성할 때 기존 문헌을 많이 참조 · 인용한다. 특히 법학과 같은 사회과학은 '술이부작(述而不作)'[45)]이라는 표

---

42) 홍영기, 『법학논문작성법 - 법학의 연구방법과 학문적인 글쓰기』, 박영사, 2014, 227면.

43) '짜집기 표절(mosaic plagiarism)' 또는 patch writing, paraphragiarism이라고도 한다. 따라서 타인의 저작물을 '말 바꿔 쓰기(paraphrasing)' 하거나, '요약(summarizing)' 했더라도 출처를 표시해야 한다(좋은 연구, "한국학술단체총연합회의 연구윤리 지침 해설", 2010, 31면).

44) 김기태, 『표절과 저작권』, 지식의 날개, 2010, 60~61면.

45) 術(술)은 著述(저술)이란 뜻이고 作(작)은 創作(창작)이란 뜻이다 저술은 예부터 내려오는 사상과 문화를 바탕으로 이것을 다시 정리하거나 서술하는 것을 말하고 창작은 지금까지 일찍이 없었던 새로운 사상과 학설을 처음으로 만들어 내는 것을 말한다. 論語(논어) 述而篇(술이편)에 나오는 말이다. 孔子(공자)는 말하기를 "전해 말하고, 새것을 만들지 않으며, 믿어 옛것을 좋아하는 것을, 가만히 우리 老彭(노팽)에게 비교해 본다."고 했다. 노팽은 殷(은)나라의 어진 대신이라고 하는데 공자는 자신의 일을 겸손하게 표현하려고 述而不作(술이부작)이라는 말을 썼는데 거기에서 더 나아가 자신의 일을 노팽에게 비교해 본다고 했다. 자신이 직접 만든 것은 거의 없다는, 지극히 겸손한 태도이다(조기

현처럼 새롭게 창조하는 것보다는 종래의 이론을 계승 · 발전시키는 성격을 갖는다는 점에서 더 그러하다. 그럼에도 항상 새로운 주제와 내용을 생각하여 글로 작성하는 과정에서 많은 시간과 노력이 필요하고, 크게 새로운 것은 없지만 한 편의 글을 마무리 하고 나면 나름 '창작(創作)'에 대한 보람을 느끼기도 한다.

사회과학 분야에서 문헌을 작성할 때에는 교과서나 논문 등 기존 저작물의 내용을 참조하면서 성실하게 각주 등 인용부호를 표시하면, 대량의 상업적인 목적이 아닌 이상 표절이나 저작권법 위반으로 문제가 될 가능성은 많지 않다. 다만, 다른 사람이 작성한 문헌의 내용을 '단순한 정보'로만 인식하기 보다는 그 사람이 해당 문헌을 작성하기 위해 쏟았을 시간과 노력, 창작의 고통을 생각하면서 그 문헌을 대한다면 표절이나 저작권 위반의 문제에서 좀 더 자유로워질 수 있을 것이라 생각한다.

형 · 이상억, 『한자성어 · 고사명언구사전』, 이담북스, 2011).

05

채용 취소

"회사가 부득이한 사정으로 근로자를 채용할 수 없는 경우 손해배상책임이 있나요?"

상담사례(Question)

저희 회사는 조선소에 부품을 납품하는 중소기업으로 몇 개월 전 5명의 신입직원을 선발하여 최종합격을 통보하고 입사에 필요한 제반 서류를 제출하도록 하였습니다. 그런데 최근 조선업계의 갑작스런 불황 여파로 납품물량이 급격히 감소하여 선발했던 신입직원을 채용하는데 문제가 발생하였습니다. 회사는 여러 번 경영정상화를 시도하였지만, 현재 일하고 있는 직원들에게도 임금을 정상적으로 지급하기 어려운 상황에서 신입직원들을 채용하기는 정말 어려울 것 같습니다.

그에 따라 몇 개월 전 5명의 신입직원을 선발하여 이제까지 회사의 출근 및 발령을 계속 미루어 왔습니다. 신입직원으로 선발하여 최종합격을 통보하기는 하였지만, 아직 근로계약을 체결하지 않았을 뿐만 아니라 출근도 하지 않은 상황에서 회사가 부득이한 사정으로 해당 신입직원들을 최종 채용하지 않는 경우에도 손해배상책임이 있는지 문의 드립니다.

계약책임

현대 사회에서 이루어지는 법률행위의 가장 전형적인 모습은 계약(契

約)이다. 사람들은 서로가 원하는 사항에 대하여 상대방의 의사를 확인한 뒤, 상호 이해관계 및 의사가 일치하는 수준에서 '합의'를 하는데 그 합의가 바로 '계약'이다.[46]

계약이 성립되면 법적인 구속력이 발생하며, 계약의 당사자는 그 계약의 내용에 따른 의무를 이행하여야 한다. 그렇지 않은 경우 '채무불이행'에 따른 민법상의 계약책임을 지게 된다. 통상 계약의 상대방이 계약의무를 이행하지 않았을 때, 사람들이 입버릇처럼 "손해배상을 청구하겠다."라고 말하는 것이 바로 계약위반, 즉 채무불이행에 따른 법률효과다.

계약위반에 대한 법률효과는 계약의 내용대로 의무가 이행되지 않은 이상 그에 상응하는 손해의 배상을 받을 수 있도록 하는 공평의 법 관념에 기초한다.

계약 준비단계에서 불법행위책임

문제는 당사자가 계약을 체결하기 위해 논의 · 협상을 하는 준비과정에서 장애사유가 발생했을 경우다. 사람들은 누구와도 자유롭게 계약의 체결을 위해 논의 · 협상을 할 수 있고, 그 과정에서 이해관계가 맞지 않으

---

46) 계약의 가장 본질적인 요소는 의사표시의 합치(합의)이고, 반드시 문서로 된 '계약서(契約書)'가 있어야만 계약이 성립하는 것은 아니다. 다만, 당사자 간 합의의 내용을 문서로 명확히 해 두지 않으면 향후 분쟁의 소지가 발생할 염려가 있으므로 합의의 내용을 계약서라는 문서로 남겨두는 것이 일반적이다. 근로계약 역시 낙성(落成) 불요식(不要式) 계약이기 때문에 반드시 서면으로 체결해야 할 법적 의무는 없지만, 근로기준법은 분쟁 예방을 위해 근로계약에 관하여 특별한 규정을 두고 있다. 즉, 근로기준법 제17조에 의거 사용자는 근로계약을 체결할 때 반드시 근로자에게 임금, 소정근로시간, 주휴일, 연차유급휴가, 취업의 장소와 종사하여야 할 업무에 관한 사항, 취업규칙의 내용 등을 명시하고, 이 중에서 중요한 의미를 갖는 일부 근로조건(임금의 구성항목 · 계산방법 · 지급방법, 소정근로시간, 주휴일, 연차유급휴가)에 대해서는 반드시 서면으로 명시하여 교부하여야 한다는 점을 유의해야 한다.

면 계약체결 이전에는 언제든지 계약의 논의 · 협상을 중단할 수 있다. 계약이 체결되지 않은 이상, 그에 구속되어야 할 법적 의무는 발생하지 않으며 당사자는 더 나은 조건과 이익을 확보할 수 있는 새로운 계약 상대방을 찾으면 된다.

그런데 계약이 체결되지 않았다는 이유만으로 계약의 준비단계에 임하였던 당사자에게 어떠한 법적 책임도 없다고 보는 것이 공평의 법 관점에 비추어 타당하지 않은 경우가 있다. 예컨대, 계약이 '사실상' 성사단계에 이르렀음에도 불구하고 상대방이 돌연 계약을 하지 않겠다고 일방적으로 통보하는 경우가 있을 수 있다. 이 때 다른 상대방은 계약의 성립을 믿은 것에 따르는 기회비용 내지는 신뢰이익의 손해가 발생할 수 있다.

그러한 경우는 계약의 준비단계에서 발생한 문제로서 '계약' 자체는 성립되지 않은 상황이기 때문에 상대방에게 계약상 의무를 이행하지 않은 것, 즉 계약책임에 근거한 손해배상을 청구할 수는 없다.[47]

대신 진행 중인 계약상담을 부당하게 파기하거나, 계약교섭단계에서 당사자 일방이 그에게 책임 있는 사유로 상대방의 생명 · 신체 · 재산을 침해한 경우에는 계약책임이 아닌 '불법행위책임'에 근거하여 손해배상을 청구할 수는 있다.[48] 법원 판례는 학교법인이 사무직원에게 채용통지를 하였다가 1년 정도 발령을 지체하다가 채용하지 않은 사안에서, "학교법인은 불법행위자로서 원고가 위 최종합격자 통지와 계속된 발령 약속을 신뢰하여 직원으로 채용되기를 기대하면서 다른 취직의 기회를 포기함으로써 입은 손해를 배상할 책임이 있다."라고 판시하였다.[49]

---

47) 물론, 이러한 경우 역시 계약체결에 대한 확실한 기대를 바탕으로 하여 형성된 특별한 신뢰관계를 근거로 한 중대한 신의칙 위반, 즉 계약책임을 물을 수 있다는 견해도 있다.

48) 민법 제750조(불법행위의 내용) 고의 또는 과실로 인한 위법행위로 타인에게 손해를 가한 자는 그 손해를 배상할 책임이 있다.

49) 학교법인이 원고를 사무직원 채용시험의 최종합격자로 결정하고 그 통지와 아울러

또한 법원 판례[50)]는 "원고와 피고 사이에는 위와 같은 피고의 채용내정 사실 통보로 인하여 장차 정식 취업 시로부터 근로를 제공하기로 하는 내용의 일종의 근로계약이 성립한 것으로, 원고로서는 상당한 기간 내에 피고 회사에 정식채용 될 것이라는 정당한 기대를 갖게 된다고 할 것이다. 피고로서는 당초 채용내정 과정에서부터 피고회사의 계획사업의 내용 및 규모, 그 진행전망 등 피고의 제반 사정을 면밀히 검토하여 채용할 직원의 수와 그 구성을 정하고 그에 따라 적정한 수의 합격자만을 발표 및 채용내정 하여야 할 주의의무가 있음에도 불구하고, 이를 게을리 한 과실로 그 실행 가능성이 충분히 검토되지 아니한 사업부문의 인력으로 원고를 채용내정 하여 그와 같은 통지를 한 후, 뒤늦게 해당부문 사업을 진행할 수 없게 되었다는 사유로 원고를 정식채용 하지 않기로 하였으니, 피고는 원고가 위 기간 동안 피고의 직원으로 정식채용 되기를 기대하면서 다른 취업의 기회를 포기함으로써 입게 된 손해를 배상할 책임이 있다."라고 판시하였다.[51)]

"1989. 5. 10.자로 발령하겠으니 제반 구비서류를 1989. 5. 8.까지 제출하여 달라."는 통지를 하여 원고로 하여금 위 통지에 따라 제반 구비서류를 제출하게 한 후, 원고의 발령을 지체하고 여러 번 발령을 미루었으며, 그 때문에 원고는 위 학교법인이 1990. 5. 28. 원고를 직원으로 채용할 수 없다고 통지할 때까지 임용만 기다리면서 다른 일에 종사하지 못한 경우 이러한 결과가 발생한 원인이 위 학교법인이 자신이 OO대학의 재정형편, 적정한 직원의 수, 1990년도 입학정원의 증감 여부 등 여러 사정을 참작하여 채용할 직원의 수를 헤아리고 그에 따라 적정한 수의 합격자 발표와 직원채용통지를 하여야 하는데도 이를 게을리 하였기 때문이라면 위 학교법인은 불법행위자로서 원고가 위 최종합격자 통지와 계속된 발령 약속을 신뢰하여 직원으로 채용되기를 기대하면서 다른 취직의 기회를 포기함으로써 입은 손해를 배상할 책임이 있다(대법원 1993. 9. 10. 선고 92다42897 판결).

50) 서울지방법원 2003. 8. 27. 선고 2002나40400 판결.

51) 해당 판례에서 다소 특이할 만한 점은 채용내정만으로 정식채용이 확정된 것은 아니고, 회사가 구체적인 입사예정일을 정하여 통보한 것은 아니어서, 그 정식채용 여부에 대한 분명한 답변과 그 대책 등에 대하여 지속적으로 문의하거나, 피고가 정식채용을 거절할

요컨대, 채용이 취소된 근로자는 해당 사용자의 불법행위책임을 근거로 채용내정(최종합격)을 신뢰하여 채용되기를 기대하면서 또 다른 취직의 기회를 포기한 것에 따라 발생한 손해의 배상을 해당 사용자에게 청구할 수 있다.[52)]

상기 사례의 경우, 회사는 조선업계의 불황에 따른 경영상 어려움으로 인하여 채용내정자들을 최종 채용할 수 없는 상황인 것으로 판단된다. 회사의 경영상황이 현저하게 악화되었을 경우에는 채용내정의 취소가 가능하다는 법원 판례가 있지만,[53)] 경영상황의 어려움에 따른 채용내정 취소의 정당성을 일률적으로 판단하기는 쉽지 않은 문제이다. 반대로 회사는 그러한 사정을 미리 예상하고 신중하게 채용여부를 결정하였음에도 불구하고 채용 취소에 대한 책임이 있음을 부인하기 어렵고, 채용내정의 취소를 정당화할 수 있는 근로자들의 귀책사유도 특별히 발견되지 않는다.[54)]

것에 대비하여 다른 일자리를 구하는 등의 조치를 강구하였어야 함에도 불구하고 원고는 그러한 노력을 소홀히 한 잘못이 있으므로, 이를 피고가 배상할 손해액을 산정함에 있어 참작하기로 하되, 원고의 과실비율을 50%정도로 봄이 상당하므로, 피고의 책임을 나머지 50%로 제한하였다.

52) 물론, 이와 같은 결론은 채용내정 행위만 있었을 뿐 근로계약관계는 성립하지 '않은' 상황을 전제로 한 것이다. 반대로 채용내정 행위를 통해 근로계약관계가 성립하였다고 볼 수 '있는' 경우에는 불법행위책임뿐만 아니라 계약책임에 근거한 부당해고 및 임금 상당액에 대한 손해배상의 문제도 발생할 수 있다. 일반적인 노동법 교과서는 채용내정은 곧 근로계약의 성립이라는 관점에서만 이 문제를 설명하고 있어 혼란이 생길 수 있다. 이 문제의 구체적인 설명에 관해서는 제5장 심화사례연구 "채용내정 취소 법리의 재검토 – 이른바 '근로계약 성립설'에 대한 비판적 접근 –" 참조.

53) 서울지방법원 1999. 6. 18. 선고 98가합67930 판결.

54) 채용내정의 취소는 당해 근로자가 담당할 업무의 내용과 성질에 비추어 볼 때 정식 채용을 하기에는 적합하지 않다고 볼 만한 객관적이고 합리적인 이유가 있거나 사회통념상 수긍될 수 있을 만한 사유가 있는 경우에 가능하다. 즉, 채용내정의 정당한 취소사유로 ① 학교의 졸업요건 미충족, ② 관련 면허의 미취득, ③ 채용서류의 미제출, ④ 제출서류의 허위기재, ⑤ 채용내정 당시에 비해 노동력의 현저한 질적 저하사유가 발생한 경우, ⑥ 정상적인 근로가 불가능한 질병에 걸린 경우, ⑦ 형사사건으로 인해 구속 · 기소

따라서 회사가 채용내정 근로자들에 대하여 채용 취소를 결정하여 통보할 경우, 채용 취소가 경영상 어려움을 이유로 정당화될 수 있는지 여부는 논외로 하더라도 회사의 불법행위에 근거한 손해배상책임이 발생할 가능성은 상당히 높을 것으로 판단된다.[55]

된 경우 등을 들 수 있다.

55) 채용내정 취소에 관한 보다 구체적인 내용과 인사실무는 본서 제5장 제1절 “채용내정 취소 법리의 재검토”를 참조하시기를 바란다.

06

휴업손해

"직원이 회사 영업용 물건을 파손한 경우 어느 범위까지 손해배상을 청구할 수 있나요?"

상담사례(Question)

저희 회사는 택시운수업을 하는 회사입니다. 얼마 전 한 직원이 만취하여 자신이 운행하는 택시를 신형 차종으로 변경해 주지 않는다며 회사 주차장에 있던 택시를 망치로 때려 부쉈습니다. 이에 택시는 크게 파손되었고, 수리를 위해 1주일 정도 운행하지 못할 것 같습니다. 해당 직원은 자신이 만취하여 술김에 저지른 행동이라며 진심으로 사죄하고 있는 상황이라서 별도의 형사책임은 묻지 않을 생각이지만, 회사에 발생한 금전적 손해에 대해서는 책임을 엄격하게 묻고자 합니다. 이러한 경우 회사는 해당 직원에게 어느 범위까지 손해배상을 청구할 수 있을지 문의 드립니다.

휴업수당 vs. 휴업손해

근로기준법 제46조는 '휴업수당'을 규정하고 있다. 즉, 사용자의 귀책사유로 휴업하는 경우에 사용자는 근로자에게 그 휴업기간 동안 평균임금 100분의 70 이상의 수당을 지급하여야 한다.[56]

56) 부득이한 사유로 사업을 계속하는 것이 불가능하여 노동위원회의 승인을 받은 경우에는

사용자의 일방적인 책임으로 근로자가 근무하지 못하게 될 경우까지 근로자가 임금을 지급받지 못한다면 불합리하다. 사용자가 회사 경영에 문제가 생기면 위기를 정면으로 극복하려는 생각보다 일단 회사 운영을 중단하여 급여 등 당장 발생할 인건비나 비용을 면하려고 하는 문제도 발생할 수 있다. 근로기준법은 그와 같은 문제를 예방하기 위해 사용자가 휴업을 할 경우 그 책임으로 근로자가 받은 임금의 손해를 '휴업수당'에 의해 전보(塡補)되도록 하고 있다.[57]

한편, 휴업수당과는 반대로 사용자가 근로자의 귀책사유로 휴업을 하여 손해가 발생하였을 경우, 회사는 해당 근로자에게 어떤 책임을 물을 수 있을까? 결론부터 말하자면 노동관계법령에는 관련 규정이 없고, 민법 등 일반 법률의 차원에서 풀어나가야 한다.

근로기준법상 사용자의 귀책사유로 휴업하는 경우 근로자에게 발생하는 손해를 '휴업수당'이라고 한다면,[58] 반대로 근로자 및 제3자의 귀책사유로 회사가 휴업하는 경우 회사에 발생하는 손해는 '휴업손해'라는 용어를 사용하여 구분해 볼 수 있다.[59]

제1항의 기준에 못 미치는 휴업수당을 지급할 수 있다(같은 조 제2항).

57) 인사실무에서 회사가 휴업수당을 지급하는 사례로는 식당이나 호텔이 리모델링을 위해 일정기간 영업을 하지 않는 경우, 회사가 관련 법률 위반으로 영업정지에 처한 경우, 특정 물품의 판매를 행하는 매장이 폐점 조치되어 다른 매장으로 인력을 재배치할 동안 기다려야 하는 경우 등을 들 수 있다.

58) 아마도 근로자에게 발생하는 '손해'가 곧 임금이라는 점에서 '(휴업)수당'이라는 용어를 사용한 것으로 생각한다.

59) 노동법이나 민법 교과서에 '휴업손해'에 대한 명확한 개념 정의는 없다. 사용자의 귀책사유가 없는 휴업으로 인하여 발생한 손해라는 의미에서 휴업손해라는 용어를 설정하면 될 것 같고, 근로자의 경우에는 근로기준법 제46조가 보다 특별히 '휴업수당'이라는 말로 휴업손해를 규정하고 있다고 이해하면 될 것이다. 요컨대, 휴업손해 중 근로자의 손해는 '휴업수당'으로 달리 취급할 수 있는 것이다.

휴업손해의 인정범위

그렇다면 근로자 및 제3자의 귀책사유로 인한 휴업손해는 어느 범위까지 인정될 수 있을까?

휴업손해가 문제되는 사안은 주로 근로자의 불법행위로 인하여 영업용 물건이 멸실된 경우이다. 종래 법원 판례는 그러한 경우 불법행위로 영업용 선박, 자동차, 건물 등의 물건이 멸실된 경우에 그 물건의 교환가격 상당액의 배상을 청구할 수는 있지만, 그 이외에 그 물건을 대체할 다른 물건의 제조 또는 구입 시까지의 기간 동안 그 멸실된 물건을 사용·수익하지 못하여 입은 손해의 배상을 구할 수 없다는 입장을 일관하여 취하고 있었다.[60) 이는 불법행위로 영업용 물건이 멸실된 경우에 그 물건의 교환가치만을 배상하면 충분하다는 관점이 반영된 것이었다.

그러나 대법원 2004. 3. 18. 선고 2001다82507 전원합의체 판결은 휴업손해에 대한 종래 법원 판례의 입장을 변경하여, 영업용 물건이 멸실된 경우에 그 교환가치와 함께 휴업손해도 통상적으로 발생하는 손해로서 함께 배상해야 한다고 판시하였다.[61)]

해당 판결은 "불법행위로 영업용 물건이 멸실된 경우, 이를 대체할 다른 물건을 마련하기 위하여 필요한 합리적인 기간 동안 그 물건을 이용하여 영업을 계속하였더라면 얻을 수 있었던 이익, 즉 휴업손해는 그에 대한 증명이 가능한 한 통상의 손해로서 그 교환가치와는 별도로 배상하여야 한다."라고 판시하였다.

대법원 2005. 10. 13. 선고 2003다24147 판결도 "영업용 택시 같은 수익용 차량이 손상되어 수리가 불가능한 경우에 새 차를 구입하여 영업

60) 대법원 1980. 12. 9. 선고 80다1840 판결; 대법원 1990. 8. 28. 선고 88다카30085 판결; 대법원 2001. 1. 16. 선고 2000다29325 판결 등.

61) 김재형, 『민법판례분석』, 박영사, 2015, 408면.

을 개시할 수 있을 때까지의 기간 동안 영업을 하지 못한 휴업손해는 통상손해에 해당한다."라고 하여 동일한 취지로 판단하였다.

이는 영업용 물건이 일부 손괴된 경우 수리를 위하여 필요한 합리적인 기간 동안의 휴업손해와 마찬가지다.[62] 예컨대, 건물이 화재로 인하여 수선 가능한 정도로 손괴되어 건물의 통상용법에 따른 사용이 불가능하게 되었다면 수선에 소요되는 상당한 기간 중 이를 사용하지 못함으로 인한 손해는 손괴로 인한 통상의 손해이고, 또한 이와 같은 손괴에 대하여 사회통념상 곧바로 수선에 착수할 없는 특별한 사정이 있는 경우에는 수선의 착수가 가능한 시점까지 이를 사용하지 못함으로 인한 손해 역시 통상의 손해에 해당한다.[63]

상기 사례에서 근로자가 영업용 택시를 파손하여 회사는 해당 택시를 수리해야 할 비용과 그 수리기간 동안 해당 택시를 운영하지 못함으로써 영업을 하지 못하는 휴업손해가 발생하였다. 법원 판례에 따르면, 그러한 경우 회사는 해당 근로자에게 파손된 택시에 대한 수리비와 해당 수리기간 동안 발생하는 휴업손해에 대한 배상을 민사적으로 청구할 수 있다. 회사는 해당 근로자가 사죄의 뜻을 표하고 있다는 점에서 별도의 형사책임은 묻지 않겠다는 입장을 취하고 있지만, 통상의 경우 사규 위반으로 명백한 징계사유가 됨은 이론의 여지가 없다. 인사보감

---

62) 대법원 2004. 3. 18. 선고 2001다82507 전원합의체 판결.

63) 대법원 1984. 12. 11. 선고 84다카1162 판결; 대법원 1998. 6. 12. 선고 96다27469 판결; 대법원 2000. 11. 24. 선고 2000다38718 판결.

07

당사자 적격

"직원이 병원을 상대로 부당해고구제신청을 했는데, 왜 피신청인이 그룹 회장님으로 변경되나요?"

상담사례(Question)

최근 병원에서 퇴사한 직원이 노동위원회에 병원을 상대로 부당해고구제신청을 하였습니다. 그런데 얼마 후 노동위원회에서 부당해고구제신청의 피신청인을 병원이 아닌 모재단(母財團)으로 변경한다는 공문을 보내왔습니다. 병원에서는 내부적으로 조속히 처리하려고 노력하여 왔는데, 갑자기 그룹 회장님이 이사장으로 계신 모재단(母財團)으로 부당해고구제신청의 피신청인이 변경되어 병원에 비상이 걸렸습니다. 법무팀에서는 왜 그러한 결정이 내려졌는지에 관해서 상세히 보고할 것을 요청해 왔습니다. 이에 대해서 어떻게 보고를 하는 것이 좋은지 의견을 요청드립니다.

부당해고구제신청의 사용자

근로자(이하, '신청인')가 부당해고구제신청을 하기 위해서는 사용자를 상대방(이하, '피신청인')으로 관할 지방노동위원회에 해고된 날로부터 3월 이내에 구제신청을 해야 한다.[64] 신청인은 본인의 성명 · 주소 및 피신

64) 근로기준법 제28조 제2항.

청인의 성명 · 주소와 함께 부당해고에 대한 구체적인 사실(구제받고자 하는 사항)과 신청이유(부당해고의 경위와 부당한 이유)를 기재한 구제신청서를 제출하여야 한다.[65)]

노동위원회 위원장은 신청서에 기재사항이 누락되거나 기재한 내용이 명확하지 않은 경우에 기간을 정하여 보정을 요구할 수 있는데,[66)] 그 중 신청인이 구제신청서에 최초 기재하였던 피신청인을 노동위원회가 경정(更訂)하였다고 공문으로 알려오는 경우가 종종 발생한다.

실제로 모(母)재단(법인)이 설립한 회사(기관)에 근무하는 근로자의 부당해고구제신청에서 그와 같은 사례를 접할 수 있다.[67)] 즉, 근로자가 부당해고구제신청의 피신청인으로 통상 자신이 다니던 회사(기관)를 기재하는데 그 회사가 모(母)재단(법인)에서 설립한 회사(기관)에 해당하는 경우에 모(母)재단(법인)이 부당해고구제신청의 피신청인으로 변경되는 경우를 말한다.

---

65) 노동위원회 규칙 제39조.

66) 노동위원회 규칙 제41조.

67) 민법상 법인으로 될 수 있는 단체에는 사단(社團)과 재단(財團) 등 2종류가 있다. 사단은 그 구성원인 사원을 중심으로 결합된 단체로서, 사단은 구성원과는 독립하여 단체 자체가 권리의 주체가 된다(유사한 개념으로 조합은 단체가 아닌 구성원 모두가 권리의 주체가 된다). 한편, 장학사업이나 사회사업 등 일정한 목적에 바쳐진 재산에 대하여도 독립된 법인격을 부여할 필요성이 있다. 일정 금액의 재산을 출연하여 이를 바탕으로 일정한 조직을 갖추어 그 목적을 영위하는 경우가 그러하다. 이러한 재산의 집합에 대해서도 법률은 법인격을 취득할 수 있는 길을 열어놓고 있는데, 바로 재단이다. 민법의 규율을 받는 법인은 영리를 목적으로 하지 않는 비영리법인으로서 사단법인과 재단법인이다. 영리법인에 대하여는 상법 또는 특별법이 우선적으로 적용된다. 공익법인에 관하여는 공익법인의 설립 · 운영에 관한 법률이, 학교법인에 대하여는 사립학교법이, 의료법인에 대하여는 의료법이 적용되며, 각종 협동조합 · 노동조합 · 정당 · 은행 · 각종 공사 등에 대하여는 그 설립의 근거로서 각각 특별법이 마련되어 있다.

부설 회사 및 기관의 당사자 적격성

부당해고구제신청에서 피신청인이 될 수 있는 자격이 있는 자는 노동위원회의 구제명령에 따라 해당 사항을 시정할 수 있는 권한[68]을 가진 '사업주로서 사용자' 이다.[69] 사업주는 개인사업체인 경우에는 그 대표자, 법인 사업체인 경우에는 법인 그 자체를 의미한다.[70]

그런데 법원 판례는 회사(기관)가 모(母)재단(법인)에서 설립한 것으로서 부설조직이나 시설에 불과하다고 판단될 경우에는 민사소송상 당사자 적격을 인정하지 않고 있다.[71]

예컨대, 사립학교법이 사립대학교 학교장에게 교원의 임면권 및 징계처분권을 부여하고 있다고 하더라도 사립대학교는 학교법인의 한 기관으로서 그 소관사무를 처리하는데 지나지 않아 그러한 사항에 관한 민사소송의 당사자 적격을 인정하지 않은 사례가 있다.[72] 이와 유사하게 대학교 의료원장은 의료원을 대표하며 의료원 산하 각 병원 및 기관의 운영 전반을

---

68) '권한' 이란 타인을 위해 일정한 법률효과를 발생케 하는 행위를 할 수 있는 법률상의 자격을 권한이라고 한다(예컨대, 법인 이사의 대표권). 그 일정한 이익(효과)이 행위자(권한자)가 아니라 그 타인에게 귀속된다는 점에서 권리자 자신이 그 이익을 받는 '권리' 와는 구별된다(김준호, 『민법강의(제21판)』, 법문사, 37면).

69) 대법원 2006. 2. 24. 선고 2005두5673 판결. 노동위원회에서 부당해고구제신청은 법원에서 해고무효확인소송과 그 형태와 체계가 비슷하다. 민사실무에서 확인의 소의 피고는 원고의 권리 또는 법률관계를 다툼으로써 원고의 법률적 지위에 불안을 초래할 염려가 있는 자(대법원 1997. 10. 16. 선고 96다11747 전원합의체 판결), 다시 말해 원고의 보호법익과 대립 저촉되는 이익을 주장하고 있는 자이어야 한다(대법원 1991. 12. 10. 선고 91다14420 판결; 임대윤, 『민사소송실무』, 진원사, 2012, 329면).

70) 중앙노동위원회, 『조사보고서 및 판정서 작성요령』, 2009, 3면.

71) 특히, 각종 학교에 대하여 법원 판례는 국공립학교(대법원 1955. 8. 4. 선고 4288민상64 판결), 사립학교(대법원 1967. 12. 26. 선고 67다591 판결), 각종 학교(대법원 1959. 10. 3. 선고 91민상776 판결) 등 어느 것을 막론하고 교육을 위한 시설(영조물)에 불과하다고 하여 학교의 당사자 능력을 부인하고 있다.

72) 대법원 1987. 4. 14. 선고 86다카2479 판결.

관장하고, 의료원은 의료원 산하 각 병원의 연간 종합 예산 등의 편성 · 조정 · 통제, 각 병원별 자금운용수지 현황 관리 등의 업무를 담당해 온 사안에서, 의료원 산하 각 병원이 독립채산제로 운영되고 해당 병원장이 그 전결사항으로 소속 근로자들에 대한 임금을 지급하여 왔다 하더라도, 의료원장은 의료원 산하 병원 등 소속 근로자들에 대한 관계에 있어서 근로기준법상의 사용자에 해당한다고 본 사례도 있다.[73)]

인사실무적 해설

노동위원회는 부당해고구제신청 처리과정에서 피신청인을 변경하게 될 때, "○○회사(기관)은 ××법인에 소속된 시설물로 ××법인 명칭으로 표시를 경정한다."라는 취지의 변경이유를 제시한다. 그러나 법률전문가도 그 의미가 정확히 무엇인지 또 그 구체적인 이유가 어디에 있는지 알고 있는 경우가 많지 않다.[74)]

이에 관한 명확한 이론이나 법원 판례의 설명은 없지만, 노동위원회가 부당해고구제신청에 있어서 실질적인 권한을 가진 자를 '사업주인 사용자'로 판단하기 때문인 것으로 보인다. 좀 더 구체적으로 이러한 문제가 발생하는 모(母)재단(법인)의 정관(定款)들을 살펴 보면, 모(母)재단(법인)이 부설 회사(기관)를 ① 그 '산하'에 두며, ② 모(母)재단(법인)의 장이 부설 회사(기관)의 장에 대한 임면권(任免權)을 갖고, ③ 부설 회사(기관)의 장은 모(母)재단(법인)의 장의 관리 하에 업무를 수행한다는 취지로 명기한 규정

---

73) 대법원 2008. 4. 10. 선고 2007도1199판결.

74) 중앙노동위원회 심판업무처리요령은 "공장 · 지점 등 법인이 설치한 하부기관 또는 그 기관의 장은 사업주가 아니므로 부당해고 구제신청의 상대방이 될 수 없다."라고만 간략하게 언급하고 있다(중앙노동위원회, 『심판업무처리요령』, 2007, 32면).

들이 공통적으로 발견된다.[75)]

노동위원회는 모(母)재단(법인)과 그 부설 회사(기관)이 형식적으로는 독립되어 있을지 모르지만, 운영의 실질이나 정관의 내용이 모(母)재단(법인)의 하부조직으로 운영되고 있다는 점에서 부설 회사(기관)의 당사자 적격을 인정하지 않고, 모(母)재단(법인)을 부당해고구제신청의 피신청인으로 볼 가능성이 높다.

요컨대, 노동위원회는 형식적으로 독립되어 있는 회사(기관)이라고 할지라도 그 운용의 실질 및 정관의 내용을 고려하여 부설 회사(기관)의 모(母)재단(법인)을 부당해고구제신청의 피신청인으로 보는 경향이 있다. 만일 이와 같은 문제가 발생하는 것을 방지하고자 한다면, 모(母)재단(법인)과 부설 회사(기관)의 실질적인 운영상 독립성을 확보하는 것이 가장 중요하고,[76)] 모(母)재단(법인)과 부설 회사(기관)의 종속관계를 '사실상 입증' 하는 정관의 내용을 그 실질적 독립성을 유지하는 방향으로 변경하는 것이 '이론적인 방법' 이다.[77)] 그러나 모(母)재단(법인)의 설립취지 등 제

75) 사단법인은 일정한 목적을 위해 결합한 사람의 단체이고, 재단법인은 일정한 목적에 바쳐진 재산, 즉 재단이 그 실체를 이루는 법인이다. 그러하다 보니 사단법인은 단체의사에 의해 '자율적' 으로 활동하지만, 재단법인은 설립자의 의사에 의해 '타율적' 으로 운영된다는 차이가 있다. 법적으로 설립자는 재단과 분리되지만, 그럼에도 설립자는 그가 설립한 재단과 특수한 관계에 놓여 있기 때문에 실무에서는 정관을 통해 설립자에게 여러 형태의 특권을 부여하는 경우가 흔하다(김진우, "재단법인에 대한 설립자의 관여 가능성", 『홍익법학(제13권 제4호)』, 2012, 330면). 이러한 재단법인의 본질을 반영하여 재단법인 운영 전반에 대하여 설립자의 의사가 관여될 수 있도록 한 정관이 실무적으로 사실상 표준화되어 있는 것으로 보인다.

76) 중앙노동위원회 『심판업무처리요령』도 "지점, 지부, 분회의 명칭에도 불구하고 별도의 설립등기를 하였거나 별도의 정관 등 독립적인 단체로서의 실질을 갖추고 있는 경우에는 사업주로 볼 수 있다(중앙노동위원회, 『심판업무처리요령』, 2007, 32면)."라고 명시하고 있다.

77) 재단법인은 정관에서 그 변경방법을 정한 때에는 정관의 규정을 변경할 수 있고, 재단법인의 명칭과 사무소 소재지는 정관에서 그 변경방법을 정하지 않아도 재단법인의 목적달

반 사정을 고려할 때, 모(母)재단(법인)에서 부설 회사(기관)의 독립성을 보장하는 취지로 정관의 규정을 개정하는 것은 현실적으로 어려울 것으로 판단된다.

따라서 모(母)재단(법인)이 설립한 회사(기관)인 경우, 법원 및 노동위원회가 부당해고 관련 소송(심판)에서는 그 회사의 대표자가 아닌 실질적으로 회사를 지배 · 관리하는 모(母)재단(법인)의 대표자를 사업주인 사용자로 볼 수 있다는 점을 실무적으로 이해하고 대응할 필요가 있다. 인사보감

성 또는 그 재산의 보전을 위해 적당한 때에는 변경이 가능하다(민법 제45조). 또한 재단법인의 목적을 달성할 수 없는 때에는 설립자나 이사는 주무관청의 허가를 얻어 설립의 취지를 참작하여 그 목적 기타 정관의 규정을 변경할 수 있다(민법 제46조).

08

진의 아닌 의사표시

“스스로 퇴직한 직원이 강요된 사직이라며 무효를 주장하면 어떻게 하나요?”

상담사례(Question)

1개월 전, 심각한 비위행위가 적발되어 의원면직으로 퇴직한 여직원이 노동위원회에 그 당시 회사의 강요 때문에 어쩔 수 없이 사직서를 제출하였다면서 부당해고구제신청을 제기하였습니다. 회사가 비위행위에 대한 사실관계를 확인하고, 원만하게 문제를 해결하고자 인사부 직원이 외부 전문가인 공인노무사와 함께 해당 여직원을 몇 차례 심층면담한 것은 맞지만, 회사가 퇴직을 강요한 사실은 결코 없습니다. 하지만 해당 여직원은 회사측의 여러 사람이 자신을 장시간 밀폐된 방에 가두고 사직서를 내지 않으면 결국 징계해고로 갈 수밖에 없다면서 계속 협박하였다는 허위 주장을 하고 있습니다. 이러한 경우 회사는 어떻게 대응하는 것이 좋은지 문의를 드립니다.

희망퇴직[78]이나 의원면직(依願免職)[79]은 근로자가 스스로 퇴직을 신청하

78) 희망퇴직은 근로자가 희망퇴직을 신청(청약)하면 사용자가 요건을 심사한 후 이를 승인(승낙)함으로써 합의에 의하여 근로관계를 종료시키는 합의해지에 해당한다(대법원 2000. 7. 7. 선고 98다42172 판결).

79) ‘의원면직’에서 ‘원(願)’은 ‘원하다’ 또는 ‘바라다’의 뜻으로, ‘본인의 자발적인 의지

거나 사직서를 제출하여 근로관계가 종료되는 합의해지(合意解止)의 한 유형이다.[80] 그런데 합의해지의 형태로 퇴직한 근로자가 갑자기 태도를 바꾸어 본인은 퇴직을 원하지 않았음에도 회사측의 강요에 의해 어쩔 수 없이 그러한 것이라며 무효라고 주장하는 사례가 종종 발생한다. 이는 '해고'가 아닌 '퇴직'에 관한 문제로서 민법이 우선 적용되며,[81] 특히 진의 아닌 의사표시에 관한 내용을 규정하고 있는 민법 제107조가 문제되는 사안이다.[82]

진의(眞意) 아닌 의사표시

'진의 아닌 의사표시'란 자기가 하는 표시행위의 의미가 자신의 내심의

에 따라 직무에서 물러나게 하는 것'을 의미한다. 의원면직도 희망퇴직과 유사하게 합의해지의 일종으로 근로자가 사표를 낸 다음 사용자가 이를 수리함으로써 퇴직의 효과가 발생한다(노동법실무연구회, 『근로기준법주해(Ⅱ)』, 박영사, 2010, 78면).

80) 법률적으로는 근로자의 일방적인 의사표시에 의한 근로계약의 해지를 '사직(辭職)', 근로자와 사용자의 합의에 의한 근로계약의 해지를 '합의해지'라고 한다. 그리고 사직과 합의해지에 의한 근로계약의 종료를 합쳐서 '퇴직'이라고 한다. 그러나 인사실무상 사직의 의사표시를 담은 서면을 사표, 사직서, 사직원이라고 부르면서 사직, 합의해지, 퇴직 등의 용어를 별다른 의미의 구분 없이 혼용(混用)하는 경우가 많다.

81) 사용자가 근로자로부터 사직서를 제출 받고 이를 수리하는 의원면직의 형식을 취하여 근로계약관계를 종료시킨 경우, 사직의 의사 없는 근로자로 하여금 어쩔 수 없이 사직서를 작성, 제출케 하였다면 실질적으로 사용자의 일방적인 의사에 의하여 근로계약관계를 종료시키는 것이어서 해고에 해당한다고 할 것이나, 그렇지 않은 경우에는 사용자가 사직서 제출에 따른 사직의 의사표시를 수락함으로써 사용자와 근로자의 근로계약관계는 합의해지에 의하여 종료되는 것이므로 사용자의 의원면직 처분을 해고라고 볼 수 없다(대법원 2003. 4. 11. 선고 2002다60528 판결).

82) 대법원은 근로자의 희망퇴직 청약의 의사표시가 민법 제107조의 진의 아닌 의사표시에 해당하는지 여부를 기준으로 하여 해당 퇴직이 근로계약의 합의해지인지 아니면 해고에 해당하는지를 판단하고 있다(홍진영, "희망퇴직 의사표시의 해석 및 그 효력에 관한 고찰", 『노동법 실무연구(재판자료 제118집)』, 법원도서관, 2009, 80면).

진의(眞意)와 다르다는 것을 알면서 행한 의사표시를 말한다.[83] 예컨대, 물건을 팔 생각이 없으면서 "팔겠다."라고 하는 것이 그 예이다. '진의 아닌 의사표시'라고 하면 일견 법적으로 문제가 있을 것 같은 생각이 들지만, 원칙적으로 진의 아닌 의사표시는 유효하다.[84] 상기 예에서 물건을 "팔겠다."라는 말이 진의 아닌 의사표시라고 하더라도 상대방이 그를 수락한 경우(사겠다고 한 경우)에는 '매매(賣買)'라는 법률행위의 효력이 그대로 발생하는 것이다.

다만, 예외적으로 상대방이 표의자(의사표시를 한 자)에게 진의가 없음을 알았거나 알 수 있었을 경우에는 진의 아닌 의사표시가 무효이다.[85] 여기서 '알 수 있었을 경우'는 과실(過失)[86]로 알지 못한 것으로서 보통사람이 주의를 기울였다면 알았을 경우를 의미한다. 진의가 아니라는 사실을 알고 있는 상대방은 보호할 필요가 없다는 측면에서 오히려 표의자 본인의 진의를 존중하여 진의 아닌 의사표시를 무효로 하는 것이다.[87]

상대방이 표의자의 의사표시가 진의가 없음을 알고 있었다는 사실(악의, 惡意)[88] 또는 상대방에게 과실이 있다는 점은 진의 아닌 의사표시가 무효

83) 양창수, 『민법입문(제5판)』, 박영사, 2008, 174면.

84) 의사표시는 표의자가 진의 아님을 알고 한 것이라도 그 효력이 있다(민법 제107조 제1항 본문). 이는 그릇된 의사표시를 초래한 표의자에게 귀책사유가 있다는 점에서 표시한 대로 효과를 발생시키는 것이다(김준호, 『민법강의』, 박영사, 2015, 270면).

85) 상대방이 표의자의 진의 아님을 알았거나 이를 알 수 있었을 경우에는 무효로 한다(민법 제107조 제1항 단서).

86) 좀 더 구체적으로 말하면, '과실'이란 사회생활상 요구되는 주의를 기울였다면 그러한 결과의 발생을 회피할 수 있었을 것인데 그 주의를 하지 아니함으로써 그러한 결과가 발생하게 된 것을 의미한다.

87) 곽윤직 · 김재형, 『민법총칙(제8판)』, 박영사, 2012, 300면.

88) 민법에서 '선의(善意)'란 어떤 사실을 모르는 것이며, '악의(惡意)'란 알고 있는 것을 말한다. 법학상의 선의 · 악의의 개념은 윤리적인 평가와는 관계 없이 일정한 사실에 관한 지(知), 부지(不知)라는 심리상태, 즉 내심적 사실에 따른 것임을 유의하여야 한다. 통상 쓰여지는 뜻과는 달리 이에 아무런 도덕적 시인 또는 비난의 뜻이 포함되어 있지 않다.

라고 주장하는 측에서 입증하여야 한다.[89)]

인사실무에서의 문제

근로기준법상 사직은 별다른 제한을 받지 않는데 비하여 해고는 엄격한 제한을 받는다. 이러한 이유 때문에 회사는 해고에 따른 위험 부담(legal risk)을 줄이기 위해 근로자로 하여금 사직서를 제출하도록 권유, 압박 또는 강압하는 경우가 있고 그 상황에서 분쟁의 단초가 발생한다.

사직의 과정에서 근로관계를 소멸시키겠다는 근로자의 진의여부에 대한 법원 판례의 기본적인 판단기준을 정리해 보면 다음과 같다.[90)] ① '진의'란 특정한 내용의 의사표시를 하고자 하는 표의자의 생각을 말하는 것이지 표의자가 진정으로 마음 속에서 바라는 사항을 뜻하는 것은 아니다.[91)] ② 표의자가 의사표시의 내용을 진정으로 마음 속에서 바라지는 않았다고 하더라도 당시의 상황에서는 '그것이 최선이라고 판단'하여 사직의 의사표시를 하였을 경우에는 진의로서 사직의 효과가 발생한다.[92)] ③

민법에서는 선의·악의라는 말 외에도, 어떠한 사실을 '안 때', '알았거나 알 수 있었을 때', '과실로 인하여 알지 못한 때', '알았거나 중대한 과실로 알지 못한 때' 등의 표현으로 법률효과의 발생 여부를 걸리게 하는 경우가 많다. 이는 통상 해당 거래(법률)행위의 사정을 모르는 당사자나 제3자의 거래 안전을 보호하기 위한 경우가 많으며, 이 경우에 법문(法文)은 '선의의 상대방'이나 '선의의 제3자'라는 용어를 주로 사용한다. '제3자'란 그 규정에서 다루어지고 있는 행위 내지 사건의 당사자 이외의 사람을 의미한다(양창수, 『민법입문(제5판)』, 박영사, 2011, 142~144면).

89) 대법원 1992. 5. 22. 선고 92다2295 판결.

90) 한국노동법학회, 『노동판례백선』, 박영사, 2015, 128면.

91) 대법원 2001. 1. 19. 선고 2000다51919 판결.

92) 원고들은 당시 희망퇴직의 권고를 선뜻 받아들일 수는 없었다고 할지라도 그 당시의 경제상황, 피고 회사의 구조조정계획, 피고 회사가 제시하는 희망퇴직의 조건, 정리해고를 시행할 경우 정리기준에 따라 정리해고 대상자에 포함될 가능성, 퇴직할 경우와 계속 근무할 경우의 이해득실 등 제반 사항을 종합적으로 고려하여 심사숙고 한 결과 사직서

하지만 회사의 강요에 어쩔 수 없이 본의(本意)에 반하여 사직서를 제출한 것이라면, 그 사직의 의사표시는 진의 아닌 의사표시이고 회사가 그러한 사정을 잘 알고 있었다고 보아야 하므로 (실질상 부당해고로서) 무효에 해당한다.[93)]

요컨대, 사직의 의사표시는 객관적으로 명확한 것이어야 하며, 해당 근로자의 진의에 의한 것이어야 한다. 이미 외부적으로 표시된 사직의 의사표시는 표의자 내심의 의사와 다르더라도 회사가 그것을 강요하거나 종용하였다는 사정이 발견되지 않은 이상, 실무적으로는 '진의'로 인정될 가능성이 높다(사직의 효과 발생). 반대로 회사가 근로자의 사직서를 낼 수 밖에 없도록 강요하거나 종용하였다는 사정이 인정되는 경우에는 해당 근로자가 사직서를 제출한 행위가 진의 없는 의사표시로서 회사가 알고 있었던 것이 되어 민법 제107조 제1항에 따라 무효가 되는 것이다(실질적으로

를 제출하였다고 봄이 상당하다. 따라서 원고들과 피고 회사 사이의 근로계약은 원고들이 피고 회사에 대하여 사직서를 제출하고 피고 회사가 이를 수리하여 원고들을 면직함으로써 합의해지에 의하여 종료되었다고 할 수 있다(대법원 2003. 4. 11. 선고 2002다60528 판결).

93) 해외근로자가 업무상 재해의 치료를 위하여 중도 귀국함에 있어 미리 사직의 뜻이 담긴 귀국청원서를 제출하지 아니하면 귀국시켜 줄 수 없다는 회사의 강요에 어쩔 수 없이 본의에 반하여 귀국청원서를 제출한 것이라면, 그 사직의 의사표시는 진의 아닌 의사표시이고 당시 회사도 그러한 사정을 잘 알고 있었다고 보아야 하므로 무효이고, 따라서 그에 따른 회사의 의원면직처분은 실질상 해고에 해당되어 달리 정당한 이유가 있다는 주장·입증이 없는 한 부당해고로서 무효라고 할 것이다(대법원 1992. 9. 1. 선고 92다26260 판결). 근로자가 회사의 경영방침에 따라 사직원을 제출하고 회사가 이를 받아들여 퇴직처리를 하였다가 즉시 재입사하는 형식을 취함으로써 근로자가 그 퇴직 전후에 걸쳐 실질적인 근로관계의 단절이 없이 계속 근무하였다면 그 사직원 제출은 근로자가 퇴직을 할 의사 없이 퇴직의사를 표시한 것으로서 진의 아닌 의사표시에 해당하고 재입사를 전제로 사직원을 제출케 한 회사 또한 그와 같은 진의 아님을 알고 있었다고 봄이 상당하다 할 것이므로 위 사직원 제출과 퇴직처리에 따른 퇴직의 효과는 생기지 아니한다(대법원 19988. 5. 10. 선고 97다카2578 판결).

는 부당해고).

상기 사례의 내용만으로는 해당 근로자가 사직서를 제출한 행위가 진의 또는 진의 아닌 의사표시로 판단될 수 있는지 여부를 명확히 판단하기는 어렵다. 통상 회사는 최대한 객관적이고 공정한 입장에서 합의해지를 이끌고자 하지만, 아무래도 근로자 입장에서는 그러한 과정이 두렵거나 심할 경우 공포감을 느낄 수도 있다. 따라서 회사는 희망퇴직이나 의원면직과 같은 합의해지 과정에서 근로자의 심리 등 제반 사정을 더욱 세심하게 고려할 필요가 있다.

그렇지 않고 회사가 지나치게 강압적 언행으로 근로자를 대하거나 강요나 협박으로 퇴직을 종용할 경우, 합의해지에 의한 퇴직이라고 하더라도 근로자가 사직서를 제출한 행위는 무효(민법 제107조 위반)가 되어 부당해고가 될 수 있다. 특히, 최근에는 각종 정보통신기기의 발달로 당사자간 대화, 전화통화, 메시지, 이메일 등의 내용이 마음만 먹으면 얼마든지 쉽게 채증(採證)이 가능하다는 점에서 회사는 합의해지 등의 과정에서 언행에 각별한 주의를 기울일 필요가 있다.[94]

94) 법관이 사람의 내심을 직접 들여다 볼 수는 없기 때문에 진의 아닌 의사표시의 요건사실 중 진의, 즉 내심의 효과의사가 있는지 여부는 증거에 의하여 인정되는 간접사실을 종합적으로 고려하여 위 요건사실을 추인하는 추론과정을 거치게 된다(홍진영, "희망퇴직 의사표시의 해석 및 그 효력에 관한 고찰", 『노동법 실무연구(재판자료 제118집)』, 법원도서관, 2009, 115면). 즉, 법관은 어떤 정황과 제반 조건 하에서 근로자가 퇴직에 이르렀는지의 사실을 중요한 기준으로 삼아 판단을 내리게 된다.

09

부제소 합의

“향후 어떠한 이의제기를 하지 않겠다는 합의서의 효력이 인정되나요?”

상담사례(Question)

1년 전 희망퇴직을 실시하면서, 법정 퇴직금 이외에도 소정의 퇴직위로금을 지급받고 퇴직하는 희망퇴직자들에게 “향후 근로관계 및 퇴직과 관련하여 행정상 또는 사법상 어떠한 이의도 제기하지 않을 것임을 확인합니다.”라는 내용의 합의서를 받았습니다. 그런데 최근 희망퇴직자 중 3명이 퇴직금의 산정의 기초가 되는 평균임금에 일부 임금항목이 산입되지 않았다면서 퇴직금 미지급분을 추가로 지급해 줄 것을 요구해 왔습니다. 아울러 회사가 이러한 요구에 응하지 않을 경우 법원에 소송을 제기하겠다고 합니다. 이러한 경우, 희망퇴직자들에게 퇴직 시 받았던 합의서의 효력이 인정되는지 문의를 드립니다.

부제소 합의의 의의

‘부제소(不提訴) 합의’는 당사자가 소를 제기하지 않기로 하는 약정으로 소송상 합의 내지 계약의 일종이다. 부제소 합의는 단순히 소를 제기하지 않겠다는 것뿐만 아니라 소를 포함한 어떠한 분쟁해결수단도 이용하지 않겠다는 의미도 포함한다.[95] 부제소 합의에도 불구하고 법원에 소송을 제기한 경우에는 소의 이익이 없어 각하된다는 것이 법원 판례의 입장이다.[96]

부제소 합의는 어떠한 분쟁에 대하여 당사자 간에 타협이 이루어진 이후, 향후 행정상·사법상(민·형사상) 일체의 이의를 제기하지 않는다는 내용으로 작성된다.[97] 실제로 인사실무상 권고사직·합의사직·희망퇴직 등 근로자의 퇴직과정이나 법원, 노동위원회 등의 노동분쟁 전후 과정에서 사용자와 근로자가 분쟁을 예방하기 위해 부제소 합의를 하는 경우가 많다.

그러나 부제소 합의를 무제한적으로 허용하면 헌법이 국민에게 보장하는 재판청구권을 침해하는 결과를 가져올 수 있다는 점에서 일정한 요건을 갖추어야 그 유효성이 인정된다. 특히, 노동관계에서 부제소 합의는

---

95) 실무적으로는 당사자의 진의가 소를 제기하지 않겠다는 것보다는 실체법상 권리를 양도하거나 포기하는 방법의 일종으로 이루어지고 있다(박현석, 『부제소 합의에 관한 연구』, 서울대학교 박사학위논문, 2014, 1면). 부제소 합의에 의해 소의 제기뿐만 아니라 지급명령의 신청, 민사조정의 신청, 제소전화해의 신청도 금지될 수 있다(호문혁, "판결과 ADR체계의 정립에 관한 연구", 『서울대학교 법학(제53권 제1호)』, 서울대학교 법학연구소, 2012, 574면).

96) 대법원 1993. 5. 14. 선고 92다21760 판결. 부제소 합의가 있는 경우 그러한 합의로 인해 분쟁이 없어졌을 것이기 때문에 제소금지사유가 된다. 따라서 별다른 이유 없이 그에 위반해 다시 소송을 제기하면 권리보호자격이 없는 효과가 발생한다(호문혁, 『민사소송법(제7판)』, 법문사, 2009, 289면).

97) 통상 부제소 합의서에 ① "근로자는 본 합의서 체결일 이후 법원, 수사기관, 행정당국, 언론기관, 기타 어떠한 기관에도 회사 및 그 임직원과 기타 회사와 이해관계가 있는 여타 당사자에 대하여 행정상 또는 민·형사상 고소, 진정, 소송 등을 포함한 어떠한 형태의 이의제기도 하지 않을 것임을 확인한다."라고 직접적으로 규정하거나, ② "근로자는 퇴직위로금을 수령함으로써 회사 및 그 임직원 또는 관련 회사와의 관계로부터 발생한 제반 권리를 포기하며, 회사와의 근로관계 및 퇴직과 관련하여 지급받아야 하는 모든 임금, 상여금, 미사용 연차휴가수당, 퇴직금, 기타 모든 혜택 및 보상에 대하여 가질 수 있는 자격 및 청구권에 따른 금품을 수령하였음을 확인하고, 추후 동 합의서 체결 이후 이와 관련된 어떠한 권리도 주장하지 않는다는 것을 확인한다."라고 간접적으로 규정하고 있다.

근로자에 비해 상대적으로 우월한 지위에 있는 사용자가 악용할 우려가 있어 인사실무에서는 더욱 신중하게 판단할 필요가 있다.

부제소 합의의 유효요건

법원 판례가 부제소 합의의 유효요건으로 제시하고 있는 주요 내용을 살펴보면 다음과 같다.[98)]

첫째, 부제소 합의는 공정한 방법에 의한 것이어야 한다. 부제소 합의내용이 당사자의 궁박·경솔·무경험으로 인하여 현저하게 공정을 잃은 경우에는 민법 제104조[99)] 위반으로 무효이다.[100)] 사회적·경제적 지위가 우월한 일방 당사자가 상대방의 열세를 이용하여 공평과 신의성실의 원칙에 반하는 부제소 합의를 한 경우 그 효력이 부정될 수 있다는 법원 판결도 있다.[101)]

둘째, 부제소 합의는 강행법규에 반하지 않아야 한다. 일례로 퇴직금 청구권을 사전에 포기하거나 이에 대하여 부제소 합의를 하는 것은 강행법규인 근로기준법에 위반되어 무효라고 본 법원 판례가 대표적이다.[102)]

셋째, 부제소 합의는 합의를 할 당시 예측이 가능한 범위 내의 권리 및 법률관계에 대하여만 효력이 있다. 합의 당시 예상할 수 없는 범위의 권리에 대해서까지 법원에 제소하지 않겠다는 의사가 있었다고 볼 수는 없기 때문이다.

---

98) 이에 대해서는 박현석, 『부제소 합의에 관한 연구』, 서울대학교 박사학위논문, 2014, 82~90면.

99) 민법 제104조(불공정한 법률행위) 당사자의 궁박, 경솔 또는 무경험으로 인하여 현저히 공정을 잃은 법률행위는 무효로 한다.

100) 인천지방법원 2011. 4. 13. 선고 2009가합22910 판결.

101) 서울고등법원 1993. 7. 9. 선고 92나18377 판결.

102) 대법원 1998. 3. 27. 선고 97다49732 판결.

넷째, 부제소 합의는 특정한 권리관계에 대한 명시적인 합의이어야 한다. 일반적이거나 포괄적인 소권(訴權)의 포기를 내용으로 하는 경우, 불확정 기한이나 불명확한 조건 등을 붙이는 경우, 묵시적이거나 추상적인 합의를 하는 경우에는 민법 제103조[103] 위반으로 효력이 인정되지 않는다.[104]

다섯째, 부제소 합의에 의사표시의 하자(瑕疵)가 없어야 한다. 부제소 합의의 당사자가 중요부분에 대하여 착오를 하여 합의한 경우에는 그 착오를 이유로 부제소 합의가 취소될 수 있다.[105]

요컨대, 부제소 합의는 합의의 대상이 되는 권리 · 법률관계가 특정되어야 하고, 합의 시 예상할 수 있는 범위 내의 것이어야 하며, 강행규정에 위반됨이 없이 합의 당사자가 처분할 수 있는 것이어야 한다. 그리고 의사와 표시가 일치하고, 부제소 합의의 의사표시가 부당한 간섭이 없는 자유로운 상태에서 행해져야만 그 법적 효력이 인정될 수 있다.[106]

부제소 합의와 인사실무

부제소 합의는 인사실무에서도 상당히 광범위하게 활용되고 있다. 대개 사용자가 부제소 합의 본연의 취지를 달성하기 위한 목적과 부제소 합의를 통해 근로자에게 소를 제기하지 않도록 심리적 압박을 가하기 위한 목적이 상존하기 마련이다.

예를 들어, 업무상 재해가 발생하게 되면 사용자는 근로자에게 공상 처

---

103) 민법 제103조(반사회질서의 법률행위) 선량한 풍속 기타 사회질서에 위반한 사항을 내용으로 하는 법률행위는 무효로 한다.

104) 대법원 2002. 2. 22. 선고 2000다65086 판결.

105) 서울고등법원 2009. 2. 5. 선고 2008나14222 판결.

106) 당사자가 부제소 합의의 결과나 그 위험, 의미를 명확하게 인식하고 있는 상태에서 의사결정을 하여야 하며, 직 · 간접적인 강제가 없어야 한다.

리를 해주면서 합의서에 "추후 산재 신청 및 민사상 손해배상청구소송을 하지 않기로 한다."라고 합의하는 경우가 많다. 그런데 위와 같이 부제소 합의를 하더라도 산재 신청을 금지하는 합의는 강행규정에 위반되므로 근로자는 재해 발생일로부터 3년 내에 산재 신청이 가능하다.[107] 그럼에도 사용자는 산재 처리에 따른 여러 가지 불이익을 줄이기 위해 공상 처리와 함께 향후 산재 신청을 하지 않겠다는 부제소 합의를 하는 것이다.

법원 판례가 기본적으로 사법(私法) 영역에 대한 부제소 합의의 효력을 인정하고 있으므로 전술한 부제소 합의의 유효요건을 잘 숙지하여 시행하면 큰 문제는 없다. 상기 사례에서도 법원 판례상 유효요건에 어긋남이 없다면, 사용자가 근로자에 대하여 법정 퇴직금 이외에도 퇴직위로금을 지급하였기 때문에 부제소 합의는 유효할 것이다. 부제소 합의가 유효한 이상, 희망퇴직자 3명이 퇴직금 관련 청구소송을 제기하여도 법원은 각하 판정을 내리게 된다.

다만, 부제소 합의가 이루어지는 목적과 상황에 맞게 그 내용을 최대한 구체적으로 설정하는 것이 바람직하다. 상기 사례와 같이 근로자의 근로관계 및 퇴직과 관련한 퇴직위로금 지급의 부제소 합의의 경우, ① 합의시점 이전에 이미 발생된 각종 법정수당 차액 및 퇴직금 차액 부분을 그 대상으로 특정하되, ② 대상이 되는 임금항목을 구체적 · 개별적으로 특정해 열거하는 한편, ③ 그로 인해 계산되는 추가 지급대상인 연장 · 야간 · 휴일 근로수당 및 미사용 연차휴가수당 등 각종 법정수당 및 퇴직금에 관해서도 그 항목을 구체적 · 개별적으로 특정해 열거하는 방식으로 부제소 합의를 한다면 그 유효성을 인정받을 수 있는 가능성이 더 높아질 것이다.[108] 인사보감

107) 근로자가 공상 처리 후 산재 신청을 하는 경우 근로복지공단은 법령에서 정한 기준에 따라 일정한 금액을 공제하고 보험급여를 지급한다.

108) 박정택, "부제소 합의와 관련한 쟁점사항에 대한 검토", 『노동법률』, ㈜중앙경제, 2013. 5, 71면.

10

고소의 포기

"고소하지 않겠다고 말한 뒤에는 고소할 수 없나요?"

상담사례(Question)

사장님과 노동조합 간부들이 모두 한 자리에 모인 회식자리에서 노동조합 위원장이 사장님께 예상에 없던 무리한 성과급 지급을 요구하였습니다. 이에 사장님께서 "성과급 지급에 관한 사항은 내가 단독으로 결정할 사안이 아니니 내부적으로 검토하여 보겠다."라고 말씀하시자, 노동조합 위원장은 술이 취한 상태에서 사장님을 향해 크게 화를 내며 "너는 억대 연봉을 받으면서 직원들은 봉이냐? 이 버러지 같은 망할 XX야!"라며 욕설을 하였습니다. 당초 사장님께서는 노동조합 위원장을 모욕죄 로 고소하고 회사 내부적으로도 엄중하게 징계하겠다고 하셨는데, 다음 날 노동조합 위원장이 사장님께 찾아와 사죄를 하였고 향후 언행에 주의할 것을 다짐하였습니다. 이에 사장님은 "향후 이 건으로 고소하지 않겠다."라고 약속을 하시고 노사 간 화합이 잘 이루어 질 수 있도록 협조해 달라고 당부하셨습니다.

그런데 그 후에도 노동조합 위원장은 공개적인 자리에서 사장님을 비판하거나 모욕적인 언행을 일삼는 등 지난번 사죄의 진정성이 전혀 없는 행동을 계속 하고 있습니다. 이에 사장님께서는 지난번 회식자리에서 자신을 모욕한 노동조합 위원장을 고소하려고 합니다. 그러나 노동조합 위원장은 이미 고소하지 않겠다고 약속한 이상, 다시 고소할 수 없다며 반발하고 있습니다. 이러한 경우 노동조합 위원장을 고소하여도 효력이 없는 것인가요?

고소: 고소권자와 고소기간

고소는 범죄의 피해자 또는 그와 일정한 관계가 있는 고소권자가 수사기관에 대하여 범죄사실을 신고하여 범인의 처벌을 구하는 의사표시를 말한다. 그 주체가 '고소권자'라는 점에서 제3자가 주체가 되는 '고발'과 구별된다.[109] 형사소송법 규정을 중심으로 고소에 관한 내용을 간략하게 살펴보면 다음과 같다. 강학적으로 크게 어려운 부분은 없으므로, 해당 규정을 읽어두면 고소의 기본이해에 도움이 되리라 생각한다.

고소권자는 범죄로 인한 직접적인 피해자이며,[110] 피해자의 법정대리인도 독립하여 고소할 수 있다.[111] 피해자가 사망한 때에는 배우자 · 직계친족 또는 형제자매가 고소할 수 있으며,[112] 피해자의 법정대리인이 피의자이거나 그의 친족이 피의자인 때에는 피해자의 친족이 독립하여 고소할 수 있다.[113] 참고로 죽은 사람(사자, 死者)의 명예를 훼손한 죄의 경우에는 친족 또는 자손이 고소할 수 있다.[114]

친고죄[115]는 범인을 알게 된 날로부터 6월을 경과하면 고소하지 못한다.[116] 다만, 고소할 수 없는 불가항력의 사유가 있을 때에는 그 사유가

---

109) 인사실무자들이 '고소'와 '고발'을 명확하게 구분하지 못하는 경우를 흔히 볼 수 있는데, 그 법적 개념을 정확하게 이해하고 사용해야 할 것이다.

110) 형사소송법 제223조.

111) 형사소송법 제225조 제1항.

112) 형사소송법 제225조 제2항. 다만, 피해자의 명시적인 의사에 반하지 못한다.

113) 형사소송법 제226조.

114) 형사소송법 제227조. 친고죄(親告罪)에 대하여 고소할 자가 없는 경우에는 이해관계인의 신청으로 10일 이내에 검사가 지정한다(형사소송법 제228조).

115) 범죄의 피해자 기타 법률이 정한 자의 고소가 있어야 공소를 제기할 수 있는 범죄를 말한다. 형법상 사자(死者) 명예훼손죄, 모욕죄 등이 친고죄에 해당한다. 친고죄를 인정하는 이유는 피해자나 피해자 가족의 의사와 명예를 존중할 필요가 있거나, 그 죄질이 경미한 경우가 있기 때문이다.

116) 형사소송법 제230조. 그러나 비친고죄에 대한 고소는 수사의 단서에 불과하므로 고소

없어진 날부터 기산한다.[117)]

고소의 취소와 포기

형사소송법은 고소가 제기된 후에도 고소를 철회할 수 있도록 하여, 즉 '고소의 취소'가 가능하다고 규정하고 있다.[118)] 고소의 취소는 서면뿐만 아니라 구두로도 가능하다. 공소제기 전에는 수사기관에, 공소제기 후에는 법원에 하면 된다.[119)] 유의할 점은 친고죄의 고소는 '제1심판결 선고 전'까지만 취소할 수 있다는 점이다.[120)] 고소를 취소하면 고소권은 소멸하며, 고소기간 내라고 하더라도 다시 고소할 수 없다.[121)]

반면, 고소의 취소와 구별되는 개념으로 '고소의 포기'가 있다. 고소의 포기란 친고죄의 고소기간 내에 장차 고소권을 행사하지 아니한다는 의사표시를 하는 것을 말한다. 고소의 포기는 고소기간이 경과하여 고소권이 소멸하는 '고소권의 불행사'와 구별된다.

문제는 형사소송법의 규정에 의해 인정되는 고소의 취소와 달리, 고소의 포기는 형사소송법상 명문의 규정이 없어 고소의 포기가 인정될 수 있는지 여부가 실무상 쟁점이 된다. 이에 대하여 법원 판례[122)]는 "친고죄에서 피해자의 고소권은 공법상의 권리로서 법이 명문으로 인정하고 있지 않은 이상 (일반 사인(私人)이) 자유(롭게) 처분을 할 수 없다."라고 하여 고

기간의 제한이 없다.

117) 형사소송법 제230조 제1항 단서.

118) 형사소송법 제232조 제1항.

119) 형사소송법 제239조.

120) 형사소송법 제232조 제1항. 다만, 비친고죄의 고소는 수사단서에 불과하므로 언제나 취소할 수 있다.

121) 형사소송법 제232조 제2항. 고소를 취소한 자는 다시 고소하지 못한다.

122) 대법원 1967. 5. 23. 선고 67도471 판결.

소(권)의 포기를 '부정' 하는 입장에 있다.[123] 법원 판례는 이미 행한 고소의 취소와 고소기간 내에 고소를 포기하는 행위를 구별하고, 고소의 포기를 강요할 위험성 등을 고려하여 고소의 포기를 인정하지 않는 입장에 있다고 보여진다.

요컨대, 고소의 취소와 달리 고소의 포기는 상호 간에 합의를 하였다고 하더라도 그 효력이 없으므로, 피해자가 고소장을 제출하여 처벌을 희망하는 의사를 분명히 표시한 후 고소를 취소하지 않았다면 비록 고소 전에 피해자가 처벌을 원치 않았다 하더라도 그 후에 한 피해자의 고소는 유효하다.[124]

상기 사례에서 노동조합 위원장은 회사 사장을 공개적인 장소에서 비난 · 모욕하였으므로 형법상 모욕죄에 해당하는 것으로 판단된다. 모욕죄는 고소가 있어야 공소를 제기할 수 있는 '친고죄' 에 해당한다.[125] 그런데 사례에서 회사 사장은 노동조합 위원장의 사죄를 받아들여 향후 고소하지 않겠다고 구두로 약속하였다. 이는 앞서 살펴본 '고소의 포기' 에 해당한다.

그러나 법원 판례에 따르면 고소의 포기는 인정되지 않으므로 향후 고소하지 않겠다고 한 사장의 구두 약속은 법적 효력이 없다. 따라서 회사 사장이 노동조합 위원장에게 향후 고소하지 않겠다고 하였을지라도 공개

---

123) 법원 판례의 입장을 지지하는 견해도 ① 고소권은 공법상 권리이므로 사적 처분을 허용할 수 없고, ② 고소의 취소에 관해서는 명문의 규정이 있지만 고소의 포기는 명문의 규정이 없으며, ③ 고소권의 포기를 인정하면 고소권을 소멸시키기 위한 폐단이 생길 수 있다는 점을 근거로 제시한다. 다만, 학계에서는 고소권의 포기를 인정하되, 고소의 취소와 같은 방식으로 해야 한다는 견해가 다수설이다(관련 내용에 관해서는 신광은, 『형사소송법』, 도서출판 웅비, 2015, 44면).

124) 대법원 1993. 10. 22. 선고 93도1620 판결; 대법원 2008. 11. 27. 선고 2007도4977 판결.

125) 형법 제312조 제1항.

적인 회식 자리에서 사장을 모욕한 노동조합 위원장을 모욕죄로 고소하는 것에는 아무런 법적 문제가 없다. 인사보감

11

실효의 원칙

"2년 전에 권고사직 한 직원이 부당해고라고 주장할 수 있나요?"

상담사례(Question)

약 2년 전 내부비리 혐의로 권고사직 한 직원이 최근 갑자기 법원에 해고무효확인 소송을 제기하겠다고 하여 황당한 상황입니다. 해당 직원이 권고사직을 할 때 회사와 마찰이 없었던 것은 아니지만, 종국에는 본인의 비리행위를 인정하면서 사직서를 제출하고 회사로부터 퇴직금 등을 모두 수령하는 등 정상적으로 퇴사를 하였습니다. 그리고 퇴사 후 2년 동안 아무런 문제제기도 하지 않았습니다. 그런데 갑자기 이제 와서 해당 직원은 회사가 그 당시 강요를 하여 어쩔 수 없이 퇴사를 하였으므로 부당해고라고 주장하고 있습니다. 확인해 본 결과 해당 직원은 저희 회사에서 퇴직 후 바로 다른 회사로 이직하였는데, 최근 이직한 회사가 경기악화로 직원들에게 월급을 주지 못하는 등 어려운 상황에 있다고 합니다. 이런 경우, 해당 직원의 주장이 정당한 것인지 문의를 드립니다.

실효(失效)의 원칙

'실효의 원칙' 은 권리자가 상당한 기간 권리를 행사하지 않은 결과, 권리자가 더 이상 권리를 행사하지 않을 것이라고 상대방이 신뢰를 가지게 된 경우에는 권리자가 상대방에게 다시 권리를 주장하는 것이 허용되지 않는다는 원칙이다.[126)]

실효의 원칙은 민법상 '신의성실(信義誠實)의 원칙'의 파생원칙이다.[127)] 신의성실의 원칙을 규정하고 있는 민법 제2조[128)]는 그 내용이 추상적이고 포괄적인 '일반규정'이다. 일반규정은 법률규정이 세밀하게 다루지 못하는 법률관계를 넓게 포용할 수 있다는 장점이 있지만, 법관의 자의적 해석이 과도하게 개입될 경우에는 법적 안정성을 해칠 수 있다는 문제도 있다.[129)] 따라서 법적 안정성을 유지하기 위해 신의성실의 원칙 및 그 파생원칙인 실효의 원칙은 예외적인 경우에 한해서만 인정된다.[130)]

실효의 원칙이 적용되기 위해서는 3가지 요건이 필요하다. 즉, ① 장기간에 걸쳐 권리를 행사하지 않을 것, ② 권리자에게 권리행사의 기회가 있었음에도 권리를 행사하지 아니하였을 것, ③ 의무자에게 이제는 권리자가 그 권리를 행사하지 아니할 것으로 믿을 만한 정당한 사유(예를 들면, 근로자가 퇴직금이나 해고예고수당 등을 수령하고 오랫동안 해고에 대하여 이의

---

126) 김준호, 『민법강의(제21판)』, 법문사, 2014, 53면.

127) 신의성실의 원칙에서 파생되는 보다 구체적인 원칙으로는 실효의 원칙뿐만 아니라 사정변경의 원칙, 모순행위금지의 원칙(금반언(禁反言)의 원칙)도 있다.

128) 민법 제2조(신의성실) ① 권리의 행사와 의무의 이행은 신의에 좇아 성실히 하여야 한다. ② 권리는 남용하지 못한다.

129) 독일의 Hedemann 교수가 일반조항이 가져오는 폐해로서 ① 사건처리에 있어서 확고한 개념이나 이론의 구성을 회피하거나 포기하게 되는 '법적 사고의 유약화', ② 신의성실의 원칙의 강화가 계약의 구속력을 완화하는 방향으로 주장되기도 하고 강화하는 방향으로 주장되기도 하는 예와 같은 '법적 불안정성', ③ 법률가가 자신의 세계관을 법의 세계에서 관철하기 위한 도구로 활용할 수 있는 '자의(恣意)'를 지적한 점을 참고할 수 있다(곽윤직, 『민법주해1(총칙1)』, 박영사, 2002, 105면).

130) 정진경, "해고무효확인소송과 신의칙 · 실효의 원칙", 『사법논집(제43권)』, 법원행정처, 2006, 553면.

를 하지 않았다던지 해고된 후 곧바로 다른 직장을 얻어 근무하였다는 등의 사정)가 있어야 한다.[131]

법원 판례의 경향

노동분쟁에서는 1992년 대법원에서 실효의 원칙을 적용하여 근로자의 해고무효확인청구를 배척하는 판결[132]이 처음으로 등장하였다. 이후 노동분쟁의 신속한 해결이라는 관점에서 노동관계에서는 다른 법률관계보다 보다 적극적으로 실효의 원칙을 적용하여 근로자의 해고무효확인청구를 배척하는 법원 판례가 현재는 주류를 이루고 있다.

특히, 주목할만한 점은 대법원 관련 판례의 상당수가 원심에서 근로자가 승소한 판결을 '파기환송'[133]하였다는 사실이다. 대법원에서 원심을

---

131) 실효의 원칙이 적용되기 위하여 필요한 요건으로서의 실효기간(권리를 행사하지 아니한 기간)의 길이와 의무자인 상대방이 권리가 행사되지 아니하리라고 신뢰할 만한 정당한 사유가 있었는지의 여부는 일률적으로 판단할 수 있는 것이 아니라, 구체적인 경우마다 권리를 행사하지 아니한 기간의 장단과 함께 권리자측과 상대방측 쌍방의 사정 및 객관적으로 존재하는 사정 등을 모두 고려하여 사회통념에 따라 합리적으로 판단하여야 할 것이고, 징계해임처분의 효력을 다투는 분쟁에 있어서는 징계사유와 그 징계해임처분의 무효사유 및 징계해임된 근로자가 그 처분이 무효인 것을 알게 된 경위는 물론, 그 근로자가 그 처분의 효력을 다투지 아니할 것으로 사용자가 신뢰할 만한 다른 사정, 사용자가 다른 근로자를 대신 채용하는 등 새로운 인사체제를 구축하여 기업을 경영하고 있는지의 여부 등을 모두 참작하여 그 근로자가 새삼스럽게 징계해임처분의 효력을 다투는 것이 신의성실의 원칙에 위반하는 결과가 되는지의 여부를 가려야 할 것이다(대법원 1992. 1. 21. 선고 91다30118 판결).

132) 대법원 1992. 1. 21. 선고 91다30118 판결.

133) '파기'는 사후심법원(事後審法院)이 상소이유가 있다고 인정하여 원심판결을 취소하는 것을 말한다. 파기는 판결로써 하며, 파기에 의하여 그 사건은 원심판결 전의 상태로 돌아간다. 취소 후의 처치에 따라서 파기이송(破棄移送)·파기자판(破棄自判)·파기환송(破棄還送)으로 구분된다. ① '파기이송'은 사후심법원이 원심판결을 파기하고 원심법원 이외의 법원에 직접 이송하는 것, ② '파기자판'은 사후심법원이 상소이유가 있다고 인정하여 원심판결을 파기하고 사건에 대하여 스스로 재판하는 것, ③ '파기환

파기하는 경우가 많지 않다는 측면에서 노동분쟁에서 실효의 원칙을 적극적으로 활용하고자 하는 대법원의 입장이 충분히 추정된다.[134)]

실효의 원칙이 적용된 대표적인 법원 판례로는 ① 노동위원회에 부당해고구제신청을 하여 기각된 후 판정에 불복하지 않고 1년 7개월 가량이 경과된 후에 제기한 해고무효확인청구는 허용될 수 없다는 사례,[135)] ② 근로자가 사직서를 제출한 바가 없다고 하더라도, 유리한 조건으로 퇴직금 등을 지급받고 전별금을 수령한 후 퇴사함으로써 해고의 효력을 인정하고 이에 대하여 더는 다투지 않겠다는 의사를 묵시적으로 표시하여 회사가 그를 신뢰함이 상당하므로 다시 해고의 효력을 다투는 것은 허용되지 않는다는 사례,[136)] ③ 회사로부터 퇴직금을 수령하고 징계면직처분에 대해 전혀 다툼이 없이 다른 생업에 종사하여 오다가 징계면직일로부터 2년 10개월이 지난 때에 제기한 해고무효확인의 소는 허용될 수 없다고 한 사례[137)] 등이 있다.

반면, 실효의 원칙의 적용을 부정한 법원 판례로는 ① 해고된 근로자가 퇴직금 등을 수령하면서 아무런 이의나 조건을 제기하지 않았거나 그러한 내용의 각서를 제출하였더라도 퇴직금을 수령하기 이전 이미 해고의 효력

송'은 사후심법원이 종국판결에서 원심판결을 파기한 경우에 다시 심판하도록 원심법원으로 사건을 환송하는 것을 의미한다.

134) 이는 1987년과 1988년의 사회적 변동을 계기로 노동운동의 역량이 증대함에 따라 근로자들의 사용자를 상대로 한 투쟁이 강화되었으며 그 일환으로서 각종의 노동관계 분쟁(특히, 해고)이 폭발적으로 증가하였는데, 이러한 상황하에서 근로자들과 사용자 간의 노동분쟁을 조기에 종식시키고 산업현장의 평화를 확보하기 위한 방편의 하나로서 노동사건에서 실효의 원칙을 적극적으로 적용하는 판례가 확립된 것이라는 평가가 있다(정진경, "해고무효확인소송과 신의칙 · 실효의 원칙", 『사법논집(제43권)』, 법원행정처, 2006, 593면).

135) 대법원 1995. 3. 10. 선고 94다33552 판결.

136) 대법원 1996. 10. 15. 선고 96다12290 판결.

137) 대법원 1996. 11. 26. 선고 95다49004 판결.

을 다투는 소를 제기한 경우에는 해고처분의 효력을 인정하였다고 볼 수 없다는 사례,[138] ② 해고 후 명시적인 유보 없이 퇴직금 등을 수령하였고 그 후 정치활동도 하면서 해고로부터 약 10년 가까이 지난 후에 고용관계 존재확인의 소를 제기하였다고 하더라도 해고 후 소 제기까지 해고의 효력을 인정하지 아니하고 다투어 온 사실이 인정된다면 신의칙에 위반된다고 할 수 없다는 사례,[139] ③ 근로자들이 자신들에게 미칠 경제적 불이익을 두려워하여 일단 퇴직금을 수령한 것에 불과하고 또한 해고된 근로자들이 여러 차례 모여서 회사의 일방적인 사직서 수리 조치가 부당하다며 항의하는 등의 사정이 존재한다면, 일부 근로자들이 퇴직 후 일시적으로 다른 직장에 근무하였다거나 근로자들이 해고된 후 약 9개월 내지 1년 8개월 지나서 해고무효확인소송을 제기하였다는 사정만으로 해고를 추인하였거나 그 소 제기 행위가 신의칙에 반한다고 할 수 없다는 사례[140] 등이 있다.

인사실무적 고려사항

위에서 살펴본 바와 같이 법원 판례는 해고 이후 상당기간 경과한 뒤 해고무효를 주장하는 소송을 제기하였더라도 그때까지 해고의 효력을 다투거나 해고의 효력을 부정하는 것으로 볼 수 있을 만한 사정이 있는 경우에는 '실효의 원칙'의 적용을 부정하지만, 퇴사한 근로자가 상당한 기간 아무런 이의제기를 하지 않다가 갑자기 해고무효를 주장하는 사례에 대하여 '실효의 원칙'을 적용하여 근로자의 주장을 배척하는 경향이 높다는 점을 확인할 수 있다.

---

138) 대법원 1992. 3. 31. 선고 90다8763 판결.
139) 대법원 1993. 8. 24. 선고 92다55480 판결.
140) 대법원 2003. 10. 10. 선고 2001다38270 판결.

상기 사례에서 2년 전 퇴사한 근로자가 이제 와서 법원에 해고무효확인 소송을 제기하겠다는 주장은, ① 퇴사 후 바로 다른 회사로 이직한 점, ② 퇴사 후 2년이라는 상당한 기간이 도래한 점, ③ 그 기간 내 어떠한 이의 제기도 하지 않았다는 점 등을 고려할 때 '실효의 원칙'이 적용되어 인정되지 않을 가능성이 매우 높다.

그러나 법원 판례의 주류적 경향이 그렇다고 하더라도 일반규정에 근거하는 '실효의 원칙'에 대한 법원의 해석은 그 사건을 담당하는 법관의 재량적 판단에 따라 얼마든지 달라질 수 있다는 점을 유념하여야 한다.

따라서 기업은 상기 사례와 같이 내부비리 등을 이유로 회사와 원만하지 못한 상황에서 퇴사하는 근로자에 대해서는 보다 세심한 인사관리를 하여야 한다. 퇴사와 관련하여 회사와 근로자가 충분히 공감대를 형성하여 분쟁사항이 남아 있지 않도록 하는 것이 중요하다. 실제로 근로자가 퇴사를 온전하게 결정하지 않은 상황에서 회사가 급하게 퇴사절차를 밟아 근로자가 퇴직금까지 모두 수령하였음에도 불구하고, 근로자가 퇴직금 수령 후 1개월이 지나지 않은 시점에서 노동위원회에 부당해고구제신청을 하여 받아들여진 사례가 있음을 참고할 필요가 있다.[141]

141) 대법원 2005. 5. 26. 선고 2005두1152 판결(공보불게재, 정진경, "해고무효확인소송과 신의칙 · 실효의 원칙", 『사법논집(제43권)』, 법원행정처, 2006, 586면에서 인용).

12

법률행위의 부관(附款)

"회사가 파산선고를 받은 경우에도 희망퇴직 위로금을 지급해야 하나요?"

상담사례(Question)

회사는 노동조합과 희망퇴직에 관하여 특별 합의서를 체결하면서 희망퇴직을 신청하는 직원들에게 근속년수에 따라 평균임금 6~12개월 분의 희망퇴직 위로금을 지급하기로 합의하였습니다. 그에 따라 회사는 희망퇴직을 신청하는 직원들과 "회사는 회사회생계획인가결정일로부터 1개월 이내에 소정의 희망퇴직 위로금을 지급한다."라고 개별적으로 약정하였습니다. 그런데 회사는 법원으로부터 회사회생계획인가결정을 받지 못하여 회사회생절차폐지가 결정되고, 결국 파산선고를 받게 되었습니다. 회사가 희망퇴직을 신청한 직원들과 희망퇴직 위로금의 지급조건으로 약정한 회사회생계획인가결정을 받지 못하고 파산선고를 받은 경우에도 해당 직원들에게 희망퇴직 위로금을 지급해야 할 의무가 있는지 문의를 드립니다.

법률행위의 부관 : 조건과 기한

법률행위[142]의 '부관(附款)' 이란 법률행위의 효력 발생 또는 소멸에 대

142) 법률행위는 의사표시를 요소로 하는 사법상의 법률요건을 말하고, 의사표시는 일정한

한 사항을 일정하게 제한하기 위하여 법률행위의 당사자가 특별히 정한 사항(요건)을 의미한다.

민법 제147조부터 제154조까지 정하고 있는 법률행위의 부관에는 '조건'과 '기한'이 있는데 그 의미는 일상의 의미와 다소 차이가 있다. 조건(條件)이란 법률행위의 효력 발생 또는 소멸을 장래에 발생여부가 '불확실한 사실'에 의존시키는 법률행위의 부관을 말한다.[143] 한편, 기한(期限)이란 법률행위의 효력 발생 또는 소멸, 채무의 이행을 장래에 발생할 것이 '확실한 사실'에 의존시키는 법률행위의 부관을 의미한다.

요컨대, 조건은 그 발생여부가 불확실한 사실을 내용으로 하는 반면, 기한은 그 사실의 발생이 확실하다는 점에서 양자는 개념적으로 구별된다.

조건과 기한의 구별

조건과 기한은 개념적으로는 분명하게 구별이 된다. 그러나 구체적인 사례에서는 계약 등 법률행위로 특별히 약정된 내용이 조건인지 기한인지를 구별하기가 어려울 때가 많다.

조건과 기한을 구별하는 기준에 대하여 법원 판례[144]는 "① 법률행위의

권리 내지 법률관계의 창설 · 개폐를 목적으로 하는 의식적인 행위를 뜻한다. 법률행위는 일정한 법률효과의 발생을 목적으로 하는 한 개 또는 수 개의 의사표시를 불가결의 요소로 하는 법률요건 가운데 가장 중요한 것이다. 법률행위는 의사표시의 결합의 상태에 따라 단독행위 · 계약 · 합동행위의 세 종류로 구별된다. 법률행위라고 하면 용어의 어감이 잘 와 닿지 않을 수 있는데 통상 일상에서 가장 쉽게 접할 수 있는 '계약'이라고 생각하면 이해하기 쉽다.

143) 법률행위의 조건이란 당사자의 의사표시에 의해 법률행위에 부과된 특별요건이다. 원칙적으로 그 조건은 성취 여부가 불확실한 장래의 사실이어야 하지만 경우에 따라서는 당사자나 제3자의 불확정적인 의사인 경우도 있다. 법률행위에 이러한 조건이 붙은 경우를 조건부 법률행위라고 한다(이은영, 『민법총칙(제3판)』, 박영사, 2004, 719면).

144) 대법원 2003. 8. 19. 선고 2003다24215 판결.

부관에 표시된 사실이 발생하지 않으면 채무를 이행하지 않아도 된다고 보는 것이 상당한 경우에는 '조건'으로 보아야 하고, ② 표시된 사실이 발생한 때에는 물론이고 반대로 발생하지 않을 것이 확정된 때에도 그 채무를 이행해야 한다고 보는 것이 상당한 경우에는 기한으로 정한 것으로 보아야 한다."라는 입장이다.

예컨대, "유산을 상속 받으면 1억원을 지급한다."라는 소위 '유산상속 특약'이 붙은 당사자 간의 약정을 생각해 보자. 이때 ① 유산을 상속 받는지 여부를 장래의 불확실한 사실이라고 한다면 유산을 상속 받는 사실은 '조건'이 되고, ② 1억원을 지급할 의무가 있지만 유산을 상속 받을 때까지 그 지급시기를 한시적으로 유예하는 의미라면 '기한'으로 해석된다.[145]

법원 판례[146]는 ②로 해석이 될 경우는 이미 부담하고 있는 채무(1억원 지급)의 이행시기(변제기)를 유예한 것이므로 법률행위의 부관에 '표시된 사실이 발생할 때' 뿐만 아니라, '표시된 사실이 발생하지 않는 것으로 확정된 때'에도 채무를 이행해야 한다는 입장을 취하고 있다는 점이 중요하다.

인사실무상 법률행위 부관의 문제

인사실무에서 법률행위 부관의 문제는 회사가 근로자에게 일정한 금원

---

145) ①은 '유산상속'이라는 '조건'이 완성되면 1억원을 지급할 의무(채무)가 발생한다는 의미다. 반면, ②는 1억원을 지급할 의무(채무)가 이미 발생하였지만 그 지급시기를 '유산상속'의 시점으로 유예한다는 의미다. ①은 1억원을 지급해야 할 채무의 발생여부가 유산상속이라는 조건 성취에 따라 달라지지만, ②는 유산상속에 관계없이 (언젠가는) 1억원을 지급해야 할 의무가 계속 존재하는 것이다(민법에서는 ②와 같은 경우를 '불확정기간'이라고 한다).

146) 대법원 2003. 8. 19. 선고 2003다24215 판결.

을 지급하기로 한 경우에 발생할 수 있다.

상기 사례에서 회사가 희망퇴직을 신청하는 근로자들과 "회사는 회사회생계획인가결정일로부터 1개월 이내에 소정의 희망퇴직 위로금을 지급한다."라고 한 약정에서 '회사회생계획인가결정'이 법률행위의 부관으로서 '조건'인지 '기한'인지가 문제된다.

회사 입장에서는 상기 약정에서 '회사회생계획인가결정'이 희망퇴직 위로금을 지급하는 '조건'이므로 회사가 법원으로부터 회사회생계획인가결정을 받지 못하고 파산선고를 받은 이상, 그 조건이 충족되지 않아 희망퇴직 위로금을 지급할 필요가 없다고 주장할 수 있다.

그러나 법률행위 부관에 표시된 사실이 발생한 때에는 물론이고, 발생하지 않을 것이 확정된 때에도 그 채무를 이행해야 한다고 보는 것이 상당한 경우에는 '조건'이 아닌 '기한'으로 본다는 것이 법원 판례의 입장이다.[147] 상기 사례는 희망퇴직을 신청한 근로자들과 '회사회생계획인가결정'을 희망퇴직 신청(약정)의 부관으로 표시한 것이 맞지만, 회사와 노동조합이 희망퇴직에 관하여 합의한 특별 합의서에 따르면 회사는 근속년수에 따라 평균임금 6~12개월 분의 희망퇴직 위로금을 희망퇴직 신청자들에게 지급할 의무를 이미 부담한다고 보는 것이 상당하다고 판단된다.[148]

---

147) 대법원 2003. 8. 19. 선고 2003다24215 판결.

148) 상기 사례는 특별 합의서에 희망퇴직 위로금 지급에 관한 사항이 사전에 정해져 있다는 점에서 희망퇴직 위로금 지급약정의 부관을 '(불확정)기한'으로 해석하는 것이 비교적 무난하다. 나아가 그와 같은 특별 합의서가 없다고 해서 상기 사례와 같은 희망퇴직 위로금 지급약정의 부관이 곧바로 '조건'으로 해석된다고 단언할 수는 없다. 특별 합의서 이외에도 취업규칙, 단체협약, 노사관행 등 법률행위를 해석할 수 있는 다양한 상황과 조건들이 존재할 수 있기 때문이다. 따라서 특별 합의서와 같은 명시적인 합의의 존재 이외에도 그러한 합의가 있는 것으로 인정 · 추정될 수 있는 구체적인 사례에서의 상황과 조건들을 종합적으로 고려하여 판단해야 한다.

따라서 회사와 희망퇴직을 신청한 근로자들 사이에 작성한 희망퇴직 신청(약정)의 부관(회사회생계획인가결정)은 '조건'이 아닌 '기한'으로 해석될 가능성이 높다. 회사는 노동조합과 체결한 특별 합의서에 이미 희망퇴직 신청자들에게 희망퇴직 위로금을 지급할 의무를 부담하겠다고 명시한 이상, 법원의 회사회생계획인가결정이 있거나 그 결정을 받지 못한 날의 1개월 이내에 희망퇴직 신청자들에게 소정의 희망퇴직 위로금을 지급해야 할 것이다.

인사실무에서의 법률문제는 대부분 노동법의 영역에서 검토되지만, 상기 사례와 같이 민법 등 노동법 이외의 법률이 함께 연관되는 경우도 상당하다. 이러한 점을 고려하여 기업의 인사실무자들은 노동법뿐만 아니라 특히 법학의 3가지 기본법인 헌법, 민법, 형법에 관한 일반적 사항에 대해서도 틈틈이 학습해 둘 필요가 있다. 법학은 법조문에 대한 해석을 공부하는 학문이므로 인사실무에 필요한 관련 조문을 정확히 확인하고, 그에 대한 해석론(특히 법원 판례와 소관 주무부처의 행정해석)을 확인하는 방식으로 공부하는 것이 바람직하다.

13

소멸시효

"부당해고 판정으로 복직한 직원에게 3년이 지난 명절선물비도 지급해야 하나요?"

상담사례(Question)

회사는 2010. 2. 3. 직원 A(이하, 'A')를 사규 위반으로 징계해고 하였고, 지방노동위원회 및 중앙노동위원회에서 부당해고가 아니라는 판정을 받았습니다. 그러나 A가 2010. 11. 20. 행정법원에 제기한 중앙노동위원회 재심판정 취소소송에서 회사가 패소하였고, 이후 고등법원과 대법원의 판결(2014. 12. 29.)에서도 회사가 모두 패소하였습니다. 이에 회사는 2015. 3. 2. A를 복직시키고 해고기간 미지급하였던 임금과 상여금을 A에게 모두 지급하였습니다. 그런데 2015. 3. 3. A는 임금과 상여금 이외에도 2010년부터 2015년까지의 기간 동안 단체협약에 근거하여 회사가 직원들에게 지급한 명절선물비, 장기근속자 포상 등 일체 금액을 부당해고에 따른 미지급 임금으로 더 받아야 한다고 주장하면서 회사가 이에 응하지 않을 경우 다시 소송을 제기하겠다고 합니다. 회사는 지난 3년 간의 명절선물비, 장기근속자 포상은 A에게 지급하겠지만, 3년이 지난 해당 금원은 소멸시효가 완성되어 A에게 지급할 의무가 없다고 판단하고 있습니다. 이와 같은 회사의 판단에 문제가 없는지요?

소멸시효의 의의

소멸시효는 권리자가 그의 권리를 행사할 수 있음에도 불구하고 일정한 기간 동안 그 권리를 행사하지 않는 상태, 즉 권리의 불행사 상태가 계속된 경우에 그 자의 권리를 소멸시키는 제도이다.

소멸시효는 ① 일정 기간 계속되어 온 사실상태를 진정한 권리관계로 인정함으로써 과거 사실의 증명의 곤란으로부터 채무자를 구제하고 분쟁의 적절한 해결을 도모한다는 점, ② 오랜 기간 동안 자기의 권리를 주장하지 아니한 자는 '권리 위에 잠자는 자'로서 법률의 보호를 받을 만한 가치가 없다는 점, ③ 장기간에 걸쳐 권리행사를 받지 않은 채무자의 신뢰는 보호할 필요가 있다는 점에 그 존재이유가 있다.[149)]

민사상 계약에서 발생하는 채권은 10년간 행사하지 않으면 소멸시효가 완성되고(민법 제162조 제1항), 상거래에서 발생하는 채권(상사채권)은 5년의 소멸시효가 적용된다(상법 제64조).[150)] 인사실무상 많이 다루게 되는 임금, 퇴직금 등 임금채권은 3년의 소멸시효에 걸린다(민법 제163조 제1호,[151)] 근로기준법 제49조[152)]).

---

149) 헌법재판소 2010. 4. 29. 선고 2009헌바120 결정.

150) 예컨대, 여관을 경영하던 甲(상인)이 여관을 신축하기 위하여 친구 乙로부터 돈을 빌린 경우(상행위), 이 대여금채권은 상사채권에 해당하여 5년의 소멸시효에 걸린다. 참고로 영업으로 하는(상법 제46조) 또는 영업을 위하여 하는(상법 제47조) 행위를 상행위라고 하며, 그러한 행위를 하는 사람을 상인이라고 한다. 당사자 중 그 1인의 행위가 상행위인 때에는 전원에 대하여 상법을 적용한다(상법 제3조).

151) 이 밖에 의사의 이자채권, 공사금채권, 물품대금채권 등도 3년의 소멸시효가 적용된다(민법 제163조). 참고로 부동산 등에 대한 소유권은 항구적(恒久的)인 권리로서 소멸시효에 걸리지 않는다.

152) 근로기준법 제49조(임금의 시효) 이 법에 따른 임금채권은 3년간 행사하지 아니하면 시효로 소멸한다.

임금의 소멸시효 및 그 기산일

법이 임금의 소멸시효를 3년으로 규정한 취지는 임금채권을 1년간 행사하지 않으면 소멸시효가 완성된다고 하기에는 근로자 보호에 미흡하고, 소멸시효기간을 10년으로 하게 되면 사용자에게 가혹한 측면이 있고 거래의 안전에 미치는 영향이 커서 양자를 조화시키고자 한 것이다.

소멸시효는 정해진 기간이 경과하는 경우에 권리를 소멸시키는 제도이므로 그 기산점이 중요하다. 임금채권은 그 종류에 따라 소멸시효의 기산점을 명확하게 구분할 필요가 있다. 임금채권의 소멸시효는 그 청구권을 행사할 수 있는 날로부터 진행되는데 임금의 종류별로 기산일을 정리하면 다음과 같다.

구 분	기산일
임 금	임금의 정기지급일
상여금	상여금에 관한 권리가 발생한 때
미사용 연차유급휴가수당	미사용 연차유급휴가수당 청구권이 발생한 날
퇴직금	퇴직한 날

소멸시효의 중단

한편, 소멸시효는 계속된 사실상태를 존중하고 '권리 위에 잠자는 자'를 보호하지 않는다는 데 존재이유가 있다는 점에서 권리자가 재판상 그 권리를 주장하여 권리 위에 잠자는 것이 아님을 표명한 때에는 소멸시효가 '중단' 된다. 즉, '재판상 청구' 는 '소멸시효의 중단사유' 에 해당한다(민법 제170조).[153]

153) 재판상 청구에 의한 소멸시효 중단의 효과는 소를 제기한 때 발생하며, 중단사유가 종료한 때로부터 다시 새롭게 시효가 진행된다(민법 제178조).

'재판상 청구'로 인정되는 소의 제기는 민사소송을 원칙으로 하며, '사권(私權)'을 행사하는 것으로 볼 수 없는 형사소송이나 행정소송에서의 소의 제기로는 소멸시효 중단의 효과가 발생하지 않는다. 다만, 법원 판례는 예외적으로 행정소송이라고 할지라도 이를 통해 관련된 사권을 행사한 것으로 볼 수 있는 경우에는 소멸시효 중단사유로서 재판상 청구에 해당한다고 본다.

대표적으로 근로자가 노동위원회에 부당해고구제신청을 한 후, 노동위원회의 구제명령 또는 기각결정에 대하여 행정소송에서 다투는 방법으로 임금청구권 등 부당해고로 인하여 침해된 권리의 회복을 구하는 경우를 들 수 있다.

근로자는 해고를 당한 경우 해고무효확인소송 등의 민사소송 이외에 별도로 노동위원회에 부당해고구제신청을 제기할 수 있는데, 그러한 근로자의 신청취지나 노동위원회의 구제명령은 "사용자는 근로자를 원직에 복직시키고 근로자에게 해고기간 중 정상적으로 근무하였더라면 받을 수 있었던 임금 상당액을 지급하라."는 형식으로 행해진다. 노동위원회의 구제명령은 사용자에 대하여 공법상의 의무만을 부담시킬 뿐 사법상의 법률관계를 발생 · 변경 · 소멸시키는 것은 아니지만, 그 실질은 해고무효확인의 소 또는 임금지급청구의 소와 유사하다.[154)]

그러한 측면에서 법원 판례는 근로자가 노동위원회에 부당해고(부당노동행위)구제신청을 한 후 이에 관한 행정소송에서 그 권리관계를 다투는 것 역시 권리자가 재판상 그 권리를 주장하여 권리 위에 잠자는 것이 아님을 표명한 것으로 재판상 청구(소멸시효 중단사유)에 해당한다고 판시하였다.[155)]

154) 서울남부지방법원 2011. 1. 13. 선고 2010나9486 판결.

155) 근로자가 사용자의 부당노동행위로 인하여 해고를 당한 경우, 근로자로서는 민사소송

부당해고와 임금지급청구권

상기 사례에서 A가 회사에 대하여 주장하고 있는 명절선물비와 장기근속자 포상은 임금채권[156)]으로서 3년의 소멸시효가 적용된다.

그러나 A는 2010. 11. 20. 중앙노동위원회의 부당해고와 관련한 재심판정의 취소를 구하는 행정소송을 제기하였고, 그 행정소송은 실질적으로 민사소송에서의 해고무효확인의 소 또는 임금지급청구의 소와 유사하여 소멸시효의 중단사유가 되는 재판상 청구로 볼 수 있다. 따라서 A의 부당해고기간 중 2010. 11. 19. 이전의 임금지급 청구권의 소멸시효는 2010. 11. 20. 제기된 행정소송과 관련된 재판상 청구로써 중단되었다.

으로 해고의 무효확인 및 임금의 지급을 청구할 수 있으나 부당노동행위에 대한 신속한 권리구제를 위하여 마련된 구 근로기준법(2007. 4. 11. 법률 제8372호로 전부 개정되기 전의 것) 제33조와 노동조합 및 노동관계조정법 제82조 내지 제86조(제85조 제5항 제외)의 행정상 구제절차를 이용하여 노동위원회에 구제신청을 한 후 노동위원회의 구제명령 또는 기각결정에 대하여 행정소송에서 다투는 방법으로 임금청구권 등 부당노동행위로 침해된 권리의 회복을 구할 수도 있으므로, 근로자가 위 관계 법령에 따른 구제신청을 한 후 이에 관한 행정소송에서 그 권리관계를 다투는 것 역시 권리자가 재판상 그 권리를 주장하여 권리 위에 잠자는 것이 아님을 표명한 것으로서 소멸시효 중단사유로서의 재판상 청구에 해당한다(대법원 2012. 2. 9. 선고 2011다20034 판결).

156) 사용자의 부당한 해고처분이 무효이거나 취소된 때에는 그 동안 피해자의 근로자로서의 지위는 계속되고 있었던 것이 되고, 근로자가 그간 근로의 제공을 하지 못한 것은 사용자의 귀책사유로 인한 것이라 할 것이니 근로자는 민법 제538조 제1항에 의하여 계속 근로하였을 경우에 받을 수 있는 임금 전부의 지급을 청구할 수 있다. 여기에서 근로자가 지급을 청구할 수 있는 임금은 근로기준법 제2조에서 규정하는 임금을 의미하므로, 사용자가 근로의 대가로 근로자에게 지급하는 일체의 금원으로서, 근로자에게 계속적·정기적으로 지급되고 그 지급에 관하여 단체협약, 취업규칙, 급여규정, 근로계약, 노동관행 등에 의하여 사용자에게 지급의무가 지워져 있다면 그 명칭 여하를 불문하고 모두 이에 포함되며, 반드시 통상임금으로 국한되는 것은 아니다(회사의 단체협약이 조합원이 1년간 개근하면 연말에 금 1돈(3.75g), 정근(지각 3회 이하)하면 연말에 금 반 돈을 교부하여 표창하도록 규정하고 있는 경우, 그와 같은 표창은 특별한 사정이 없는 한 근로자들이 계속 근로하였을 경우에 받을 수 있는 임금에 포함된다고 본 사례(대법원 2012. 2. 9. 선고 2011다20034 판결)).

요컨대, 상기 사례에서 A가 회사에 대하여 주장하고 있는 명절선물비, 장기근속자 포상에 대한 청구권은 2010. 11. 20. A가 제기한 행정소송에 의한 재판상 청구시점부터 소멸시효가 중단되어 2015. 3. 3.을 기준으로 소멸시효가 완성되지 않았으므로 회사는 A의 청구에 응할 의무가 있다. 물론, 회사는 명절선물비, 장기근속자 포상이 '임금'이 아니라는 주장을 할 수도 있겠지만, 상기 사례에서 해당 금원들의 지급에 관한 사항이 단체협약에 정해져 있는 점이나 일반적인 인사실무의 경향을 고려할 때 그와 같은 회사의 주장이 인정될 가능성은 낮다.[157]

157) 법원 판례에 따르면, 해고처분이 무효인 경우 근로자가 지급을 구할 수 있는 임금은 계속 근로하였을 경우에 받을 수 있는 임금의 전부로서(대법원 1995. 11. 21. 선고 94다45753, 45760 판결), 평균임금 산정의 기초가 되는 임금의 총액에 포섭될 임금이 전부 포함되고 통상임금에 국한되는 것은 아니다(대법원 1993. 12. 21. 선고 93다22463 판결).

14

후유손해

"3년이 지난 후유증에 대해서도 회사가 손해배상을 해야 하나요?"

상담사례(Question)

3년 반 전 사업장 내 조경작업을 하던 협력업체 직원이 허리를 다치는 사고를 당하여 급성요추염좌 및 추간판탈출증으로 판명되었습니다. 이에 회사는 안전사고에 대한 책임을 인정하고 해당 협력업체 직원에게 치료비 전액 및 사고에 따른 위자료를 지급하였습니다. 그리고 해당 협력업체 직원과 "금번 사고와 관련하여 향후 어떠한 이유로도 행정상 또는 민 · 형사상 이의 제기를 하지 않는다."라는 문구를 넣어 합의서를 작성하였습니다.

그런데 최근 해당 협력업체 직원이 회사에 다시 연락을 하더니 현재 자신에게 발기부전 현상이 발생하였는데 병원의 진단결과 해당 현상이 3년 반 전의 사고로 인한 후유증으로 확인되었으니 추가로 손해배상을 해 달라는 요청을 하고 있습니다. 회사 입장에서는 손해배상에 대한 3년의 소멸시효도 지났을 뿐만 아니라 3년 반 전에 이미 어떠한 이의 제기도 하지 않기로 합의했기 때문에 손해배상을 해주기 어렵다고 답변하였습니다. 이와 같은 경우에도 회사에게 손해배상책임이 있는지 문의를 드립니다.

손해배상청구권의 소멸시효

민법 제766조는 불법행위로 인한 손해배상청구권의 소멸시효를 규정하고 있다. 같은 조 제1항은 "불법행위로 인한 손해배상의 청구권은 피해자나 그 법정대리인이 그 손해 및 가해자를 안 날로부터 3년간 이를 행사하지 않으면 시효로 인하여 소멸한다.", 제2항은 "불법행위를 한 날로부터 10년을 경과한 때에도 전항과 같다."라고 규정하고 있다.

통상 민사채권의 소멸시효는 '10년'이다.[158] 그럼에도 민법 제766조 제1항이 통상의 소멸시효와 다르게 시효기간을 단축시키는 것은 불법행위로 인한 법적 분쟁을 오랫동안 유지시키는 것은 증명이나 손해액의 산정에 어려움을 가져오기 때문이다. 동시에 피해자가 실제로 손해배상을 청구할 수 있음을 안 때로부터 10년의 장기소멸시효도 함께 규정하여 피해자 보호의 취지도 살리고 있다.

즉, 불법행위로 인한 손해배상청구권은 피해자나 그 법정대리인이 그 손해 및 가해자를 안 날로부터 '3년의 단기소멸시효' 또는 불법행위를 한 날로부터 '10년의 장기소멸시효'가 적용된다. 두 가지의 시효기간 중 어느 하나가 먼저 완성되면 불법행위로 인한 손해배상청구권은 시효로 인하여 소멸한다.

소멸시효가 진행되지 않는 경우

소멸시효가 아무런 문제없이 항상 진행되는 것은 아니다. 특히, 3년의 단기소멸시효의 진행과 관련하여 주로 분쟁이 발생한다.

민법 제766조 제1항은 '손해 및 가해자'를 알아야 3년의 단기소멸시효가 진행된다고 규정하고 있다. 따라서 손해발생의 사실을 피해자가 알지

---

158) 채권은 10년간 행사하지 아니하면 소멸시효가 완성한다(민법 제162조 제1항).

못한 때에는 알지 못한 것에 과실이 있더라도 3년의 단기소멸시효는 진행되지 않는다.

피해자나 법정대리인이 손해의 정도나 수액(數額)을 구체적으로 알아야 하는 것은 아니다. 불법행위로 인한 손해가 현실화되는 것이 불법행위보다 시간적으로 뒤인 경우에도 불법행위 당시에 그와 같은 손해의 발생을 예견할 수 있었던 때에는 불법행위가 있음을 안 날로부터 당시 예견 가능한 손해배상청구권의 3년 단기소멸시효가 진행된다.[159)]

이와 관련하여 불법행위 당시에 예견할 수 없는 후유손해가 발생할 경우, 해당 손해배상청구권의 3년 단기소멸시효가 언제부터 진행되는지 여부가 중요하다. 법원 판례는 그러한 사유가 판명된 때로부터 3년 단기소멸시효기간이 진행된다는 입장이다.[160)] 이 때, 권리자인 피해자가 손해를

---

159) 대법원 1977. 3. 8. 선고 76다1356 판결.

160) 불법행위로 인한 손해배상청구권은 피해자나 그 법정대리인이 그 손해 및 가해자를 안 날로부터 3년간 행사하지 아니하면 시효로 인하여 소멸한다. 여기에서 '손해를 안 날'이라 함은 피해자나 그 법정대리인이 손해를 현실적이고도 구체적으로 인식하는 것을 뜻하고 손해발생의 추정이나 의문만으로는 충분하지 않으며, 통상의 경우 상해의 피해자는 상해를 입었을 때 그 손해를 알았다고 볼 수가 있지만, 그 후 후유증 등으로 인하여 불법행위 당시에는 전혀 예견할 수 없었던 새로운 손해가 발생하였다거나 예상 외로 손해가 확대된 경우에는 그러한 사유가 판명된 때에 새로이 발생 또는 확대된 손해를 알았다고 보아야 하고, 이와 같이 새로이 발생 또는 확대된 손해 부분에 대하여는 그러한 사유가 판명된 때로부터 시효소멸기간이 진행된다(대법원 1982. 3. 9. 선고 81다977, 81 다카500 판결; 대법원 1991. 3. 22. 선고 90다8152 판결; 대법원 2001. 9. 14. 선고 99다42797 판결; 대법원 2010. 4. 29. 선고 2009다99105 판결 등). 소송법적 측면에서도 불법행위로 인한 적극적 손해의 배상을 명한 전 소송의 변론종결 후에 새로운 적극적 손해가 발생한 경우에 그 소송의 변론종결 당시 그 손해의 발생을 예견할 수 없었고 또 그 부분의 청구를 포기하였다고 볼 수 없는 등 특별한 사정이 있다면 전 소송에서 그 부분에 관한 청구가 유보되어 있지 않다고 하더라도 이는 전 소송의 소송물과는 별개의 소송물이므로 전 소송의 기판력에 저촉되는 것은 아니라는 것이 법원 판례의 입장이다(대법원 1980. 11. 25. 선고 80다1671 판결).

안 시기는 시효의 이익을 주장하는 자에게 입증책임이 있다.[161)]

상기 사례는 사업장 내에서 사고로 협력업체 근로자가 다친 사안으로 회사는 안전사고 책임을 인정하여 손해를 배상하였다. 회사와 협력업체 근로자 사이에 근로계약이 직접적으로 존재하는 것은 아니므로 그 손해배상의 성격은 불법행위책임에 근거한 것이라고 볼 수 있다. 그런데 그러한 사고로 손해배상이 이루어진 3년 반 이후에 해당 협력업체 근로자가 후유증으로 발기부전이 발생하였다면서 추가 손해배상을 요구하고 있는 것이다.

불법행위책임에 기한 손해배상은 원칙적으로 3년의 단기소멸시효가 적용된다. 하지만 상기 사례에서는 '사고 당시에는 예측할 수 없었던' 후유손해에 해당하는 것으로 보이고, 그러한 후유손해는 '후유손해가 발생하였다는 사실을 안 때' 로부터 소멸시효가 진행된다는 것이 법원 판례의 입장이다. 그에 따라 회사가 해당 협력업체 근로자가 발기부전이라는 후유증을 사고 당시 알고 있었거나 알 수 있다는 점을 입증하지 않는 이상, 그 후유손해의 소멸시효는 발기부전의 진단이 내려진 시점부터 진행된다고 볼 수밖에 없어 (3년의 소멸시효가 진행되지 않은 이상) 회사에게 손해배상책임이 있다고 판단될 가능성이 높다. 나아가 이러한 경우는 사고 당시 예견할 수 없었던 손해로서 사고 당시 향후 더 이상 이의를 제기하지 않겠다고 한 합의의 효력도 인정되지 않을 것으로 판단된다.[162)]

---

161) 대법원 1995. 6. 30. 선고 94다13435 판결.

162) 실제 유사한 경우로 업무상 재해로 인한 상병을 치료하는 과정에서 발생한 요도협착과 이를 치료하기 위한 수술과정에서 발생한 발기부전이라는 성기능장애도 업무상 재해에 해당한다고 한 사례(대법원 2003. 5. 30. 선고 2002두13055 판결), 회사 동료가 운전하는 승용차에 탔다가 교통사고로 허리와 다리 등을 다친 뒤 보험사와 '어떤 사유가 있어도 이의를 제기하지 않는다.' 고 합의해 1천310여만원을 받았지만 1년 6개월 뒤 발기부전 증세를 보이자 보험사에 추가 배상을 요구하는 소송을 내 승소한 사례(YTN, "예상 못한 후유증, 사고 합의 후에도 배상", 2006. 2. 26.)가 있다.

15

임금체불죄

"임금을 체불하면 무조건 징역형이나 벌금형을 받게 되나요?"

상담사례(Question)

저는 주유소를 운영하는 사장인데, 최근 관할 고용노동지청에서 임금체불로 진정이 접수되었으므로 출석하라는 『출석요구서』[163]를 받았습니다. 고용노동지청에 나가 보니 2년 정도 주유소에서 일을 하고 지난 달에 그만 둔 직원이 근무기간 중 주휴수당을 제대로 받지 못했다고 진정을 제기한 것입니다. 저는 직원의 근무시간에 시간급을 곱해서 급여를 주면 되는 것으로만 알고 있었을 뿐, 추가로 주휴수당을 지급해야 하는 것인지 정말 몰랐습니다. 지인들에게 물어 보니 임금체불을 하면 3년 이하의 징역 또는 2천만원 이하의 벌금에 처해진다고 하는데, 제가 그러한 형사처벌을 무조건 받게 되는 것인지 문의를 드립니다.

---

163) 진정사건의 출석요구서에는 진정인의 성명, 출석요구일시가 기재되어 있고, 신분증(주민등록증 또는 운전면허증), 도장, 관련 서류(근로계약서, 임금대장, 출근부, 사업자등록증, 법인등기부등본, 미불금품내역 및 산출근거, 근로자 채용관련 서류, 기타 사용자의 주장을 입증할 근거자료) 등을 지참하라고 안내한다. 진정사건의 경우 처리기한은 25일이며, 사정에 따라 2회 연장 가능하다.

임금체불죄

근로자는 사용자에게 근로를 제공하고 그 대가로서 임금을 지급 받는다. 임금은 고된 노동에 대한 보상일 뿐만 아니라 삶을 살아가는데 가장 중요한 경제적 수단이다. 그만큼 노동에 있어 임금은 중요하다.

근로기준법은 임금에 관한 여러 규정을 두고 있는데 대표적으로 제36조와 제43조를 들 수 있다. 같은 법 제36조[164]는 금품 청산과 관련하여 근로자가 퇴직한 경우 14일 이내에 임금 등을 지급해야 함을, 같은 법 제43조[165]는 임금 지급과 관련하여 매월 1회 이상 일정한 날짜에 통화(通貨)로 직접 근로자에게 그 전액을 지급해야 함을 사용자의 법적 의무로 규정하고 있다.

여기에서 임금은 사용자가 근로자에게 근로의 대상으로 지급하는 급여, 봉급, 그 밖에 어떠한 명칭으로든지 지급하는 일체의 금품(이하, '임금')을 의미한다.[166] 임금에는 기본급 이외에도 직무 · 직급 · 직책 · 가족 · 근속수당, 식대, 상여금, 연장 · 야간 · 휴일근로수당, 미사용 연차휴가수당, 퇴직금, 휴업수당 등이 포함된다.

그렇다면 사용자가 근로기준법 제36조와 제43조를 위반하는 경우에 어떠한 법적 제재가 가해질까? 실무상 근로기준법 제36조 위반죄를 '금품

---

164) 근로기준법 제36조(금품 청산) 사용자는 근로자가 사망 또는 퇴직한 경우에는 그 지급 사유가 발생한 때부터 14일 이내에 임금, 보상금, 그 밖에 일체의 금품을 지급하여야 한다. 다만, 특별한 사정이 있을 경우에는 당사자 사이의 합의에 의하여 기일을 연장할 수 있다.

165) 근로기준법 제43조(임금 지급) ① 임금은 통화(通貨)로 직접 근로자에게 그 전액을 지급하여야 한다. 다만, 법령 또는 단체협약에 특별한 규정이 있는 경우에는 임금의 일부를 공제하거나 통화 이외의 것으로 지급할 수 있다. ② 임금은 매월 1회 이상 일정한 날짜를 정하여 지급하여야 한다. 다만, 임시로 지급하는 임금, 수당, 그 밖에 이에 준하는 것 또는 대통령령으로 정하는 임금에 대하여는 그러하지 아니하다.

166) 근로기준법 제2조 제1항 제5호.

청산의무위반죄', 같은 법 제43조 위반죄를 '임금지불의무위반죄' 라고 하고, 양자를 통칭하여 '임금체불죄(임금미지불죄)' 라고 한다. 같은 법 제109조 제1항은 임금체불죄를 범하는 사용자에게 3년 이하의 징역 또는 2천만원 이하의 벌금에 해당하는 형벌을 부과함으로써 임금체불죄를 매우 엄격하게 다루고 있다. 사용자가 근로자에게 임금을 지급하지 않는 행위는 가장 중요하고 대표적인 노동범죄이기 때문이다.[167)]

임금체불죄에 대한 처벌

근로기준법상의 의무를 위반한 자에게 가해지는 형벌에도 형법의 기본원리가 담긴 총칙규정이 그대로 적용된다.[168)]

형법 제13조(범의, 犯意)는 "죄의 성립요소인 사실을 인식하지 못한 행위는 벌하지 아니한다."라고 규정하여 '고의'[169)]가 없는 행위에 대해서는 형벌을 부과할 수 없도록 하고 있다. '과실범'은 법률에 특별한 규정이 있어야만 처벌된다.[170)] 근로기준법상의 의무를 위반한 자 역시 그 의무위반행위에 대한 고의가 없을 경우에는 해당 법률에 규정된 형벌을 받지 아

---

167) 2015. 9. 26. 고용노동부가 국회 환경노동위원회에 제출한 자료에 따르면, 2011년부터 2015년 3월까지 4년여간 서울지방고용노동청에 29만3천62명의 근로자가 1조5천324만4천6백만원의 체불임금을 신고하였다고 하니 임금체불이 얼마나 많이 발생하고 있는가를 쉽게 알 수 있다. 그 중 16만5천202명의 근로자에게 지급되지 못한 6천841억9천2백만원의 체불임금만 해결되어 44.6%의 해결률을 기록하였다고 한다(연합뉴스, "서울지방고용노동청 체불임금 절반도 해결 못해", 2015. 9. 26.).

168) 형법 제8조는 "본법 총칙은 타법령에 정한 죄에 적용된다. 단, 그 법령에 특별한 규정이 있는 때에는 예외로 한다."라고 규정하고 있다.

169) 고의는 지적 요소와 의지적 요소의 통합이라고 이해된다. 즉, 고의는 지적 요소로서 불법을 형성하는 요소를 인식할 것을 요하고, 의지적 요소로서 구성요건적 불법을 실현하는 의사결정이 있어야 한다(이재상 · 장영민 · 강동범, 『형법총론』, 박영사, 2015, 160면).

170) 형법 제14조.

니한다.

그렇다면 임금체불죄를 범한 사용자도 근로자에게 임금을 지급하지 않으려 한 '고의가 없다' 는 이유로 임금체불죄에 따른 벌금형이나 징역형을 피할 수 있을까?[171]

이론적으로는 사용자가 단순한 과실로 근로자에게 임금을 지급하지 못한 경우 임금체불에 대한 고의가 없으므로 소위 '고의범' 인 임금체불죄로 처벌 받지 않는다는 결론에 이를 수 있다.

그러나 실무적으로는 사용자가 임금체불을 했을 경우 단순히 고의가 없다는 이유로 처벌 받지 않은 사례는 매우 적다. 아마도 임금체불의 고의에는 '미필적 고의' [172]도 포함이 되기 때문이라고 본다. 법원 판례에 따르면 분명한 목적이나 계획을 가지고 임금체불을 한 것은 아니더라도, 임금체불의 결과를 발생시킬 만한 가능성 또는 위험이 있음을 인식하거나 예견하면 족하고, 그 인식 또는 예견은 확정적인 것은 물론 불확정적인 것이라도 미필적 고의로 인정된다.[173]

근로자에게 임금을 지급하는 것은 사용자의 주된 의무로서, 사용자는 임금지급의무에 대한 법률적 사항을 명확하게 숙지하고 성실하게 이행해야 할 행위의무가 일견 존재한다. 그 말은 임금지급에 대한 의무를 성실하게 이행하지 않을 경우, 근로기준법 위반으로서 임금체불죄를 범할 위험이 충

171) 예컨대, 사용자가 임금을 지급해야 할 기일이 도래하였다는 사실을 깜박 잊어버린 경우, 연장 · 야간 · 휴일근로수당이나 미사용 연차휴가수당에 대한 계산에 착오가 발생하여 근로자에게 임금을 과소 지급한 경우 등에 있어 해당 사용자가 임금체불에 대한 고의가 없음을 항변하여 관련 형벌을 면할 수 있는가 하는 점이다.

172) '미필적 고의' 란 행위자가 범죄(구성요건적 결과)의 발생을 확실하게 인식한 것이 아니라 그 가능성을 예견하고 행위한 경우를 말한다(이재상 · 장영민 · 강동범, 『형법총론』, 박영사, 2015, 164면).

173) 대법원 2000. 8. 18. 선고 2000도2231 판결; 대법원 2001. 9. 28. 선고 2001도3997 판결; 대법원 2006. 4. 14. 선고 2006도734 판결 등.

분히 예견 가능하다고 할 수 있다. 이와 같은 측면에서 특별한 사정이 없는 한 임금체불죄를 범한 사용자에게는 적어도 미필적 고의가 인정되어 근로기준법 제109조에 규정된 형사처벌이 내려질 수 있는 것이다.

참고로 인사실무상 임금체불죄로 징역형까지 부과되는 사례는 많지 않다.[174] 대부분 체불된 임금액의 10~20% 정도의 벌금형이 부과되는 경우(약식기소)가 대부분이다.[175] 또한 임금체불죄는 '반의사불벌죄(反意思不罰罪)'로서 피해자가 가해자의 처벌을 원치 않는다는 의사를 밝힐 경우, 처벌되지 않는다.[176] 사용자가 임금체불죄를 범했다고 하더라도 밀린 임금을 모두 지급하면서 피해 근로자에게 진정(고소) 취하서를 제출하게끔 할

174) 징역형이 부과되는 경우는 아주 가끔씩 뉴스를 통해 접할 수 있다. 예컨대, 2015. 9. 18. 울산지방법원은 근로기준법 위반과 근로자퇴직급여보장법 위반 혐의로 기소된 선박가공업체 대표 A씨에게 징역 1년을 선고했다. A씨는 현대중공업으로부터 선박블록 제조공사를 도급 받아 업체를 운영하며 2008년 12월부터 2015년 4월까지 총 130여명의 임금과 퇴직금 6억8000여만 원을 체불한 혐의로 기소되었다. 재판부는 체불임금 규모가 상당함에도 변제가 되지 않은 점, 원청으로부터 받은 4억원의 중간 정산금을 개인채무 변제에 사용한 점, 해외로 도피한 점 등을 고려할 때 죄가 무겁다며 실형 선고의 이유를 밝혔다(뉴시스, "임금 · 퇴직금 수억원 체불한 대표 3명 잇따라 실형", 2015. 9. 18.).

175) 이런 점을 악용하여 일부러 벌금형으로 처벌을 받고, 끝까지 체불임금을 지급하지 않는 사용자도 더러 있다. 소위 "내가 벌금 낼 돈은 있어도, 너(근로자) 줄 돈은 곧 죽어도 없다."라는 악의적 의도가 반영된 실례인데, 합리적인 관점에서 사용자의 의식전환이 요청되는 부분이다.

176) 임금체불죄는 피해자의 명시적인 의사에 반하여 공소를 제기할 수 없다(근로기준법 제109조 제2항). 2005년 근로기준법이 개정되면서 체불임금에 대한 지연 이자를 연 6%에서 연 20%로 대폭 강화하는 대신에 반의사불벌죄로 규정하여 형사책임에 대한 부분은 사용자의 부담을 많이 완화하였다. 반의사불벌죄란 국가기관이 수사와 공판을 독자적으로 진행할 수 있지만 피해자가 처벌을 원하지 않는다는 명시적인 의사표시를 하는 경우에는 그 의사에 반하여 형사소추를 할 수 없도록 한 범죄를 말한다. 반의사불벌죄는 처벌을 원하는 피해자의 의사표시 없이도 공소할 수 있다는 점에서 고소 · 고발이 있어야만 공소를 제기할 수 있는 친고죄(親告罪)와 구별된다.

때, 그 취하서에 처벌을 원하지 않는다고 기재[177]하면 임금체불에 따른 처벌을 받지 않을 수 있다.

상기 사례에서 주유소를 운영하는 사장은 퇴직한 근로자에 대한 주휴수당을 지급하지 않았다. 주유소 사장이 임금체불에 대한 명백한 고의가 없었다고 할지라도 특별한 사정이 없는 한 '미필적 고의'가 인정되어 임금체불죄가 성립할 것으로 판단된다. 계속해서 임금체불에 대한 사실관계를 부인하거나 체불된 주휴수당을 지급하라는 고용노동부의 시정명령을 시정기한 내에 이행하지 않을 경우, 임금체불죄로 입건 · 기소되어 종국적으로 형사처벌을 받을 수 있다. 다만, 형사처벌이 내려지더라도 임금체불의 혐의가 고의적 · 상습적이라는 등의 특단의 사정이 없는 한 체불임금의 10~20%에 해당하는 금액 정도의 벌금형이 내려지는 것이 실무적 관행이고, 밀린 임금을 모두 지급하면서 해당 근로자에게 사용자의 처벌을 원하지 않는다는 내용의 취하서를 제출하게끔 하면 임금체불에 따른 형사처벌까지도 면할 수 있다.

177) 취하서에는 피해자가 처벌을 원하지 않는다는 의사표시를 할 때 유의해야 할 사항을 근로감독관이 고지하도록 되어 있다. 유의사항은 ① 고용노동부에 제기한 임금 등 체불사건과 관련하여 체불사업주에 대한 처벌을 원하지 않는다는 의사를 표시하였다는 점, ② 체불사업주에 대한 처벌을 원하지 않는다는 근로자의 의사표시는 철회할 수 없다는 점, ③ 근로자가 체불사업주에 대해 처벌을 원하지 않음으로써 같은 내용에 대해 다시 신고할 수 없다는 점 등이다.

제2장

노동법 실무

16. 임금 감액: "직원이 지각할 때마다 벌금조로 급여를 깎으면 안 되나요?"
17. 임금성 판단: "최우수 직원 포상금도 임금에 해당하나요?"
18. 위약 예정의 금지: "해외 장기연수 후 퇴사한 직원에게 임금 및 연수비용을 반환토록 하면 안 되나요?"
19. 연차유급휴가의 시기변경권: "회사 사정으로 직원들의 휴가일정을 변경할 수 있나요?"
20. 취업규칙의 변경: "부서별로 동의서를 회람하는 방식으로 취업규칙 변경 동의를 받아도 되나요?"
21. 직장질서: "고등학교 선배인 직장 후임은 반말 해도 되나요?"
22. 징계의 종류: "상사의 멱살을 잡은 직원은 징계해고를 해도 되나요?"
23. 제척제도: "징계대상자와 이해관계가 있는 자를 징계위원회 위원으로 참석시키면 안 되나요?"
24. 부당해고구제신청의 대상: "호봉승급 보류조치도 근로기준법 제23조 제1항의 '그 밖의 징벌'에 해당하나요?"
25. 전직명령: "직원을 지방 지사로 발령할 경우, 반드시 동의를 받아야 하나요?"
26. 원직복직: "부당해고인 경우 해당 직원을 예전과 동일한 직에 복직시켜야 하나요?"
27. 위험부담: "왜 부당해고기간 중에 근무하지도 않은 직원에게 임금을 지급해야 하나요?"
28. 공민권: "시의원 후보에 출마한 직원의 선거운동시간도 회사에서 보장해야 하나요?"
29. 고용보장 합의: "구조조정을 실시하지 않겠다는 확약서를 작성한 이상, 경영상 해고를 실시할 수 없나요?"
30. 준법투쟁: "직원들이 집단적으로 연장근로를 거부하는 것은 정당한 행위인가요?"
31. 단체교섭의 대상: "경영사항도 노동조합과 단체교섭을 해야 하나요?"
32. 시설관리권: "산별노조 간부는 회사에 자유롭게 출입할 수 있나요?"
33. 노동조합의 불법행위책임: "노조 간부의 불법행위로 인한 책임을 노동조합에게도 물을 수 있나요?"
34. 지배 · 개입: "직원들에게 노동운동에 비판적인 책을 읽도록 하면 법적으로 문제가 되나요?"

16

임금 감액

"직원이 지각할 때마다 벌금조로 급여를 깎으면 안 되나요?"

상담사례(Question)

인사관리를 엄격하게 하고자 직원들의 지각에 대해서 일정액의 벌금(1시간 이내의 지각은 벌금 5만원, 2시간 이내의 지각은 벌금 10만원, 2시간을 초과하는 지각은 당일 결근 처리 등)을 부과하고, 그 벌금은 1개월 단위로 취합하여 다음달 급여에서 차감하는 방안을 고려하고 있습니다. 이렇게 하면 지각에 대한 직원들의 경각심이 높아지지 않을까 생각합니다. 이러한 방안이 노동관계법령에 위반될 소지는 없는지 문의드립니다.

서울연구원이 서울 및 경인지역에서 종로 · 중구 · 여의도 · 서초 · 강남으로 출근하는 직장인들을 대상으로 실시한 설문조사에 따르면 평균 출근시간은 68분인 것으로 나타났다. 서울지역 직장인들의 평균 출근시간은 56분, 수원 · 인천 등 경인지역 직장인들의 출근시간은 80분으로 조사되었다.[1] 실제 출근을 위한 준비시간까지 고려한다면 출근에만 2시간 가까

1) News1, "서울시민 평균 출근시간 56분, 경기 · 인천시민은 80분", 2014. 6. 12.

운 시간이 소요되며, 매일 아침 이른바 '지옥철' 내에서 출근과의 전쟁을 치러야 하는 직장인들로서는 누구나 지각을 경험해 보았을 것이다.

지각에 대한 임금 감액

근로자가 지각을 했을 때, 지각에 따른 시간만큼 임금을 감액하는 제도가 근로기준법 제20조에 위반되는지 문제될 수 있다.

근로기준법 제20조는 "사용자는 근로계약 불이행에 대한 위약금 또는 손해배상액을 예정하는 계약을 체결하지 못한다."라고 하여 '위약 예정의 금지'를 규정하고 있다.[2] '위약금'이란 근로자가 근로계약 의무를 이행하지 않았을 경우에 사용자에게 일정액을 지불하기로 약정한 금액을, '손해배상액의 예정'이란 근로자가 근로계약 의무를 이행하지 않았을 경우 및 근로자가 사용자에게 손해를 입힌 경우 사용자에게 실제 손해의 액수에 관계 없이 일정액을 지불할 것을 사전에 약정하는 것을 의미한다.[3]

근로자가 지각해서 그 시간만큼 근무하지 않았다면, ① '무노동 무임금 원칙'에 따라 사용자는 근로자에게 그에 대한 임금을 지급할 의무가 없으며, ② 근로계약 및 사규를 위반한 행위(지각)에 대해 징계할 수 있는 권한도 있다. 따라서 근로자가 지각한 경우에 그 시간에 대한 임금을 감액하거나 근로기준법 제95조(제제 규정의 제한)[4]의 범위 내에서 징계의 수단(감

---

2) 이 규정은 사용자가 사전에 일정한 금액으로 근로자에게 위약금이나 손해배상에 대한 책임을 부과하여 근로자가 부당하게 근로의 계속을 강요당하는 것을 방지하고, 근로자의 직업 선택의 자유를 보장하는 데 그 취지가 있다(대법원 2004. 4. 28. 선고 2001다53875 판결).

3) 노동법실무연구회, 『근로기준법주해(Ⅱ)』, 박영사, 2010, 54면.

4) 취업규칙에서 근로자에 대한 감급(減給)의 제재를 정할 경우에 그 감액은 1회의 금액이 평균임금의 1일분의 2분의 1을, 총액이 1임금지급기의 임금 총액의 10분의 1을 초과하지 못한다.

봉)으로 임금을 감액하는 것이 근로기준법 제20조에 위반된다고는 보기 어렵다.[5)]

인사실무상 유의점

인사실무상 다음과 같은 측면에서 근로자의 지각에 대해서 임금을 감액하는 것이 문제가 될 수 있다.

첫째, 근로자의 지각에 따른 임금 감액은 반드시 해당 근로자가 지각을 하여 실제로 근무하지 못한 시간에 상응하는 액수이어야 한다. 예컨대, 근로자의 지각으로 인하여 실제 근무하지 못한 시간을 고려하지 않고, '지각 1회당 O만원'과 같이 지각에 대하여 일정한 금액을 이른바 '벌금' 형태로 부과하여 임금을 감액하는 것은 근로기준법 제20조에서 금지하고 있는 '위약금'의 성격으로 같은 조 위반이 될 수 있다.[6)]

둘째, 학창시절에 지각이나 조퇴 3회는 결석 1일로 간주한다는 식의 교칙을 기억할 것이다. 그와 유사하게 취업규칙 등에 "지각 3회는 1일 결근한 것으로 본다." 등과 같이 규정하는 경우, 근로자가 실제로 근무하지 않은 시간의 누계를 초과하여 임금을 지급하지 않는 것이 되므로 주의해야 한다.[7)]

셋째, 상기 사례와 같이 지각에 대한 임금 감액을 '벌금제도'로 운영하는 것은 적절하지 않다. 근로자가 지각을 했을 때 근무하지 못한 시간만큼의 임금을 감액하는 것은 해당 근로자가 근로계약상의 근로의무를 다하

---

5) 노동법실무연구회, 『근로기준법주해(Ⅱ)』, 박영사, 2010, 58면.

6) 위반 시 같은 법 제114조 제1호에 의거 500만원 이하의 벌금에 처해질 수 있다.

7) 근로자가 지각, 조퇴 등의 사유로 인하여 소정근로일의 근로시간 전부를 근로하지 못하였다 하더라도 소정근로일을 단위로 하여 그날에 출근하여 근로를 제공하였다면 이를 결근으로 취급할 수 없는 것인바, 지각, 조퇴 3회를 합산하여 결근 또는 휴가 1일로 취급함은 부당하다(근기 1451-3247, 1983. 12. 30.).

지 못했기 때문에 그에 대한 반대급부로서 급여를 지급하지 않는 것이어야 한다.

그렇지 않고 근로자의 지각에 대하여 벌금제도로 운영하는 경우에는 근로기준법 제20조의 위반문제가 발생할 수 있다. 근로자가 해당 벌금제도에 동의를 하였다고 하더라도 근로기준법 제20조는 강행규정[8]이므로 그 동의는 효력이 없다.[9]

임금 감액 이외의 합리적인 인사조치

근로자의 지각이 출근시간을 기점으로 대부분 5~10분 정도로 경미하게 발생하고 있는 점을 고려할 때, 그와 같은 경미한 지각에 대하여 정확히 그 시간만큼 임금을 감액한다는 것이 얼마나 실효성이 있는 제도인지에 대해서는 의문이 있다.[10] 아울러 지문인식기 등의 전자출입기기로 관

---

8) 당사자의 의사에 관계없이 강제적으로 적용되는 규정을 강행규정이라고 한다. 근로기준법의 규정은 대부분 강행규정으로 가사 근로자가 근로기준법 전부 또는 일부 규정 적용의 배제에 관하여 동의를 하였다고 하더라도 그 동의의 효력은 인정되지 아니한다.

9) 리테일(Retail) 업계의 매장에서는 매장의 직원들끼리 자체적으로 지각을 하는 직원이 벌금을 내도록 하여 그것을 모았다가 매장의 간식비 등으로 활용하는 관행이 있다. 그러한 관행이 직원들의 자발적인 의사에 의하여 상호 간 동의한 것이고, '사용자'가 이러한 제도를 설정 · 유지하는데 관여하고 있는 것이 아니라면 근로기준법 제20조 위반이라고 볼 수 없다. 근로기준법 제20조는 '사용자'가 근로계약 불이행에 대한 위약금 또는 손해배상 예정을 하는 것을 금지하는 것이므로 직원들이 자발적으로 일정한 사회 상규에 반하지 않는 수준의 벌금제도(예를 들어, '1회당 O천원'의 애교로 볼만한 수준)를 운영하는 것까지 같은 조항에 위반된다고 볼 수 없기 때문이다. 다만, 주의할 점은 근로기준법에 규정된 '사용자'에는 '근로자에 관한 사항에 대하여 사업주를 위하여 행위하는 자'도 포함되기 때문에 매장의 점장 또는 부점장 등의 관리자도 사용자에 포함될 수 있다. 따라서 관리자의 주도로 벌금제도를 운영하는 경우에는 이는 사용자의 행위가 되어 해당 점장이 근로기준법 제20조에 따른 법적 책임(500만원 이하의 벌금)을 부담함은 물론 사업주(회사)에 대해서도 양벌규정(근로기준법 제115조)에 의거 동일한 법적 책임이 부과될 수 있다.

10) 실제 어느 회사에서 근로자들의 지각이 잦았는데, 사장이 지각에 대하여는 그 시간만큼

리하지 않는 이상 '몇 분 몇 초'라는 경미한 지각시간을 실제로 측정하여 임금을 감액한다는 것은 실무상으로도 한계가 있다.

근로자가 지각하는 경우 임금을 직접적으로 감액하는 것보다는 '근태불량'으로 처리하여 승진이나 임금 인상, 상여금 지급 등에 '페널티(penalty)'로 작용하게끔 제도를 설정하는 것이 효과적일 것이다.[11] 지각의 횟수가 빈번하고 개선의 자세가 보이지 않아 근무질서를 해치는 근로자에 대해서는 적절한 수준의 징계를 통해 근무질서를 확립해 나가야 한다.[12]

문득, 저자가 사회 초년생 시절 과도한 음주회식으로 지각을 두 번 하여 당시 부서장으로부터 큰 질책을 받았던 기억이 난다. 그럼에도 다음 달 역시 한 번 더 지각을 했고 그 지각한 날에 '이제는 정말 죽었구나.'라고 생각을 하며 부서장실로 들어섰는데, 부서장께서 환하게 웃으시면서 "지각이 (지난 달) 두 번에서, (이번 달) 한 번으로 줄었으니 그대가 발전하고 있다는 증거네. 계속 발전하는 모습을 보여주게."라고 말씀하셔서 무척

엄격히 다음달 임금에서 감액하겠다고 공지하였다. 그런데 실제 그런 방식으로 근로자들의 지각을 관리해 보니 한달 내내 지각한 시간을 모두 합산하더라도 1시간을 넘지 않아 1시간의 시급에도 못 미치는 임금이 감액되어 오히려 사장의 체면이 구겨지고 근로자들이 코웃음을 쳤다는 후문이 있다.

11) 지각 또는 조퇴 등의 사유로 인하여 근로일의 소정근로시간수의 전부를 근로하지 못하였다 하더라도 소정근로일을 단위로 하여 그 날에 출근하여 근로를 제공하였다면 결근으로 처리할 수는 없다. 그러나 지각 또는 조퇴 등을 제재하고자 하는 단체협약이나 취업규칙으로서 근로기준법 제96조에 의한 감급이나 승급, 상여금 지급 등에 영향을 주는 제도는 채택할 수 있다(법무811-4808, 1981. 2. 16.).

12) '지각'이라는 키워드로 고용노동부 행정해석을 검색해 보면, 이상하리만큼 1970~1980년대의 행정해석만 있을 뿐, 그 이후의 행정해석은 거의 없다. 세상이 아무리 변하였다고 하더라도 지각하는 근로자는 있기 마련인데 아무래도 1990년대 이후부터 유연한 근로시간제 등이 활용되고 많은 근로자들이 야간근무를 하는 관계로 회사도 그러한 사정을 어느 정도 고려하여 출근시간을 상대적으로 엄격하게 관리하지 않기 때문은 아닌가 싶다.

반전(?)이었던 기억이 난다. 물론 그 후로 저자는 한 번도 지각을 하지 않았다.

지각, 분명히 바로 잡아야 할 회사의 질서이지만, 한 번쯤 '지옥철'의 근로자들을 생각하여 지난 날 저자의 부서장과 같은 '묘수(妙手)'를 활용하는 것도 좋지 않을까 하는 생각이 든다. 인사보감

17

임금성 판단

"최우수 직원에 대한 포상금도 임금에 해당하나요?"

상담사례(Question)

저희 회사는 반기당 개인 업무성과가 가장 뛰어난 최우수 직원을 직종별(영업직, 생산직, 사무직)로 각 1명씩 총 3명을 선발하여 1명당 포상금(300만원)을 지급하는 정책을 시행하고 있습니다. 최우수 직원 포상에 관한 사항은 취업규칙의 '표창' 관련 조항에 규정되어 있습니다. 그런데 최근 2회 연속 최우수 직원으로 선발되어 포상금을 지급 받은 직원이 퇴사를 하였는데, 본인이 받은 포상금이 퇴직금 산정을 위한 평균임금에 포함되지 않았다면서 이의를 제기해 왔습니다. 회사는 포상금은 임금이 아니라고 보지만, 해당 직원은 포상금도 자신이 열심히 근로한 대가로 지급 받은 것이므로 임금에 해당한다고 주장합니다. 최우수 직원에 대한 포상금도 임금에 해당하는지 문의를 드립니다.

임금의 개념

사용자가 근로자에게 지급하는 금품의 종류에는 ① 근로의 대가인 임금, ② 근로와 무관하게 은혜적으로 지급하는 생활보조적 · 복리후생적 금품, ③ 실비변상(實費辨償)으로 지급되는 금품 등 크게 3가지로 나누어 볼 수 있다. 그 중에서 '임금' 이란 근로기준법에서 "사용자가 근로의 대가로 근로자에게 임금, 봉급, 그 밖에 어떠한 명칭으로든지 지급하는 일체의 금품을 말한다."라고 규정하고 있다.[13]

상기 법 조항이 규정하고 있는 임금성 판단의 요건은 '근로의 대가' 와 '지급하는 일체의 금품' 이다. 그런데 '지급하는 일체의 금품' 이라는 요건은 사실적으로 그 지급여부가 확인되는 사항이기 때문에 법적으로 그 해석이 대립할 수 있는 것은 사용자가 지급한 일체의 금품이 '근로의 대가' 인지 여부다.

'근로의 대가' 란 근로계약상 근로자의 근로제공에 대하여 사용자가 지급해야 할 반대급부(채무)를 의미한다. 사용자가 근로자에게 지급한 일체의 금품이 근로제공에 대한 반대급부가 아니라면 임금에 해당하지 않는다. 예컨대, 출장 주유비와 휴대폰 통신비 등 업무수행에 소요된 비용에 대한 실비변상적 금품은 근로의 대가가 아닌 비용의 변제로 사용자가 근로자에게 지급한 것이므로 임금이 아니다.[14]

인사실무에서는 회사가 근로자의 근로의욕 고취, 성과보상, 복리후생 진작을 위하여 (본래 지급하기로 정해진 임금에 추가하여 지급한) 금품이 임금에 해당하는지 여부가 많이 문제된다.

법원 판례의 임금성 판단기준

법원 판례는 근로기준법의 임금 관련 규정을 근거로 사용자가 근로자에게 지급하는 금품이 '근로의 대가' 인지를 기준으로 해당 금품의 임금

---

13) 근로기준법 제2조 제1항 제5호.

14) 김홍영, "임금의 판단기준", 『노동판례백선』, 박영사, 2015, 51면.

성 여부를 판단한다. 이론적으로는 임금을 판단하는데 있어서 '근로의 대가' 인지 여부를 가늠하는 것이 매우 중요하지만, 실무적으로 사용자가 근로자에게 지급한 금품이 '근로의 대가' 인지의 '실질' 을 직관적 · 관념적으로 판단하는 것은 이론처럼 쉽지 않다.

상식적으로 생각했을 때에도 근로자가 회사에서 근로를 하고 있는 이상, 사용자로부터 받는 금품 중 근로의 대가가 아니라고 말할 수 있는 금품이 얼마나 있을까? 대부분의 근로자들은 회사로부터 받은 금품은 그 모두가 자신이 일을 하기 때문에 받는 '근로의 대가' 라고 생각할 것이다. 물론, 전문적으로 법을 다루는 사람에게도 이를 판단하는 것은 어려운 일이다. 이러한 측면에서 근로의 대가에 대한 판단을 단순히 직관과 관념에 의지할 경우 그 판단이 보는 사람의 관점에서 각기 달라질 수 있다.[15)]

법원 판례는 ① 근로자에게 계속적 · 정기적(· 일률적)으로 지급되고, ② 단체협약, 취업규칙, 급여규정, 근로계약, 노동관행[16)] 등에 사용자의 지급의무[17)]가 명시적 · 묵시적으로 정해져 있다는 점이 인정되면, 해당 금품을 임금으로 인정하는 경향이 강하다.[18)] 예컨대, 임금의 명목으로 지급

---

15) 사용자가 근로자에게 근로관계 속에서 지급하는 금품은 실비변상 부분이 아닌 한 근로의 대가인 임금으로 넓게 보아야 한다는 견해도 있다(김기덕, "통상임금 법리에 관한 재검토", 『노동과 법(제6호) 통상임금』, 금속법률원, 2006, 103면).

16) 지급의무는 반드시 단체협약, 취업규칙, 근로계약에 의한 것일 필요는 없고, 사용자의 방침이나 관행에 따라 금품 지급이 계속 이루어져 근로자와 사용자 사이에 금품 지급이 당연한 것으로 여겨질 정도의 관례가 형성된 경우처럼 노동관행에 의한 것이라도 무방하다(대법원 1992. 4. 14. 선고 91다5587 판결; 대법원 1995. 7. 11. 선고 93다26268 판결; 대법원 2002. 5. 31. 선고 2000다18127 판결).

17) 사용자에게 지급의무가 있다는 말은 그 지급여부를 사용자가 임의로 결정할 수 없다는 것을 의미한다.

18) 대법원 1999. 9. 3. 선고 98다34383 판결; 대법원 2006. 12. 8. 선고 2006다48229 판결 등. 이는 종래 임금인상의 방편으로 임금이 아닌 수당 형식의 금품을 증가시켜온 관행, 각종 수당이 그 명목과는 달리 계속적 · 정기적 · 일률적으로 지급되는 실태의 문제점을 노동법적 관점에서 제어하기 위한 법원의 판단으로 평가된다(김홍영, "임금의 판

되지 않는 가족수당,[19] 식대,[20] 체력단련비[21] 등이 단체협약 등으로 사용자에게 지급의무가 지워져 있고 일정 요건에 해당하는 근로자에게 계속적 · 정기적(· 일률적)으로 지급되면, 임의적 · 은혜적인 복리후생이 아니라 근로의 대가인 임금에 해당하는 것으로 본다.

즉, 법원 판례에서는 금품의 지급내용과 형태(계속적 · 정기적 · 일률적 지급 여부), 지급의무의 존부라는 '형식적 기준'이 해당 금품을 임금으로 보는지(근로의 대가로서의 성격을 갖는지) 여부를 판단하는데 중요한 기준으로 작용한다.

법원[22]이 "실제 하계휴가를 실시하였는지 여부에 관계없이 일률적으로 단체협약에 규정된 휴가비를 지급하였다면 이는 근로의 대상으로 지급된 금품으로 임금에 해당하는 반면, 만약 하계휴가를 실시한 종업원에게만 휴가비를 지급하였다면 이는 근로제공과는 관계없이 은혜적으로 지급된 금품에 불과하여 임금에 해당하지 아니하므로 임금이 아니다."라고 판시한 것은 임금성 판단에 대한 그러한 경향을 잘 보여준다고 할 수 있다.

임금성 판단에 있어 예외와 인사실무

어떠한 금품이 계속적 · 정기적으로 지급되고, 단체협약, 취업규칙, 근로계약 등이나 사용자의 방침에 따른 것이라고 할지라도, 사용자가 지급의무 없이 개별 근로자에게 생긴 특수하고 우연한 사정으로 지급한 '은혜적 · 임의적 · 비일률적인[23] 금품'은 임금(근로의 대가)으로 인정되지 않는

단기준", 『노동판례백선』, 박영사, 2015, 52면).

19) 대법원 2006. 5. 26. 선고 2003다54322 판결.

20) 대법원 2003. 2. 11. 선고 2002다50828 판결.

21) 대법원 2006. 5. 26. 선고 2003다54322 판결.

22) 대법원 1996. 5. 14. 선고 95다19256 판결.

23) 일률적이라는 말은 개별 근로자의 조건이나 사정에 상관없이 모든 근로자에게 동일하게

다.[24)]

예컨대, ① 취업규칙, 단체협약 등에 근거하여 지급하는 경조사비, ② 매년 노사합의로 그 구체적인 지급조건이 정해지며 그 해의 생산실적에 따라 지급여부나 지급률이 달라지는 등 지급사유의 발생이 불확정적이고 일시적으로 지급되는 특별상여금,[25)] ③ 전 근로자에게 일률적 · 정기적으로 일정액을 지급하는 것이 아니라 사용자가 별도의 기준을 통하여 선정한 특정 인원에게 포상을 목적으로 지급하는 QC활동 보상금[26)] 등은 근로의 대가가 아니어서 임금이 아니다.

인사실무상 유의할 점은 지급되는 금품의 명칭만을 고려하여, "무슨 무슨 수당은 임금에 해당하지 않는다."라는 식으로 단순하게 암기해서는 안된다는 사실이다.[27)] 법원 판례와 고용노동부 행정해석은 단순히 금품의 명칭이 아닌 그 실질과 지급을 둘러싼 내용을 중심으로 사실관계를 면밀하게 검토하여 임금성을 판단한다는 점에서 인사실무자들도 임금성 여부가 쟁점이 되는 사안에 있어 개별적으로 접근하여야 한다.

상기 사례에서 회사가 개별 근로자의 업무성과를 기준으로 최우수 직원을 선발하여 지급하는 포상금은 비록 그 지급에 관한 사항이 회사의 규정(취업규칙)에 정해져 있다고 하더라도, 그 누구를 지급대상으로 할 것인

지급된다는 의미이다. 따라서 비일률적이라는 말은 개별 근로자의 조건이나 사정에 따라서 그 지급이 달라질 수 있다는 의미다.

24) 대법원 1995. 5. 12. 선고 94다55934 판결; 대법원 1996. 5. 14. 선고 95다19256 판결; 대법원 2011. 7. 14. 선고 2011다23149 판결.

25) 대법원 2005. 10. 13. 선고 2004다13762 판결; 대법원 2006. 2. 23. 선고 2005다54029 판결; 대법원 2006. 5. 26. 선고 2003다54322 판결 등.

26) 근기1455-16221, 1982. 6. 11.

27) 수당의 명칭이 복리후생적 금품에 가깝다고 하더라도 단체협약, 취업규칙 등에 정하거나 관례 · 관행에 따라 정기적으로 일정 근로자에게 같은 금액을 지급해 왔다면 임금에 해당할 가능성이 높다. 예를 들어, 식대, 교통비, 월동연료수당, 체력단련비, 효도휴가비, 선물비 등은 법원이나 고용노동부가 상기 요건들을 고려하여 임금이라고 판단한 수당이다.

지 여부가 개별 근로자의 업무성과에 따라 반기당 변동이 가능한 금품이다. 법원 판례의 경향을 고려하였을 때 최우수 직원에 대한 포상금은 '은혜적 · 임의적 · 비일률적인' 금품으로서 임금이 아니라고 판단될 가능성이 높으며, 회사가 해당 포상금을 퇴직금 산정을 위한 평균임금에 포함하지 않아도 법적으로 문제될 가능성은 낮을 것으로 판단된다.[28]

28) "포상금이 근로의 대가인 임금에 해당하려면 회사가 직원들에게 정기적, 계속적으로 지급해야 할 뿐만 아니라, 그 지급액이 일정하거나 적어도 일정한 기준에 의하여 미리 예정되어 있어야 할 것인데, 회사가 그 지급시기와 지급금액을 정하는 비율을 이를 지급할 때마다 일방적으로 정하여 지급한 것이므로 임금의 성질을 갖는 것이 아니라 사용자인 피고의 호의에 의하여 은혜적으로 지급되는 급부라고 할 것이다."라고 한 법원 판례(서울지법 1999. 8. 12. 선고 98가합110919 판결)도 참고할 수 있다.

18

위약 예정의 금지

"해외 장기연수 후 퇴사한 직원에게 임금 및 연수비용을 반환토록 하면 안 되나요?"

상담사례(Question)

저희 회사는 입사 7년차 이상 직원들을 대상으로 해외 MBA 장기연수 프로그램을 운영하고 있습니다. 장기연수 프로그램 대상자로 선정된 직원은 2년 동안 해외 MBA에서 교육을 받을 수 있고, 회사는 직원에게 기본급 및 장기연수에 소요되는 경비를 제공합니다. 그 대신 장기연수를 다녀온 직원은 복귀 후 5년 동안 회사에 의무적으로 재직해야 하며, 그렇지 않은 경우 장기연수기간 동안 회사가 제공하였던 기본급 및 연수비용을 모두 반환하는 약정을 체결하고 있습니다. 그런데 최근 장기연수를 다녀온 직원이 복귀 후 1년 되는 시점에 사직서를 내고 다른 회사로 이직하였습니다. 이에 따라 회사는 해당 직원에게 장기연수기간 동안 지급했던 기본급 및 연수비용 일체를 반환토록 요청하려고 하는데 법적으로 문제가 없는지 문의를 드립니다.

상당수 기업이 근로자들의 역량강화와 경력개발(Career Development)을 위해 다양한 국내외 연수 또는 교육제도(이하, '연수')를 운영하고 있다. 그런데 기업은 해당 근로자들의 도덕적 해이를 방지[29]하고자 연수에 대한

29) 기업에서는 근로자의 연수과정에서의 도덕적 해이를 방지하고자 연수비용 지급에 대한

비용(이하, '연수비용')을 부담하는 대신 연수를 다녀온 근로자가 의무적으로 재직해야 할 기간(이하, '의무재직기간')을 정하고 있다.

실제로 연수를 다녀온 근로자가 의무재직기간 내에 퇴사하거나 다른 회사로 이직할 경우, 해당 근로자에게 연수비용 반환의무를 지우거나 임금이나 퇴직금에서 연수비용을 공제한다는 내용의 약정을 하는 경우가 많다.[30] 그런데 이러한 약정은 근로기준법에서 정하고 있는 '위약 예정의 금지'에 위반될 수 있으므로 세밀한 검토가 필요하다.

위약 예정의 금지

근로기준법 제20조는 "사용자는 근로계약 불이행에 대한 위약금 또는 손해배상을 예정하는 계약을 체결하지 못한다."라고 하여 위약 예정의 금지를 규정하고 있다.[31] 근로기준법이 위약 예정의 금지를 규정한 취지는 위약금이나 손해배상액의 예정으로 인하여 근로자가 퇴직의 자유를 제한받아 부당하게 근로를 강요당하는 것을 방지하고, 근로자의 직장 선택의 자유를 보장하는 데 있다.[32]

일정 조건을 약정하는 경우가 있다. 예를 들어, 해외 MBA 과정의 경우 ① 그 과정의 재학 연한은 X년을 초과할 수 없고, ② 수료 시 평균학점은 O점 이상이어야 하고, ③ 수료 후 종합시험, 논문심사 등 소정의 절차에 따라 학위를 취득하여야 한다고 약정하는 것이다.

30) 통상 해당 약정서에 ① 근로자가 그 연수과정을 정상적으로 수행하지 못하는 경우, ② 근로자의 의사로 사직하는 경우, ③ 근로자의 근로계약이 근로자 본인의 귀책사유로 인하여 해지되는 경우 등에는 지급하였던 연수비용을 반환하도록 규정한다.

31) 위약금이란 계약불이행의 경우에 근로자가 사용자에게 일정액을 지불하는 금액이고, 손해배상액의 예정이란 근로자의 계약불이행의 경우에 근로자가 사용자에게 실제 손해의 발생 여부 및 손해의 액수에 관계없이 일정액을 지불할 것을 미리 약정하는 것이다(노동법실무연구회, 『근로기준법주해(Ⅱ)』, 박영사, 2010, 54면).

32) 대법원 2004. 4. 28. 선고 2001다53875 판결.

법원 판례[33]는 "약정의 취지가 의무재직기간 이전에 퇴직하면 그로 인하여 ① 사용자에게 어떤 손해가 어느 정도 발생하였는지 묻지 않고, ② 바로 소정 금액을 사용자에게 지급하기로 하는 것이라면 이는 명백히 근로기준법 제20조를 위반한 것이어서 효력을 인정할 수 없다."라고 판시한 뒤, "의무재직기간 이전에 퇴직한 것을 이유로 ③ 임금을 반환하기로 하는 취지인 경우에도 그 효력을 인정할 수 없다."라는 입장을 기본적으로 취하고 있다.

따라서 연수를 다녀온 근로자가 의무재직기간을 지키지 않았다는 이유만으로 일정한 금액을 무조건 반환토록 하거나, 임금을 반환하기로 하는 약정은 위약 예정의 금지를 규정한 근로기준법 제20조를 위반하여 효력이 없다.[34]

연수비용의 반환약정

한편, 회사가 근로자의 연수비용을 우선 지출하고, 해당 근로자는 실제 지출된 비용의 전부 또는 일부를 상환하는 의무를 부담하기로 하되 장차 일정기간 동안 근무하는 경우 그 상환의무를 면제해 주기로 하는 약정의 효력은 인정될 수 있다.

법원 판례[35]는 ① 주로 사용자의 업무상 필요와 이익을 위하여 원래 사용자가 부담하여야 할 성질의 비용을 지출한 것에 불과한 정도가 아니라, ② 근로자의 자발적 희망과 이익까지 고려하여, ③ 근로자가 전적으로 또는 공동으로 부담하여야 할 비용을 사용자가 대신 지출한 것으로 평가되

33) 대법원 2008. 10. 23. 선고 2006다37274 판결.
34) 근로기준법 제20조를 위반하는 경우 같은 법 제114조 제1호에 의거 500만원 이하의 벌금에 처해질 수 있다.
35) 대법원 2008. 10. 23. 선고 2006다37274 판결.

며,[36] ④ 의무재직기간 및 상환해야 할 비용이 합리적이고 타당한 범위 내에서 정해져 있는 등, ⑤ 그 약정으로 인하여 근로자의 의사에 반하는 계속 근로를 부당하게 강제하는 것으로 평가되지 않는다면, 그러한 약정까지 근로기준법 제20조가 정하고 있는 위약 예정의 금지에 위반되지 않는다고 하여 적용의 예외를 인정하고 있다.

하지만 그와 같은 경우에도 연수기간 동안 지급하였던 임금 반환을 약정하거나,[37] 그 주된 실질이 연수가 아니라 회사의 업무상 명령에 따른 파견 등과 같이 근로장소의 변경에 불과한 경우 그 근무기간의 각종 경비에 대한 반환을 약정하는 것[38]은 위약 예정의 금지에 위반하는 것으로 본다.[39]

요컨대, 상기 사례에서 해외 장기연수 후 의무재직기간을 지키지 않고 다른 회사로 이직한 근로자에게 연수기간 동안 회사가 제공하였던 경비

---

36) 이는 약정의 본질이 사용자가 근로자에게 지급한 대여금(금전채권)에 있다는 점에서 중요한 의미를 갖는다. 이는 민법 제598조의 '소비대차' 규정이 적용될 수 있다. 같은 조는 "소비대차는 당사자 일방이 금전 기타 대체물의 소유권을 상대방에게 이전할 것을 약정하고 상대방은 그와 같은 종류, 품질 및 수량으로 반환할 것을 약정함으로써 그 효력이 생긴다."라고 규정하고 있다. 좀 더 쉽게 표현하면 사용자가 근로자의 연수에 필요한 금전을 빌려주고, 연수 후 의무재직기간을 지키면 그 금전에 대한 반환의무를 면제해 주는 것이다. 따라서 연수 후 의무재직기간을 지키지 않은 근로자에게는 그 금전을 반환하여야 할 의무가 발생하는 것이다.

37) 임금 반환을 약정한 부분은 기업체가 근로자에게 근로의 대상으로 지급한 임금을 채무불이행을 이유로 반환하기로 하는 약정으로서 실질적으로는 위약금 또는 손해배상을 예정하는 계약으로 무효이다(대법원 1996. 12. 6. 선고 95다24944, 24951 판결).

38) 해외근무기간 동안 임금 이외에 지급 또는 지출한 금품은 장기간 해외근무라는 특수한 근로에 대한 대가이거나 또는 업무수행에 있어서의 필요 불가결하게 지출할 것이 예정되어 있는 경비에 해당하여 재직기간 의무근무 위반을 이유로 이를 반환하기로 하는 약정 또한 마찬가지로 무효라고 보아야 할 것이다(대법원 2004. 4. 28. 선고 2001다53875 판결).

39) 한국노동법학회, 『노동판례백선』, 박영사, 2015, 40면.

일체에 대한 반환을 청구하는 것은 가능하다.[40] 실무적으로는 연수비용 반환을 약정할 때, 의무재직기간 중 퇴직 시 잔여 의무재직기간과 무관하게 연수비용 전액을 반환하도록 하는 경우보다는 잔여 의무재직기간에 비례하여 연수비용을 반환하도록 하는 경우[41]가 상대적으로 많다. 사회통념상 후자가 보다 합리적이기 때문이다.

반면, 장기연수에 따른 의무재직기간을 지키지 않았더라고 하더라도 연수기간 동안의 임금을 반환하는 약정은 허용되지 않는다는 점을 유념하여야 한다.[42] 실무적으로 잘 행하지 않는 방법이기는 하지만, 장기연수에 따른 의무재직기간을 지키지 않은 근로자로 인하여 회사에 손해가 발생하였다면, 별도로 손해배상을 청구하는 방법을 고려할 수 있을 것이다. 인사보감

---

40) 장기연수와 관련하여 해당 근로자가 자발적으로 희망하여 선택한 연수의 성격을 갖추어야 하기 때문에 그 실질이 해외 지사 등에서 근무하는 등의 내용이어서는 안 되는 등 위에서 살펴 본 법원 판례의 요건을 갖추어야만 한다. 이와 같은 경우의 분쟁을 대비하여 연수의 목적, 비용 부담주체, 비용의 구체적인 내역, 채무면제를 위한 의무재직기간, 채권채무의 청산방법 등을 명기한 규정이나 약정을 사전에 설정해 두는 것이 바람직하다. 심지어 일부 회사는 연수비용 대여조건으로 이자 또는 담보를 설정하는 경우까지도 있다.

41) 예를 들어, R = C X [(T−D)/T]의 공식에 따라 연수비용을 반납하는 것을 말한다(R : 반환해야 할 금액 / C : 회사가 부담한 연수비용 / T : 소정 의무재직기간 / D : 소정 의무재직기간 중 실제 근무기간).

42) 대법원 1996. 12. 20. 선고 95다52222, 52239 판결.

19

연차유급휴가의 시기변경권

"회사 사정으로 직원들의 휴가일정을 변경할 수 있나요?"

상담사례(Question)

지난 6월 초 부서 회식자리에서 팀원들이 팀장인 제게 "올해 여름휴가(연차유급휴가 사용)는 언제쯤 가면 좋을까요?"라고 물어보길래, "다들 작년처럼 7월 중순부터 8월 중순 사이에 가지 뭐."라고 답하였습니다. 그에 따라 팀원들이 서로 겹치지 않게 7월 중순부터 8월 중순 사이에 각자의 여름휴가를 승인권자인 제게 신청해 왔고 저는 모두 승인해 주었습니다. 팀원들 대다수는 들뜬 기분에 여름휴가 동안 국내외 여행을 위한 항공편과 숙박시설 등을 예약해 두었다고 합니다.

그런데 최근 회사가 갑자기 100억원 상당의 입찰에 참여하게 되어 하필이면 8월 중순까지 입찰 제안서를 제출해야 하는 상황이 되었고, 팀원들은 해당 기간 동안 모두 입찰 준비에 매진해야 할 것 같습니다. 금번 계약의 수주여부는 올해 하반기 회사 매출목표의 성패를 좌우할 수 있는 매우 중요한 일입니다.

이에 부득이 팀원들이 신청한 여름휴가를 8월 중순 이후로 변경하고자 하는데, 이런 경우 법적으로 문제가 없는지 문의를 드립니다.

근로자의 '시기지정권'

연차유급휴가(이하, '연차휴가')는 임금, 근로시간과 더불어 근로자의 주요 근로조건 중의 하나이다. 근로자는 근로기준법에 의하여 자유롭게 연차휴가 사용시기를 정할 수 있는 권리를 가지는데, 이를 '시기지정권'이라고 한다. 근로자는 자신이 원하는 날로 연차휴가의 시기를 지정하여 사용자에게 신청할 수 있고, 사용자는 근로자에게 발생한 연차휴가의 일수 내에서 근로자가 청구한 시기에 연차휴가를 주어야 한다.[43)]

근로기준법은 근로자의 시기지정권 행사방법에 대해서 구체적인 내용을 규정하고 있지 않기 때문에 근로자는 자유로운 형식에 따라 연차휴가 시기지정권을 행사할 수 있다. 회사의 취업규칙 등에 근로자의 시기지정권 행사의 형식과 방법에 대한 특별한 규정이 없다면, 근로자가 전화상으로 연차휴가를 신청하였다고 해서 그 법적 효력이 없는 것은 아니다.[44)]

그러나 회사의 취업규칙 등에 "근로자가 연차휴가를 사용하기 위해서는 사전에 신청하여 사용자의 승인을 얻어야 한다."라는 취지의 규정이 있을 때에는 근로자는 해당 규정이 정하고 있는 형식과 방법에 따라 사용자에게 연차휴가를 사전에 신청하고 승인을 얻어야 한다. 법원 판례는 이러한 경우에 근로자가 사용자의 승인을 얻지 않은 채 (일방적으로 휴가를 신청하였다고 생각하고) 출근하지 않는 행위를 무단결근으로 보고 있다.[45)]

---

43) 근로기준법 제60조 제5항 본문 전단.

44) 취업규칙에 근로자가 연차휴가를 청구하는 절차에 관한 정함이 없는 회사에서 근로자가 동료 운전사와의 상호 폭행으로 입은 상해 때문에 출근하지 아니하면서 회사 차량계장 및 총무계장에게 전화상으로 치료기간 중 계속 연차휴가를 실시한 것으로 처리하여 달라고 하였다면 이는 적법하게 연차휴가를 청구한 것이고, 이에 대하여 회사가 (구)근로기준법 제48조 제3항 단서에 의한 시기변경권을 행사하였다고 볼 만한 자료가 전혀 없으므로, 위 근로자가 출근하지 아니한 기간은 연차휴가권을 행사한 것이어서 결근한 것이라고는 볼 수 없다(대법원 1992. 4. 10. 선고 92누404 판결).

45) (취업)규칙에 의한 휴가를 받고자 하는 자는 사전에 소속장에게 신청하여 대표이사의 승

또한 근로자가 사용자에게 연차휴가를 신청할 때에는 반드시 그 시기를 특정하여야 한다. 법원 판례는 단체교섭을 요구하는 농성에 참여하기 위하여 (구체적인 시기를 특정하지 않은) 연차휴가 신청서를 제출하고 13일 동안 출근하지 않은 노동조합 지부장을 무단결근으로 해고한 것은 정당하다고 판단하였다.[46]

사용자의 '시기변경권'

사용자는 근로자가 시기지정권을 행사하여 신청한 내용에 따라 연차휴가를 승인하여 주는 것이 원칙이지만, 근로자가 신청한 시기에 연차휴가를 주는 것이 사업운영에 막대한 지장이 있는 경우에는 그 시기를 변경할 수 있다.[47] 근로자의 연차휴가 신청에 대해 사용자가 그 시기를 변경할 수 있는 권리를 '시기변경권'이라고 한다.

사용자가 근로자의 연차휴가에 대하여 시기변경권을 행사하기 위해서는 '사업운영에 막대한 지장이 있는 경우'라는 요건이 반드시 필요하다. '사업운영에 막대한 지장이 있는 경우'란, 근로자에게 지정한 시기에 휴가를 준다면 그 사업장의 업무능률이나 성과가 평상 시보다 현저하게 저하되어 상당한 영업상의 불이익을 가져올 것이 염려되거나 그러한 개연성

인을 득하여야 한다고 규정하고 있음이 인정되나, 이는 위 (구)근로기준법 제48조 제3항이 규정하는 근로자의 휴가시기지정권을 박탈하기 위한 것이 아니라 단지 사용자에게 유보된 (연차)휴가 시기변경권의 적절한 행사를 위한 규정이라고 해석되므로 위 규정을 위 근로기준법 규정에 위반되는 무효의 규정이라고 할 수 없다(대법원 1992. 6. 23. 선고 92다7542 판결).

46) (연차유급)휴가를, 언제부터 언제까지 사용할 것인지에 관하여 특정하여야 할 것이고, 근로자가 이와 같은 특정을 하지 아니한 채 시기지정을 하더라도 이는 적법한 시기지정이라고 할 수 없어 그 효력이 발생할 수 없다(대법원 1997. 3. 25. 선고 96다4930 판결).

47) 근로기준법 제60조 제5항 단서.

이 엿보이는 사정이 있는 경우를 의미한다. 이를 판단할 때에는 업무량의 증대, 사용자의 대체 근무자 확보여부, 근로자가 담당하는 업무의 성질, 다른 근로자의 시기 지정과의 관계, 연휴의 이용 등을 종합적으로 고려하여야 한다.[48)]

'사업운영에 막대한 지장이 있는지 여부'를 입증할 책임은 사용자에게 있다. 사용자는 연차휴가에 따른 근로자의 결원을 예상하고 대체 근무자를 충분히 확보해야 할 의무를 부담[49)]하기 때문에 단순히 근로자의 연차휴가 실시에 따른 결원이나 공백의 발생이 사업운영에 막대한 지장이라고는 보기 힘들다.[50)] 반면, 사용자가 통상적으로 예견할 수 없는 상황이 발생하여 근로자가 연차휴가를 실시할 경우 그 상황을 대처할 수 없거나, 연차휴가를 신청한 근로자의 근로가 업무운영에 불가결하고 대체근로자를 확보하기 곤란할 때에는 사업운영에 막대한 지장이 있는 것으로 인정될 수 있을 것이다.[51)]

근로기준법은 근로자의 시기지정권과 마찬가지로 사용자의 시기변경권의 행사방법에 대해서도 구체적인 내용을 규정하고 있지 않다. 사용자는 근로자의 연차휴가를 분할하여 시기를 변경할 수 있고, (특정일에 복수의 근로자들이 연차휴가를 동시에 신청한 경우) 어떤 근로자에 대해 시기변경권을 행사할 것인지도 사용자가 합리적으로 판단하여 재량적으로 행사할 수

---

48) 노동법실무연구회, 『근로기준법주해(Ⅲ)』, 박영사, 2010, 205면.

49) 서울행정법원 1999. 9. 17. 선고 99구8731 판결.

50) 어떤 회사는 "우리 부서는 이 사람이 없으면 업무가 돌아가지 않아요."라고 하면서 사업운영에 막대한 지장이 있다고 주장하는데 곰곰이 생각해 보면 사실 변명에 가깝다. 근로자의 연차휴가가 과도하게 장기간이 아닌 이상, 근로자의 연차휴가로 인하여 사업운영에 막대한 지장이 있음을 주장하는 것은 오히려 그 부서장의 무능을 방증하는 것이 아닐까 싶다. 회사가 조직의 힘으로 돌아가지 않고 일개 개인의 힘으로 돌아간다는 것은 그만큼 그 회사의 업무가 체계화 · 조직화되어 있지 않다는 점을 의미하기 때문이다.

51) 임종률, 『노동법(제10판)』, 2012, 444면.

있다.[52)]

시기변경권의 행사에 따른 유의점

사용자가 시기변경권을 행사할 때에는 인사실무적으로 몇 가지 고려할 점이 더 있다. ① 사용자가 일단 근로자의 연차휴가 시기지정을 확정적으로 승인한다는 통지를 하였다면, 그 후에는 근로자의 동의를 얻는 등 특별한 사유가 없는 한 이를 취소하거나 철회할 수 없다.[53)] ② 사용자가 시기변경권을 행사하기 위해서는 다른 시기에 연차휴가를 부여할 가능성이 있어야 한다. 예를 들어, (사용자 입장에서는 다소 불합리하게 보여지기도 하지만) 조만간 퇴직을 앞둔 근로자의 연차휴가의 시기를 변경하여 사실상 연차휴가를 사용할 수 없도록 하는 것은 허용되기 어렵다.[54)] ③ 사용자가 적법하게 시기변경권을 행사했더라도 그 시점이 휴가의 직전인 경우 등과 같이 근로자의 원활한 연차휴가 행사를 방해할 우려가 있는 때에는 '권리남용'이 될 수 있다는 점도 유의하여야 한다.[55)]

상기의 요건을 충족하고 제반 측면에서 시기변경권을 행사하는 것이 문

---

52) 노동법실무연구회, 『근로기준법주해(Ⅲ)』, 박영사, 2010, 206면.

53) 노동법실무연구회, 『근로기준법주해(Ⅲ)』, 박영사, 2010, 207면.

54) 인사실무상 일부 근로자가 12월 하순경에 퇴직하면서 본인의 잔여 연차휴가를 사용하고 퇴직하겠다는 하는 경우가 있다. 이러한 경우 잔여 연차휴가를 사용하게 되면 해당 연도를 넘어가게 되어 다시 다음 연도 1월 1일자로 새롭게 연차휴가가 발생하므로 회사가 퇴직 시 그에 대한 보상으로 추가 재정적 부담이 발생하게 된다. 그러나 그러한 경우에도 회사가 근로자의 연차휴가 신청 자체를 거절할 수 있는 현행 법적 근거는 없다.

55) 민법 제2조는 "① 권리의 행사와 의무의 이행은 신의에 좇아 성실히 해야 한다. ② 권리는 남용하지 못한다."라고 하여 '신의성실의 원칙'을 규정하고 있다. 법적인 권리가 인정된다고 해서 그 권리를 무제한적으로 행사할 수 있는 것은 아니다. 권리자도 사회의 일원인 이상 권리를 오로지 이기적인 목적만을 위해서 행사해서는 안 되는 것이다(이균성, 『법학입문』, 육법사, 2009, 48면). 민법 제2조는 통상의 법률관계에 모두 적용될 수 있는 일반규정으로서 근로관계 역시 그 예외가 아니다.

제가 없다고 판단되면, 사용자는 연차휴가를 신청한 근로자에 대하여 시기변경을 통보할 수 있다. 시기변경권의 행사는 근로자가 연차휴가를 지정한 시기에는 사업운영에 막대한 지장이 있다는 내용의 의사표시로 충분하다. 이 때 사용자는 대체 가능한 시기를 별도로 제안할 필요는 없고, 근로자로 하여금 다시 다른 날을 휴가일로 지정하여 신청하도록 하면 된다.[56)]

사용자의 시기변경권은 근로자가 연차휴가를 사용할 수 없는 특정일을 지정할 수 있는 권리가 아니라, 사업운영에 막대한 지장이 있는 경우 근로자에게 연차휴가의 지정일을 변경해 줄 것을 요청(통보)할 수 있는 제한적 · 소극적 권리라는 점을 인식할 필요가 있다.

상기 사례에서 회사가 근로자의 연차휴가에 대해서 시기변경권을 행사할 수 있는지 여부를 판단하기 위해서는 우선 근로자의 연차휴가 실시로 인하여 사업운영에 막대한 지장이 있는지 여부를 검토해야 한다. 다소 주관적인 측면이 있기는 하지만, 8월 중순까지 준비가 필요한 입찰의 매출금액은 올해 하반기 회사 매출목표의 성패를 좌우할 수 있는 100억원 상당이므로 해당 입찰에 대한 핵심적인 업무를 담당하는 근로자의 공백은 사업운영에 막대한 지장을 초래할 수 있는 우려가 충분히 있다고 판단된다.

사업운영에 막대한 지장이 있다는 이유만으로 해당 기간 동안 모든 팀원의 연차휴가의 시기를 변경하는 것은 구체적인 타당성이 부족하므로 입찰 준비와 관련한 핵심업무를 고려하여 연차휴가의 시기변경이 필요한 근로자를 선별하는 것이 바람직하다. 또한 연차휴가를 위해 미리 항공편과 숙박시설 등을 예약하고 이미 비용을 지불한 근로자의 경우, 사용자가 연차휴가를 갑자기 변경하게 되면 그 예약 취소 등에 따른 경제적 손실을

---

56) 임종률, 『노동법(제10판)』, 2012, 444면.

부담할 수 있다는 점도 세심하게 고려(배려)할 필요가 있다.

2013년 7월 대한상공회의소가 실시한 '근로자 연차휴가 사용현황과 하계휴가 계획' 에 따르면 80%에 가까운 근로자들이 연차휴가를 제대로 사용하지 못하고 있는 것으로 나타났다(일부만 사용한다(62.7%), 거의 사용하지 않는다(12%)). 근로자들이 연차휴가를 사용하지 않는 이유로는 '휴가 대신 연차수당을 받기 위해서(51.8%)' 가 가장 많았지만 '업무과다 또는 대체인력 부족' 이 22.8%, '상사의 눈치 등 직장 내 분위기' 도 20.5%를 차지했다.[57]

실제로 회사에서 눈치가 보여 연차휴가를 제대로 쓰지 못하거나, 연차휴가를 쓰지 못했음에도 미사용 연차수당을 받지 못해 쩔쩔 매는 직장인들을 많이 볼 수 있다. 연차휴가는 근로기준법이 부여하고 있는 근로자의 정당한 권리임과 동시에, 연차휴가를 활용한 하계 · 동계휴가는 잠시 회사를 떠나 가족들과 삶의 균형을 되찾을 수 있는 소중한 시간이다. 이마저 회사의 업무를 이유로 사용할 수 없다면, 주간과 야간도, 평일과 주말도 구분이 없는 직장인들은 어디에서 삶의 균형을 찾을 수 있을까? '꿈 같은 휴가' 가 정말 '꿈만 꿀 수 있는 휴가' 로 머물고 있는 것은 아닌지 깊이 생각해 볼 일이다.

---

57) 다소 황당하지만, 응답자 중에는 '휴가보다 일을 선호한다' 고 답한 비율이 4.0%였다. 통계상으로는 100명 중 4명이 다름 아닌 '워커홀릭(일벌레)' 이라고도 볼 수 있다. 그런데 만약 100명 중 4명의 워커홀릭이 회사 내에서 부서장의 위치에 있다면 연차휴가와 관련하여 그 부서는 어떤 문화가 형성될까? 이는 우리나라가 '워커홀릭 공화국' 이라는 오명을 받고 있는 것과 전혀 무관치 않아 보이는 측면이 있다.

20

취업규칙의 변경

"부서별로 동의서를 회람하는 방식으로 취업규칙 변경 동의를 받아도 되나요?"

상담사례(Question)

지금까지 회사는 직원들에게 분기별로 일정하게 고정 상여금을 지급해 왔습니다. 그런데 통상임금에 관한 법원 판결이 정기 상여금을 통상임금으로 판단하는 경향이 강하다는 점에서 회사는 일정한 기준을 충족하는 직원들에게만 선별적으로 상여금을 지급하는 내용으로 취업규칙을 변경하고자 합니다. 회사는 전 직원에게 최근의 경영 상황 및 통상임금에 대한 법원 판례의 입장 등 전반적인 사항을 설명하는 내용의 이메일을 보내 취업규칙 변경의 취지와 필요성을 설명하였습니다. 이제 부서별로 변경된 취업규칙 및 동의서 양식을 보내 그 동의서에 직원들의 서명을 받아 전체적으로 취합하는 방식으로 과반수 동의를 받고자 합니다. 이러한 방식으로 동의절차를 진행하는 것이 법적으로 문제가 없는지 문의를 드립니다.

'취업규칙'[58)]이란 사용자가 근로자들에게 적용되는 근로조건(복무규율

58) 취업규칙은 사규, 내규, 규정 등 여러 이름으로 존재하며 근로자 집단에게 적용될 근로조건에 관한 준칙을 정한 것이라면 그 명칭을 상관하지 않는다(대법원 1994. 5. 10. 선고 93다30181 판결; 대법원 2004. 2. 12. 선고 2001다63599 판결).

포함)을 정한 규칙을 말한다.[59] 취업규칙은 근로자들의 근로조건을 통일적으로 규율하는 중요한 기능을 한다. 근로기준법은 취업규칙을 '규범' 으로서 그 효력을 인정하면서 작성의무, 작성 및 변경의 절차 등에 대해서 제한을 가하고 있어 인사실무적으로 관련 분쟁이 많이 발생한다.

근로기준법 제94조 제1항의 제한내용

근로기준법 제94조 제1항은 "사용자는 취업규칙의 작성 또는 변경에 관하여 해당 사업 또는 사업장에 근로자의 과반수로 조직된 노동조합이 있는 경우에는 그 노동조합, 근로자의 과반수로 조직된 노동조합이 없는 경우에는 근로자의 과반수 의견을 들어야 한다. 다만, 취업규칙을 근로자에게 불리하게 변경하는 경우에는 그 동의를 받아야 한다."라고 규정하고 있다.

인사실무에서는 주로 근로기준법 제94조 제1항 단서의 '취업규칙의 불이익 변경' 을 둘러싼 분쟁이 대부분이다. 사용자는 취업규칙을 불이익하게 변경하고자 할 때, 근로자의 과반수로 조직된 노동조합이 있는 경우에는 그 노동조합, 근로자의 과반수로 조직된 노동조합이 없는 경우에는 근로자의 과반수(이하, '근로자 집단')[60]의 동의를 구하지 않으면 변경된 취

---

59) 실제 사업(장)에서는 취업규칙의 명칭이 보수(급여)규정, 퇴직금규정, 인사관리규정 등으로 구분되어 개별 규정이 취업규칙의 일부를 이루며, 취업규칙 또는 사규라고 통칭되기도 한다. 고용형태, 직종 또는 근로형태, 직군, 직급, 근속년수, 근무장소 등의 특수성에 따라 근로자의 일부에만 적용되는 별도의 취업규칙을 둘 수도 있다. 최근에는 능력·성과주의 임금체계의 도입(연봉제 등), 일정한 직급 또는 직책의 근로자에 대한 임금피크제의 도입, 합병 등 기업변동 등에 따라 사업장 내에서 서로 다른 근로조건 및 복무규율의 적용을 받는 근로자 집단도 많이 나타나고 있다(이승길, "취업규칙 불이익 변경의 의미", 『노동판례백선』, 박영사(한국노동법학회), 2015, 83면).

60) 인사실무자들조차 '과반수' 를 '과반수 이상' 이라고 이야기하는 경우가 많다. '과반수(過半數)' 의 한자어를 보면 말 그대로 지날 과(過), 반 반(半), 셀 수(數), 즉 '반이 넘는 수' 다. '과반수' 에 '이상' 을 붙이면 '반이 넘는 이상의 수' 가 되어 '이상' 이라는 의미

업규칙의 효력이 발생하지 않기 때문이다.[61)]

참고로 근로자 집단의 동의를 얻지 않고 불이익하게 변경된 취업규칙은 ① 그 변경으로 기득이익이 침해되는 기존의 근로자들에게는 변경의 효력이 미치지 않아 종전 취업규칙의 효력이 그대로 유지되지만, ② 변경 후에 입사한 근로자는 변경된 취업규칙에 따른 근로조건을 수용하고 근로관계를 갖게 되었으므로 변경된 취업규칙의 효력이 적용된다.[62)]

취업규칙의 불이익 변경에 있어 근로자 집단의 동의방식

취업규칙의 불이익 변경에 있어 근로자 집단의 동의를 받을 때에는 어떤 방식을 거치는 것이 유효한가는 실무적으로는 매우 중요한 사항이다. 이에 대해 근로기준법은 구체적인 기준을 제시하고 있지는 않지만, 사회통념상 생각해 볼 때에는 근로자 집단의 동의는 근로자가 모두 모인 장소에서 근로자 개인의 의견표명을 자유롭게 할 수 있는 적절한 방법으로 의결한 결과 근로자의 과반수가 찬성하는 방식이어야 할 것이다.[63)]

하지만 사업장의 규모가 큰 기업의 경우에는 모든 근로자가 한 자리에 모여 의사결정을 한다는 것이 현실적으로 어렵고, 사업의 성격상 근로자가 한꺼번에 근무장소를 이탈하는 것 역시 힘든 일이다. 그에 따라 모든 근로자가 일시에 한 자리에 집합하여 회의를 개최하는 방식만이 아니라 기구별 또는 단위 부서별로 근로자 상호 간의 의견을 교환하여 찬반의견을 집약한 후 이를 전체적으로 취합하는 방식도 허용된다는 것이 법원 판례의 입장이

가 중복된다. 인사실무에서 단어 · 용어를 정확하게 사용하는 습관을 가지는 것이 중요하다.

61) 대법원 1991. 2. 12. 선고 90다15952 · 15976 판결.

62) 대법원 1992. 12. 22. 선고 91다45165 전원합의체 판결.

63) 이희성, "취업규칙 불이익 변경과 동의방식", 『노동판례백선』, 박영사(한국노동법학회), 2015, 91면.

다.[64] 설명회 개최방식이나 동의서 회람방식에 의한 근로자 과반수의 개별적 동의도 취업규칙 불이익 변경을 위한 집단적 동의로서 유효하다.[65]

회사의 개입 · 간섭의 배제 필요성

근로자 집단의 동의절차 진행 시 사용자측의 개입이나 간섭이 배제된 상태이어야 한다. 사용자측의 개입이나 간섭은 '사용자측이 근로자들의 자율적이고 집단적인 의사결정을 저해할 정도로 명시 또는 묵시적인 방법으로 동의를 강요하는 경우'를 의미한다.[66]

법원 판례는 "취업규칙의 불이익 변경에 대한 동의를 구하는 과정에서 서면에 반대를 표시할 방법이 없고, 일부 관리자들이 직원들이 서명을 하는 동안 서명 장소에 계속 남아있었다고 할지라도 이것을 직원들의 자율적이고 집단적인 의사결정을 부당하게 저해할 정도로 개입 · 간섭한 것이라고는 볼 수 없다."라는 입장이다.[67]

상기 사례에서 회사는 종래 분기별로 일정하게 지급해 왔던 정기 상여금을 향후에는 근로자들의 성과에 따라 차등 지급하는 것으로 취업규칙의 내용을 변경(취업규칙의 불이익 변경)하면서, 부서별로 동의서를 회람하는 방식으로 근로기준법 제94조에 따른 근로자 집단의 동의를 구하고자 하는 것이다.

요컨대, 부서별 회람방식에 따른 취업규칙의 불이익 변경에 대한 동의도 기본적으로는 유효하다. 부서별 회람방식이라는 이유만으로 근로자 집단의 동의를 얻은 취업규칙 불이익 변경이 곧바로 무효가 되는 것은 아니

---

64) 대법원 2003. 11. 14. 선고 2001다18322 판결.

65) 대법원 2004. 5. 14. 선고 2002다23185 · 23192 판결; 대법원 2010. 1. 28. 선고 2009다32362 판결.

66) 대법원 2003. 11. 14. 선고 2001다18322 판결.

67) 대법원 2003. 11. 14. 선고 2001다18322 판결.

다. 다만, 취업규칙의 불이익 변경에 있어서 근로자 집단의 동의를 얻는 절차는 근로자들의 자율적이고 집단적인 의사결정을 저해할 정도로 명시 또는 묵시적인 방법으로 동의를 강요하는 등의 사용자측의 개입이나 간섭이 배제된 상태에서 이루어져야 그 유효성을 인정받을 수 있다.[68]

최근 노동계는 취업규칙의 불이익 변경 시 근로자 집단의 동의방식에 대하여 집중적으로 불법·부당행위가 있는지를 점검하고 있다. 각 기업에서 통상임금, 임금피크제, 성과급제 등과 관련하여 취업규칙을 변경할 필요성이 높아지고 있기 때문이다. 특히, ① 비대상자를 서명에 포함하는 사례,[69] ② 설명 없이 소위 '묻지마식' 서명을 강요하는 사례,[70] ③ 단순한 회람 형태로 서명을 받는 사례,[71] ④ 개별 동의서명을 강요하는 사례,[72] ⑤ 대리 서명을 하는 사례,[73] ⑥ 미서명자를 압박하는 사례[74] 등은 그 동의의 유효성을 인정받기 어렵다는 점을 유의할 필요가 있다.

68) 예컨대, 취업규칙의 불이익 변경에 대한 동의절차를 진행할 때, 관리자들이 먼저 동의한다고 서명을 한 후 그 동의서를 뒤로 돌리면서 근로자들이 서명하는 것을 옆에서 물끄러미 지켜본다면 이는 사용자측의 개입이나 간섭이 있었다고 판단될 가능성이 높다. 이러한 방식이 농담 같지만, 실제로 많이 사용되고 있다.

69) 취업규칙 변경일자는 장래의 특정일자임에도 불구하고 그 이전에 퇴사 예정인 근로자들에게도 무차별적으로 서명을 받는 사례를 말한다.

70) 취업규칙 변경에 대한 구체적인 설명 없이 그냥 임금이 오른다고 설명하면서 서명을 받거나 제목 또는 내용 없는 회의일지에 서명을 강요하는 사례를 말한다.

71) 해당 부서장이 부서원들에게 점심을 사주면서 그 자리에서 취업규칙이 바뀌니까 동의서에 서명하라고 하는 사례를 말한다.

72) 야간 근무를 한 근로자를 집에 보내지 않거나 비번 근무자를 회사로 불러 관리자가 1:1로 면담을 통해 서명할 것을 강요하는 사례를 말한다.

73) 관리자가 휴직자 또는 장기 파견자·출장자에게 전화해서 의사를 묻고 대신 서명을 하는 사례를 말한다.

74) 인사부서장이 서명 명단을 파악한 후 서명을 하지 않는 근로자에게 "나는 네가 서명하지 않은 것을 알고 있다."라고 일깨워 주는 사례를 말한다.

21

직장질서

"고등학교 선배인 직장 후임은 반말 해도 되나요?"

상담사례(Question)

최근 한 직원(甲)으로부터 다소 황당한 고충사안을 접수했습니다. 사연은 이렇습니다. 지난 신입사원 공채 때, 甲의 고등학교 1년 선배인 乙이 같은 부서에 후임으로 입사했다고 합니다. 입사 초기에는 별다른 문제가 없었지만, 입사 후 6개월 정도가 지나자 부서 회식과 같은 자리에서 장난 반 진담 반 식으로 乙이 甲에게 습관적으로 반말을 한다고 합니다. 또한 퇴근 후나 주말에 乙이 甲에게 본인의 회사 업무나 대학원 과제를 함께 해줄 것을 요청하고, 심지어는 甲이 대신 해 줄 것까지 강요하기도 한답니다. 공식적인 근무시간에는 이와 같은 문제가 없지만, 퇴근 후나 주말에 乙이 甲에게 계속 고등학교 선배라는 점을 강조하면서 개인적인 요구를 하는 것에 대하여 甲이 인사부에 고충을 토로하고 있습니다. 이와 같은 甲에 대한 乙의 행위가 '직장질서 위반행위' 에 해당하는 것인지 의견을 부탁드립니다.

직장질서의 의의

기업은 다수의 근로자가 공동으로 근무하는 곳이라는 점에서 그 운영상 근로자의 행동을 일정하게 규율하는 것이 필요하다. 대다수의 기업에서는 근로제공, 경영질서, 기업시설의 관리보전 등 근로자가 준수해야 하는 내용을 취업규칙, 복무규정 등 사규에 규정하여 직장질서를 규율하고 있다.

법원 판례[75]는 "직장질서는 기업의 존립과 사업의 원활한 운영을 위해 필요 불가결한 것이므로 기업은 직장질서를 정립하고 유지할 권한을 가지며, 직장질서의 확립과 유지에 필요하고 합리적인 것인 한 근로기준법 등 관계법령에 반하지 않는 범위 내에서 그 위반행위에 대한 규율을 취업규칙으로 정할 수 있다."라고 하여 직장질서의 정립 및 유지에 관한 사항을 사용자의 고유한 권리로 인정하고 있다.[76]

근로자 역시 사용자와 체결한 근로계약에 따라 직장질서 준수의무를 부담한다. 직장질서 준수의무는 근로계약의 체결에 의해 신의칙상 인정되는 부수적 보호의무로 파악되기 때문이다.[77] 통상 직장질서는 취업규칙, 복무규정 등에 의해 규율되지만, 그에 관한 규정이 반드시 없다고 하더라도 근로자는 근로계약에 따라 기업의 공동생활의 유지에 침해가 되는 행위를 하지 않을 의무인 이른바 '기업질서 준수의무'를 부담하게 되는 것이다.

직장질서 위반행위와 그에 대한 제재

어떠한 경우가 직장질서를 위반하는 행위인지가 문제된다. 직장질서 위반행위는 사업장 내의 정상적인 공동생활과 근무를 곤란하게 하거나 기업에 불리한 영향을 미쳐 직장의 평화와 질서가 교란되도록 하는 근로자의 행동을 의미한다.

직장질서 준수의무는 매우 포괄적인 개념이므로 기업에 필요한 보호이

---

75) 대법원 1994. 6. 14. 선고 93다26151 판결.

76) 김유성, 『노동법(Ⅰ)』, 법문사, 2005, 261면.

77) 방준식, "징계해고규제법리의 검토", 『강원법학(제5권)』, 강원대학교 비교법학연구소, 2012, 186면.

익을 고려하여 개별적 · 구체적으로 유형화하여 그 내용을 명확히 규정해 둘 필요가 있다.[78] 통상 기업에서 취업규칙, 복무규정을 통해 규율하고 있는 직장질서 위반행위의 대표적인 사례로는 ① 상사, 동료, 부하에 대해 폭언, 폭력을 행사하는 경우, ② 사업장 내 다른 근로자와 공동생활을 곤란하게 하는 경우, ③ 상사, 동료, 부하를 비방하거나 모욕을 주는 경우, ④ 사업장 내에서 풍기문란행위,[79] 음란행위,[80] 성희롱을 하는 경우,[81] ⑤ 근무시간 중 사회통념상 예의를 벗어나는 장난, 소음을 일으키는 등의 행위를 하는 경우,[82] ⑥ 지휘명령체계를 무시하여 물의를 일으킨 경우 등을 들 수 있다.

직장질서 위반행위를 한 근로자는 취업규칙, 복무규정, 근로계약에서 규정하는 직장질서를 준수하지 않은 것이므로 사용자는 그러한 행동에 대한 일정한 제재로서 해당 근로자를 징계하는 것이 가능하다.

다만, 근로자에 대한 사용자의 징계처분이 적법하기 위해서는 근로기준법 제23조 제1항에 따른 '정당한 이유'[83]가 있어야 한다. 또한 징계사유가 취업규칙 등에 규정되어 있어야 하고, 그 내용이 강행법규, 선량한 풍

---

78) 土田道夫, 『勞働契約法』, 有斐閣, 2008, 418頁.

79) 근로자가 회사의 사전승인 없이 음주 또는 불법약품의 복용 후에 회사 시설 내에 들어오거나 근로장소 또는 회사 시설 내에서 음주 또는 불법약품 복용 행위를 하는 경우를 예로 들 수 있다.

80) 사업장 내에서 업무용 컴퓨터로 야동을 보면서 버젓이 자위행위를 하다가 걸린 근로자도 있었다.

81) 여직원 책상 밑에 몰카를 설치하여 여직원의 특정 신체부위, 속옷 등이 녹화된 영상을 보관 · 시청하다가 들킨 관리자도 있었다.

82) 특정 종교를 신봉하는 근로자가 특정 시간이 되면 회의실로 들어가 통성기도를 하여 다른 근로자들이 심히 불편해 하는 경우가 있었다.

83) 정당한 이유는 사업의 목적, 성격, 사업장의 여건, 근로자의 지위, 직무의 내용, 비위행위의 동기, 경위, 그 행위의 기업질서에 대한 영향, 과거의 근무태도 등 여러 사정을 종합적으로 검토하여 판단해야 한다(대법원 1992. 5. 22. 선고 91누5884 판결 등).

속, 사회질서 등에 반해서는 아니 되며, 구체적인 전후 사정에 비추어 볼 때 그 사유에 터잡은 징계양정이 지나친 것이어서는 안 된다.[84)]

상기 사례에서 乙은 甲의 고등학교 선배라는 개인적인 관계를 악용하여 같은 부서의 직장 선임인 甲에게 습관적으로 반말을 하고 본인이 수행해야 할 회사 업무나 대학원 과제를 사실상 甲에게 미루는 등의 행위를 하고 있다. 乙의 그러한 행위가 공식적인 근무시간 외에 이루어진 사적(私的)인 행위라고 할지라도, 직장이라는 공적(公的)인 영역의 차원까지 영향을 미쳐 甲의 정상적인 회사생활을 방해하고 조직 내 선후임 간에 지켜져야 할 기본적인 질서를 깨뜨리는 것이라면 직장질서 위반행위로 볼 수 있다고 판단된다.

따라서 이러한 경우 회사는 직장질서 준수의무 위반을 이유로 乙에게 적정한 제재조치를 취하여 甲의 고충을 해결해 주고, 회사 선후임간에 지켜져야 할 직장질서를 바로 잡아야 할 것이다.

유의해야 할 사항은 乙이 상기 사례와 같은 행위를 했다는 이유만으로 정직, 해고와 같은 중징계 처분을 바로 하는 것은 '징계양정 과다' 로 노동위원회나 법원에서 그 정당성이 인정되지 않을 가능성이 높다는 점이다. 따라서 회사는 사실관계를 정확하게 파악한 뒤, 1차적으로 乙에게 '경고' 와 같은 경징계 조치를 내려 乙이 그러한 행위를 하지 않도록 주의를 주고, 그럼에도 불구하고 乙이 다시 지속적으로 甲에게 동일한 행동을 하여 직장질서가 유지되기 어렵다고 판단될 경우에는 乙에게 보다 높은 수준의 징계처분을 하는 것이 인사관리상 바람직하다. 인사보감

---

84) 노동법실무연구회, 「근로기준법주해(Ⅱ)」, 박영사, 2010, 159면.

22

징계의 종류

"상사의 멱살을 잡은 직원은 징계해고를 해도 되나요?"

상담사례(Question)

지난 주 회사 단합대회 중 한 직원이 만취하여 상사의 멱살을 잡고 난동을 부리는 사건이 발생하였습니다. 다행히 큰 문제는 없었지만, 난동과정에서 상사의 상의가 찢어지고 목 부위에 경미한 찰과상이 발생했습니다. 이를 보고 받으신 사장님께서는 크게 분노하시면서 당장 해당 직원을 징계해고 하라고 하십니다. 이와 같은 경우 법적으로 어느 수준의 징계가 가능한지 잘 판단이 서지 않습니다. 회사에서 시행 가능한 징계의 종류에 대해서 구체적으로 알려주시면 감사하겠습니다.

징계권의 법적 성격

사용자는 근로계약상 의무, 근로자의 준수사항, 기업 질서 등을 위반한 근로자에 대하여 일정한 불이익을 부여할 수 있는 권한을 보유하고 있는데, 이를 '징계권'이라고 한다. 징계권은 인사권의 일환으로 기업 운영과

근로계약의 본질상 사용자에게 인정되는 고유한 권한이다.[85)]

근로기준법도 이와 같은 징계권의 성격을 고려하여 징계에 대한 구체적인 내용을 정하지 않고, 같은 법 제23조 제1항에 "사용자는 근로자에게 정당한 이유 없이 해고, 휴직, 정직, 전직, 감봉, 그 밖의 징벌(懲罰)을 하지 못한다."라고 하여 징계의 정당성에 대한 포괄적인 규정만을 두고 있을 뿐이다. 해당 규정에서 열거하고 있는 '해고, 정직, 감봉'은 징계의 종류에 대한 예시적인 규정에 불과하므로 사용자는 필요한 경우 얼마든지 '그 밖의 징벌'의 종류를 설정하여 활용할 수 있다.

나아가 사용자에게는 취업규칙 등에 징계사유를 재량적으로 규정하여,[86)] 이를 근거로 근로자를 징계할 수 있는 폭넓은 재량과 권한이 인정된다.

징계의 종류

근로자의 근로계약상 의무, 근로자의 준수사항, 기업 질서 등을 위반한 행위(이하, '비위행위')에 대한 징계의 종류는 기업의 규모나 업종에 따라 매우 다양하게 나타난다. 일반적인 기업에서 취업규칙에 정하고 있는 징계의 종류를 가벼운 징계에서 무거운 징계의 순서로 보면, ① 경고(警告), ② 견책(譴責), ③ 감급(減給), ④ 정직(停職), ⑤ 강등(降等), ⑥ 징계해고(懲戒解雇) 등이 있다.[87)] 이와 같은 징계의 종류는 해당 징계가 근로자의

85) 대법원 2000. 9. 29. 선고 99두10902 판결.

86) 취업규칙을 최초 작성할 때 사용자는 근로자에게 적용할 징계사유를 재량적으로 규정할 수 있지만, 추후 새롭게 징계사유를 추가하는 등 작성된 취업규칙을 불이익 변경하는 경우에는 근로기준법 제94조 제1항에 따라 해당 사업 또는 사업장에 근로자 과반수로 조직된 노동조합이 있는 경우에는 그 노동조합, 그러한 노동조합이 없는 경우에는 근로자 과반수의 동의를 받아야 한다.

87) 통상 법원이나 노동위원회에서는 경고, 견책, 감급을 경징계로, 정직, 강등, 징계해고를

근로조건(관계)에 어떠한 영향을 미치느냐에 따라서 크게 3가지로 구분해 볼 수 있다.

첫째, '경고'와 '견책'은 그 자체로는 근로자의 근로조건에 대해서는 직접적인 불이익을 가하지 않는 종류의 징계이다. ① 경고는 근로자의 비위행위를 지적하며 금지 및 재발 방지를 촉구하는 것을, ② 견책은 근로자의 비위행위에 대하여 경위서를 제출하도록 하고 엄중히 훈계하는 것을 의미한다.[88] 경고와 견책은 거의 유사하지만, 경고는 경위서의 징구(徵求)가 수반되지 않는다는 점에서 견책보다는 낮은 수준의 징계 종류로 볼 수 있다.

둘째, '감급', '정직', '강등'은 근로자의 근로조건, 즉 임금, 직급·호봉에 대하여 불이익을 가하는 종류의 징계이다. ① 감급은 근로자의 비위행위에 대한 처분으로 임금에서 일정액을 공제하는 것을,[89] ② 정직은 일정기간 동안 사업장에 출근과 근로제공을 하지 못하도록 하고 그 기간 동안 임금 지급을 중지하는 것을,[90] ③ 강등은 직급 또는 호봉을 강제로

중징계로 보고 있다.

88) 근로자에게 경위서를 제출하도록 할 때에는 기업 질서의 위반행위에 대한 객관적인 사실관계(사건의 경위)만을 기록하도록 해야 한다. 이에 그치지 않고 근로자에게 사죄와 반성의 의미를 담은 경위서(소위 말하는 '시말서')를 강요·제출토록 하는 것은 헌법상 '양심의 자유'를 침해하는 것으로 그 정당성(효력)이 인정되지 않는다는는 점을 유의하여야 한다(대법원 2010. 1. 14. 선고 2009두6605 판결).

89) 인사실무상 감봉이란 표현이 보다 널리 사용되고 있다. 취업규칙에서 근로자에 대한 감급(減給)의 제재를 정할 경우에 그 감액은 1회의 금액이 평균임금의 1일분의 2분의 1을, 총액이 1임금지급기의 임금 총액의 10분의 1을 초과하지 못한다(근로기준법 제95조)는 점을 유의하여야 한다. 이를 위반 시 같은 법 제114조 제1호에 의거 500만원 이하의 벌금에 처해질 수 있다.

90) 근로자가 임금의 전부 또는 일부를 지급받지 못하는 '정직'과 근로자가 근로를 제공함으로써 일단 발생한 임금채권을 감액하는 '감급'은 인사실무상 잘 구분하여야 한다. 즉, 정직은 징계의 결과 근로를 제공하지 못함에 따라 그에 대한 대가가 없어 임금을 지급받지 못하는 경우이므로 근로기준법상 감급액의 제한을 받지 않지만, 감급은 이미 발생된

낮추는 징계를 말한다.[91]

셋째, '징계해고'는 근로자와의 근로관계 자체를 종료시키는 가장 무거운 종류의 징계이다. 징계해고는 근로자의 비위행위가 매우 중대하여 사회통념상 더 이상 근로관계를 지속할 수 없는 경우에 사용자가 일방적으로 근로관계를 단절하는 것을 말한다.[92]

징계의 종류에 대한 선택(징계양정)의 합리성

근로자에게 징계사유가 인정되는 경우 해당 근로자에 대하여 어떠한 징계종류를 선택하여 처분할 것인지(이하, '징계양정')는 전적으로 사용자의 재량에 속한다. 즉, 법원[93]은 "근로자에게 징계사유가 있어 징계처분을 하는 경우 어떠한 처분을 할 것인가는 원칙적으로 징계권자의 재량에 맡겨져 있는 것이므로, 그 징계처분이 위법하다고 하기 위해서는 징계권자가 재량권을 행사하여 한 징계처분이 사회통념상 현저하게 타당성을 잃어 징계권자에게 맡겨진 재량권을 남용한 것이라고 인정되는 경우에 한하고, 그 징계처분이 사회통념상 현저하게 타당성을 잃은 처분이라고 하려면 구체적인 사례에 따라 직무의 특성, 징계의 사유가 된 비위사실의 내용과 성질 및 징계에 의하여 달성하려는 목적과 그에 수반되는 제반 사정을 참

임금을 감액하는 경우이므로 근로자의 생존권과 직결되기 때문에 일정한 제한을 가하고 있는 것이다.

91) 예컨대, 부장에서 차장으로, 4급 사원에서 5급 사원으로, 10호봉에서 9호봉으로 낮추는 것을 예로 들 수 있다. 강등이 종전의 직무를 계속 유지하면서 임금만을 깎는 것이라면 사실상 '감급'으로 근로기준법 제95조의 제한을 받지만, 실제로 직무 자체가 변경되는 것이라면 임금 삭감이 직무 변경에 수반하는 결과로서 근로기준법 제95조의 제한을 받지 않는다(근기 01254-467, 1993. 3. 26.).

92) 일반적으로 '징계해고'라고 표현하지만, 기업에 따라 '징계해임', '징계파면', '징계면직' 등으로 달리 표현하는 경우도 있다.

93) 대법원 2007. 12. 28. 선고 2006다33999 판결.

작하여 객관적으로 명백히 부당하다고 인정되는 경우라야 한다."라는 입장이다.

다만, 사용자가 근로자의 비위행위에 대하여 어떠한 징계를 선택할 것인지는 사용자의 재량이라고 하더라도, 근로자의 비위행위에 비하여 사용자의 징계가 너무 가혹하다고 판단되는 등 그것이 사회통념상 현저하게 타당성을 잃은 처분이라고 볼 수 있는 경우에는 정당성이 인정되지 아니하여 위법한 징계에 해당할 수 있다.

요컨대, 근로자의 비위행위에 대한 사용자의 징계처분에는 합리성이 존재해야 하므로,[94] 해당 사업의 목적과 성격, 사업장의 여건, 해당 근로자의 지위 및 담당 직무의 내용, 비위행위의 동기와 경위, 기업 질서에 미칠 영향, 현재 반성의 정도, 과거의 근무태도, 징계전력 등 여러 가지 사정을 종합적으로 검토하여 근로자의 비위행위에 맞는 적절한 징계양정을 결정하는 것이 중요하다.

상기 사례는 흔히 '하극상'이라 칭하고 있는 기업 질서를 무너뜨리는 심각한 수준의 비위행위라고 판단된다. 그러나 그 자체만으로 가장 무거운 징계의 종류인 징계해고가 당연히 가능하다고는 볼 수 없다. 해당 사건이 발생한 원인, 피해 상사와의 화해 노력 정도, 사건으로 인해 발생한 피해 정도, 사건 당사자들의 과거 근무태도 등을 종합적으로 고려하여 여러 징계의 종류 중 합리적인 것을 선택해야 한다.[95]

---

94) 예컨대, 경미한 지각을 몇 번 했다는 이유로 바로 징계해고 처분을 하는 것은 합리적인 징계양정이라고 볼 수 없을 것이다. 따라서 그러한 경우 우선 경고, 견책, 감봉 등과 같은 가벼운 수준의 징계를 실행하고, 그럼에도 불구하고 해당 근로자의 근무태도가 개선되지 않을 경우 더 무거운 수준의 징계를 선택할 수 있는 것이다.

95) 실제로 사례와 거의 유사한 사안에서, 회사 직원과 술집에서 단합대회 도중 술기운에 상사의 멱살을 잡고 옷이 찢어지게 하는 폭행을 한 경우 폭행 근로자에게 한 징계해고는 사회통념상 상당하다고 인정되는 균형의 존재가 결여되어 징계권 범위를 일탈한 것이라고 본 사례가 있다(대법원 1992. 5. 22. 선고 91누5884 판결). 아무래도 술에 취하여

인사실무에서 사용자는 대체로 근로자의 비위행위보다 무거운 수준의 징계를 원한다. 해당 근로자가 이를 수용하면 별다른 문제가 되지 않지만, 사용자의 징계를 수용하지 않고 노동위원회 등에 이의 제기를 하는 경우 사용자는 노동위원회 등의 판정결과에 따라 해당 징계를 취소하고 그에 따른 근로자의 불이익을 원상 회복해야 하는 상황에 처하기도 한다. 따라서 근로자에 대한 징계를 행하기 이전에 가급적 전문가의 자문을 받아서 객관성을 갖춘 적절한 징계양정을 선택함으로써 불필요한 법적 분쟁을 줄일 필요가 있다.

법치주의(法治主義)는 만물의 척도가 법에 의해서 정해지는 것만을 의미하지 않는다. 근로기준법도 구체적인 징계의 종류와 그 선택을 직접적으로 정하지 않고 사용자의 재량적 선택에 맡겨두고 있다. 다양한 사안에서 법을 다루다 보면 가장 어려운 점이 바로 이 부분이기도 하다.

얼마 전 "법이 말하는 (사회통념상) 합리성이라는 것이 무엇입니까?"라는 질문을 받았다. 잠시 고민이 되었지만, "(사회통념상 합리성은) 일반인의 관점에서의 '상식'이라고 할 수 있을 것 같습니다."라고 답하였다. 한 법률가는 기업에 징계양정과 관련한 자문을 하기에 앞서, 본인의 가족에게 (구체적인 정보를 제외한 사건의 개요를 설명해 준 다음) 어느 수준의 징계양정이 타당한가를 물어본다고 한다. 그에 따라 가족 중 다수에게서 나오는 답변이 일반인의 관점에서 가장 사회통념상 합리성을 갖춘 징계양정이라는 것이 그의 주장이었다. 처음에는 농담처럼 들려 피식 웃었지만, 추후 곰곰이 되씹어보니 그 법률가의 말이 완전히 틀린 것은 아니었다.

가해자의 폭행의사가 분명치 않고 그에 따른 피해의 결과가 상대적으로 미비하기 때문일 것이다. 물론, 자기보다 14세나 연상이자 상급자의 멱살을 잡아 넘어뜨리고 목덜미를 잡아 끌고 가는 등으로 상해를 입히고 그로 인하여 형사처벌까지 받은 자를 해고한 것은 정당하다고 본 사례(서울행정법원 2011. 4. 14. 선고 2010구합35821 판결)와 같이 가해자의 의사와 폭행의 수준이 심각할 경우에는 징계해고가 정당하다고 판단될 수 있다.

인사실무에서 법 자체를 위반하여 위법이 되는 경우도 있지만, 상식을 벗어나는 법의 집행(권한의 행사)으로 그 정당성이 인정되지 않는 경우도 상당히 많다. 모든 법을 전문적으로 인식하는 것은 어려운 일이지만, 모든 법을 알아야만 법을 준수할 수 있는 것도 아니다. 법은 결국 일반인의 상식이 모여 이루어진 '법 감정'을 기반으로 형성되고 작용한다는 점을 인사실무에서도 중요하게 인식할 필요가 있다. 인사보감

23

제척제도

“징계대상자와 이해관계가 있는 자를 징계위원회 위원으로 참석시키면 안 되나요?”

상담사례(Question)

지난 달 한 직원이 상급자인 인사팀장과 업무 관련 이야기를 하던 중 심한 욕설을 한 사건이 발생하였습니다. 해당 직원은 인사팀장이 자신에게 모욕을 주는 언행을 하였고, 그 모욕감을 참을 수 없어 순간적으로 인사팀장에게 욕설을 하였다고 해명하였습니다. 회사는 해당 직원의 진술이 사실이라고 하더라도 상급자에게 욕설을 하는 것은 징계사유에 해당한다고 판단하였고, 징계위원회를 개최하여 해당 직원을 징계(감봉)하였습니다. 그런데 해당 직원은 징계대상행위의 당사자이고 자신에게 악의적인 감정을 가지고 있는 인사팀장이 징계위원회 위원으로 참석하여 징계를 결정하였으므로 자신에 대한 징계(감봉)는 무효라고 주장하고 있습니다. 징계대상자와 이해관계가 있는 자를 징계위원회 위원으로 참석시키면 어떠한 문제가 있는 것인지 문의를 드립니다.

근로기준법 제23조 제1항의 ‘정당한 이유’의 의미

근로기준법 제23조 제1항은 “사용자는 근로자에게 정당한 이유 없이 해고, 휴직, 전직, 감봉 그 밖의 징벌(懲罰)을 하지 못한다.”라고 규정하고 있다. 그에 따라 사용자의 근로자에 대한 징계의 적법성을 판단할 때에는 '정당한 이유'의 존부(存否)가 핵심적인 쟁점이 된다. '정당한 이유'에는 '실체적 정당성'[96]뿐만 아니라 '절차적 정당성'[97]도 포함된다.[98] 따라서 실체적 정당성과 절차적 정당성을 모두 갖추어야 '정당한 이유'가 있는 유효한 징계로 인정된다.

회사의 취업규칙이나 단체협약에는 징계위원회의 구성, 징계위원회의 소집, 징계사유의 사전 통지 및 소명기회 부여, 징계위원회의 출석통지, 노동조합의 동의 또는 협의 등 징계와 관련한 절차적 사항들이 규정되어 있는 것이 일반적이다. 회사는 취업규칙이나 단체협약에 징계에 관한 절차적 사항이 규정되어 있을 경우, 그 규정을 반드시 준수하여야 한다.[99]

징계절차 관련 법원 판례의 입장

실제 징계의 정당성이 문제되는 사안에서 '실체적 정당성'은 충분히 갖추었으나, '절차적 정당성'이 결여되어 부당 징계로 판정되는 경우가 상

---

96) '실체적 정당성'이란 ① 근로자의 행위가 취업규칙 등에 규정된 징계사유에 해당하는지 여부(징계사유의 정당성), ② 징계사유에 해당한다고 할 때, 근로자의 비위행위에 대하여 사용자가 선택한 징계의 종류가 적정한지 여부(징계양정의 정당성)에 관한 문제이다.

97) '절차적 정당성'이란 '취업규칙 등에 규정된 징계절차를 제대로 준수하여 징계가 이루어졌는지 여부'에 관한 것으로서, 주로 근로자에게 적절한 소명기회를 보장하였는지 여부, 징계절차의 객관성과 공정성이 확보되었는지 여부, 징계의 근거조항이 취업규칙 등에 규정되어 있는지 여부에 관한 문제이다.

98) 이홍재, "정리해고의 절차적 제한", 『서울대학교 법학(제34권)』, 서울대학교 법학연구소, 1993, 183면; 노동법실무연구회, 『근로기준법주해(Ⅱ)』, 박영사, 2010, 101면.

99) 저자들은 기업 자문을 할 때, 징계와 관련된 규정을 최대한 간소화하여 징계절차의 준수에 대한 회사의 부담을 줄이는 것이 관건이라고 항상 강조하고 있다. 징계절차와 관련된 규정이 방대하고 복잡하면, 회사가 그러한 절차를 모두 지켜야만 하기 때문에 징계절차 진행에 상당한 시간이 소요될 뿐만 아니라 단 하나의 징계절차라도 누락하거나 규정과 달리 진행하게 되면 징계절차의 하자로 인하여 징계의 정당성이 부정될 수 있기 때문이다.

당히 많다.[100] 징계에 있어 절차적 정당성이 문제되는 사안은 여러 가지 유형이 있는데, 그 중 자주 발생하는 유형 중 하나가 '징계위원회의 구성' 에 관한 사항이다.

법원 판례는 취업규칙이나 단체협약에 징계위원회의 구성방법을 규정하고 있는 경우, 이를 위반하여 구성된 징계위원회의 결정은 무효라는 입장이다.[101] 예컨대, 노 · 사 동수로 구성된 징계위원회에서 징계를 심의 · 의결하도록 하는 규정이 있음에도 불구하고 회사가 사측 인사위원들로만 징계위원회를 구성하여 근로자에게 징계처분을 내린 행위는 무효가 된다.[102]

징계대상자와 이해관계가 있는 자가 징계위원회 위원으로 참석하는 것이 절차적 정당성을 인정받을 수 있는지 여부도 종종 문제된다. 취업규칙 등에 "징계위원회의 위원 중 징계혐의자의 친족이나 그 징계사유와 관련이 있는 자는 그 징계사건의 심의에 관여하지 못한다."라는 취지의 제척(除斥)규정을 두고 있는 경우를 말한다.

상기 규정의 해석과 관련하여 '친족' 의 범위는 혈연(血緣) 또는 인척(姻

---

100) 징계의 실체적 정당성이 문제되는 경우에는 인사실무자에게 큰 영향은 없다. 그 이유는 징계사유의 존부, 징계양정의 과다여부 등은 노동위원회 또는 법원이 재량적으로 판단할 사항이기 때문이다. 반면, 징계의 절차적 정당성이 문제되는 경우에는 인사실무자들이 그에 대하여 책임을 질 수 있기 때문에 유의하여야 한다. 예를 들어, 징계위원회 출석통지를 징계위원회 개최 7일 전까지 하도록 취업규칙에 규정되어 있음에도 불구하고 인사실무자가 실수로 징계위원회 개최 5일 전에 하였다면 징계절차의 하자로 인하여 절차적 정당성을 확보하기 어려워진다.

101) 대법원 1994. 4. 12. 선고 94다3612 판결; 대법원 1994. 8. 23. 선고 94다7553 판결; 대법원 1998. 12. 8. 선고 98다31172 판결 등.

102) 서울행법 2008. 1. 15. 선고 2007구합8935 판결. 다만, 징계위원회 구성에서 근로자측이나 노동조합측의 견해를 대변할 수 있는 사람을 징계위원회에 반드시 포함시켜야 할 법령상의 근거는 없으므로 회사가 취업규칙 등에 회사의 관리자들만으로 징계위원회를 구성하도록 하는 것 자체는 적법하다(대법원 1993. 11. 9. 선고 93다35384 판결).

戚) 관계의 유무에 따라 쉽게 판단할 수 있지만, '징계사유와 관련이 있는 자(또는 징계대상자와 이해관계가 있는 자)' 의 범위는 논란의 대상이 될 수 있다. 법원 판례는 "징계사유와 관련이 있는 자는 사용자측과 관련이 있는 모든 자를 가리키는 것이 아니라 구체적인 징계사유에 해당하는 행위의 직접적인 피해자를 의미한다."라는 입장이다.[103)]

예를 들어, ① 근로자가 특정 근로자에 대하여 폭행 또는 욕설을 하거나 허위로 외부기관에 고소한 사실이 징계사유가 되는 경우 그 폭행, 욕설, 고소를 당한 자는 근로자의 행위와 관련된 직접적인 피해자가 될 수가 있지만, ② 비록 근로자의 비위행위로 인하여 그 부서 또는 관련 부서의 특정인이 인사평가 등에 불이익을 받을 수 있다고 하더라도 이러한 사실만으로는 직접적인 피해가 존재한다고 보기 어려워 '징계사유와 관련된 자' 라고 할 수는 없다.

제척원인이 있는 위원(근로자의 비위행위로 인하여 직접적인 피해를 입게 된 자)은 그가 취업규칙 등에 의하여 징계위원회 당연직 위원이 된다고 하더라도 해당 사건의 징계위원회 위원에서 배제되어야 한다. 이는 근로자가 징계위원회 과정에서 해당 징계위원회 위원에 대하여 기피신청을 한 사실이 없다고 하더라도 마찬가지이다.

취업규칙 등에 징계사유와 관련이 있는 자의 징계위원회 참여를 제한하는 규정을 두고 있는 경우, 이를 위반한 징계는 무효라는 것이 법원 판례의 확고한 입장이다.[104)] 다만, 이는 취업규칙 등에 관련 규정을 두고 있는 경우에만 적용되는 것이므로 관련 규정이 없다면 징계사유와 관련

---

103) 대법원 1995. 4. 28. 선고 94다59882 판결.

104) 법원 판례는 인사위원회 구성과 관련한 제척규정은 강행규정이라는 입장이기 때문이다(대법원 1994. 8. 23. 선고 94다7553 판결). 이러한 법원 판례의 관점에 대한 비판적인 평석으로 장원찬, "피해자가 징계위원으로 참여한 징계의결의 효력", 『판례연구(제9집)』, 서울지방변호사회, 1996, 359~361면 참조

이 있는 자가 징계위원으로 참여하였다고 하더라도 그 징계가 무효라고 할 수 없다.[105)]

징계절차에 대한 바람직한 관점

상기 사례에서 직접적인 피해자인 인사팀장이 징계위원회의 위원으로 참석한 것과 관련하여 절차적 정당성이 인정될 수 있는지 여부는 취업규칙이나 단체협약에 징계위원회 구성에 관한 이해관계자 제척규정이 있는지에 따라 그 결론이 달라질 수 있다.

취업규칙이나 단체협약에 징계위원회 구성에서 이해관계자를 배제하여야 한다는 제척규정이 있는 경우에는 해당 사건의 직접적인 피해자인 인사팀장이 징계위원회 위원으로 참석한 것이 제척규정을 위반하여 절차적 정당성을 갖추지 못하였다고 판단되겠지만, 관련 규정이 없을 경우에는 그 이유만으로 회사의 징계처분이 무조건 무효라고는 볼 수 없을 것이다.

실무적으로는 취업규칙이나 단체협약의 관련 내용보다는 징계처분의 공정성과 합리성을 확보하는 것을 징계절차 진행의 중심에 둘 필요가 있다. 취업규칙이나 단체협약에 이해관계자에 대한 제척규정이 있는 경우에는 당연히 그에 따라야 하겠지만, 그러한 제척규정이 없다고 하더라도 징계절차에서 이해관계자의 참여를 가능한 배제하여 징계위원회의 공정성과 합리성을 확보하는 것이 징계처분에 대한 정당성을 인정받는데 보다 바람직하다.

---

105) 대법원 1995. 5. 23. 선고 94다24763 판결.

24

부당해고구제신청의 대상

"호봉승급 보류조치도 근로기준법 제23조 제1항의 '그 밖의 징벌'에 해당하나요?"

상담사례(Question)

취업규칙에 직원이 인사고과에서 2년 연속으로 최하위 등급을 받게 되면, 다음 해 호봉승급을 보류한다는 규정이 있습니다. 이에 해당 조건을 충족하는 직원에 대하여 호봉승급 보류조치를 통보하였는데 해당 직원이 이러한 회사의 인사조치는 근로기준법 제23조 제1항의 '그 밖의 징벌'에 해당하므로 노동위원회에 부당해고구제신청을 하겠다고 합니다. 회사의 금번 인사조치도 부당해고구제신청의 대상이 되는지 문의를 드립니다.

근로기준법 제23조 제1항의 '그 밖의 징벌'

근로기준법 제23조 제1항은 "사용자는 근로자에게 정당한 이유 없이 해고, 휴직, 정직, 전직, 감봉, 그 밖의 징벌(懲罰)(이하, '부당해고 등'이라 한다)을 하지 못한다."라고 규정하고 있다.

아울러 같은 법 제28조 제1항은 "사용자가 근로자에게 부당해고 등을 하면 근로자는 노동위원회에 구제를 신청할 수 있다."라고 규정하고 있으며, 노동위원회규칙 제60조 제1항 제4호는 구제신청의 내용이 노동위원회의 구제명령 대상이 아닌 경우 심판위원회는 해당 심판사건을 '각하'[106]하도록 규정하고 있다. 이에 따라 노동위원회는 근로자가 해고, 휴직, 정직, 전직, 감봉, 그 밖의 징벌이 아닌 대상으로 부당해고 등에 대한 구제신청(이하, '부당해고구제신청')을 하면 해당 신청을 각하한다.

근로기준법 제23조 제1항이 명시적으로 열거하고 있는 해고, 휴직, 정직, 전직, 감봉은 노동위원회에 부당해고구제신청의 대상이 된다는 점은 분명하다. 그런데 마지막 유형으로 규정하고 있는 '그 밖의 징벌'은 의미가 불분명한 '일반 조항(포괄적 조항)'으로서 사용자의 어떠한 행위가 그에 해당하는지 여부가 문제된다.

'그 밖의 징벌'에 대한 해석과 법원 판례

'그 밖의 징벌'이 무엇을 의미하는지에 대해서는 법률에서 구체적인 내용을 밝히고 있지 않아 법의 해석이 필요하다.

이론적으로는 '그 밖의 징벌'을 ① 근로기준법 제23조 제1항이 명시적으로 규정하고 있는 해고 · 휴직 · 정직 · 전직 · 감봉 이외에 '사용자가 근로자에게 내리는 일체의 불이익한 처분'을 의미하는 것으로 보는 견해, ② 해고 · 휴직 · 정직 · 전직 · 감봉을 제외한 처분으로서 '사용자가 근로자에게 내리는 과거의 잘못에 대한 제재로서의 불이익한 처분만'을 의미한다는 견해가 있지만,[107] 아직 그 견해는 명확하게 통일되고 있지 않다.

---

106) '각하(却下)'란 법원에서 소(訴)나 상소가 형식적인 요건을 갖추지 못한 경우 부적법한 것으로 하여 내용에 대한 판단 없이 소송을 종료하는 것을 말한다. 반면, '기각(棄却)'이란 소송을 수리한 법원이 소나 상소가 형식적인 요건은 갖추었으나, 그 내용이 실체적 이유가 없다고 판단하여 소송을 종료하는 것을 말한다.

107) 노호창, "'그 밖의 징벌'의 해석에 관한 견해", 노동판례리뷰(2012~2013), 한국노동연구원, 2014, 204면.

법원 판례는 상기 ②의 견해에 따른 판단을 내리고 있다. 법원 판례[108]는 "(근로기준법 제23조 제1항에서) '그 밖의 징벌'이라 함은 그 문언 자체의 뜻과 해석원칙에 비추어 보면 해고, 휴직, 정직, 전직, 감봉을 제외한 처분으로서 사용자가 당해 근로자에게 과거의 잘못에 대한 제재로서 가하는 불이익한 처분만을 의미하고, 근로계약관계에서 일반적으로 일어날 수 있는 모든 불이익한 처분을 의미하는 것은 아니다."라고 판시하였다.

보다 구체적으로 법원 판례는 근로자들이 인사고과 결과에 따라 호봉승급 보류[109] 및 임금상승률 차등적용[110]을 받은 사안에서, "근로자들이 그와 같은 조치(호봉승급 보류 및 임금상승률 차등적용)를 받아 결과적으로 그와 같은 조치를 받지 아니한 다른 근로자들에 비하여 일시적으로 불이익한 처우를 받게 되었다고 하더라도 이는 제재로서의 성질을 가진 것으로서 노동위원회의 구제신청이 되는 근로기준법 제23조 제1항의 '그 밖의 징벌'에 해당한다고 볼 수 없다."라고 하였다.

해당 판결들은 호봉승급 보류 및 임금상승률 차등적용이 근로자의 의욕을 고취하고 생산성을 향상시키기 위하여 성과에 따라 그 처우를 달리하는 상여로서의 성질을 가지므로 원칙적으로 사용자의 경영권 · 인사권에 관한 영역에 속한다는 입장이다.[111]

---

108) 서울행정법원 2009. 2. 20. 선고 2008구합41168 판결; 서울고등법원 2010. 11. 19. 선고 2010누14925 판결; 서울행정법원 2011. 7. 14. 선고 2010구합32587 판결; 서울행정법원 2013. 1. 31. 선고 2012구합15883 판결 등.

109) 서울행정법원 2009. 2. 20. 선고 2008구합41168 판결.

110) 서울고등법원 2010. 11. 19. 선고 2010누14925 판결.

111) 원칙적으로 사적자치가 지배하는 사용자와 근로자 사이의 근로계약관계에서 일어날 수 있는 모든 불이익한 처분을 그 구제신청의 대상으로 삼는 것은 행정의 과도한 관여가 될 수 있는 점을 들어 이와 같은 법원 판례의 입장이 타당하다는 견해가 있다(이승길, "'감호조치'가 근로기준법 제23조 제1항의 '그 밖의 징벌'에 해당 여부", 노동법학(제46호), 한국노동법학회, 2013, 350면).

인사실무 경향

인사실무에서는 부당해고 등과 비슷한 성질을 가진 전출, 전적, 휴직자의 복직거부 등은 노동위원회에서 부당해고구제신청의 대상이 되지만, 단순한 임금체불, 임금산정의 과오, 근로조건에 대한 차별, 휴가 사용의 거부, 근로계약이나 취업규칙의 위반 등은 부당해고구제신청의 대상이 되지 않는다.[112]

상기 법원 판례와 같이 사용자의 인사고과 결과에 따른 호봉승급 보류, 임금상승률 차등적용, 상여금 차등지급 조치들 역시 다른 특별한 사정이 있지 않은 이상 노동위원회가 부당해고구제신청의 대상으로 보지 않는 경향이 있다. 상기 사례도 인사고과에 따른 호봉승급 보류의 인사조치로서 근로기준법 제23조 제1항의 '그 밖의 징벌' 이라고 해석될 가능성이 낮으며, 해당 근로자가 노동위원회에 부당해고구제신청을 하여도 '각하' 될 가능성이 높다.

실제로 저자는 10여년 전에 근로자가 회사를 상대로 '부당승진거부발령구제신청' 을 제기한 노동위원회 사건을 회사측 대리인으로 수임한 적이 있다. 해당 근로자는 회사의 승진발표에서 입사동기는 승진하였음에도 자신은 낮은 인사고과를 이유로 승진하지 못한 것은 회사가 자신의 승진을 거부한 것이라고 주장하였다. 하지만 노동위원회는 위에서 살펴본 내용과 같은 이유로 해당 근로자의 부당승진거부발령구제신청을 '각하' 하였다.

112) 이승길, "'감호조치' 가 근로기준법 제23조 제1항의 '그 밖의 징벌' 에 해당 여부", 노동법학(제46호), 한국노동법학회, 2013, 351면.

25

전직명령

"직원을 지방 지사로 발령할 경우, 반드시 동의를 받아야 하나요?"

상담사례(Question)

저희 회사는 서울에 본사가 있고, 각 지방의 권역별로 지사를 두고 있습니다. 최근 대전 지사에 과장급 보직(부지사장)에 공석이 발생하였고, 회사는 서울 본사에서 근무하는 과장급 직원 중 가장 승진에서 앞서 가고 있다고 판단되는 직원 1명을 대전 지사로 인사발령 하였습니다. ① 취업규칙 및 근로계약서에 업무상 필요한 경우 직원의 근무내용, 근무장소를 변경할 수 있다고 규정해 놓았고, ② 과장에서 차장으로 진급하기 위해서는 서울 이외의 지사에서 1년 이상 근무해야만 하는 인사관행이 있으며, ③ 지방 발령 시 직원에게는 회사에서 사택을 제공하고, 이사비용도 지원하며, 매월 기본급의 10%에 해당하는 지역근무수당을 별도로 지급한다고 『근무지 이동 지원 규정』에 규정하고 있습니다.

그런데 해당 직원은 자신의 동의를 받지 않은 대전 지사로의 인사발령은 무효이고, 자신은 서울토박이인지라 계속 서울에서만 생활 · 근무를 해 왔을 뿐만 아니라 자녀들이 서울에서 학교를 다니고 있는 등의 사정을 고려할 때 회사의 인사발령이 불합리하여 따를 수 없다고 주장하고 있습니다. 이러한 경우, 회사는 해당 직원의 동의 없이는 대전 지사로 인사발령을 행할 수 없는지 문의를 드립니다.

인사이동의 의의

기업 내 또는 기업 간 근로자의 근무내용, 근무장소, 근로관계 당사자의 변경을 가져오는 근로관계의 변동을 통칭하여 '인사이동'이라고 한다. 모든 기업은 사업 또는 영업을 자유롭게 경영하고 이를 위한 의사결정의 자유를 가지며, 사업 또는 영업을 변경(확장 · 축소 · 전환)하거나 처분(폐지 · 양도)할 수 있는 자유를 가진다. 인사이동은 헌법에 의하여 보장되는 경영권의 일환으로 볼 수 있다.[113)]

인사이동은 근로조건의 중요한 부분이라고 할 수 있는 근무장소, 근무내용 등의 변경이 수반되고, 그로 인해 근로자에게 예측할 수 없었던 불이익이 가해질 수 있다는 점에서 근로기준법상 일정한 제한이 따른다. 즉, 회사의 경영권 일환으로 시행되는 인사이동일지라도 근로기준법 제23조 제1항에서 규정하고 있는 '정당한 이유(정당성)'가 있어야 한다.

인사이동의 정당성 판단은 근로관계에 단절을 가져오는 해고에 비해서는 좀 더 완화된 기준이 적용되며, 대체적으로 ① 취업규칙 · 단체협약 · 노동관행 · 근로관계의 실태, ② 사용자의 업무상 필요와 근로자의 생활상 불이익의 비교 · 교량, ③ 근로자와 협의 · 동의 등 신의칙상 요구되는 절차를 거쳤는지 여부 등이 종합적으로 고려된다.

전직명령의 정당성 판단기준

인사이동 중에서도 근로자의 직무내용이나 근무장소를 변경하는 인사조치를 '전직(轉職, Transfer)'이라고 한다. 전직은 근무장소를 변경하는 '전근'과 직무내용을 변경하는 '전보'를 통칭하여 부르는 용어로 통상 실무에서는 '전환배치', '전보발령' 등의 말을 사용하기도 한다. 기업에

113) 대법원 2003. 7. 22. 선고 2002도7225 판결.

서 전직은 인력을 적재적소에 배치하고 인사교류를 통한 사업운영의 효율증대를 목적으로 한 인사이동의 일환으로 정기적으로 시행되는 경우가 많다.

근로자에 대한 회사의 전직명령이 근로기준법 제23조 제1항에 근거한 정당성(정당한 이유)를 갖기 위해서는 전직명령에 대한 회사의 업무상 필요성이 그로 인해 발생할 수 있는 근로자의 생활상 불이익보다 커야 한다는 점이 가장 중요하다.

전직명령의 정당성에 관한 법원 판례[114)]의 판단기준을 정리해 보면 다음과 같다. 첫째, 근로자에 대한 전직명령은 원칙적으로 인사권자인 사용자의 권한에 속하므로 업무상 필요한 범위 내에서는 사용자는 상당한 재량을 가지며, 그것이 근로기준법에 위반되거나 권리남용에 해당되는 등의 특별한 사정이 없는 한 유효하다. 둘째, 전직명령이 권리남용에 해당하는지 여부는 전직명령의 업무상의 필요성과 그에 따른 근로자의 생활상의 불이익을 비교 · 교량하여 결정되어야 한다. 셋째, 전직명령에 따른 생활상의 불이익이 근로자가 통상 감수하여야 할 정도를 현저하게 벗어난 것이 아니라면, 이는 정당한 인사권의 범위 내에 속하는 것으로서 권리남용에 해당하지 않는다.

따라서 사용자의 전직명령이 취업규칙이나 단체협약 등의 규정이나 노동관행 등 근로관계의 실태에 비추어, 근로계약상 근로자가 제공하여야 할 근로의 종류와 내용 또는 장소에 관한 약정의 범위 내에서 사용자의 업무상의 필요[115)]에 따라 이루어진 것이고, 전직에 따른 근로자의 생활상

---

114) 대법원 1995. 10. 13. 선고 94다52928 판결; 대법원 1997. 7. 22. 선고 97다18165 판결; 대법원 2002. 12. 26. 선고 2000두8011 판결; 대법원 2007. 10. 11. 선고 2007두11566 판결; 대법원 2013. 6. 27. 선고 2013다9475 판결 등.

115) 업무상의 필요성은 크게 2가지 측면으로 나누어 볼 수 있다. 우선 전직명령이 반드시 필요한가이다. 다음으로 전직명령 후보자 중 왜 해당 직원인가이다. 특히, 전직명령 시

불이익[116]과 비교 교량하여 합리성이 있으며, 근로자 본인과의 협의 등 전직명령 과정에서 신의칙상 요구되는 절차를 거쳤다면, 근로자에게 구속력을 갖는 유효한 인사명령이라고 할 수 있다.[117]

전직명령 시 통상 사용자의 업무상 필요성은 '상수(常數)' 이고, 근로자의 생활상 불이익은 '변수(變數)' 이기 때문에 회사는 전직명령의 정당성 확보를 위해 후자를 최소화하여야만 한다. 예를 들어, 급여가 저하되는 경우 일정기간 그 저하분을 보전(補塡)해 주던지, 원거리 발령의 경우 이사비용, 주말 가족 상봉을 위한 교통비, 주거비 등을 지원해 주던지, 사무직을 영업직으로 발령할 경우 영업능력이나 노하우에 대한 교육을 행할 필요가 있다.

전직명령이 정당한 것으로 인정되는 경우, 이에 따르지 않는 근로자에게는 징계처분이 내려질 수 있다. 하지만 정당성이 없는 전직명령은 효력이 없을 뿐만 아니라 해당 근로자에게 정신적 고통을 가하는 경우 불법행위를 구성할 수도 있다.[118]

해당 직원은 "Why me?"라며 본인이 전직명령의 대상이 된 것에 대해 납득하지 못하는 경우가 많다. 반대로 말하면, 회사가 전직명령 시 가장 중요한 점은 후보자 중에서 대상자를 선정할 때 사회통념상 공정하고 객관적인 기준이 있어야 하는 것이다.

116) 인사실무상 전직명령에 따른 생활상 불이익은 주로 ① 급여가 저하되는지 여부, ② 직무내용을 도저히 수행하기 어려운 것으로 부여하는지 여부, ③ 원거리 발령 시 제반 사정이 고려되었는지 여부 등이다. 특히, 원거리 발령 시 맞벌이 · 외벌이 여부(맞벌이인 경우 배우자가 같이 따라갈 수 없는 상황이 발생하기 때문에 보다 불이익이 크다고 판단), 자녀의 연령이 어느 정도인지 여부(자녀가 영 · 유아에 해당하는 경우가 보다 불이익이 크다고 판단), 발령지역과 어느 정도 연관이 있는지 여부(똥개도 자기 집 앞에서는 50점 먹고 들어간다는 생각에서인지 무연고 지역인 경우가 보다 불이익이 크다고 판단) 등을 면밀하게 고려하여 대상자를 선정하여야 한다. 물론 우스개 소리로 삼대에 걸쳐 덕을 쌓았던지, 전생에 나라를 구했어야 주말 부부가 된다며, 배우자와 떨어져 지내는 것을 오히려 불이익으로 여기지 않는 근로자를 가끔 접하기도 한다.

117) 대법원 1991. 7. 12. 선고 90다9353 판결.

118) 문무기, "배치전환(전직)의 정당성 판단기준 – 대법원 1995. 10. 13. 선고 94다52928

전직명령에서 근로자의 동의가 필요한지 여부

회사가 근로자에게 전직명령을 내릴 때 해당 근로자가 자신의 동의가 없었다는 이유로 전직명령에 응할 수 없다고 주장하는 경우가 있다.

이에 대해서는 근로계약이나 취업규칙 등에 근로자의 근무내용이나 근무장소가 구체적으로 특정이 되어 있는지 여부에 따라서 그 판단이 달라진다.

근로계약이나 취업규칙 등에 근로자의 근무내용이나 근무장소가 구체적으로 특정이 되어 있지 않은 경우에는 전직명령에 있어서 근로자 본인과 성실한 협의절차를 거치지 아니하였다는 사정만으로 전보처분 등이 권리남용에 해당하여 당연히 무효가 된다고는 할 수 없다.[119]

반면, 근로계약이나 취업규칙 등에 근로자의 근무내용이나 근무장소가 구체적으로 특정이 되어 있는 경우에는 사용자가 이를 일방적으로 변경할 수 없고, 해당 근로자의 동의가 반드시 필요하다. 사용자의 전직명령이 이미 약정되어 있는 근로계약의 범위를 넘어서는 경우에는 기존의 근로계약을 변경하는 것에 해당하므로 근로자가 그에 대하여 동의하지 않는 이상 전직명령의 유효성(구속력)이 발생하지 않는다는 점을 유의하여야 한

판결 –", 『노동판례백선』, 박영사, 2015, 109면(대법원 2009. 5. 28. 선고 2006다16215 판결; 인사권자가 당해 공무원에 대한 보복감정 등 다른 의도를 가지고 인사재량권을 일탈·남용하여 객관적 정당성을 상실하였음이 명백한 경우 등 전보인사가 우리의 건전한 사회통념이나 사회상규상 도저히 용인될 수 없음이 분명한 경우에는 위법하게 상대방에게 정신적 고통을 가한 것이 되어 당해 근로자에 대한 관계에서 불법행위를 구성한다).

119) 대법원 1995. 10. 13. 선고 94다52928 판결. 다만, 근로기준법 제17조 및 동법 시행령 제8조에 의거 '취업의 장소와 종사하여야 할 업무에 관한 사항'을 근로계약 체결 시 또는 변경 시에 사용자가 근로자에게 명시하여야 하기 때문에 상기와 같이 근무내용이나 근무장소가 특정되지 않은 경우는 많지 않다.

다.[120] 그러한 사정을 고려하여 인사실무상 근로계약서 또는 취업규칙 등에 "직원의 직무, 근로장소 등은 회사의 업무상 필요에 따라 추후 변경될 수 있다."라는 식의 문구를 규정하여 포괄적 동의를 받아놓는 경우가 많다.

상기 사례에서 회사가 해당 근로자를 서울 본사에서 대전 지사로 전직명령을 한 것에 대한 정당성 판단은 회사의 업무상 필요성과 해당 근로자의 생활상 불이익을 비교·교량하여 판단해야 한다. 이 경우, 전직명령에 따라 해당 근로자에게 생활상 불이익이 발생한다는 점은 부인할 수 없다. 그러나 회사가 대전 지사의 과장급 보직(부지사장)의 공석문제를 해결하기 위해 향후 승진 가능성이 높은 근로자를 선정한 점, 대전 지사 근무에 따른 사택 제공, 이사비용 지원, 지역근무수당 등을 지급하는 점 등을 고려할 때, 전직명령에 따른 생활상의 불이익이 업무상 필요상보다 크다고 보기는 어렵다.

아울러 취업규칙 및 근로계약서에 업무상 필요한 경우 근로자의 근무내용이나 근무장소를 변경할 수 있다고 규정하고 있다는 점에서 회사가 전직명령을 할 때 반드시 해당 근로자의 동의를 얻어야 하는 것은 아니다. 물론 신뢰관계를 고려하여 회사가 해당 근로자에게 전직명령의 업무상 필요성을 충분히 설명하는 과정을 거치는 것이 인사실무상 바람직하다.

---

120) 대법원 1992. 5. 22. 선고 91다22100 판결.

26

원직복직

"부당해고인 경우 해당 직원을 예전과 동일한 직에 복직시켜야 하나요?"

상담사례(Question)

약 2년 전 비위행위를 저지른 직원을 징계해고 하였는데, 최근 대법원에서 징계양정이 과하다는 이유로 해고가 무효라는 판결을 받았습니다. 회사는 억울한 측면이 있지만, 판결에 따라 해당 직원을 다시 복직시키고자 합니다. 그런데 해당 직원을 복직시키려고 하였더니 예전에 일했던 자리에는 이미 다른 직원이 일을 하고 있을 뿐만 아니라 그의 업무성과도 남달리 우수합니다. 그에 따라 회사가 부당해고로 복직하는 직원을 '원직'에 복직시키는 것은 현실적으로 어려움이 따릅니다. 이런 경우 회사로서는 어떻게 하는 것이 좋을지 문의를 드립니다.

부당해고 구제명령으로서 '원직복직'

노동위원회에서 부당해고라는 판정이 있거나 법원에서 해고가 무효라는 판결이 내려지면, 사용자는 근로자를 해고 당시 종사하고 있었던 직무 · 직책 · 직위 · 직급 등(이하, '직')에 복직시키고, 해고기간 동안 받지 못한 임금의 상당액을 지급해야 할 의무가 있다.

전자를 '원직복직(原職復職)'이라고 표현하는데, 이론적으로 부당해고의 사법상 효과로서 원직복직은 지극히 당연하고 자연스러운 것으로 보인다.

그런데 '원직복직'의 문제를 인사실무에서 실제로 처리하는 일은 생각보다 간단치 않다. 해고 관련 분쟁은 짧게는 몇 개월, 길게는 수 년에 걸쳐 다투어지기도 하는데, 그렇다고 해서 해고된 근로자의 공백으로 인해 회사의 업무마저 정지되는 것은 아니다. 회사가 해고된 근로자의 자리에 대체 근로자를 채용(배치)하는 등의 변화가 있기 마련이다. 실제로 부당해고라고 판정을 받은 근로자를 상당한 시일이 지나 회사에 복직시키려고 보면, 해당 근로자가 일했던 직에는 이미 다른 근로자가 근무하고 있는 경우가 대부분이다.

이와 같은 경우, 현재 '원직'에서 일하고 있는 근로자를 다른 직으로 발령하고, 부당해고로 복직하는 근로자를 원직에 그대로 복직시켜야 하는 것인가? 원직복직에 대한 구체적인 법 규정은 없고, 노동법 교과서에는 원직복직의 의미에 대한 이론적인 설명 자체가 없다. 인사실무자들은 답답한 마음[121)]을 억누르고 법원 판례를 참고로 하여 이 문제를 해결할 수 밖에 없다.[122)]

법원 판례의 입장

'원직'의 문언적 의미는 해고 당시 근로자가 수행하고 있었던 것과 같

---

121) 실제 해고된 근로자를 복직시킬 때에는 원직복직 이외에도 인사실무상 신경 쓸 것이 상당히 많다. 예를 들어, 상실처리 된 4대보험의 문제, 이미 지급한 퇴직금 · 미사용연차휴가수당 · 해고예고수당 등 반납 · 처리의 문제, 년도가 지난 경우의 연말정산 재정산의 문제, 해고기간 동안의 복리후생 소급적용의 문제 등이 있을 수 있다.

122) 노동위원회의 판정례도 하나의 기준이 될 수 있을 것이다. 다만, 이 문제에 대한 노동위원회의 판정례와 법원 판례의 입장이 기본적으로 동일하다는 점에서 이하에서는 법원 판례를 중심으로 설명하기로 한다.

은 '동일한 직'을 의미하지만, 비교형량의 대상이 되는 사용자의 인사권 · 노무지휘권 · 직장질서유지 등 여러 법익의 중요성 등을 고려할 때 해고된 근로자가 해고되기 전과 동일한 직에 복귀하지 않았다고 하더라도 그와 '유사한 직'을 부여 받은 경우에는 원직복직에 해당한다는 것이 법원 판례의 입장이다.[123)]

아울러 법원 판례는 사용자가 해고되었던 근로자를 복직시키면서 해고 이후 복직할 때까지 그 해고가 유효함을 전제로 이미 이루어진 ① 인사질서,[124)] ② 사용자의 경영상 필요,[125)] ③ 작업환경의 변화 등을 고려하여 복직하는 근로자에게 그에 합당한 일을 시킨 경우, 그 일이 비록 종전의 일과 다소 다르더라도 이는 사용자의 고유권한인 경영권의 범위에 속하는 것이므로 정당하게 복직시킨 것으로 보고 있다.[126)]

요컨대, 부당해고 후 '원직복직'은 원래와 '동일한' 직으로 하는 것이 원칙이지만, 인사질서, 사용자의 경영상 필요, 작업환경의 변화 등의 사유가 있는 경우에는 예외적으로 원래와 '유사한' 직으로도 원직복직을 시키는 것이 가능하다. 오히려 '원직'이라는 문언적 의미를 너무 엄격하게 해석하면, 인사실무상 문제해결에 장벽이 되는 경우가 많을 것이다.

예컨대, 택시운전기사로 근무하는 근로자가 해고 후 복직을 하였는데, 회사가 자신이 원래 운행하던 '소나타Ⅲ'가 아닌 '스텔라'로 배차를 하

---

123) 서울행정법원 2012. 3. 22. 선고 2011구합37121 판결.

124) 예컨대, 대표이사의 업무집행을 보좌하는 부사장의 직무수행을 위해서는 대표이사와 신뢰관계가 바탕이 되어야 하는데, 해고분쟁을 통해 이 같은 신뢰관계는 깨진 것으로 보아 부사장이 아닌 관리소장으로 복직을 시킨 것은 정당하다(서울고등법원 2015. 8. 27. 선고 2015누33655 판결).

125) 예컨대, 해고되기 전에 근무한 부서의 정원이 초과하여 다른 부서로 복직이 된 것은 정당하다(중앙노동위원회 1998. 8. 28. 98부노51).

126) 대법원 1997. 5. 16. 선고 96다47074 판결; 서울고등법원 2015. 8. 27. 선고 2015누33655 판결; 서울행정법원 2003. 11. 13. 선고 2003구합16105 판결.

자 '원직'에는 '차량'의 동일함도 포함한다는 이유로 노동위원회에 부당배차구제신청을 한 다소 황당해 보이는 사례도 있다.[127] 해당 사례에서 노동위원회가 근로자의 주장을 받아들이지는 않았지만, '원직'이라는 의미를 너무 엄격하게 해석하는 경우에 발생할 수 있는 문제를 잘 보여준다.

인사실무자들이 유의할 점은 원래와 '동일한' 직이 아닌 '유사한' 직으로 근로자를 원직복직 시켜야만 하는 사유가 분명히 존재한다고 하더라도, 원직과 유사한 직 간의 노동강도, 근로조건 등 유사한 직으로 일을 하게 됨에 있어서 발생하는 근로자의 생활상 불이익을 면밀하게 검토하고 해당 근로자와 성실하게 협의를 할 필요가 있다는 것이다.[128] 해고된 근로자를 부득이한 사유로 '유사한 직'에 복직시켰을 경우, 이미 복직이 된 이상 다시 부당해고가 문제되지는 않지만,[129] 원직과는 다른 직으로 복직을 시킨 회사의 처분은 사실상 '전보발령'으로서 그 정당성을 갖추어야 하기 때문이다.[130]

근로자에게 현저하게 큰 생활상의 불이익이 발생함에도 회사가 일방적으로 원직과는 다른 '유사한 직'으로 복직을 강행한다면, 부당해고 구제명령을 이행하였음에도 불구하고 '부당전보'라는 또 다른 문제가 야기될 수 있다.[131] 근로계약에 근로자의 근무내용이나 근무장소가 특별하게 한

127) 중앙노동위원회 2000. 3. 15. 99부해825; [유사사건] 중앙노동위원회 1998. 11. 6. 98부노102.

128) 실제 최근 저자가 자문한 회사에서 해고 근로자를 원직과는 다른 유사한 직으로 복직시키는 대신, 원직과 동일하게 급여를 보전해 주고 부제소특약을 작성하는 등의 방법으로 추후 발생할 수 있는 분쟁의 소지를 최소화하였다.

129) 대법원 2002. 2. 8. 선고 2000두7186 판결.

130) 서울중앙지방법원 2013. 3. 7. 선고 2012카합3124 판결.

131) 원직이 아닌 유사한 직으로의 복직이 실질적으로는 노동조합 활동을 방해 · 저지하기 위해 이루어진 것일 경우에는 불이익처분 및 지배 · 개입의 부당노동행위에 해당할 수도 있다는 점도 유의하여야 한다(중앙노동위원회 2000. 12. 13. 2000부노110).

정이 되어 있을 경우에는 더욱 유의해야 한다.[132]

최근 법원 판례가 해고 근로자를 원직인 부사장이 아닌 관리소장으로 원직복직 시킨 사안에서 회사가 원직과는 다른 유사한 직으로 원직복직 시켜야 하는 경영상 필요가 인정될 뿐만 아니라 회사가 직이 변경되면서 발생하는 급여 차액을 보전해주고 원직의 정년까지 근무할 수 있도록 약속한 만큼 생활상의 불이익도 대부분 해소되었다고 판단하였다. 이는 회사가 해고 근로자를 원직이 아닌 유사한 직으로 원직복직 시킬 사정이 있다고 하더라도 그에 따른 근로조건의 변화는 가능한 최소화 시키는 것이 정당성 확보에 보다 유리하는 것을 시사한다.[133][134]

---

132) 근로계약에서 근로내용이나 근무장소를 특별히 한정한 경우, 사용자가 근로자를 정당한 이유 없이 해고한 후 노동위원회의 원직복직 명령에 따라 복직시키면서 근로내용이나 근무장소 등이 원직과 다른 곳으로 전보시키는 때에는 보복적 차원의 전보를 막기 위한 차원에서 근로자의 동의, 사전 협의절차 등 정당화 요건을 엄격히 갖출 것이 요구된다(근로계약에 의하여 근무장소가 특정되어 있음에도 근로자의 동의를 받지 않았음은 물론이고 성실한 협의절차도 거치지 않은 채 이루어진 원직복직은 인사권을 남용한 것으로서 위법하다고 본 사례, 서울고등법원 2015. 3. 13. 선고 2014누45538 판결).

133) 남녀고용평등과 일 · 가정 양립 지원에 관한 법률 제19조(육아휴직) 제4항은 "사업주는 육아휴직을 마친 후에는 휴직 전과 같은 업무 또는 같은 수준의 임금을 지급하는 직무에 복귀시켜야 한다."라고 규정하고 있다. 부당해고와 관련한 원직복직의 문제도 입법론적인 차원에서 해고 전과 같은 업무 또는 같은 수준의 임금을 지급하는 직무에 복직시켜야 한다는 내용으로 법 규정을 개정하면 보다 현실에 부합하리라 생각한다. 그러면 노사가 원직복직의 의미를 보다 명확하게 주지할 수 있어 원직복직을 둘러싼 불필요한 분쟁의 발생을 방지할 수 있을 것이다.

134) 부당해고 후 원직복직에 관한 보다 구체적인 내용과 인사실무는 본서 제5장 제3절 "부당해고 후 원직복직에서 '원직'을 둘러싼 분쟁과 해결"을 참조하시기를 바란다.

27

위험부담

“왜 부당해고기간 중에 근무하지도 않은 직원에게 임금을 지급해야 하나요?”

상담사례(Question)

6개월 전, 회사는 한 직원에 대하여 사내 비위행위를 이유로 징계해고 하였습니다. 이에 대하여 지방노동위원회 및 중앙노동위원회는 해당 직원의 비위사실은 인정하였지만, 회사의 해고처분은 그 징계양정이 과하기 때문에 부당해고라고 판정하였습니다. 해당 직원은 노동위원회에서 해고의 정당성 여부를 다투는 동안 회사 정문 앞에서 1인 시위를 하는 등 정상적으로 근무하지 않았습니다. 그럼에도 부당해고라고 판정이 내려지면, 부당해고기간 동안 직원이 근무하였을 경우에 받을 수 있었던 임금의 전부를 지급하여야 한다는 점이 불합리하다고 생각되는데 그렇게 해야만 하는 법적 근거에 대해서 설명을 요청드립니다.

사용자가 근로자를 해고한 행위가 법원이나 노동위원회에서 ‘부당해고’라고 판정이 내려지면, 해당 근로자는 사용자에게 부당해고기간 중 계속 근로하였을 경우에 받을 수 있었던 임금 전부의 지급을 청구할 수 있다.[135] 이는 부당해고가 성립하였을 때 근로자가 원직복직을 하면서 발생

135) 대법원 1981. 12. 22. 선고 81다626 판결; 대법원 1993. 9. 24. 선고 93다21736 판

하는 법률효과(사용자에 대한 부당해고기간의 임금청구권)인데, 근로기준법이 아닌 민법의 '위험부담의 법리' 가 적용된 결과이다.[136)]

'위험부담(危險負擔)' 의 원칙 : 민법 제537조(채무자주의)[137)]

민법 제537조는 "쌍무계약[138)]의 당사자 일방의 채무가 당사자 쌍방의 책임없는 사유로 이행할 수 없게 된 때에는 채무자는 상대방의 이행을 청구하지 못한다."라고 규정하고 있다

예컨대, A와 B 사이에서 A가 자신의 승용차를 B에게 팔기로 하는 계약을 체결하였는데, A가 B에게 계약의 내용을 이행하기 전에 해당 승용차가 폭우로 떠내려가 못쓰게 된 경우에는 민법 제537조에 따라 A는 B에게 승용차에 대한 매매대금을 청구할 수 없다(물론, A는 B에게 승용차의 소유권을 이전하고 인도해야 할 의무도 면한다).

쌍무계약의 당사자 일방의 채무가 채무자의 책임없는 사유로 이행이 불가능하게 되어 소멸한 경우에 그에 대응하는 상대방 채무의 운명은 어떻게 되느냐의 문제를 민법에서 '위험부담' 의 문제라고 한다. 민법 제537조는 그 위험부담의 원칙을 '채무자주의(이행불능으로 소멸한 채무자에게 위험을 부담하게 하는 방법)' 로 정한 규정이다.

결; 대법원 2002. 5. 31. 선고 2000다18127 판결 등.

136) 이하의 내용에 대해서는 송덕수, 『채권법각론』, 박영사, 2014, 84~92면의 내용을 주로 참조하였다.

137) 해당 조항의 정확한 명칭은 '채무자위험부담주의' 이지만, 편의상 이와 같이 표기하였다.

138) '쌍무계약(雙務契約)' 이란 문자 그대로 계약의 당사자 쌍방이 동시에 서로 대응하는 의무를 부담하는 계약을 말한다. 예컨대, A가 자신의 승용차를 B에게 1,000만원에 팔기로 하는 계약은 A는 B에게 자신의 승용차의 소유권을 이전하고 인도해야 할 의무를, B는 A에게 매매대금을 지급해야 할 의무를 진다. 이와 같은 계약을 쌍무계약이라고 하며, 통상 일상생활에서 이루어지는 계약은 거의 대부분 쌍무계약이라고 볼 수 있다.

위험부담(危險負擔)의 예외 : 민법 제538조(채권자주의)[139]

민법 제538조에서 위험부담의 원칙(채무자주의)의 예외로서 '채권자주의'를 정하고 있다. 같은 조 제1항에 따르면 쌍무계약의 당사자 일방의 채무가 채권자의 책임있는 사유로 이행할 수 없게 된 때와 채권자의 수령지체 중에 당사자 쌍방의 책임없는 사유로 이행할 수 없게 된 때에는 채무자는 상대방의 이행을 청구할 수 있다.

위의 A와 B의 승용차 매매계약의 사례에서 A의 승용차가 B에게 인도되기 전에 B의 과실로 불에 타 전소(全燒)되어 버렸다면, 이는 채권자 B의 책임있는 사유(과실)로 채무(승용차 소유권 이전 및 인도의무)가 이행할 수 없게 된 것(전소)에 해당한다. 따라서 채무자 A는 채권자 B에게 승용차 매매대금을 청구할 수 있다(물론, A는 B에 대한 승용차 소유권 이전 및 인도의무를 면한다).

부당해고의 경우 적용 법리

근로계약도 민법상 쌍무계약의 한 유형으로 근로자는 사용자에게 노무(노동력)를 제공해야 할 의무를 지고, 사용자는 근로자에게 임금을 지급해야 할 의무를 진다. 따라서 근로자와 사용자 쌍방의 귀책사유 없이 근로자가 사용자에게 노무를 제공하지 못했을 경우에는 근로자는 사용자에게 임금의 지급을 청구하지 못한다(위험부담에 대한 민법 제537조의 채무자주의 적용).

하지만 법원이나 노동위원회에서 근로자에 대한 사용자의 해고가 '부당해고'라고 판정이 내려지면, 그 부당해고에 대한 귀책사유는 '사용자'에게 있다. 따라서 이 경우에는 위험부담에 대한 민법 제538조의 채권자주의가 적용되어 근로자가 사용자에게 노무(노동력)를 제공하지 못한 것은

---

139) 해당 조항의 정확한 명칭은 '채권자귀책사유로 인한 이행불능'이지만, 편의상 이와 같이 표기하였다.

사용자의 귀책사유에 의한 것이므로 근로자는 사용자에게 노무(노동력)의 제공 없이도 그 기간 동안의 임금을 청구할 수 있게 되는 것이다.

법원 판례[140)]도 "해고 또는 퇴직처분이 무효이거나 취소된 때에는 근로자가 근로제공을 하지 못한 것이 사용자의 귀책사유로 인한 것이므로 근로자는 (민법) 제538조 제1항에 의하여 계속 근로하였을 경우에 받을 수 있는 임금 전부의 지급을 청구할 수 있다."라고 판시하고, 부당전직의 경우에도 근로자는 사용자에게 "종전 근무지에서 계속 근로하였을 경우에 받을 수 있는 임금의 지급을 청구할 수 있다."라는 입장이다.

상기 사례에서 사용자가 부당해고기간 중 근무하지도 않은 근로자에게 임금을 지급해야 하는 이유(법적 근거)는 그 부당해고가 사용자의 귀책사유에 의한 것이라는 점에서 민법 제538조 제1항이 적용되었기 때문이다. 부당해고의 법률효과에 대해서는 대부분의 인사실무자들이 숙지하고 있는 사항이지만, 그 법적 근거가 위험부담의 원칙(채무자주의)에 대한 예외로서 채권자주의를 규정하고 있는 민법 제538조 제1항이라는 점을 분명하게 알고 있는 경우는 많지 않다.

근로기준법은 사실상 민법의 특별법으로서 기본적인 법리를 민법에 따르고 있다. 이와 같은 측면에서 평소 민법의 일반 법리를 공부하면 노동법 및 인사실무의 이해에 적지 않은 도움이 된다. 이를 위해 시중 서점에서 판매하고 있는 '민법입문' 책을 한 권 구입하여 보는 것도 좋은 방법이 될 수 있다.[141)]

---

140) 대법원 1981. 12. 22. 선고 81다626 판결; 대법원 1993. 9. 24. 선고 93다21736 판결; 대법원 2002. 5. 31. 선고 2000다18127 판결 등.

141) 개인적으로는 양창수 교수님(전 대법관, 한양대 법학전문대학원)의 『민법입문(제6판)』, 박영사, 2015. 또는 송덕수 교수님(이화여대 법학전문대학원)의 『신민법입문(제6판)』, 박영사, 2015. 등 2권의 책이 인사실무자들이 민법의 기초적인 이해를 위해 읽기에 좋은 책이라고 생각한다.

28

공민권

"시의원 후보에 출마한 직원의 선거운동시간도 회사에서 보장해야 하나요?"

상담사례(Question)

최근 지방선거에 시의원 후보로 출마한 직원이 있습니다. 평소 업무에 유능하고 뛰어난 유머감각으로 동료 직원들로부터도 인기가 많은 직원이었는데, 출마에 따른 여러 활동으로 근무시간에 자리를 많이 비우고 있어 고민이 큽니다. 회사는 해당 직원에게 최대한 업무수행에 차질이 없도록 지방선거에 임해 줄 것을 요청하였습니다. 그러나 해당 직원은 지방선거 출마가 정당한 공민권의 행사이므로 회사에서 이를 보장해 주어야 한다는 입장입니다. 이러한 경우 회사는 어떻게 대처하는 것이 바람직한지요?

근로기준법 제10조 : 공민권 행사의 보장

근로기준법 제10조는 "사용자는 근로자가 근로시간 중에 선거권, 그 밖의 공민권(公民權) 행사 또는 공(公)의 직무를 집행하기 위하여 필요한 시간을 청구하면 거부하지 못한다. 다만, 그 권리 행사나 공(公)의 직무를 수행하는 데에 지장이 없으면 청구한 시간을 변경할 수 있다."라고 규정

하여 근로자가 공민(公民)[142]으로서 공적 활동을 수행할 수 있는 시간을 보장하고 있다.[143]

'공민권'은 법령이 국민에게 보장하고 있는 공민으로서 가지는 권리로 헌법 개정을 위한 국민투표권, 대통령과 국회의원 등에 대한 선거권, 지방자치단체 및 의회 대표자를 소환하기 위한 주민투표권 등을 의미한다.[144]

'공의 직무'란 법령에 규정된 직무로서 직무 자체가 공적인 성질을 가진 것으로, 근로자 자신이 공법상 직위에 수반되는 권리와 의무를 수행하는 것은 물론 국가의 사법 · 행정상의 작용과 관련하여 이에 따르지 않을 수 없는 경우까지도 포함한다. 국회의원 · 지방의회의원 · 노동위원회위원의 직무, 법령에 의해 증인 · 감정인 · 배심원(국민형사재판)으로 법원 · 국회 등에 출석하는 행위, 예비군 훈련 소집 등에 응하는 행위, 주민등록 갱

---

142) 공민이라 함은 국가 사회의 일원으로서 그 나라 헌법에 의한 모든 권리와 의무를 가지는 자유민을 말한다.

143) 2014. 2. 13. 선거에 대한 투표와 관련하여 공직선거법 제6조의2(다른 자에게 고용된 사람의 투표시간 보장)가 신설되었다. 같은 조는 "① 다른 자에게 고용된 사람이 사전투표기간 및 선거일에 모두 근무를 하는 경우에는 투표하기 위하여 필요한 시간을 고용주에게 청구할 수 있다. ② 고용주는 제1항에 따른 청구가 있으면 고용된 사람이 투표하기 위하여 필요한 시간을 보장하여 주어야 한다. ③ 고용주는 고용된 사람이 투표하기 위하여 필요한 시간을 청구할 수 있다는 사실을 선거일 전 7일부터 선거일 전 3일까지 인터넷 홈페이지, 사보, 사내게시판 등을 통하여 알려야 한다."라고 규정하고 있다. 특히, 공직선거법은 제6조의2 제2항을 위반하여 투표시간을 보장하여 주지 아니한 자에 대하여는 같은 법 제261조 제3항에 의거 1천만원 이하의 과태료를 부과하는 것으로 규정하고 있기 때문에 인사실무상 유의할 필요가 있다.

144) 노동법실무연구회, 『근로기준법주해(Ⅰ)』, 박영사, 2010, 545~546면.

신행위는 모두 공의 직무[145]라고 할 수 있다.[146]

인사실무상 공민권 행사에 따른 문제

근로자가 근로기준법 제10조에 따라 공민권 행사에 필요한 시간을 청구하는 사안에서 인사실무상 주로 쟁점이 되는 문제는 다음과 같다.

첫째, 근로자가 '공민권 행사 또는 공의 직무 수행(이하, '공민권 행사')'을 위하여 필요한 시간을 청구하면 사용자는 이를 거부할 수 없지만, 공민권 행사에 필요한 시간(의 양)을 반드시 근로자가 청구한 만큼 보장해 주어야 할 의무는 없다. 사용자는 해당 공민권 행사에 실제 소요될 것으로 예상되는 시간을 합리적 · 재량적으로 판단하여 보장해 주면 된다.[147]

둘째, 사용자는 공민권 행사에 지장이 없는 한도에서 근로자가 공민권 행사를 위해 청구한 시각을 변경할 수 있다. 근로기준법 제10조는 이 경우 시각의 변경에 관하여 아무런 규정을 두고 있지 않다. 다만, 이 경우에도 근로자의 공민권 행사에 지장이 없도록 해야 하며, 휴게시간에 공민권 행사를 하도록 시각을 변경하는 것은 휴게시간을 자유롭게 이용할 수 있는 근로자의 권리를 침해하는 것으로 판단될 수 있다.

셋째, 근로자가 공민권 행사를 이유로 사용한 시간은 근로를 제공하지

145) 고용노동부 행정해석에 따르면, ① 부당 징계 및 부당노동행위 등으로 노동위원회에 구제신청(재심신청)을 한 당사자가 사건 조사 등에 필요하여 관할 노동위원회의 요구에 출석하는 시간은 공권이 아닌 사권의 성격이 강하므로 이를 근로기준법 제10조에서 규정한 '공의 직무'로 보기는 어렵고(근로기준팀-5828, 2007. 8. 8.), ② 노동조합 위원장 출마로 근로시간 중에 조합원을 상대로 선거유세 등을 하는 경우는 노동조합활동 등 노동조합 자체의 용무를 위한 행위로 근로기준법 제10조에 해당하지 아니한다(근로기준과-139, 2010. 3. 8.)고 규정하고 있다.

146) 노동법실무연구회, 『근로기준법주해(Ⅰ)』, 박영사, 2010, 546면.

147) 예컨대, 공민권 행사에 필요한 최소한의 시간뿐 아니라 사전준비나 이동에 따른 시간도 충분히 고려할 필요가 있다.

않은 것이므로 그 시간에 대한 임금을 지급하지 않는 것이 원칙이다.[148] 그런데 공직선거법 제6조 제3항은 "공무원 · 학생 또는 다른 사람에게 고용된 자가 선거인 명부를 열람하거나 투표하기 위하여 필요한 시간은 보장되어야 하며 이를 휴무 또는 휴업으로 보지 아니한다."라고 규정하고 있으며, 향토예비군 설치법 제10조,[149] 민방위기본법 제27조[150]도 같은 취지의 규정을 두고 있다.

이를 근거로 고용노동부의 행정해석은 사용자는 공직선거법에 따른 투표, 향토예비군법 설치법과 민방위기본법에 따른 교육과 훈련에 참여하는 근로자에 대해서는 그에 필요한 시간을 보장함과 동시에 유급으로 처리해야 한다고 보고 있다.[151] 물론, 취업규칙이나 단체협약 등에 공민권 행사에 대한 시간을 유급(휴일)으로 규정하고 있을 경우, 사용자는 그에 따라야 한다.

넷째, 근로자가 공직선거법상 선거에 입후보하여 자신을 위한 적법한 선거운동을 하는 것(피선거권)도 공민권의 행사에 포함된다.[152] 다만, 고용노동부의 행정해석은 근로자의 피선거권에 대한 사용자의 보장의무는 합리적이고 필요한 범위 내에서 인정되는 것이므로 공민권 행사로 인한 기

---

148) 근로기준과-2328, 2004. 5. 12.

149) 다른 사람을 사용하는 자는 그가 고용한 사람이 예비군대원으로 동원되거나 훈련을 받을 때에는 그 기간을 휴무로 처리하거나 그 동원이나 훈련을 이유로 불리한 처우를 하여서는 아니 된다.

150) 타인을 고용하는 자는 고용하는 자가 민방위 대원으로 동원되거나 교육 또는 훈련을 받은 때에는 그 기간을 휴무로 하거나 이를 이유로 불이익이 되는 처우를 하여서는 아니 된다.

151) 임금근로시간정책팀-1198, 2006. 5. 29.

152) 근로기준과-1296, 2010. 10. 14. 하지만 다른 후보자를 위한 선거운동은 공민권 행사에 포함되지 않고, 민사소송의 원고나 피고로 소권(訴權)을 행사하는 것은 개인적인 권리를 실현하기 위한 것이므로 원칙적으로 공민권 행사에 해당하지 않는 것으로 본다(노동법실무연구회, 『근로기준법주해(Ⅰ)』, 박영사, 2010, 546면).

간이 과도하게 장기간이어서 사회통념상 정상적인 근로관계의 유지가 어렵다고 인정될 수 있는 경우에는 (통상)해고도 가능하다고 본다.[153]

다섯째, 근로자가 공직선거법상 선거에서 당선이 되어 그에 따른 활동을 하는 것(공의 직무) 역시 사용자는 해당 근로자의 공민권 행사에 따른 시간으로 보장해 주어야 한다. 원칙적으로는 회사와 근로관계를 계속 유지하면서, 선거 당선에 따른 의원직을 겸직할 수 있다고 보아야 한다. 하지만 이 경우에도 공의 직무 수행으로 인하여 사회통념상 정상적인 근로관계의 유지가 어렵다고 인정될 수 있는 경우에는 (통상)해고도 가능하다는 것이 고용노동부 행정해석의 입장이다.[154]

상기 사례에서 근로자는 공직선거법상 선거에 출마하여 그에 따른 선거운동을 하는 것이므로 회사는 근로기준법 제10조에 따라 해당 근로자의 공민권 행사를 보장해야 하는 것이 원칙이다. 그러나 근로기준법 제10조가 근로자의 공민권을 보장하는 것은 어디까지나 근로자와 사용자 간의 정상적인 근로관계의 존속을 목적으로 하는 것이므로, 공민권의 행사로 인하여 정상적인 근로관계의 존속이 불가능하고 그 이유가 사회통념상 충분히 인정될 수 있는 경우에는 통상해고도 가능하다. 물론, 그러한 경우에도 해고라는 극단적인 조치보다는 휴가나 휴직 등과 같은 유연한 방법으로 공민권 행사에 따른 해당 근로자와의 문제를 원만하게 조율하는 것이 바람직하다.[155] 인사보감

153) 근로기준과-1296, 2010. 10. 14.

154) 근기68207-2612, 2002. 7. 29.

155) 실제로 어떤 회사에서는 재직 중인 근로자가 비례대표 국회의원으로 당선되었을 때 국회의원의 영향력 등을 고려하여 오히려 회사가 적극적으로 해당 근로자에게 휴직을 부여한 웃지 못할 사례도 있었다.

29

고용보장 합의

"구조조정을 실시하지 않겠다는 확약서를 작성한 이상, 경영상 해고를 실시할 수 없나요?"

상담사례(Question)

저희 회사는 2013년 10월 수도권 소재 공장의 지방 이전을 앞두고 있었는데 직원들 사이에서 회사가 공장 이전과 함께 구조조정을 실시할 것이라는 루머가 확산되었습니다. 이에 회사는 2013년 12월 노동조합과 단체협약을 체결하면서 "회사는 향후 조합원의 고용보장을 위해 인위적인 구조조정을 실시하지 않을 것임을 확약한다."라는 내용의 확약서도 추가로 작성하였습니다.

그런데 공장을 지방으로 이전한 후 경기가 계속 악화되고 수출 물량이 전년 대비 50% 이상 급감하는 등 회사가 심각한 경영상 어려움에 처하게 되었습니다. 회사는 현재의 경영상 위기를 극복하기 위한 방편으로 희망퇴직, 정리해고 등을 고려하고 있습니다. 하지만 노동조합은 이미 회사가 2013년 12월 인위적인 구조조정을 실시하지 않겠다는 확약서를 작성하였고, 단체협약이 유효한 이상 구조조정을 실시하는 것은 부당해고라고 주장하고 있습니다. 이와 같은 상황에서 회사는 어떻게 하는 것이 좋을지 문의를 드립니다.

고용보장 합의와 경영상 해고

저성장과 경기불황이 지속되면서 기업에서는 상시적 구조조정 추세가 강화되고 있다. 이에 따라 노사가 상호협력적 차원에서 향후 인위적인 구조조정을 실시하지 않기로 하는 '고용보장 합의'[156]를 단체협약으로 체결하는 경우가 있다.

그런데 고용보장 합의를 한 후 회사가 경영상 어려움에 직면하였을 경우, 근로기준법 제24조에 따라 경영상 이유에 의한 해고(이하, '경영상 해고')를 시행할 수 있는지 여부가 문제된다.

회사가 경영상 해고나 사업조직의 통폐합 등 기업의 구조조정을 실시할 것인가의 여부는 경영주체에 의한 고도의 경영상 결단에 속하는 사항으로서 원칙적으로는 노동조합이나 근로자의 동의를 얻어야 할 의무가 없다(단체교섭의 대상이 아니다).[157] 하지만 회사가 이미 노동조합과 고용보장 합의를 단체협약으로 체결한 이상, 그에 반하는 경영상 해고는 위법하지 않은지 여부가 문제의 핵심이라고 할 수 있다.

---

156) 노사가 인위적인 구조조정을 실시하지 않도록 사전에 제한을 두는 고용보장 합의방식과 함께 노사 간의 교섭과정상 일정한 제한을 두는 '고용안정조항'을 단체협약에 활용하는 방식도 있다. 고용안정조항은 통상 3가지 유형으로 구분되며, 예를 들어 설명하면 다음과 같다. ① '합의조항'은 단체협약에 "회사는 분할, 합병, 양도, 분사, 아웃소싱, 이전, 경영합리화, 업종전환, 신기술의 도입 등 조합원의 신분에 변동이 있는 의사결정을 하고자 할 때에는 OO일 전에 조합에 통보한 뒤 조합의 합의를 얻어야 한다."라고 규정한다. ② '협의조항'은 상기 문구 중 뒷부분을 "(전략) ~ OO일 전에 조합에 통보한 뒤 조합과 성실하게 협의하여야 한다."라고 규정한다. ③ '노력조항'은 단체협약에 "회사는 분할, 합병, 양도, 분사, 아웃소싱, 이전, 경영합리화, 업종전환, 신기술의 도입 등 조합원의 신분에 변동이 있는 의사결정을 하지 않기 위해 최선의 노력을 다한다."라고 규정한다. 고용안정조항의 해고제한적 효력은 합의조항이 가장 강하고, 노력조항이 가장 약하다고 할 수 있다. 고용안정조항의 유형은 결국 노사 간의 교섭력(Bargaining Power)에 따라 결정된다.

157) 대법원 2002. 2. 26. 선고 99도5380 판결.

법원 판례의 입장

법원 판례는 주로 하급심에서 이 문제를 다루어 왔으나, 그 결론이 다른 경우가 많고 판례 법리(결론에 대한 이유) 역시 분명치 않아 이론과 실무 모두에서 혼선이 많았다.[158)]

그러던 중 대법원 2014. 3. 27. 선고 2011두20406 판결을 통해 이 문제가 상당 부분 명확해 졌다. 해당 판결은 "사용자가 노동조합과의 협상에 따라 정리해고를 제한하기로 하는 내용의 단체협약을 체결하였다면 특별한 사정이 없는 한 그 단체협약이 강행법규나 사회질서에 위배된다고 볼 수 없고, 나아가 이는 근로조건 기타 근로자에 대한 대우에 관하여 정한 것으로서 그에 반하여 이루어지는 정리해고는 원칙적으로 정당한 해고라고 볼 수 없다."라고 판시하여 노사가 경영상 해고를 하지 않기로 하는 고용보장 합의를 체결한 이상 그 합의에 반하여 실시하는 경영상 해고는 효력이 없다고 보았다.

이는 경영상 해고는 경영사항으로서 단체교섭의 대상이 아니지만, 사용자가 그 사항을 스스로 인용하여 노동조합과 단체교섭을 실시하고 단체협약의 내용과 형태로 고용보장 합의를 한 이상 사용자에게 그 합의를 이행하여야 할 법적 의무가 있음을 규범적으로 인정한 것이다.[159)] 따라서 회사가 노동조합과 고용보장 합의를 한 경우, 그에 반하는 경영상 해고는 위법한 것으로 부당해고다.

---

158) 김시주, "고용보장을 확약한다는 노사합의에 규범적 효력을 인정할 수 있는지 여부", 대한변협신문, 2014. 4. 28.

159) 사용자의 경영권에 속하는 사항이라 하더라도 그에 관하여 노사는 임의로 단체교섭을 진행하여 단체협약을 체결할 수 있고, 그 내용이 강행법규나 사회질서에 위배되지 아니하는 이상 단체협약으로서의 효력이 인정된다(대법원 2014. 3. 27. 선고 2011두20406 판결).

경영상 해고를 실시할 수 있는 예외적 경우

상기 대법원 판결에 따르면 노사 간의 고용보장 합의가 있는 경우에도 경영상 해고 등 구조조정이 허용될 수 있는 예외가 있다.

첫째, 노사 간의 고용보장 합의가 강행법규나 사회질서에 위배되는 경우에는 해당 합의는 효력이 없어 회사는 경영상 해고를 실시할 수 있다. 둘째, 노사 간의 고용보장 합의를 할 당시의 사정이 현저하게 변경되어 사용자에게 그 합의의 이행을 강요한다면 객관적으로 명백하게 부당한 결과에 이르는 경우에는 사용자가 그 합의에 의한 제한에서 벗어나 경영상 해고를 할 수 있다.

첫 번째의 예외는 현실적으로 활용되기 어려운 측면이 있다. 법원 판례가 정당한 협상에 따라 체결된 노사 간의 합의는 일응 유효한 것으로 추정할 뿐만 아니라,[160] 명백하게 서면으로 남는 노사 간의 단체협약이나 합의문에 강행법규나 사회질서에 어긋나는 사항을 담는 경우는 많지 않기 때문이다.

인사실무적인 차원에서 활용 가능성이 있는 예외는 두 번째의 경우라고 할 수 있다. 상기 대법원 판결이 그와 같은 예외가 인정될 수 있다는 점을 분명히 전제하였고, 회사측 역시 고용보장 합의 당시에 비하여 대외경기 및 회사의 내부사정이 크게 악화되어 해당 합의의 효력이 없다고 주장하였다. 다만, 최종적인 결론에 있어 대법원은 그와 같은 사정은 고용보장 합의 당시에 이미 예측할 수 있었던 것으로서 '현저한 사정의 변경'이라고 볼 수 없다고 판단하였다.[161] 경영상 해고를 둘러싼 분쟁에서 회사

---

160) 사용자가 노동조합과의 협상에 따라 정리해고를 제한하기로 하는 내용의 단체협약을 체결하였다면 특별한 사정이 없는 한 그 단체협약이 강행법규나 사회질서에 위배된다고 볼 수 없다(대법원 2014. 3. 27. 선고 2011두20406 판결).

161) 해당 판결의 이유를 구체적으로 살펴보면, 대법원은 "회사의 매출 급감현상은 2008

가 고용보장 합의 당시에 예측할 수 없었던 급격한 사정 변경을 입증하는 것은 상당히 어려운 일이므로, 노사 간의 고용보장 합의는 향후 경영위기 등을 면밀하게 고려하여 매우 신중하게 결정하여야 한다.

요컨대, 경영상 해고는 사용자가 경영권에 근거하여 독자적으로 실시할 수 있는 사항이지만 노사가 경영상 해고에 대한 고용보장을 합의한 이상 그에 반하는 경영상 해고는 원칙적으로 효력이 없는 부당해고이다. 다만, 해당 합의가 강행규정 및 사회질서에 반하는 경우, 해당 합의 당시에는 예측할 수 없었던 급격한 사정 변경이 있는 경우에는 예외적으로 고용보장 합의에도 불구하고 경영상 해고를 실시할 수 있다.[162]

년 9월경 미국에서 발생한 금융위기 및 이로 인한 경기침체에 기한 것으로 2009년 1월 내지 3월경 경기침체의 저점을 지나면서 제품 생산량이 증가하기 시작하였고, 2009년 5월경 이후 제품 내수시장은 세제감면 등으로 급속히 회복되는 추세를 보이기 시작한 점, ② 또한 회사의 주된 납품처의 생산실적도 2009. 1. 1. ~ 3. 31.까지에 비하여 2009. 4. 1. ~ 6. 30.까지 급증하였던 점, ③ 이에 따라 회사의 월별 판매 목표, 실적, 달성비율도 2009년 1월경 36%로 최저점에 이르렀다가 위 정리해고가 있었던 2009년 5월경 이미 79%에 도달하였고, 2009년 9월경 168%에 이르는 등 급속한 실적 개선현상을 보였던 점, ④ 회사는 2009. 1. 6. B지회에 위 확약서까지 작성하여 주었고, 특히 위 확약서 작성 당시인 2009년 1월 회사의 매출액은 최저점에 달하였으므로, 회사가 이와 같은 매출액 하락을 예측하지 못하였다고 볼 수도 없는 점 등을 종합하여, 회사가 위 합의서 체결 당시 예상하지 못하였던 심각한 재정적 위기에 처하여 위 합의서의 효력을 유지하는 것이 객관적으로 보아서 부당한 상황에 이르렀기 때문에 정리해고를 하였다고 보기 어렵다."라고 판시하였다.

162) 참고로 고용보장 합의가 이루어진 것은 아니지만, 구조조정 등 경영상 해고에 대하여 노동조합의 합의를 얻어야 하는 '합의조항'이 고용안정조항으로 있는 경우에는 '합의권 남용'에 따른 예외가 인정될 수 있다. 즉, 대법원 2002. 5. 14. 선고 2001두649 판결은 "정리해고를 함에 있어 위와 같이 사전 합의가 있어야 하도록 규정되어 있는 경우에도 사용자인 회사에 정리해고를 하여야 할 긴박한 경영상의 필요가 있음이 객관적으로 명백하며 회사가 노동조합과 사전 합의를 위하여 성실하고 진지한 노력을 다하였음에도 불구하고 노동조합측이 합리적 근거나 이유를 제시함이 없이 무작정 정리해고에 반대함으로써 사전 합의에 이르지 못하였다고 인정되는 경우에는 노동조합측이 합의거부권을 남용한 것이 되어 사용자가 이러한 합의 없이 한 정리해고도 다른 요건을 갖추

상기 사례는 노사 간에 고용보장에 관한 합의가 있었던 경우로서 해당 합의가 사회질서에 위반되어 그 합의가 무효라고 볼만한 사정은 특별히 발견되지 않는다. 따라서 회사가 고용보장 합의가 있음에도 경영상 위기를 극복하기 위한 경영상 해고를 실시하기 위해서는 고용보장 합의 당시에는 예측할 수 없었던 급격한 사정 변경(경영상 어려움)이 발생하였다는 점을 입증하여야 할 것이다. 인사보감

고 있는 한 유효하다고 보아야 할 것이다."라고 판시하였다. 물론 이러한 합의권 남용 역시 일부 사례에 있어 극히 제한적으로 인정되고 있다는 점을 유의할 필요가 있다.

30

준법투쟁

"직원들이 집단적으로 연장근로를 거부하는 것은 정당한 행위인가요?"

상담사례(Question)

저희 회사는 단체교섭 과정에서 임금피크제 도입을 위한 노동조합과의 합의를 위해 부단히 노력해 왔습니다. 그러나 노동조합은 근로조건의 저하를 가져오는 임금피크제를 절대로 도입할 수 없다고 주장하면서, 회사와 어떠한 대화도 전면 거부하고 있습니다. 노동조합은 회사가 임금피크제 도입에 관한 계획을 철회하지 않으면 단체행동도 불사하겠다고 하면서, 오늘 시업시각을 기점으로 그 동안 중국 수출물량을 맞추기 위해 실시해 왔던 연장근로를 전면 중단하겠다고 통보해 왔습니다. 직원들이 연장근로를 하지 않고 정시에 출 · 퇴근을 하게 될 경우, 가까스로 납기일을 맞출 수 있을 것으로 보았던 해당 수출물량 생산에 상당한 차질이 발생할 것으로 예상됩니다. 이러한 경우, 회사는 어떻게 대응하는 것이 좋은지 문의를 드립니다.

준법투쟁 vs. 쟁의행위

노동조합 또는 근로자들이 법령, 단체협약, 취업규칙, 근로계약을 평소보다 엄격히 지키거나 노동법이나 근로계약상의 권리를 일제히 행사하여 업무의 정상적인 운영을 저해하는 집단행동을 '준법투쟁(遵法鬪爭, Work to rule)' 이라고 한다.[163] 준법투쟁의 예로는 연장근로 거부, 집단 휴가 신청, 정시 퇴근, 안전 운전을 명분으로 한 지나친 서행 운전, 휴게시간 엄수 등이 있다.[164]

준법투쟁은 노동조합이 자기의 주장을 관철하기 위해 사용자의 업무운영을 저해한다는 점에서 쟁의행위[165]와 유사한 성격을 갖는다. 다른 한편으로는 쟁의행위가 근로계약에 정해진 노무제공의무를 집단적으로 거부(불이행)하는 형태로 나타나는 반면, 준법투쟁은 근로계약에 정해진 의무를 관계법령에 따라 이행하거나 그 권리를 행사한다는 점에서 차이가 있다.[166]

그런데 준법투쟁을 근로자의 정당한 권리의 행사로만 보아 법적으로 아무런 문제가 없는 것으로 평가한다면, 사용자에게 발생하는 손해에 대해

163) 하갑래, 『집단적노동관계법(제3판)』, ㈜중앙경제, 2013, 521면.

164) 준법투쟁은 헌법상 단체행동권을 갖지 못하는 공무원의 노사관계 등에서 많이 나타난다. 전국공무원노동조합이나 전국교직원노동조합에서 집회 등을 위해 집단적으로 휴가를 사용하는 '연가투쟁' 이란 단어를 그 동안 언론 등에서 많이 들어보았을 것이다.

165) '쟁의행위' 는 노동조합 및 노동관계조정법 제2조 제6호에 "파업 · 태업 · 직장폐쇄 기타 노동관계 당사자가 그 주장을 관철할 목적으로 행하는 행위와 이에 대항하는 행위로서 업무의 정상적인 운영을 저해하는 행위를 말한다."라고 정의되어 있다.

166) 준법투쟁이 쟁의행위인가에 대해서는 학설이 나뉜다. 준법투쟁이 노동조합의 주장을 관철할 목적으로 행해지는 한 쟁의행위의 요건에 해당하는 것은 명확하지만, 문제는 준법투쟁이 과연 업무의 '정상적인 운영을 저해하는 것' 에 해당하는가의 여부이다. 즉, 법령, 단체협약, 취업규칙 등의 준수로 능률의 저하가 있을 때 그러한 준수가 업무의 정상적인 운영을 저해하는 행동인가 하는 것이다. 이에 대하여 정상적인 업무란 법령, 단체협약, 취업규칙을 준수하는 업무를 말하므로 비정상적인 업무가 관행화되어 있다 해도 이는 법률상 정상적인 행위가 아니므로 준법행위는 정상적인 업무의 방해가 아니며 쟁의행위가 될 수 없다는 입장이 있다. 반면, 업무의 정상적인 운영이란 반드시 법령 등에 의해 적법해야 하는 것을 의미하지 않고 평소의 운영을 의미하므로 준법투쟁으로서의 행위는 쟁의행위의 한 유형으로 보아야 한다는 견해도 있다.

서는 어떠한 보호도 할 수 없다는 문제점이 생긴다.

이에 따라 준법투쟁에 대해서도 일정한 제한이 가하여 진다. 노동관계 법령은 준법투쟁에 관하여 명시적인 규정을 두고 있지는 않지만, 학계 통설 · 법원 판례 · 고용노동부 행정해석 모두 근로자들이 통상적 · 관행적으로 해 온 업무를 집단적으로 거부하는 형태의 준법투쟁은 쟁의행위라고 보고 있다.[167] 고용노동부의 지침도 법령 · 단체협약 · 취업규칙 · 안전수칙 등을 평소와 달리 엄격하게 준수함으로써 업무의 평상적인 운영을 저해하는 행위를 쟁의행위로 본다.[168]

준법투쟁이 쟁의행위에 해당하는 경우에는 일반적인 쟁의행위와 마찬가지로 노동조합 및 노동관계조정법(이하, '노동조합법')상 쟁의행위에 대한 정당성 요건을 갖추어야 한다.[169] 쟁의행위에 해당하는 준법투쟁이 주체, 수단, 목적, 시기, 절차상의 정당성이 인정되지 않는다면, 해당 준법투쟁은 노동조합법상 정당상 요건을 갖추지 않은 '불법행위'에 해당한다.[170]

---

167) 준법투쟁의 대상행위가 적법인지 위법인지는 불문한다.

168) 고용노동부, 『집단적노사관계 업무매뉴얼』, 2013, 196면.

169) 대법원 1991. 1. 23. 선고 90도2852 판결; 대법원 1996. 7. 30. 선고 95누7765 판결.

170) 대부분의 경우 쟁의행위를 '정당한 쟁의행위'와 '정당하지 않은 쟁의행위'로 구분하여 설명한다. 그와 같은 용어 사용을 기화로 마치 '정당하지 않은 쟁의행위'도 법적으로 보호를 해 주어야 하는 것이 아니냐는 주장도 상당수 제기된다. 그러나 노동조합법이 상정하고 있는 쟁의행위는 같은 법의 규정에 따른 정당성을 갖춘 근로자들의 단체행동이기 때문에 노동조합법상 정당성 요건을 갖추지 못한 근로자들의 단체행동은 '정당하지 않은 쟁의행위'가 아니라 '불법행위'라고 보아야 한다. 근로자들의 단체행동은 노동조합법상 정당성 요건을 갖춘 '쟁의행위'와 그렇지 않은 '불법행위'로 명확히 구분하여야 한다고 본다. 그러하기 때문에 전자는 법적 보호를 받는 반면, 후자가 법적 보호를 받을 수 없다는 점에는 이론의 여지가 없는 것이다.

집단적 연장근로 거부의 정당성 여부

상기 준법투쟁에 대한 논의를 전제로 할 때, 근로자들이 통상적 · 관행적으로 해 왔던 연장근로를 집단적으로 거부하는 행위는 쟁의행위에 해당하므로 노동조합법상 쟁의행위에 대한 정당성 요건을 갖추어야만 적법한 행위가 될 수 있다.

법원 판례는 단체협약 · 취업규칙 등에 의해 사유발생일마다 실시하는 연장근로를 거부하는 경우,[171] 단체협약 · 취업규칙 등에 규정된 출 · 퇴근시간을 필요 이상으로 엄격히 준수하는 경우,[172] 근로계약 및 사실상 관행으로 이루어지고 있는 연장근로 · 휴일근로 등을 거부하는 경우[173]에서의 준법투쟁을 쟁의행위라고 판단하였다.[174]

하지만 관행적으로 실시해 왔던 연장근로라고 하더라도, 그 연장근로가 법정한도(근로기준법 제53조 제1항에 따른 1주 12시간의 연장근로 한도)를 초과하는 등 강행법규를 명백히 위반한 것이었다면 해당 연장근로를 거부하는 근로자들의 집단적인 행동을 쟁의행위라고는 볼 수 없다는 점을 유의할 필요가 있다.[175]

상기 사례에서 노동조합은 회사의 임금피크제 도입을 반대할 목적으로 그 동안 실시해 왔던 연장근로를 집단적으로 거부하는 방식의 실력행사를 하고 있다. 법원 판례의 입장을 고려했을 때 그 동안 실시해왔던 연장근로가 근로기준법상의 법정한도를 초과하는 등의 강행법규 위반사항이 아닌 이상, 해당 집단적 연장근로 거부행위는 쟁의행위에 해당하는 것으로

---

171) 대법원 1996. 2. 27. 선고 95도2970 판결.
172) 대법원 1991. 7. 9. 선고 91도1051 판결.
173) 대법원 1996. 5. 10. 선고 96도419 판결.
174) 하갑래, 『집단적노동관계법(제3판)』, ㈜중앙경제, 2013, 524면.
175) 협력 68140-208, 1997. 5. 29.

판단된다.

따라서 노동조합이 연장근로 거부행위를 정당한 쟁의행위로 실시하기 위해서는 노동조합법이 규정하고 있는 쟁의행위의 정당성에 관한 제반 요건을 갖추어야 한다.[176)] 회사는 노동조합의 집단적 연장근로 거부행위가 명백한 불법행위에 해당함을 전사적으로 주지시키고, 근로자들에게 수출납기일을 맞추기 위한 연장근로에 참여해 줄 것을 독려할 필요가 있다.[177)]

---

176) 예를 들어, 노동조합이 쟁의행위인 연장근로 거부행위를 실시하는데 있어 노동조합법 제45조 소정의 조정전치주의(調整前置主義)에 따라 조정절차를 거치지 아니하였거나 동법 제41조에 따른 조합원 찬반투표를 거치지 않았다면 쟁의행위의 정당성이 인정되지 않을 것이다.

177) 연장근로 거부와 유사한 사례로 주로 사무직 · 영업직 근로자들이 회사의 중요한 행사기간(영업전략회의 등)에 집단적으로 연차휴가를 신청(사용)하는 경우가 있다. 그에 대해서 법원 판례와 고용노동부 행정해석은 연차휴가의 사용의도가 업무의 정상적인 운영을 저해함으로써 그 주장을 관철할 목적이라면 그것을 쟁의행위로 보고 있다는 점도 참고할 필요가 있다(대법원 1992. 3. 13. 선고 91누10473 판결; 대법원 1993. 4. 23. 선고 92다3494 판결).

31

단체교섭의 대상

"경영사항도 노동조합과 단체교섭을 해야 하나요?"

상담사례(Question)

저희 회사는 최근 경영진단 컨설팅 결과를 토대로 향후 수익성 개선이 어려울 것으로 판단되는 사업부문을 통 · 폐합하기로 결정하였습니다. 해당 부문 직원들의 부서 및 근무지 조정 등은 향후 그 직원들과의 개별적인 협의를 통해서 진행할 계획이며, 정리해고 및 근로조건의 변경은 별도로 고려하고 있지 않습니다. 그런데 노동조합이 이와 같은 사업부문의 통 · 폐합 실시를 반대한다는 공식 입장을 표명하고, 사업부문의 통 · 폐합은 직원들의 근로조건과 밀접한 관련이 있으므로 단체교섭을 실시할 것을 요구해 왔습니다. 이러한 경우 사업부문의 통 · 폐합에 관한 사항에 대하여 노동조합과 단체교섭을 실시해야 할 법적 의무가 있는 것인지 문의를 드립니다.

정리해고, 구조조정, 사업의 인수 · 합병 · 양도, 휴 · 폐업, 사업의 축소 · 확대, 경영진의 임면, 생산 · 판매, 업무의 기계화 · 자동화, 사업장의 이전, 업무의 외주화 · 용역화 등과 같은 경영사항(이하, '경영사항')은 사용자의 고유한 경영권에 속한다. 한편, 그와 같은 경영사항은 결과적으로 근로자의 근로조건에 중대한 영향을 미칠 수 있다는 점에서 그 내용을 단체교섭의 대상으로 보아야 한다는 주장이 제기된다.[178] 그런데 대부분의 노동법 교과서에서는 일반적으로 경영사항도 단체교섭의 대상이 될 수 있다는 논지를 취하고 있어 인사실무상 혼선이 발생할 수 있다.

경영사항의 법적 근거 : 경영권

경영사항은 경영권의 본질적인 내용에 속하며, 기업(사용자)이 경영사항을 결정하고 실시할 수 있는 배타적인 권리는 경영권을 법적 근거로 한다.

헌법 제23조 제1항 및 동법 제119조 제1항이 보장하고 있는 재산권과 자유롭고 창의적인 경제활동의 실현을 위해서는 기업의 자유로운 의사결정이 반드시 전제되어야 하므로 경영권은 제3자에 의해서 침해되어서는 안 되는 사용자의 실체적 권리로 볼 수 있다.[179]

대법원 판례[180]도 '경영주체의 경영권' 또는 '사용자의 경영권'이라는

178) 이는 종국적으로 쟁의행위의 정당성 문제로 연결된다는 점에서 노사관계에 있어 중요한 쟁점이 된다. 쟁의행위가 정당하기 위해서는 그 목적이 근로조건의 향상을 위한 노사간의 자치적 교섭을 조성하기 위한 것이어야 한다. 즉, 쟁의행위에 의하여 달성하려는 요구사항은 단체교섭사항이 될 수 있는 것이어야 한다. 법원 판례의 일관된 입장에 의하면, 정리해고, 민영화 등 구조조정의 실시 여부는 원칙적으로 교섭사항이 될 수 없고, 구조조정의 실시가 긴박한 경영상의 필요나 합리적인 이유 없이 불순한 의도로 추진되는 등의 특별한 사정이 없는 한 실질적으로 구조조정의 실시를 반대하기 위한 쟁의행위는 그 목적의 정당성이 인정되지 않는다고 본다(대법원 2006. 5. 12. 선고 2002도3450 판결 등).

179) 김형배, 『노동법(제21판)』, 박영사, 2012, 189면. 한편, '경영권'이라는 용어가 소유권 내지 영업권의 일환으로 관행적으로 사용되어 온 점은 부정할 수 없지만, 이는 사실적 개념으로서 실정법상의 권리가 아니라는 반대 견해가 있다(김유성, 『노동법(Ⅱ)』, 법문사, 1996, 137면).

180) 대법원 2003. 7. 22. 선고 2002도7225 판결; 대법원 2003. 11. 13. 선고 2003도687

용어를 사용하면서, "모든 기업은 그가 선택한 사업 또는 영업을 자유롭게 경영하고 이를 위한 의사결정의 자유를 가지며, 사업 또는 영업을 변경(확장, 축소, 전환)하거나 처분(폐지, 양도)할 수 있는 자유를 가지고 있고, 이는 헌법에 의하여 보장되고 있는 것이다. 이를 통틀어 경영권이라고 부를 수 있다."라고 하여, 경영권을 기업(사용자)의 고유한 권리로 인정하고 있다.

경영사항의 단체교섭 대상성

경영사항이 기업(사용자)의 경영권에 근거하는 것이라고 할지라도 근로자의 근로조건(근로관계)과 관련이 있을 경우, 단체교섭의 대상이 될 수 있는지 여부가 문제된다.

학설은 ① 기업의 영업목적을 실현하기 위한 핵심적 사항, 경제상의 창의와 투자에 관한 사항, 기업의 존립에 관한 사항, 기업 조직의 변경, 기업 재산의 취득 · 관리 · 처분에 관한 사항은 헌법 제23조 제1항, 제119조 제1항에 기초한 경영권이 지배하는 (경영)사항으로서 단체교섭의 대상이 될 수 없다는 견해(부정설),[181] ② 경영사항이라도 그것이 근로조건(고용의 계속도 포함)과 밀접한 관계가 있는 경우에는 단체교섭의 대상이 되지만 근로조건과 무관한 경우에는 임의적 교섭사항이 될 뿐이라는 견해(제한적 긍정설),[182] ③ 근로조건과의 관련성 자체에 다툼이 있는 경우에도 그러한 의견의 불일치 자체가 노동쟁의(노동조합 및 노동관계조정법 제2조 제5호)의 대상이 되는 주장의 불일치로 보아야 할 것이므로 경영상의 결정 그 자체에 대한 간섭보다는 그로 인한 근로조건의 변화에 대한 대응을 목적

판결; 대법원 2003. 12. 11. 선고 2001도3429 판결 등.

181) 김형배, 『노동법(제21판)』, 박영사, 2012, 189~190면.

182) 임종률, 『노동법(제10판)』, 박영사, 2012, 129면.

으로 하는 경우에는 경영사항도 단체교섭의 대상이 될 수 있다고 보는 견해(긍정설)[183]가 대립하고 있다.

대법원 판례는 시설관리사업부를 폐지시키기로 한 회사의 결정 자체는 단체교섭의 대상이 될 수 없다고 판시한 이후,[184] "근로자들의 지위나 근로조건의 변경이 필연적으로 수반된다고 하더라도 ··· 기업의 구조조정의 실시 여부는 경영주체에 의한 고도의 경영상 결단에 속하는 사항으로서 이는 원칙적으로 단체교섭의 대상이 될 수 없고, 그것이 긴박한 경영상의 필요나 합리적인 이유 없이 불순한 의도로 추진되는 등의 특별한 사정이 없는 한 노동조합이 그 실시를 반대하기 위하여 벌이는 쟁의행위에는 목적의 정당성을 인정할 수 없다."[185]라고 하여 원칙적으로 경영사항의 단체교섭 대상성을 인정하지 않는 입장을 일관되게 유지하고 있다.[186]

---

183) 김유성, 『노동법(Ⅱ)』, 법문사, 1996, 223면.

184) 회사가 그 산하 시설관리사업부를 폐지시키기로 결정한 것은 적자가 누적되고 시설관리계약이 감소할 뿐 아니라 계열사와의 재계약조차 인건비 상승으로 인한 경쟁력 약화로 불가능해짐에 따라 불가피하게 취해진 조치로서 이는 경영주체의 경영의사 결정에 의한 경영조직의 변경에 해당하여 그 폐지 결정 자체는 단체교섭사항이 될 수 없다. 노동조합이 시설관리사업부 폐지 자체의 백지화만을 고집하면서 그 폐지에 따른 근로자의 배치전환 등 근로조건의 변경에 관하여 교섭하자는 회사의 요청을 전적으로 거부하고 폐지 백지화 주장을 관철시킬 목적으로 쟁의행위에 나아갔다면 그 쟁의행위는 그 목적에 있어 정당하지 아니하다(대법원 1994. 3. 25. 선고 93다30242 판결).

185) 대법원 2002. 2. 26. 선고 99도5380 판결; 대법원 2003. 12. 11. 선고 2001도3429 판결; 대법원 2003. 2. 11. 선고 2000도4169 판결; 대법원 2003. 7. 22. 선고 2002도7225 판결 등(주로 기업의 구조조정 실시를 반대하기 위한 쟁의행위의 정당성이 문제된 판결에 해당한다).

186) 특히, 대법원 2003. 7. 22. 선고 2002도7225 판결은 "(경영사항이 단체교섭의 대상이 되지 않는다고) 해석할 경우 우선은 기업에 소속된 근로자들의 노동3권이 제한되는 것은 사실이나 이는 과도적인 현상에 불과하고, 기업이 경쟁력을 회복하고 투자가 일어나면 더 많은 고용이 창출되고 근로자의 지위가 향상될 수 있으므로 거시적으로 보면 이러한 해석이 오히려 전체 근로자들에게 이익이 되고 국가경제를 발전시키는 길이 된다. 뿐만 아니라 근로기준법 제31조(현행 제24조)는 구조조정 등으로 인한 정리해고에 관

고용노동부 행정해석은 경영사항일지라도 근로자의 근로조건에 직접적으로 관련되거나 중대한 영향을 미치는 경우에는 그로 인한 해고의 기준,[187] 배치전환 기준 및 이사비용[188], 고용안정 문제,[189] 교대 근무자의 근무형태 변경[190] 등은 단체교섭의 대상이 될 수 있다고 본 사례가 있다. 그러나 기업의 설비 변경,[191] 공장부지 매입,[192] 인건비 절감을 위한 용역화(도급화),[193] M&A의 실시,[194] 점포 신설 · 부서 통폐합 · 외국인 임직원 축소 · 내국인 비율 확대[195] 등과 같은 경영사항은 단체교섭의 대상이 될 수 없다고 보는 사례도 있다. 워낙 사실관계가 다양한 고용노동부의 행정해석의 입장을 명백하게 구분하여 평가하는 것은 어려운 일이지만, 주로 2000년대 이후에는 그 이전에 비해 경영사항은 단체교섭의 대상이 되지 않는다고 보는 경향이 더 높은 것으로 판단된다.[196]

하여 그 요건을 엄격하게 규정하고 있고, 근로자들과의 사전협의를 필수적인 절차로 규정하고 있으며, 그 효력에 대하여는 사법심사의 길이 열려 있다. 또한, 근로자참여 및 협력증진에 관한 법률은 경영사항을 포함한 광범위한 영역에서 노 · 사가 협의하도록 제도화하고 있다. 이러한 사정을 종합하여 보면 위와 같은 해석이 결코 노동3권의 본질적인 내용을 침해하거나 헌법 및 노동관계법의 체계에 반하는 해석이라 할 수 없다."라고 판시하여 구조조정 실시에 관한 경영사항을 단체교섭의 대상으로 인정할 수 없는 근거를 구체적으로 제시하고 있다는 점을 주목할 수 있다.

187) 노조 01254-663, 1992. 7. 21.
188) 협력 68140-151, 1997. 4. 19.
189) 노조 68107-900, 2002. 12. 2.
190) 노조 68107-638, 2002. 7. 29.
191) 노조 68107-429, 2001. 4. 10.
192) 노동조합과-2906, 2004. 10. 7.
193) 노사관계법제팀-774, 2006. 3. 22.
194) 노사관계법제팀-412, 2008. 1. 30.
195) 노사관계법제팀-3855, 2006. 12. 26.
196) 아무래도 경영사항의 단체교섭 대상성을 원칙적으로 인정하지 않는 2002년 이후 대법원 판례의 전반적인 흐름이 고용노동부의 행정해석에도 영향을 미치고 있는 것은 아닌가 생각된다.

인사실무적 판단

오랫동안 노동법 교과서나 법원 판례들을 통해서 다루어져 왔음에도 불구하고 여전히 해당 쟁점에 대한 법적 판단이 분명하지 않은 주제들이 있다. 그 중 하나가 바로 "경영사항도 단체교섭의 대상이 되는가?"라는 주제이다. 이 주제에 대한 노동계, 경영계, 학계, 법원 판례, 고용노동부 행정해석의 입장이 일치되지 않다 보니 일선 현장의 노사 간 단체교섭 과정에서 상이한 법의 해석과 갈등이 많이 발생한다.

문제는 "경영사항이 근로조건과 밀접한 관련이 있는 경우에는 단체교섭의 대상이 될 수 있다."라는 논의가 다소 일반화되어 있는 경향이 있어, 정작 경영사항의 단체교섭 대상성을 인정하지 않는 대법원 판례의 입장이 분명하게 인식되지 않고 있다는 점이다.

경영사항은 헌법이 보장하는 경영권에 기반한 것으로 기업(사용자)은 경영사항을 자유롭게 결정하고 시행할 권리가 있으므로 경영사항이 비록 근로조건에 영향을 준다고 하더라도 그 이유가 합리적이고 특별히 사용자의 불순한 목적이 없는 이상 단체교섭의 대상이 되지 않는다는 것이 대법원의 원칙적인 입장임을 다시 한 번 상기할 필요가 있다.

상기 사례에서 회사가 사업부문을 통 · 폐합 하기로 결정한 것 자체는 고유한 경영권에 근거한 경영사항에 해당하며, 그와 같은 경영사항은 원칙적으로 단체교섭의 대상이 될 수 없다.[197] 다만, 그와 같은 판단을 위해서는 사업부문 통 · 폐합에 있어서 경영상의 필요나 합리적인 이유가 분명

---

197) 근로자 및 노동조합과의 원활한 의사소통을 위해 회사 스스로 경영사항을 단체교섭의 대상으로 상정하는 것 자체까지 부정되는 것은 아니다. 그러나 경영사항에 관련되는 범위가 무척 광범위하기 때문에 일부 경영사항을 단체교섭의 대상으로 인정할 경우, 그것을 선례로 하여 불필요한 경우까지 단체교섭의 대상이 지나치게 확대될 수 있는 우려가 존재한다. 따라서 경영사항을 단체교섭 대상으로 인정하는 것에 대해서는 상당한 주의를 요한다.

히 전제되어 있어야 할 것이다.

단체교섭의 문제와는 별도로 근로자참여 및 협력증진에 관한 법률 제20조(협의사항) 제6호 경영상 또는 기술상의 사정으로 인한 인력의 배치전환 · 재훈련 · 해고 등 고용조정의 일반원칙, 같은 법 제22조(보고사항) 제1항 제1호 경영계획 전반 및 실적에 관한 사항 및 같은 조 제3호 인력계획에 관한 사항을 고려할 때, 사업부문 통 · 폐합에 관한 경영사항의 내용을 노사협의회 차원에서 충분하게 논의하는 과정을 거치는 것이 합리적인 노사관계를 위해서 바람직하다.

32

시설관리권

“산별노조 간부는 회사에 자유롭게 출입할 수 있나요?”

상담사례(Question)

현재 저희 회사의 사내하청 직원들은 전국 단위 산업별 노동조합의 비정규직지회에 가입되어 있습니다. 최근 사내하청 직원들이 회사를 상대로 단체교섭을 요구하는 가운데, 해당 산업별 노동조합의 간부 3명이 단체교섭 지도 및 수행을 위해 사업장에 출입을 시도하였습니다. 회사는 해당 산업별 노동조합 간부들은 회사와 고용관계 등 별다른 연관이 없다는 이유에서 출입을 허용하지 않았습니다. 그러자 산업별 노동조합은 회사가 정당한 노동3권의 행사를 방해한 것이므로 부당노동행위라고 주장하고 있습니다. 이와 같은 경우에 회사가 산업별 노동조합 간부의 출입을 금지하는 것이 법적으로 문제가 되는지 문의를 드립니다.

최근 사내하청과 같은 비정규직 근로자들이 산업별 노동조합(이하, ‘산별노조’)에 가입하는 형태가 증가하면서 회사와 직접적 연관이 없는 산별노조 간부의 사업장 출입과 사업장 내 조합활동[198]을 회사가 시설관리권

198) 산별노조 체제에서 산별노조 간부들은 사업장 내의 고충처리, 회의, 집회, 유인물 배

을 행사하여 금지할 수 있는지 여부가 종종 문제되고 있다.

이는 사업장 내에서 헌법 제23조[199]가 보장하는 시설관리권을 행사하려는 사용자의 입장과 헌법 제33조가 보장하는 노동3권을 실현하려는 산별노조의 입장이 충돌하는 사례다.

사용자의 시설관리권은 "사용자가 사업수행을 위하여 갖추고 있는 물적 시설·설비를 사업목적에 따라 사용할 수 있도록 적절히 관리하거나 그에 수반되는 필요한 조치를 취할 수 있는 권한"을 말한다.[200] 시설관리권은 헌법 제23조가 보장하고 있는 기본권인 재산권에서 파생하는 것으로 어떠한 목적에서도 그 본질적인 내용은 침해할 수는 없다. 다만, 사용자는 공공복리에 적합하도록 시설관리권을 행사하여야 한다.[201]

시설관리권과 노동3권의 충돌 시 해결원리

기본권이 충돌하는 문제는 기본권 사이에 우열을 인정하는 방법보다는 기본권을 합리적으로 조화시켜 양자의 기능과 효력이 모두 발휘될 수 있도록 하는 규범조화적 해석이 일반적인 해결원리로 활용된다.[202]

포, 조합원 교육 등 각 기업 단위에서 현장조직과 연계된 조합업무를 수행하며, 단체교섭, 쟁의행위 등에 있어서 산별노조의 담당자로 활동한다는 점에서 산별노조에 가입한 사업장에 대한 출입이 필요(요구)하게 된다.

199) 헌법 제23조(재산권의 보장과 제한) ① 모든 국민의 재산권은 보장된다. 그 내용과 한계는 법률로 정한다. ② 재산권의 행사는 공공복리에 적합하도록 하여야 한다. ③ 공공필요에 의한 재산권의 수용(收用)·사용(使用) 또는 제한(制限) 및 그에 대한 보상(補償)은 법률로써 하되, 정당(正當)한 보상을 지급하여야 한다.

200) 서울고등법원 1992. 1. 17. 선고 90구14449 판결.

201) 김철수, 『헌법개설(제13판)』, 박영사, 2013, 169~170면.

202) 생명권과 같이 다른 기본권에 비하여 절대적으로 우위를 갖는 기본권은 많지 않기 때문이다(김남근, "산별노조 간부의 기업 내 활동범위", 『노동법포럼(제3호)』, 노동법이론실무학회, 2009, 184~185면).

법원 판례[203]도 규범조화적 해석 방법을 원용하여 노동조합의 활동은 사용자의 시설관리권에 바탕을 둔 사용자의 합리적인 규율이나 제약에 따라야 하지만, 이 때의 '시설'은 사용자의 사업수행의 장소일 뿐 아니라 조합활동의 장소가 될 수밖에 없는 이중적 기능을 하게 되고, 특히 사업장 내의 근무장소는 근로자들이 자연스럽게 모여 근로조건이나 노동조합에 대한 정보와 의견을 나눌 수 있는 유일한 장소임을 감안할 때, 기업에 대한 시설관리권을 가지고 있는 사용자라 하더라도 근로자들이 사내에서 노동조합에 대한 정보를 전달하거나 그에 대한 의견을 나누는 등 일체의 조합 관련 활동을 금지하는 것은 근로자들의 노동3권을 침해하는 것이라는 입장에 있다.

요컨대, 시설관리권을 행사한다는 이유만으로 회사가 사업장 내에서의 노동조합의 활동을 전면적 · 배타적으로 금지하는 것은 노동3권의 본질적인 내용을 침해하는 것으로서 허용되지 않는다. 다만, 이와 같은 판단은 사용자와 근로계약을 체결한 근로자들로 조직된 노동조합의 활동에 대한 기본적 사안에 적용될 수 있는 것이므로 사용자와 직접적으로 근로계약을 체결하지 않은 산별노조의 간부가 사업장에 출입하는 경우에도 이러한 해석방법이 동일하게 적용될 수 있는지 여부에 대해서는 별도의 판단이 필요하다.

산별노조 간부의 사업장 출입제한의 문제

이 문제에 관해서는 2009년 서울중앙지방법원에서 첫 결정[204]이 내려졌다.[205] 해당 결정은 회사의 근로자가 아닌 산별노조 간부가 사업장에 출

203) 대법원 1990. 5. 15. 선고 90도357 판결.

204) 서울중앙지법 2009. 7. 1.자 2009카합483 업무방해금지가처분 결정.

205) 참고로 법원 내지 재판기관이 행하는 판단행위나 의사표시를 널리 '재판(裁判)'이라고

입하는 것을 "회사 시설과 영업비밀을 보호해야 한다."라는 등의 이유로 회사가 금지하였고, 이에 산별노조가 법원에 "조합원의 출입을 막지 말라."라며 업무방해금지 가처분 신청을 낸 사안에 대한 것이다.

법원은 "사용자는 자기 사업장의 시설 및 영업비밀 등을 보호하기 위하여 필요한 권리 및 통제조치를 취할 권리가 있다. 따라서 노동조합 조합원들이 사업장에 출입할 권리는 정당한 조합활동을 위하여 필요하고 상당한 범위로 장소적인 제한이 가해질 수 있다. 이 사건의 경우처럼 해당 사업장의 근로자들이 따로 노동조합을 결성하지 아니하고 여러 기업의 근로자가 혼재된 산별노조의 조합원으로 직접 가입할 경우에는 개별 사업장에 출입할 수 있는 조합원의 인적 범위와 출입 목적 역시 정당한 노동조합 활동을 위한 범위로 한정된다고 할 것이다."라고 하여 일반적인 법리를 제시한 뒤, 해당 사업장의 사용자와 아무런 고용관계가 없는 산별노조(상급단체 노조) 간부에게는 일상적인 조합활동을 지원하기 위하여 사업장을 임의로 출입할 권리가 인정되지 않는다고 결론을 내렸다.

다만, ① 산별노조의 간부가 해당 사업장의 단체교섭을 위한 교섭위원으로 선정되었는데 단체교섭 장소가 사업장 내로 결정된 경우, ② 산별노조와 관련된 선거로 인해 산별노조의 간부가 부득이 사업장에 출입해야

하며, 재판에는 판결, 결정, 명령 등이 있다. 이들은 재판의 대상, 주체, 심리방식, 불복신청방법 등에서 차이가 있다. 첫째, 판결이란 각 심급(1심, 2심, 3심) 재판에서 재판을 마무리하는 의미로 법원이 변론을 통해 최종적으로 내리는 결론을 의미한다. 판결에 대한 불복수단은 항소(2심)와 상고(3심)로 구분한다. 둘째, 결정은 판결과 달리 변론을 열 필요가 없으며 소송 중에 절차와 관련된 재판, 비교적 가벼운 사항에 관한 재판의 결론을 의미한다. 가압류와 가처분 결정을 예로 들 수 있다. 결정에 대한 불복방법은 항고이다. 셋째, 명령이란 결정과 같이 비교적 가벼운 사안이나 절차를 재판하는 방식으로 재판장 또는 수명법관(재판장의 명을 받아 소송을 진행하는 판사)의 결론을 의미한다. 예를 들면, 기일변경명령, 보정명령 등이 있다. 일반인들이 판결, 결정, 명령의 법률용어 차이점을 쉽게 구분하기란 어렵고, 통상 '판례'라고 통칭하여 부르는 것이 일상적인 모습이다.

하는 경우, ③ 단체협약에 산별노조 간부들의 사업장 출입이 보장되어 있는 등의 특별한 사정이 있는 경우에는 산별노조 간부도 사업장에 출입할 수 있는 권리가 인정될 수 있다고 판시하였다.

이에 대한 명확한 대법원의 판례는 아직까지 없지만, 기본권 충돌 시 규범조화적 해석 방법에 비추어 보았을 때 단체교섭 수행이나 단체협약상 출입허용 규정이 있는 등의 특별한 사정이 없는 이상 회사와 고용관계가 없는 산별노조 간부의 출입을 금지하는 것은 사용자의 정당한 시설관리권의 행사로서 부당노동행위가 성립하지 않는다고 보는 것이 타당하다.

상기 사례에서 산별노조 간부는 단체교섭의 지도와 수행이라는 점을 이유로 사업장 출입을 요구하고 있지만, 아직까지 회사와 직접적인 고용관계에 있지 않는 사내하청 근로자와의 단체교섭을 긍정한 사례가 없을 뿐만 아니라 별도로 산별노조 간부의 출입을 허용하는 규정(약정)이나 관행[206)]도 있다고 보이지 않기 때문에 회사가 산별노조 간부의 출입을 금지하는 것은 정당한 시설관리권의 행사로 인정될 수 있을 것이다.[207)]

---

206) 고용노동부의 행정해석도 유사한 사례에서 "사용자는 당해 사업장의 근로자가 아닌 자에 대해서는 단체협약 등에 근거가 있거나 예외적으로 승인하는 경우를 제외하고는 시설관리권에 기하여 그 출입을 제한할 수 있다."라는 입장을 밝히고 있다(2011. 8. 24. 노사관계법제과-1606).

207) 참고로 ① 회사의 사전 승인이 없음에도 불구하고 산별노조 간부가 무단으로 사업장에 출입하는 것은 형법 제319조 제1항의 건조물 침입죄, ② 회사의 퇴거요구에도 불구하고 이에 응하지 않은 경우에는 동조 제2항의 퇴거불응죄가 성립될 수 있다.

33

노동조합의 불법행위책임

"노조 간부의 불법행위로 인한 책임을 노동조합에게도 물을 수 있나요?"

상담사례(Question)

회사의 노동조합 위원장 및 핵심 간부 2명이 구조조정 계획 철회를 요구하면서 회사의 주요 매장에서 기습적으로 플래카드, 대자보를 붙이고 구호를 외치는 등 쟁의행위를 실시하였습니다. 노동조합은 이러한 쟁의행위를 실시함에 있어 조합원 찬반투표 등 어떠한 절차도 거치지 않았습니다.

그런데 5일간의 일방적인 쟁의행위로 인하여 해당 매장들의 매출이 상당히 감소하는 손해가 발생하였습니다. 회사는 향후 구조조정의 실시에 대해서는 노동조합과 성실히 협의하겠지만, 금번 쟁의행위로 발생한 손해에 대해서는 원칙적으로 대응하려고 합니다. 이러한 경우 노동조합 위원장 및 일부 간부들이 주도한 정당하지 않은 쟁의행위로 인한 책임을 노동조합에게도 물을 수 있는 것인지 문의를 드립니다.

정당하지 않은 쟁의행위에 대한 책임

노동조합 및 노동관계조정법(이하, '노동조합법') 제3조는 "사용자는 이 법에 의한 단체교섭 또는 쟁의행위로 인하여 손해를 입은 경우에 노동조합 또는 근로자에 대하여 그 배상을 청구할 수 없다."라고 하여 정당한 쟁의행위에 대한 민사책임을 면제하고 있다. 사용자는 정당성이 인정되지 않는 쟁의행위로 인하여 손해를 입은 경우에만 '노동조합 또는 근로자'에 대하여 손해배상청구를 할 수 있다.

그런데 손해배상책임을 지는 주체가 '노동조합 또는 근로자'로 되어 있지만, 실제로 쟁의행위를 하는 주체는 사람(자연인)인 근로자라는 점에서 근로자가 정당하지 않은 쟁의행위로 사용자에게 손해를 가했을 경우 그 책임을 그 근로자에게 물어야 하는지 아니면 그 노동조합에 물어야 하는지가 문제된다.

통설적인 견해[208]와 법원 판례는 이에 대하여 민법의 법인이론을 근거로 근로자가 정당하지 않은 쟁의행위를 한 경우, 그 근로자와 노동조합이 함께 손해배상책임을 진다는 입장(법인이론 근거설)을 취하고 있다.[209]

법인의 불법행위책임

민법 제35조 제1항은 "법인은 이사 기타 대표자가 그 직무에 관하여 타인에게 가한 손해를 배상할 책임이 있다. 이사 기타 대표자는 이로 인하여 자기의 손해배상책임을 면하지 못한다."라고 규정하여 법인 대표기관의 직무에 관한 불법행위에 대해서 법인에게 법적 책임이 있다고 보고 있다. 따라서 법인의 대표기관이 업무과정상 타인에게 손해를 가했을 때에는 법인이 그 불법행위에 대한 법적 책임을 부담한다.

---

208) 김형배, 『노동법(제21판)』, 박영사, 2012, 993면.

209) 이에 대해서 쟁의행위는 노동조합의 통일적 의사에 기하여 집단적으로 행하여지므로 조합원과 노동조합 모두 업무의 정상적인 운영을 저해한 것에 대하여 불법행위를 진다는 견해(집단적 행위 근거설)도 있다(이병태, 『최신 노동법』, 중앙경제, 2005, 383면). 법인이론 근거설과 집단적 행위 근거설은 이론 구성의 차이만 있을 뿐 그 결론은 동일하다.

법인의 불법행위가 성립하기 위해서는 3가지 요건이 필요하다. ① 법인이 불법행위책임을 지는 것은 '이사 기타 대표자'의 불법행위에 대한 것이다. 법인의 대표기관이 아닌 기관, 예컨대 사원총회나 감사의 행위는 법인의 불법행위로 인정되지 않는다.[210)] ② 법인의 대표기관이 그 직무에 관해 행한 행위에 대해서만 법인이 불법행위책임을 진다. 직무에 관한 행위는 설사 그것이 대표자 개인의 사리를 도모하기 위한 것이었거나 혹은 법령의 규정에 위반된 것이었다 하더라도 행위의 외형을 기준으로 객관적으로 직무 관련성을 판단하여야 한다.[211)] ③ 법인 대표기관의 불법행위는 민법 제750조[212)]가 규정하고 있는 불법행위의 요건이 충족되어야 한다. 즉, 대표기관 개인에게 책임능력이 있어야 하고, 고의 또는 과실이 있어야 하며, 가해행위가 위법하여야 하고, 피해자가 손해를 입어야 한다.

법인 대표기관의 불법행위로 법인의 불법행위가 성립하면, 법인은 피해자에게 그 손해를 배상해야 한다.[213)] 법인이 피해자에 대하여 손해를 배상하였다고 하여 법인 대표기관의 불법행위책임이 발생하지 않는 것은 아니

---

210) '대표자'에는 그 명칭이나 직위 여하 또는 대표자로 등기되었는지 여부를 불문하고 당해 법인을 실질적으로 운영하면서 법인을 사실상 대표하여 법인의 사무를 집행하는 사람을 포함한다. 법원 판례는 법인 등기부등본상 대표자의 권한을 모두 일임 받아 실질적으로 법인의 대표자로서 사무를 집행한 사람을 그 법인의 대표자라고 본다. 반대로 형식상 이사라고 하더라도 실질적으로 대표권이 없는 경우에는 그들의 행위로 인하여 법인의 불법행위가 성립하지 않는다(대법원 2005. 12. 23. 선고 2003다30159 판결).

211) 대법원 1990. 3. 23. 선고 89다카555 판결. 법인의 대표기관이 법인의 목적범위 외의 행위로 타인에게 손해를 가한 때에는 법인의 불법행위가 성립하지 않는다. 이 때에는 대표기관 자신만이 불법행위책임(민법 제750조)을 지되, 그 사항의 의결에 찬성하거나 또는 그 의결을 집행한 사원 · 이사 및 기타 대표자가 연대하여 배상하여야 한다(민법 제35조 제2항).

212) 고의 또는 과실로 인한 위법행위로 타인에게 손해를 가한 자는 그 손해를 배상할 책임이 있다.

213) 민법 제35조 제1항 1문.

다.[214] 그에 따라 피해자는 법인과 대표기관 개인에 대해 손해배상을 청구할 수 있다.[215] 만약 법인이 피해자에게 손해를 배상한 때에는 법인은 대표기관 개인에게 구상권을 행사할 수 있다.[216]

노동조합의 불법행위책임

법원 판례[217]는 "노동조합의 간부들이 정당하지 않은 쟁의행위를 주도(기획 · 지시 · 지도)한 경우에 그와 같은 간부들의 행위는 노동조합의 집행기관으로서의 행위라 할 것이므로 민법 제35조 제1항을 유추적용하여 노동조합은 정당하지 않은 쟁의행위로 인하여 사용자가 입은 손해를 배상할 책임이 있다."라고 하여 민법 제35조 제1항에서 규정하고 있는 법인의 불법행위책임에 관한 내용을 노동조합의 불법행위책임에 대해서도 사실상 동일하게 적용한다. 이에 따라 노동조합에서 대표성을 갖는 간부가 주도(기획 · 지시 · 지도)한 정당하지 않은 쟁의행위에 대해서 노동조합도 법적 책임을 진다.[218]

---

214) 민법 제35조 제1항 2문.

215) 이 양자의 채무는 민법상 '부진정연대채무(不眞正連帶債務)'로 해석된다. 부진정연대채무는 여러 명의 채무자가 동일한 내용의 채무에 관해 각각 독립해서 그 전부의 급부를 이행할 의무를 부담하기로 하고, 그 중 한 사람 또는 여러 사람이 급부를 하면 모든 채무자의 채무가 소멸하는 점은 연대채무와 같다. 그러나 채무자 사이에 주관적 관련성이 없으므로 그 중 한 사람에 대해 생긴 사유는 변제 등 채권의 목적을 달성하는 사유 이외에는 다른 채무자에게 영향을 미치지 않는다.

216) 민법 제65조(이사의 임무해태) 이사가 그 임무를 해태한 때에는 그 이사는 법인에 대하여 연대하여 손해배상의 책임이 있다.

217) 대법원 1994. 3. 25. 선고 93다32828 · 32835 판결.

218) 정당하지 않은 쟁의행위에 가담한 노동조합의 일반 조합원에게는 원칙적으로 불법행위책임이 발생하지 않는다. 다만, 근로자의 근로내용 및 공정의 특수성과 관련하여 그 노무를 정지할 때에 발생할 수 있는 위험 또는 손해 등을 예방하기 위하여 그가 노무를 정지할 때에 준수하여야 할 사항 등이 정하여져 있고, 근로자가 이를 준수함이 없이 노

상기 사례에서 노동조합 위원장 및 핵심 간부 2명은 회사의 경영권 사항인 구조조정 계획 철회를 목적으로 합법적인 절차를 생략하고 정당하지 않은 쟁의행위를 실시하였다. 노동조합의 불법행위책임에 대해서는 민법 제35조가 규정하고 있는 법인의 불법행위책임이 유추적용 되므로 노동조합 간부의 불법행위는 노동조합의 불법행위책임을 발생시킨다. 따라서 회사는 노동조합과 노동조합 위원장 및 핵심 간부에게 정당하지 않은 쟁의행위로 인해 발생한 손해의 배상을 청구할 수 있다.

정당한 쟁의행위에 대한 판단을 지나치게 보수적으로 내리는 법원의 경향과 노동조합 및 그 간부에게 과도한 손해배상책임을 가해 노동조합의 활동 자체를 압박하려는 사용자의 만행은 비판을 받아야 마땅하다. 다만, 정당하지 않은 쟁의행위에 대하여 노동조합 및 그 간부에게 손해배상책임을 부과할 수 있다는 점은 헌법과 노동조합법이 보장하고 있는 목적과 내용 안에서 정당하게 쟁의행위를 실행해야 한다는 의미로 다시 새길 필요가 있다.

무를 정지함으로써 그로 인하여 손해가 발생하였거나 확대되었다면, 그 근로자가 일반 조합원이라고 할지라도 그와 상당인과관계에 있는 손해를 배상할 책임이 있다(대법원 2006. 9. 22. 선고 2005다30610 판결).

34

지배 · 개입

"직원들에게 노동운동에 비판적인 책을 읽도록 하면 법적으로 문제가 되나요?"

상담사례(Question)

저희 회사는 매월 독서모임을 정기적으로 개최하여 직원들로 하여금 지정도서를 읽고 함께 토론하는 시간을 갖고 있습니다. 다음 달 지정도서는 우리나라 노동운동의 현상을 진단하고, 현 시점에서 노동운동이 나아가야 할 방향을 제시하는 책으로 선정했고, 직원들에게 미리 공지를 하였습니다. 그런데 지정도서가 공지되자, 노동조합은 직원들에게 지정도서를 읽게 하는 것은 부당노동행위에 해당하므로 지정도서를 바꾸어 달라고 요구해 왔습니다. 물론, 지정도서가 현재 노동운동의 문제점을 비판적으로 검토한 부분이 일부 있는 것은 사실이지만, 전체적인 맥락에서는 상생의 노사관계 실현 방향을 제안하고 있다고 생각합니다. 이러한 경우, 직원들에게 지정도서를 읽도록 하는 것 자체만으로도 정말 법적으로 문제가 되는 것인지 문의를 드립니다.

부당노동행위로서 지배 · 개입

노동조합 및 노동관계조정법(이하, '노동조합법') 제81조는 4가지 유형의 부당노동행위를 정하여 법으로 금지하고 있다. 노동조합법 제81조가

정하고 있는 부당노동행위의 유형은 불이익취급(제1호 · 제5호), 비열계약(제2호),[219] 단체교섭의 거부 · 해태(제3호), 지배 · 개입(제4호)이다. 노동조합법이 금지하는 부당노동행위를 한 사용자는 2년 이하의 징역 또는 2천만원 이하의 벌금에 처한다.[220]

그 중에서도 노동조합법 제81조 제4호는 "근로자가 노동조합을 조직 또는 운영하는 것을 지배하거나 이에 개입하는 행위와 노동조합 전임자에게 급여를 지원하거나 노동조합의 운영비를 원조하는 행위(이하, '지배 · 개입')"를 부당노동행위로서 금지하고 있다.

여기에서 '지배'라 함은 사용자가 노동조합의 조직 · 운영에 관하여 주도권을 가지고 그 의사결정을 좌우하는 것을 말하고, '개입'이라 함은 지배에는 이르지는 못하지만 사용자가 노동조합의 조직 · 운영에 간섭하여 그 의사결정에 영향력을 미치는 것을 말한다. 이 규정의 취지는 노동조합의 자주성과 독립성을 보호하고자 하는 것이며, 지배 · 개입은 간접적으로 노동3권의 행사를 침해하는 행위라고 해석된다.[221]

지배 · 개입의 판단에 있어서 중요한 점은 사용자의 지배 · 개입으로 인한 근로자나 노동조합의 실질적인 침해가 반드시 없다고 하더라도, 그러한 결과를 발생시킬 우려가 있는 정도면 지배 · 개입으로서 부당노동행위가 충분히 인정될 수 있다는 사실이다.[222]

---

219) 비열계약(卑劣契約)은 황견계약(yellow dog contract, 黃犬契約)이라고도 하는데 근로자가 노동조합에 가입하지 않을 것, 노동조합에서 탈퇴할 것, 특정한 노동조합의 조합원이 될 것을 고용조건으로 하는 근로계약을 말한다.

220) 노동조합법 제90조.

221) 이상윤, 『노동조합법(제6판)』, 법문사, 2011, 883면.

222) 대법원 1997. 5. 7. 선고 96누2057 판결.

최근 법원의 유사 사례

최근 한 언론에 상기 사례와 거의 유사한 사안에 대한 법원의 판결이 보도되었다. 해당 사안에서 회사는 근로자들에게 3권의 책을 읽도록 하였는데, 책들에는 "노조(NOJO), 바로 지금 여러분이 하고 있는 일에 대한 부정적인 태도이다.", "○○노총은 투쟁을 통한 전투적 실리주의에 빠져있을 뿐만 아니라 내부비리도 심각하다.", "노동세력이 입법, 사법, 행정, 언론에 이어 제5의 권력으로 보아도 무방할 정도로 많은 힘을 휘두르고 있다."라는 취지의 내용이 다수 담겨 있었다. 회사는 근로자들에게 이 책들을 단순히 읽는데 그치지 않고, 노동운동에 대한 비판적인 내용이 포함된 부분을 반복하여 그대로 쓰게 하고 노동조합의 문제점을 묻는 문제들을 풀도록 하는 등의 행위를 하였다.[223)]

이에 노동위원회와 제1심(서울행정법원)은 해당 회사의 행위가 지배·개입으로서 부당노동행위에 해당한다고 판단하였다. 제1심이 지배·개입이라고 판단한 주요한 이유는 "근로자들에 대하여 노동조합 활동, 특히 상급단체인 ○○노총에 대한 부정적인 인식을 심어 줄 수 있는 내용으로, 경영권에 포함되는 소속 근로자들에 대한 교육의 범위를 넘어서 근로자들의 노동조합 활동을 위축시키고 회의를 품게 하려는 목적에서 행해진 것으로 노동조합 활동에 대한 간섭행위로 볼 수 있다."라는 점이었다.[224)]

한편, 제2심(서울고등법원)은 제1심의 판결을 뒤집어 "회사는 경영상 목적을 위해 교육을 실시할 권한을 갖고 있으며, 어떤 교육방식을 택할지는 회사의 재량에 맡겨진 것"이라는 취지에서 부당노동행위가 아니라고 판단하였다.[225)]

---

223) 서울행정법원 2013. 9. 5. 선고 2013구합5944 판결의 사실관계 참조.

224) 서울행정법원 2013. 9. 5. 선고 2013구합5944 판결.

225) 경향신문, "노조비판 서적 읽기 강요 사내교육, '부당노동행위' 판결 2심서 뒤집혀",

금지되는 행위 vs. 허용되는 행위

지배 · 개입은 다른 부당노동행위 유형 중 가장 포괄적이고 추상적인 성격을 가진 규정으로 노동조합법에서 규정하고 있는 특정한 행위가 구체적으로 나타나지 않더라도 부당노동행위가 인정될 수 있다. 예컨대, 사용자가 연설 · 사내방송 · 게시문 · 서한 등을 통하여 노동조합의 운영이나 활동방향에 반하는 의견을 표명하는 경우, 그것이 행하여진 상황 · 장소 · 내용 · 방법 · 노동조합의 운영이나 활용에 미친 영향 등을 종합하여 노동조합의 조직이나 운영을 지배하거나 이에 개입하는 의사가 인정되는 경우에는 지배 · 개입으로서 부당노동행위가 성립한다.[226]

실무에서 지배 · 개입으로 판단될 수 있는 대표적인 행위로는 ① 노동조합 설립이나 가입을 이유로 근로자를 힐난하거나 비난하는 행위,[227] ② 노동조합을 해산하거나 탈퇴하도록 권유하는 행위,[228] ③ 노동조합에 가입할 경우의 불이익에 대하여 경고하는 행위,[229] ④ 노동조합의 임원 선거나 인사에 개입하는 행위,[230] ⑤ 노동조합의 활동에 참여하지 않는 대가로 특

2014. 8. 26.

226) 대법원 1998. 5. 22. 선고 97누8076 판결.

227) 가정통신문을 발송하면서 전교조 또는 그 조합원들을 지칭하여 극도로 혐오 내지 비하하는 내용을 학부모 및 동문들에게 유포한 사실은 부당노동행위에 해당한다(중앙노동위원회 2002. 6. 3. 판정 2002부노8 사건).

228) 대표이사가 전 직원을 소집하여 노동조합이 필요 없음을 역설하고 노동조합에 가입한 동기를 묻고 노동조합 없이도 자신이 근로자들의 어려움을 해결해 줄 수 있다는 취지의 말을 한 결과, 노동조합에 가입하였던 많은 근로자들이 탈퇴를 하였다면 부당노동행위에 해당한다(서울행정법원 2002. 7. 11. 선고 2001구52243 판결).

229) 회사 대표가 종무식장에서 전 직원을 상대로 조직의 성질상 태어나지 말아야 할 노동조합이 생겼으며, 계속하여 분쟁이 야기되어 전 직원으로부터 사표를 받고 공개 채용으로 다시 충원해야 하는 일이 없기를 바란다는 취지로 발언한 것은 부당노동행위에 해당한다(대법원 1998. 5. 22 선고 97누8076 판결).

230) 노동조합 분회의 대의원선거에의 입후보등록용으로 재직증명서의 발급을 신청하였음에도 대표이사가 직인을 소지한 채 부재 중이라는 이유로 입후보등록 마감시한까지도

별한 혜택을 약속하는 행위[231] 등이 있다.

반면, ① 노동조합을 비난하려는 것이 아니라 회사 경영의 기본방향을 강조하는 행위,[232] ② 노동조합에 대한 정확한 정보를 확인하고 토론하는 행위,[233] ③ 특별히 노동조합의 존재를 부정하거나 조합에 대해 압력을 행사하지 않으면서 간략한 사실관계를 통해 노동조합에 관하여 논의하는 행위[234]는 허용되며 지배 · 개입으로서 부당노동행위가 아니다.

상기 사례와 같이 노동조합에 대한 비판적인 내용이 담긴 책을 지정도서로 선정하여 근로자들로 하여금 읽게 하는 행위는 지배 · 개입으로서 부당노동행위 여부가 논란이 될 수 있다. 만약 회사가 노동조합의 조직과 운영 등에 반하는 의사를 전혀 가지고 있지 않는 상태에서 단순히 근로자

재직증명서를 발급하지 아니한 행위는 노동조합 대의원선거에 입후보하는 것을 막으려는 의도 하에서 이루어진 부당노동행위에 해당한다(대법원 1992. 6. 23. 선고 92누3496 판결).

231) 택시회사가 노조원들에 대하여는 노후한 차량을 배차하였으나, 노조를 탈퇴하거나 노조에 가입하지 않은 사람들에 대하여는 고급차량을 배차하는 등의 행위는 부당노동행위에 해당한다(대법원 2002. 10. 11. 선고 2002두5535 판결).

232) 회사가 직원 간담회에서 임금인상안, 회사의 경영상황, 사업부서 직원들의 배치전환 문제, 노사의 합동단결 등의 사항에 관하여 발언한 것은 노조의 조직이나 운영에 개입한 것으로 보기 어렵다(서울행정법원 2003. 12. 9. 선고 2003구합27020 판결).

233) 노조탈퇴 지시를 함에 있어 비가입대상 직원을 구체적으로 지적하여 탈퇴를 지시하거나 강요한 것이 아니라 일반적 · 포괄적으로 비가입 대상자의 직명 · 직위를 명시하고 그 해당자가 스스로 탈퇴할 것을 유도한 점, 이에 따라 스스로 비가입 대상직원으로 생각한 조합원들이 자신의 판단에 따라 탈퇴서를 제출한 것으로 보이는 점 등을 종합하여 볼 때, 노동조합 비가입 대상자에 대한 탈퇴지시나 노동조합 탈퇴 공무원들의 일부 소속장이 탈퇴서를 수령하여 송부한 행위에 노동조합의 조직이나 운영을 지배하거나 개입하려는 의도가 있다고 보기는 어려우므로, 위 지시 등이 부당노동행위에 해당한다는 주장은 이유 없다(서울행정법원 2004. 4. 23. 선고 2003구합27891 판결).

234) 교회 목사가 기독교 언론과 인터뷰를 하는 과정에서 다소 정제되지 않은 표현으로 교회 직원 등의 노조 활동이 종교적 측면에서 볼 때 바람직스럽지 않다는 자신의 소신을 밝힌 것은 그 목사가 노동조합을 지배 · 개입할 의사로 그와 같이 발언했다고 보기는 어렵다(서울고등법원 2008. 8. 14. 선고 2006누18364 판결).

들이 책을 읽고 자유롭게 토론하는 것을 목적으로 하였다면 부당노동행위로서 지배 · 개입이 성립할 가능성은 낮다. 그러나 위에서 함께 살펴본 법원의 유사 사례와 같이 회사가 책의 내용 중 노동조합에 비판적인 특정 부분만을 근로자들에게 그대로 베껴 쓰게끔 하고 그 문제점에 대하여 질문을 하는 등과 같은 행위는 노동위원회나 법원에서 사용자가 지배 · 개입의 의사를 가지고 있다고 추단할 수 있는 중요한 근거가 되어 부당노동행위가 성립할 가능성이 높다.

요컨대, 지배 · 개입은 상당히 포괄적이고 추상적인 판단이 가능한 부당노동행위의 유형이라는 점에서 가급적 노동조합의 조직과 운영에 반하는 의사라고 의심이 될 수 있는 언사나 행위는 하지 않는 것이 바람직하다. 특히, 부당노동행위는 노동조합법 제94조에 의거 양벌규정이 적용되므로 부당노동행위를 행한 행위자를 벌하는 외에 그 법인 · 단체 또는 개인에 대하여도 형사처벌이 가해질 수 있다는 점을 간과해서는 안 된다.[235] 회사는 정기적으로 각 부서의 관리자들에게 부당노동행위의 전반적인 내용에 대하여 철저히 교육을 시행할 필요가 있다. 인사보감

---

235) 보다 쉬운 말로 부연설명하자면 다음과 같다. 어떤 회사의 부서장이 부서 직원 중 조합원에게 노동조합을 탈퇴할 것을 직접적으로 강요하여 부당노동행위로 처벌을 받게 되면, 노동조합법상 양벌규정에 의해 직접적으로 행위를 하지 않은 그 회사의 대표이사에게도 형사처벌이 가해질 수 있다는 것이기 때문에 상당히 민감하고 중요한 사안이다. 실제로 최근의 어떤 회사에서 상기와 같이 부당노동행위를 한 부서장 및 대표이사가 똑같이 500만원의 벌금형에 처해지는 사례가 있었다.

제3장

비정규직

35. 인턴의 근로자성: “인턴도 근로자라고요?”
36. 자원봉사자의 근로자성: “자원봉사자에게도 최저임금과 퇴직금을 지급해야 하나요?”
37. 기간제근로자의 사용기간: “조금만 더 일하겠다는 계약직 직원의 각서, 문제 없나요?”
38. 무기계약직: “기간의 정함이 없는 근로계약을 체결하면 정규직인가요?”
39. 불법파견: “도급계약을 통해 외부업체 직원과 같이 근무하면 모두 불법파견이 되나요?”
40. 파견근로자의 직접고용의무: “2년 근무한 파견직을 다시 계약직으로 채용해도 되나요?
41. 노동조합법상 근로자: “회사와 근로계약을 체결하지 않은 사람도 조합원이 될 수 있나요?”
42. 단체교섭의 사용자: “협력사의 노동조합과도 단체교섭을 해야 하나요?”

35

인턴의 근로자성

"인턴도 근로자라고요?"

상담사례(Question)

최근 대학생 하계방학을 맞이하여 전사 차원에서 20명의 인턴을 선발하였습니다. 회사는 선발된 인턴에게 총 6주 중 2주 동안은 회사 Vision 공유, 산업 및 회사에 대한 이해, Communication Skill, Business Manner, 공장 견학 등의 다양한 교육 프로그램을 실시하며, 4주 동안은 실제 현업 부서에 나누어 배치하여 직원들로부터 프로젝트 업무를 부여 받아 수행하는 등 직무경험도 함께 쌓게 합니다. 이러한 인턴이 노동관계 법령상 근로자에 해당되는가요?

인턴은 인턴이다?

요즘 대학생들은 취업을 위해서 갖추어야 할 것들이 많고, 그러한 상황을 풍자하여 노력보다 더 큰 노력을 하라는 말로 '노오력' 이란 신조어까지도 생겨났다. 학교성적이 좋아야 하는 것은 물론이고 외국어시험, 해외연수, 봉사활동 등 치열한 취업경쟁에서 뒤쳐지지 않기 위한 대학생들의 몸부림은 정말 눈물이 날 정도다. 그 중 대학생들 사이에서 취업을 위한 또 하나의 '필수코스' 로 여겨지는 것이 바로 '인턴' 이다.

인턴을 활용하는 기업이 많기 때문에 "인턴이 뭐예요?"라는 질문은 농담처럼 들릴 수도 있다. 그러나 생각과는 달리 (특히, 법적인 관점에서) '인턴의 개념'을 정확히 설명하기란 심히 어려운 일이다. 실제로 인턴의 개념을 정의하고 있는 현행 법 규정은 없으며, 어떤 노동법 교과서에서도 인턴에 관한 명확한 설명을 두고 있지 않다.

당연하고 단순할 것일수록 더 어려운 문제가 많은 편이다. 인사실무에서 인턴 역시 그러하다. 대부분의 사람들이 인턴을 '인턴'이라고만 생각하고, 인턴도 '근로자'에 해당할 수 있다는 점은 간과하기 쉽다. 인턴도 근로자가 될 수 있다고 하면 뭐 잘못된 것이 아니냐고 반문하는 사람이 더 많을지도 모른다. 심지어 이와 같은 생각은 상당수 기업의 인사담당자도 예외가 아니다.

인턴의 개념과 유형

인턴에 대한 별도의 법 규정이나 정의는 없다. 국립국어원의 표준국어대사전은 인턴을 '회사나 기관 따위의 정식 구성원이 되기에 앞서 훈련을 받는 사람. 또는 그 과정'으로 정의하고 있다.[1] 아울러 2016. 2. 1. 고용노동부가 발표한 『일경험 수련생에 대한 법적 지위 판단과 보호를 위한 가이드라인』은 '일경험 수련생'을 "실습생, 견습생, 수습생 또는 인턴 등 그 명칭에 상관없이 교육 또는 훈련을 목적으로 사업 또는 사업장에서 일(업무)을 경험하는 자"라고 정의하고 있다. 인턴은 상기 정의 그대로만 놓고 보자면, ① 회사나 기관에 소속되어 있지만, ② 정식 구성원(근로자)는 아니고, ③ 정식 구성원(근로자)이 되기 전에 (근로의 제공이 아닌) 훈련을 받는 사람을 의미한다고 볼 수 있다.

---

1) '『의학』 의과대학을 졸업하고 의사 면허를 받은 후 임상 실습을 받는 전공의. 기간은 1년이다.'라는 정의도 함께 있다.

명확한 법적 정의는 아니지만 통상적인 관점에서 비추어 볼 때, 인턴은 일반적인 근로자와 구별되며, 근로의 제공을 하지 않는 '훈련생(교육생)'의 지위를 갖는다.

그렇다면 많은 기업에서 인턴은 실제 어떤 모습으로 활용되고 있을까? 일반적으로 기업에서 사용하고 있는 인턴은 ① 회사의 현업 부서에서 일정한 기간을 근무한 뒤, 근무성적, 근무태도, 업무능력 등을 평가하여 정규직 근로자로의 채용여부가 결정되는 '시용(試用)형', ② 우수인력의 사전확보, 기업 이미지 제고를 목적으로 일정한 기간 동안 다양한 교육(집체교육, 부서배치 후 교육 등)을 받는 '연수(硏修)형'의 2가지로 크게 구분해 볼 수 있다.[2] 2가지 유형은 그 형식과 내용이 다르지만, 기업에서는 대개 '인턴(사원)'이라고 부르고 있다.

인턴의 근로자성

인턴의 유형 중 시용(試用)형 인턴은 노동관계법령상 근로자에 해당한다. 즉, 회사에서 정식 근로자로 근로계약을 체결하기 이전에 '수습계약(Trainee)' 또는 '인턴계약' 형태로 채용하여 정식 근로자로서의 적격성을 평가할 목적으로 일정기간 사용하는 것이라면, 해당 근로자는 회사에서 아무리 인턴이라고 부르더라도 그 계약의 목적은 연수(硏修)에 있는 것이 아니라 근로의 제공에 있는 것으로 보아야 하기 때문에 법률적으로는 '기간제 근로자'(인사실무상으로는 '계약직')에 해당한다. 따라서 근로기준법이나 기간제 및 단시간근로자 보호 등에 관한 법률 등과 같은 관련 노동관계법령이 모두 적용된다.

근로자성 및 노동관계법령의 적용여부가 문제가 되는 것은 연수(硏修)형

2) 이와 같은 인턴의 분류는 현행 노동관계법령이나 노동법 교과서 등에 의한 것이 아니라 저자들이 그간의 인사실무의 경험을 바탕으로 나누어 본 것임을 밝혀둔다.

인턴이다. 연수(硏修)형 인턴은 기본적으로 채용을 전제로 하지 않는 순수한 의미의 연수(硏修)[3]의 일환으로 실시되는 것이라는 점에서 노동관계법령상 근로자보다는 표준국어대사전에 규정된 인턴의 의미에 더 가깝다고 할 수 있다.

그런데 연수(硏修)형 인턴이라고 하더라도 순수한 의미의 연수(硏修)가 아니라 각 부서에 배치되어 일반 근로자와 함께 실제 업무를 수행하게 되면 (형식상은 인턴이지만) 그 실질은 노동관계법령상의 근로자라고 인정될 가능성이 상당히 높다.[4]

기업에서 정규직, 계약직 등에 대한 Headcount 문제로 부서당 1~2명의 잡업무를 하는 인력[5]을 명목상 연수(硏修)형 인턴이라고 뽑아 실제로는 업무와 관련된 자료 정리, 복사, PPT 작성, 비품 관리, 책상 청소 등을 시키는 경우가 많은데 이러한 경우 이는 현업의 업무를 보조하는 것에 불과하기 때문에 근로제공의 성격이 강하다.[6]

법원 판례와 고용노동부 행정해석도 대학생 인턴,[7] 현장실습생,[8] 수련의[9]가 그 명칭과는 달리 실질적으로 근로제공의 성격이 강하고 사용종속

---

3) 순수한 의미의 연수(硏修)는 기업 연수원 같은 장소에서 연수 프로그램에 따라 해당 산업 및 기업에 대한 소개, 기업문화에 대한 이해, 사회생활 및 직장예절, 기업의 업무처리 절차 등을 배우게 되는 교육과정을 의미하는 것으로 그 범위가 제한적으로 해석된다.

4) 근로자란 직업의 종류와 관계없이 임금을 목적으로 사업이나 사업장에 근로를 제공하는 자를 말한다(근로기준법 제2조 제1항 제1호).

5) 1980년대까지만 하더라도 이러한 업무를 하는 사람을 '사환(使喚)'이라고 많이 불렀는데 요즘에는 '사무보조', '알바', 'Admin', 'Clerk'이라고 많이 부르고 있다.

6) "리더십, 커뮤니케이션, 마케팅 등 다양한 교육과 함께 ··· 현업 부서에서 일반 업무를 수행하면서 ··· 강도 높은 업무환경을 직접 경험할 수 있습니다." 국내에서 가장 인기 있는 것으로 알려진 모 외국계 기업의 인턴십 공고문 중 일부인데, 연수(硏修)형 인턴의 이중성을 잘 보여주는 사례라고 할 수 있다.

7) 근로기준과-4521, 2009. 11. 3.

8) 대법원 1987. 6. 9. 선고 86다카2920 판결.

9) 대법원 1991. 11. 8. 선고 91다27730 판결.

성이 인정된다면 (교육생이 아닌) 노동관계법령상의 근로자에 해당한다는 입장을 취하고 있다.[10)]

실제 기업에서는 연수(硏修)형 인턴이라는 미명 아래 부서에서 활용하는 아르바이트와 같이 현업의 업무는 그대로 시키면서 자의적으로 근로자성을 부인하여 연수비 · 교육비 등의 명목으로 근무일 1일당 2~3만원의 식대 · 교통비를 실비 수준으로 지급하기도 하고 아예 무급 인턴[11)]이라는 제도를 활용하는 경우도 있어 노동관계법령 위반문제가 발생하게 된다.[12)]

반면, 현업 부서에서 배치되어 일정한 업무를 수행한다고 하더라도 ① 회사가 사전에 마련한 연수프로그램에 따라 인턴들이 팀 또는 그룹을 이루어 일정한 과제를 부여 받고, ② 그 과제를 코치(Learning Coach)의 지도를 받아 수행하며, ③ 그에 대한 구체적인 평가 및 교육이 이루어진다고 한다면, 비록 그 형태가 일반적인 업무수행과 비슷하다고 하더라도 목

---

10) 2016. 2. 1. 고용노동부가 발표한 『일경험 수련생에 대한 법적 지위 판단과 보호를 위한 가이드라인』 역시 "일경험 수련생은 임금을 목적으로 사업장에서 근로를 제공하는 근로자와 구별하여야 하며, 실습생 등 명칭에도 불구하고 그 실질이 근로자에 해당하면 노동법적 보호대상이 된다."라는 입장을 분명히 밝히고 있다(고용노동부, 『일경험 수련생에 대한 법적 지위 판단과 보호를 위한 가이드라인』, 2016. 2. 1., 3면).

11) 일부 유명기업에서 대학생들의 방학기간만 되면 스펙쌓기용으로 무급 인턴이라도 하겠다는 대학생들이 수십명씩 밀려들어 오는데 왜 이런 좋은 기회를 뿌리치며 그들에게 돈까지 줘야 하냐며 억울하다고 묻는 경우가 있다. 그러한 경우 저자가 그 인턴들에게 순수하게 교육만 시킬 것이냐고 반문하면, 당연히 일 시킬 것이라고 당당하게 얘기하는 인사담당자도 꽤 있다. 이러한 상황은 소수의 수요자(유명기업)와 다수의 공급자(인턴을 하고자 하는 대학생) 사이에서 갑의 위치를 적절하게 남용하고자 하는 수요자의 입장이 그대로 반영된 씁쓸한 현실이 아닐까 생각해 본다.

12) 2015. 11. 27. 교육부에서도 「대학생 현장실습 운영규정」 제정(안)을 행정예고 하였는데, 같은 규정 제6조 제2항 단서에 "실습기관은 실습과정이 실질적 근로에 해당하는 경우 최저임금법에 따라 고시되는 시간급 최저임금액 이상의 실습지원비를 지급하여야 한다."라고 규정하고 있다. 교육부는 행정예고 절차를 거쳐 2016. 3. 1.부터 상기 규정을 시행할 계획이며, 향후 법 개정을 통해 규정을 지키지 않으면 제재하는 방안도 추진 중이라고 밝혔다.

적 자체는 근로의 제공이 아니라 교육 또는 연수에 있는 것이므로 근로자라고 보기는 어려울 것이다.

상기 사례에서의 인턴은 얼핏 보면 연수(研修)형에 해당한다. 처음 2주 동안은 순수한 의미의 연수(研修)라고 볼 수 있으므로 논란의 여지는 없지만, 나머지 4주 동안 인턴이 실제로 각 부서에서 어떠한 업무를 수행하는지 여부에 따라서 근로자성 여부에 대한 판단이 달라진다고 볼 수 있다.

사전에 정해진 연수프로그램에 따라서 코치의 지도를 받아 각 부서에서 부여 받은 과제를 수행하며 그 결과에 대하여 회사의 적절한 평가와 교육이 이루어진다면 이는 여전히 연수(研修)로서의 성격을 유지하여 근로자성이 문제될 여지가 없다. 하지만 각 부서에서 단순한 업무(자료 정리, PPT 작성 등)를 반복적으로 수행하거나 각 부서의 선임 직원들의 구체적인 지시에 따라 보조업무를 수행하는데 그친다면 실질적으로는 근로의 제공으로 보아 근로자로 간주될 가능성을 배제하기 어렵다.

정부는 인턴제도를 적극적으로 활용하여 청년실업문제를 극복하려는 정책을 펴고 있다. 많은 기업에서도 아직 취업하지 않은 대학생들을 인턴으로 선발하여 활용하고 있다. 이러한 인턴제도의 긍정적인 측면에 인턴도 노동관계법령상 근로자의 지위를 가질 수 있다는 점이 묻혀버리는 경향이 있다.

그럼에도 기업의 인사담당자는 인턴도 충분히 근로자성을 가질 수 있다는 점을 명확하게 인식할 필요가 있다. 그렇지 않을 경우 기업이 노동관계법령 위반에 따른 민 · 형사상 책임을 전적으로 부담할 수 있기 때문이다.[13]

---

13) 인턴제도에 대한 보다 자세한 현황과 내용에 관해서는 2016. 2. 1. 고용노동부가 발표한 『일경험 수련생에 대한 법적 지위 판단과 보호를 위한 가이드라인』을 참고하길 바란다. 다만, 인사실무자들은 해당 가이드라인이 법적 구속력이 없는 권고안에 해당한다는 점을 간과해서는 안 된다.

36

자원봉사자의 근로자성

"자원봉사자에게도 최저임금과 퇴직금을 지급해야 하나요?"

상담사례(Question)

저희 회사는 지난해 사회공헌의 일환으로 다문화가정 지원사업을 실시하였습니다. 그에 따라 다문화가정 지원사업에 참여를 희망하는 대학생 자원봉사자를 모집하였습니다. 자원봉사자들은 회사 직원들과 함께 사업을 설계하고 다문화가정에 직접 방문하여 주로 아이들을 돌보고 교육하는 일을 담당하였습니다(주 3회, 10:00~17:00). 자원봉사자들에게는 식비와 교통비 등을 고려하여 소정의 실비(1일 20,000원)를 지급하였고, 향후 저희 회사의 채용에 지원할 경우 우대하기로 했습니다. 대학생 자원봉사자들은 1년 간의 활동을 잘 마치고 연말을 기점으로 해산하였습니다.

그런데 최근 대학생 자원봉사자 중 2~3명이 저희 회사에서 다문화가정 지원사업의 자원봉사자가 아니라 스탭으로 근무한 것이라면서 최저임금과 퇴직금을 지급받지 못했다는 이유로 고용노동부에 진정을 제기하여 회사 입장에서는 황당할 따름입니다. 자원봉사자들이 회사 직원들과 함께 다문화가정 지원사업에 참여한 것은 맞지만, 그것은 어디까지나 자발적 의사에 따른 봉사차원에서 실시한 것입니다. 이러한 경우에도 저희 회사가 자원봉사자들에게 최저임금과 퇴직금을 지급해야 하는 것인지 문의를 드립니다.

근로기준법상 근로자의 개념

근로기준법 제2조 제1항 제1호는 "근로자란 직업의 종류와 관계없이 임금을 목적으로 사업이나 사업장에 근로를 제공하는 자를 말한다."라고 규정하여 근로기준법상 근로자로 인정될 수 있는 요건을 제시하고 있다. 법원 판례는 해당 법 조항을 좀 더 구체화하여 "계약의 형식이 민법의 고용계약인지 또는 도급계약인지에 관계없이 그 실질에 있어 근로자가 사업 또는 사업장에 임금을 목적으로 종속적인 관계에서 사용자에게 근로를 제공하였는지 여부에 따라 판단하여야 한다."라는 입장에서 근로기준법상 근로자의 개념을 해석하고 있다.[14)]

그런데 그 모든 요건들이 근로기준법상 근로자를 판단하는 실질적인 기준으로 역할을 하는 것은 아니다. ① '직업의 종류와 관계없이' 라는 내용은 법의 일반법적 성격을 밝힌 점에 의의가 있지만, 그것 자체로는 근로기준법상 근로자의 개념을 정하는데 적극적인 의미를 갖지 못하며, ② '사업이나 사업장에' 역시 '사회생활상 업으로서 계속적으로 행해지는 것' 이면 족하기 때문에 근로기준법상 근로자 판단에 중요한 의미를 갖는다고 보기 힘들다.[15)]

인사실무에서 근로기준법상 근로자를 판단하는 실질적인 의미를 갖는 기준은 '임금을 목적으로 종속적인 관계에서 근로를 제공하였는지 여부' 이다.

---

14) 이 기준은 대법원 1994. 12. 9. 선고 94다22859 판결에서 처음으로 제시되었고, 대법원 2006. 12. 7. 선고 2004다29736 판결에서 약간의 변화를 거쳐 현재 계속 유지되고 있다(이에 대한 자세한 분석으로는 이승욱, "노동법상 근로자 · 사용자 개념 확대를 둘러싼 쟁점과 입법과제", 『노동법학(제49호)』, 한국노동법학회, 2014, 228~229면).

15) 노동법실무연구회, 『근로기준법주해(Ⅰ)』, 박영사, 2010, 93면.

근로기준법상 근로자를 판단하는 구체적 기준

'임금을 목적으로 종속적인 관계에서 근로를 제공하였는지 여부'를 판단하는 기준을 좀 더 구체적으로 살펴보면, 법원 판례[16]는 "① 업무내용을 사용자가 정하고 취업규칙 또는 복무(인사)규정 등의 적용을 받으며 업무수행 과정에서 사용자가 상당한 지휘·감독을 하는지, ② 사용자가 근무시간과 근무장소를 지정하고 근로자가 이에 구속을 받는지, ③ 노무제공자가 스스로 비품·원자재나 작업도구 등을 소유하거나 제3자를 고용하여 업무를 대행케 하는 등 독립하여 자신의 계산으로 사업을 영위할 수 있는지, ④ 노무 제공을 통한 이윤의 창출과 손실의 초래 등 위험을 스스로 안고 있는지, ⑤ 보수의 성격이 근로 자체의 대상적 성격인지, ⑥ 기본급이나 고정급이 정하여졌는지 및 근로소득세의 원천징수 여부 등 보수에 관한 사항, ⑦ 근로제공 관계의 계속성과 사용자에 대한 전속성의 유무와 그 정도, 사회보장제도에 관한 법령에서 근로자로서 지위를 인정받는지 등의 경제적·사회적 여러 조건을 종합하여 판단하여야 한다. ⑧ 다만, 기본급이나 고정급이 정하여졌는지, 근로소득세를 원천징수하였는지, 사회보장제도에 관하여 근로자로 인정받는지 등의 사정은 사용자가 경제적으로 우월한 지위를 이용하여 임의로 정할 여지가 크기 때문에 그러한 점들이 인정되지 않는다는 것만으로 근로자성을 쉽게 부정하여서는 안 된다."라고 판시하고 있다.

이 중 ①과 ②는 '종속적인 관계'를, ⑤는 '임금을 목적으로 근로를 제공'을 판단하는 가장 핵심적인 기준이다. 일정한 보수를 지급받는 등 통상의 근로자와 유사한 형태로 보이지만 학습지 교사,[17] 보험설계사,[18] 레

---

16) 대법원 2006. 12. 7. 선고 2004다29736 판결.
17) 대법원 1996. 4. 26. 선고 95다20348 판결.
18) 대법원 2000. 1. 28. 선고 98두9219 판결.

미콘 지입차주,[19] 골프장 캐디,[20] 방문판매대리인[21] 등이 모두 근로기준법상 근로자로 인정되지 않는 것은 '종속적인 관계(①, ②)'가 충족되지 않기 때문이다. 이와 다르게 종교기관에 소속되어 있는 성직자도 매월 일정한 급여를 받지만, 해당 급여는 '임금을 목적으로 근로를 제공(⑤)' 한 것에 대한 대가가 아니라 종교활동을 목적으로 근로한 것이므로 근로기준법상 근로자로 인정되기 어렵다.[22]

자원봉사자의 근로자성 여부에 대한 판단

상기 사례에서 회사가 다문화가정 지원사업을 위해 모집한 대학생 자원봉사자가 회사의 지휘 · 감독 하에 근로시간과 근로장소 등의 명령을 받으며 1년 동안 근로를 제공한 사실은 인정된다. 하지만 자원봉사자들이 회사에 근로를 제공한 것은 임금이 아닌, 다문화가정 지원사업을 위한 봉사를 목적으로 한 것이었다는 점에서 근로기준법상 근로자로 보기는 어렵다고 판단된다. 회사가 자원봉사자들에게 1일 20,000원씩 지급한 실비 역시 근로의 대가가 아닌 식비와 교통비 명목에 해당한다는 점에서 임금이라고 보기 어렵다.[23] 상기 사례에서 자원봉사자를 근로기준법상 근로자로

---

19) 대법원 2003. 1. 10. 선고 2002다57959 판결.

20) 대법원 1996. 7. 30. 선고 95누13432 판결.

21) 대법원 2002. 7. 12. 선고 2001도5995 판결.

22) 종교기관에 소속되어 있다고 할지라도 성직자가 아닌 종교기관의 일반 행정직원은 일정한 급여를 받고 근무할 경우 근로기준법상 근로자에 해당할 것이다. 유사한 사례로 스님은 아니지만 절에서 기거하면서 머리를 삭발하고 법복을 입은 채 식사 준비와 청소, 법회 준비 등의 허드렛일을 한 사람이 (종교시설에서 일부 종교행위를 했고 임금이 '보시'라는 이름으로 불렸다고 하더라도) 임금을 목적으로 근로를 제공한 것이라면 (근로기준법상) 근로자로 보아야 한다고 판단한 사례가 있다(서울행정법원 2006. 6. 27. 선고 2006구합3407 판결).

23) 이와 유사한 자원봉사의 사례에서 고용노동부의 행정해석 역시 "불우계층의 봉사활동을 전개하기 위하여 일정한 자격요건을 갖춘 자 중에서 자원봉사 신청서를 제출 받아 민간

보기 어렵기 때문에 원칙적으로 회사가 해당 자원봉사자들에게 근로의 대가로서 최저임금과 퇴직금을 지급해야 할 의무는 없다.[24)]

회사 입장에서는 황당할 수 밖에 없는 상기 사례의 발생원인을 진지하게 생각해 볼 필요가 있다. 대학생들이 봉사활동을 위한 순수한 마음으로 자원봉사에 지원하여 활동을 시작하였는데, 실제 수행했던 일이 '봉사활동' 이 아닌 '해당 사업을 담당하는 회사 직원들의 업무 보조' 에 불과하였다면 1년간 자원봉사를 했던 대학생들의 심정은 대단히 허탈할 수밖에 없었을 것이다. 당초에 생각했던 순수한 '자원봉사' 의 심리적 만족감을 얻지 못한 대학생들이 회사의 근로자처럼 일했다는 생각으로 고용노동부에 진정을 넣은 측면도 있을 것이다.[25)]

자원봉사자가 근로기준법상 근로자가 아니라는 점은 사회통념상으로 지극히 명백한 일일지도 모르지만, 정작 현실로 돌아와 보면 자원봉사라는 미명 아래 실질적 이득은 회사가 취하고, 잡무 등 실질적 노가다(?)는 자원봉사자가 하는 웃지 못할 사례들이 많은 것 같다.

해당 분야에서 자원봉사 또는 무급 스탭(인턴) 등과 같은 경력(스펙)이

봉사요원을 선발하여 위촉하고, 위촉된 자원봉사자에게 실비변상적인 차원에서 식비, 교통비, 가정 방문 시 필요경비 등 일정액의 실비를 지급한다면 근로의 대가성이 있는 임금으로 볼 수 없다고 사료되며 봉사활동에 대한 구체적이고 직접적인 지휘 감독을 하지 않는다면 사용종속적인 관계에 있다고 볼 수 없다."라고 판단하였다(근기 68207-178, 2000. 1. 25.).

24) 다만, 회사가 자원봉사자들에게 부여된 본래 자원봉사의 업무(목적) 이외에도 다른 목적으로 많이 활용을 하거나, 회사의 직원은 사실상 자원봉사 업무에 거의 관여하지 않은 채 자원봉사자들이 사실상 회사의 직원과 거의 유사한 수준에서 업무를 수행한 경우라면 회사에게도 자원봉사자들의 근로에 대한 일정한 책임이 부여될 가능성이 있다는 점을 유의하여야 한다.

25) 실제로 일선 학교에 배치된 '배움터지킴이(자원봉사자)' 가 본연의 업무 외에도 교문 안내소에서 방문자를 안내하거나 주차를 돕는 등 학교의 잡무에 시달리고 있으므로 근로자로 인정하여 최저임금을 지급해 줄 것을 고용노동부에 진정한 사례가 발생하기도 했다(매일신문, "배움터지킴이는 근로자? 봉사자?", 2014. 3. 14.).

중요하게 작용하는 영역에서는 줄을 서서라도 울며 겨자 먹기로 아무런 대가 없이 자원봉사를 해야만 하는 사례(이른바, 열정페이)도 언론을 통해서 종종 보도되고 있다.[26] 이와 같은 경우는 자원봉사자가 근로기준법상 근로자가 아니라는 점과 자원봉사자가 자신이 스스로 선택을 한 결과일 뿐이라는 점을 회사가 교묘하게 악용하는 측면이 크다.

교수 출신의 사회부총리 겸 교육부장관 후보자가 제자들로 하여금 자신의 신문칼럼을 작성하게 하고, 심지어는 제자들의 논문을 가로채고, 정작 연구비는 본인이 모두 수령한 사실이 해당 후보자의 제자의 신문 투고에 의해 밝혀져 큰 논란이 되었다.[27] 교육부장관 후보자는 모든 일은 제자들의 교육을 위해서 이루어진 것이라거나 제자들이 스스로 행한 것이라고 한사코 해명하고 있지만, 그 해명을 진실로 받아들일 국민은 많지 않을 것 같다. 제자는 과연 어떤 마음에서 스승의 과오를 신문에 투고하였을까? 어쩌면 교육부장관 후보자는 자신의 제자를 순수한 학문을 위한 제자로 보지 않고, 자신의 실적과 성과를 위한 '머슴' 쯤으로 생각했을지 모른다.

교수가 제자를 순수한 학생으로 볼 때 온전한 사제관계가 유지될 수 있다. 마찬가지로 근로자는 근로자로, 자원봉사자는 자원봉사자로 바라보고 그에 맞게 역할을 부여하고 대우하는 것이 인사실무 차원에서도 바람직할 것이다. 인사보감

26) 헤럴드, "'노예 뽑냐?' 대사관 등 교통비도 없는 무급인턴 모집 논란", 2013. 12. 17.; 파이낸셜뉴스, "뮤지컬 '레미제라블' 자원봉사자 모집 논란", 2013. 3. 15. 등.
27) 한겨레, "김명수 교수님, 청문회 전에 논문 의혹 인정해 주십시오.", 2014. 6. 29.

37

기간제근로자의 사용기간

"조금만 더 일하겠다는 계약직 직원의 각서, 문제 없나요?"

상담사례(Question)

지난 주, 2년간 매장에서 근무한 계약직 직원에게 이번 달 말로 계약기간이 만료됨에 따라 더 이상 근무할 수 없음을 통보하였습니다. 그런데 어제 해당 직원이 피치 못할 경제적인 사정으로 새로운 직장을 구할 때까지만 계속 일할 수 있게 해달라고 인사부에 요청을 해 왔습니다. 회사에서 그렇게만 해 준다면 본인이 계약직으로 2년을 초과하여 근무한 것에 관하여 어떠한 법적 문제제기도 하지 않겠다는 각서를 제출하고, 새로운 직장이 구해지는 즉시 퇴사를 하겠다는 것입니다. 매장 점장도 당장 매장 직원을 구하기도 쉽지 않을 뿐더러 해당 직원은 믿을 수 있는 사람이니까 그렇게 해달라고 부탁을 합니다. 해당 근로자에게 이와 같은 내용을 담은 각서를 받아두면, 2년을 초과하여 근무하게끔 하더라도 별다른 법적 문제가 없는 것인지 궁금합니다.

기간제근로자에 대한 2년 사용제한

인사실무에서 통상 '계약직' 이라고 부르는 근로자의 공식적인 법률적 명칭은 '기간제근로자' 이다(이하, '기간제근로자'). 기간제근로자란 기간의 정함이 있는 근로계약을 체결한 근로자를 말한다.[28] 반면, 기간제근로자가 아닌 자, 즉 기간의 정함이 없는 근로계약을 체결한 자를 흔히 '정규직근로자'라고 부른다. 정년까지 회사에서 근무하게 되는 정규직근로자와 달리, 기간제근로자는 일정한 계약기간을 정해 두고 일하며 그 계약기간이 만료됨에 따라 근로관계는 자동적으로 종료된다.[29]

기간제근로자는 고용의 유연성을 확보할 수 있는 장점이 있지만, 이를 남용할 경우 근로자의 고용이 불안정해 질 수 있다는 점에서 기간제 및 단시간근로자 보호 등에 관한 법률(이하, '기간제법')은 기간제근로자의 사용기간에 관하여 일정한 제한을 가하고 있다.[30]

기간제법 제4조 제1항은 "사용자는 2년을 초과하지 아니하는 범위 안에서(기간제 근로계약의 반복갱신 등의 경우에는 그 계속근로한 총기간이 2년을 초과하지 않는 범위 안에서) 기간제근로자를 사용할 수 있다."라고 규정하고 있다. 같은 조 제2항은 "사용자가 2년을 초과하여 기간제근로자로 사용하는 경우에는 그 기간제근로자는 기간의 정함이 없는 근로계약을 체결한 근로자로 본다."라고 규정하고 있다.

요컨대, 회사는 원칙적으로 2년을 초과하여 기간제근로자를 사용할 수 없고, 만약 기간제근로자를 2년을 초과하여 사용했을 경우에는 기간제근

---

28) 기간제 및 단시간근로자 보호 등에 관한 법률 제2조(정의) 제1호; 임종률, 『노동법(제10판)』, 박영사, 2012, 581면.

29) 근로계약기간을 정한 경우에 있어서 근로계약 당사자 사이의 근로관계는 특별한 사정이 없는 한 그 기간이 만료됨에 따라 별도의 조치를 기다릴 것 없이 당연히 종료된다(대법원 2006. 2. 10. 선고 2005두15762 판결 등).

30) 기간제법은 상시 5인 이상의 근로자를 사용하는 모든 사업 또는 사업장에 적용되며, 다만 동거하는 친족만 사용하는 사업 또는 사업장과 가사사용인에 대해서는 적용하지 않는다(기간제법 제3조 제1항). 아울러 상시 4인 이하의 근로자를 사용하는 사업 또는 사업장에 대하여는 동법 시행령 제2조 및 별표 1에 따라 동법의 일부 규정만을 적용할 수 있다(기간제법 제3조 제2항).

로자의 고용이 ‘기간의 정함이 없는 근로계약을 체결한 근로자(이하, ‘무기계약직(無期契約職)’)’로 ‘의제(擬制)’되는 것이다.

강행(强行)규정과 의제(擬制)규정

기간제근로자의 2년 사용제한을 규정한 기간제법은 ‘강행규정’이며, 기간제근로자를 2년을 초과하여 사용할 경우 해당 근로자가 무기계약직으로 고용된 것으로 ‘의제’되는 법률효과가 발생한다.

강행규정이란 ‘당사자의 의사(意思) 여하에 불구하고 강제적으로 적용되는 규정’ 또는 ‘선량한 풍속 기타 사회질서에 관계되는 규정’을 말하며, 강행규정에 반하는 법률행위는 효력이 없다. 강행규정을 위반한 당사자간 계약이나 합의 내용은 그 목적이나 동기의 여부에 관계없이 ‘절대적 무효’이다.[31)]

“··· 한 것으로 본다.”라는 이른바 의제규정은 그것이 사실에 부합하는지 여하를 불문하고 해당규정의 내용대로 법률효과가 발생한다. 의제규정은 법이 그 당사자의 의사와는 무관하게 심지어는 그 의사에 반하는 경우까지도, 일정한 내용의 의사표시가 있는 것처럼 다루어 그에 따른 법률효과를 인정한다.[32)]

기간제법의 법률효과를 배제하는 각서(합의)의 효력

기간제근로자가 “2년을 초과하여 회사에서 근무를 하되, 그에 대한 기

---

31) 한편, 강행규정이 아닌 법 규정, 즉 “법령 중 선량한 풍속 기타 사회질서에 관계없는 규정(민법 제105조)”을 ‘임의규정’이라고 한다. 강행규정의 경우와 달리, 임의규정에 반하는 계약 기타 법률행위는 그 법률행위를 구성하는 당사자의 의사표시 내용대로 법률효과가 발행한다(양창수, 『민법입문(제5판)』, 박영사, 2011, 185면).

32) 양창수, 『민법입문(제5판)』, 박영사, 2011, 233~234면.

간제법 제4조의 적용은 받지 않는 것으로 한다."라는 취지의 각서(합의)를 제출했다고 하더라도, 기간제법 제4조 제2항이 정한 무기계약직으로의 고용의제 법률효과는 그대로 발생한다. 즉, 고용의제의 법률효과는 사용자와 근로자의 근로계약 체결여부에 관계없이 발생하므로 회사에서의 근무기간이 2년을 초과하는 시점부터 기간제근로자에서 무기계약직으로 쉽게 말하면 '자동전환(의제)' 되는 것이다. 기간제법은 당사자의 어떠한 각서나 합의의 내용에 영향을 받지 않고 법률효과가 발생하는 강행규정이기 때문이다.

기간제근로자는 근로기간이 2년을 초과하면 무기계약직이 되므로 회사가 해당 근로자에게 계약해지를 통보하는 행위는 일방적으로 근로계약을 종료시키는 것으로서 다름 아닌 '해고' 가 된다. 회사가 근로자를 해고하기 위해서는 근로기준법 제23조 소정의 '정당한 이유' 가 필요하며, 근로자가 부당해고를 주장할 경우 회사는 노동위원회나 법원 등을 통한 여러 가지 구제(소송)절차에 직면하게 된다.

상기 사례는 기간제근로자로서 2년의 기간이 만료한 근로자가 추후 일체의 문제제기를 하지 않는 조건으로 각서를 쓰겠다면서 계속 근무하고 싶다는 요청을 한 사안이다. 근로자가 새 직장을 구한 뒤 각서의 내용대로 조용히 그만 둔다면 회사와 근로자 모두 '아름다운 이별' 을 할 수 있을 것이다. 그러나 해당 근로자가 각서의 내용과 달리 2년을 초과하여 근무했다는 이유로 무기계약직이라고 주장하게 된다면, 회사와 근로자 간 법률문제로 갈등이 심화될 수 있다.

따라서 회사는 기간제근로자를 무기계약직으로 계속 사용하려고 하는 의사가 있는 것이 아니라면, 2년의 근로계약기간이 만료되는 시점에 근로관계를 종료하는 것이 인사실무적으로 가장 바람직하다.

38

무기계약직

"기간의 정함이 없는 근로계약을 체결하면 정규직인가요?"

상담사례(Question)

회사에서 계약직 직원을 2년 초과하여 사용하면 해당 직원을 정규직으로 전환해 주어야 하는 것으로 알고 있습니다. 그런데 언론의 보도를 보면 그러한 계약직 직원을 '정규직' 이 아닌 '무기계약직' 으로 전환하였다는 사례를 볼 수 있습니다. '정규직' 과 '무기계약직' 은 같은 의미인지, 만일 다르다면 어떤 차이가 있는지 궁금합니다.

정규직과 비정규직

2013년 '직장의 신', 2014년 '미생', 2015년 '송곳' 등의 드라마는 '정규직(正規職)' 과 '비정규직(非正規職)' 이 한 직장에서 근무하며 벌어지는 여러 가지 이야기를 담아낸 것으로, 많은 국민들의 공감을 얻었다는 사실은 그만큼 정규직과 비정규직이 우리에게 익숙한 현실이라는 점을 의미한다.[33] 노동법을 특별히 공부하지 않은 사람도 정규직과 비정규직이라

33) 2015. 11. 4. 통계청이 발표한 '경제활동인구조사 근로형태별 부가조사'를 보면, 2015

는 용어 정도는 쉽게 사용할 수 있는 시대가 되었다.

그런데 정규직과 비정규직은 엄밀한 의미에서 법의 개념이 아니다. 어떤 노동관계법령에서도 정규직과 비정규직이라는 용어를 사용하고 있지 않다. 현행 노동관계법령이 규정하고 있는 근로자의 유형은 ① 근로자(근로기준법 제2조 제1항 제1호), ② 기간제근로자(기간제 및 단시간근로자 보호 등에 관한 법률 제2조 제1호, 이하 '기간제법'),[34] ③ 단시간근로자(기간제법 제2조 제2호),[35] ④ 파견근로자(파견근로자보호 등에 관한 법률 제2조 제5호, 이하 '파견법')[36] 등 모두 4가지 뿐이다.[37]

정규직과 비정규직은 법의 개념이 아니라 현실의 노동관계를 표현하는 강학(講學)상의 용어이다. 비정규직은 우리가 일반적으로 정규직이라고 인지하는 근로자들에 비하여 상대적으로 임금과 근로시간 등 근로조건의 보장수준이 낮은 근로자들을 통칭하는 개념이다. 노동관계법령의 개념으

년 8월 기준 비정규직 근로자는 627만1천명으로 1년 전보다 19만4천명(3.2%) 늘었다. 전체 임금근로자 중 비정규직 비중은 32.5%로 0.1% 상승했다. 비정규직 비중은 2011년 34.2%에서 2012년 33.3%, 2013년 32.6%, 2014년 32.4% 등으로 꾸준히 감소하다가 4년 만에 상승세로 돌아섰다.

34) 기간제근로자란 6개월, 1년 등의 단위로 고용기간의 정함이 있는 근로계약을 체결하여 고용된 근로자를 말한다. 참고로 일반적으로 말하는 "계약직근로자"가 바로 "기간제근로자"를 의미한다.

35) 단시간근로자란 1주 동안의 소정근로시간이 그 사업장에서 같은 종류의 업무에 종사하는 통상근로자의 1주 동안의 소정근로시간에 비하여 짧은 근로자를 말한다. 대표적으로 파트타이머나 일용직근로자를 예로 들 수 있다.

36) 파견근로자란 파견사업주와 근로계약을 체결하여 고용되었지만, 파견사업주가 아닌 사용사업주의 사업장에서 파견되어 근무하는 근로자를 말한다.

37) 근로기준법 제47조가 도급제, 성과급제, 능률급제 등 근로시간에 따라 일정액의 임금을 보장받는 '도급근로자'에 관한 규정을 두고 있지만, 그러한 유형의 근로자가 많지 않기 때문에 사실상 사문화(死文化) 되어 있는 조항이라는 점에서 도급근로자는 논의에서 제외하였다. 참고로 근로기준법 제47조가 규정하고 있는 도급근로자는 사용자에게 직접 근로계약을 체결한 자로서 통상의 사내하청근로자를 의미하는 것은 아니다.

로 환원하면 「정규직은 근로자」, 「비정규직은 기간제근로자 - 단시간근로자 - 파견근로자」로 구분할 수 있다.[38)]

정규직과 무기계약직

정규직, 비정규직과 함께 또 하나 구분해야 할 개념은 '무기계약직(無期契約職)' 이다. 기간제법 제4조 제2항은 회사가 기간제근로자를 2년 초과하여 사용했을 경우, 그 기간제근로자의 고용은 기간의 정함이 없는 근로계약을 체결한 근로자로 의제(擬制, 자동전환)되는 것으로 규정하고 있다. 이때 '기간의 정함이 없는 근로계약을 체결한 근로자' 가 용어의 의미 그대로 '무기계약직(이하, '무기계약직')' 이다.

인사실무에서 무기계약직에 관한 업무를 담당할 때, 명확하게 인식해야 할 2가지 사항이 있다.

첫째, 무기계약직은 계약기간의 정함이 없다는 측면에서는 정규직과 동일하지만 그 외 근로조건 등 처우에 있어서는 반드시 정규직과 동일한 것은 아니다. 즉, 기간제법 제4조 제2항은 근무기간이 2년을 초과한 기간제근로자가 무기계약직으로 의제되는 것으로 규정하고 있을 뿐, 무기계약직으로 전환할 때의 근로조건에 대해서는 어떠한 내용도 언급하고 있지 않다. 따라서 근무기간이 2년을 초과하면 기간제근로자가 무기계약직으로 자동전환(의제)되는 법률효과는 당연히 발생하지만, 그 무기계약직의 근로조건까지 당연히 정규직과 동일해 지는 것은 아니다. 무기계약직의 근로조건을 어떻게 설정할 것인지의 문제는 사용자와 무기계약직 근로자가

---

38) 보다 넓은 의미에서 사내하청근로자와 특수고용근로자도 비정규직에 포함되는 것으로 볼 수 있다. 그러나 법 형식적으로 사내하청근로자는 사내하청회사의 근로자(정규직), 특수고용근로자는 개인사업자라는 점을 고려할 때 정규직과 비정규직의 개념을 법의 관점에서 일괄적으로 구분하는 것은 결코 쉬운 일이 아니다.

별도로 협의하여 결정할 사항인 것이다.

둘째, 기간제근로자가 무기계약직으로 전환된 이후에는 기간제법과 파견법, 소위 '비정규직법'의 적용을 받지 않는다. 현행 노동관계법령 중 기간제법과 파견법은 기간제 · 단시간 · 파견근로자에 대한 차별적 처우를 엄격하게 금지하고 있지만, 기간제 · 단시간 · 파견근로자가 아닌 무기계약직에게는 기간제법이나 파견법이 적용되지 않는다. 따라서 무기계약직에게는 근로기준법 등 일반 노동관계법령의 규정만 적용될 뿐이다.

예컨대, 기간제근로자인 甲의 근무기간이 2년을 초과하면 기간제법 제4조 제2항의 법률효과에 따라 甲은 별도의 근로계약을 체결하지 않아도 자동적으로 무기계약직이 된다. 그러나 甲이 무기계약직이 되었다는 이유만으로 회사(사용자)가 기존의 다른 '정규직' 근로자와 무조건적으로 동일하게 甲의 근로조건을 보장해 주어야 할 법적 의무는 없다.

甲이 기간제근로자로 근무할 당시의 근로조건을 그대로 유지하면서 무기계약직으로 근무를 함에 따라 기존의 다른 정규직 근로자의 근로조건과 다르다고 해서 기간제법의 위반문제가 발생하는 것은 아니다. 즉, 무기계약직으로 전환된 이후의 甲의 근로조건이 과거 기간제근로자로 근무했던 때와 동일하게 유지되어, 기존의 다른 정규직의 근로조건과 차등이 있다고 하더라도 甲은 기간제법에 의한 차별시정을 신청할 수 없다.[39)]

요컨대, 사용자는 회사의 사정과 인력계획, 甲의 직무와 업무능력 등을 종합적으로 고려하여 甲이 무기계약직으로 전환되는 시점에서 그 근로조건을 설정하면 된다. 당사자 사이에 별도의 합의가 없으면 종전의 근로조

---

39) 단, 기간제근로자를 무기계약직으로 전환하면서 종래보다 더 낮은 수준의 근로조건으로 근로계약을 체결하는 행위는 민법 제103조(반사회적인 법률행위) 위반이 되어 무효가 될 수 있다. 따라서 기존의 근로조건 '이상'의 수준으로 무기계약직 전환 이후의 근로조건을 설계하는 것이 가장 바람직하다.

건이 계속 유지된다.[40)]

통상 무기계약직이라고 하면 무조건 정규직이라고 오인(誤認)하는 경향이 있다. 하지만 무기계약직은 '정규직'도 '비정규직'도 아닌, 그 중간 정도에 해당되는 이른바 '중규직(中規職) 또는 준규직(準規職)'의 새로운 고용형태라고 할 수 있다. 최근 노동시장의 인력구조를 좀 더 쉽게 생각하면 「정규직 - 무기계약직 - 비정규직」으로 구분할 수도 있다.

무기계약직이나 비정규직을 의도적으로 차별하거나 소외시키는 인사전략은 지양되어야 한다. 그러나 정규직과 무기계약직을 무조건적으로 동일한 개념으로 파악하는 것 역시 인사실무적으로 효율적이지 않을 수 있다. 「비정규직 → 무기계약직 → 정규직」의 선순환 흐름으로 회사의 인력정책을 다시금 고려해 보는 혜안(慧眼)이 필요한 시점이다.[41)]

---

40) 임종률, 『노동법(제13판)』, 박영사, 2015, 602면.

41) 참고할 만한 예로 금융권의 '직군분리제도'를 생각할 수 있다. 금융권은 콜센터 등의 업무를 기존의 정규직 근로자의 직군과 분리하고 그 직군에 맞는 별도의 근로조건을 설계하였다. 그리고 종래 콜센터에서 근무하던 기간제근로자 대부분을 '무기계약직'으로 전환하는 인사정책을 취하였다. 언론에서는 일제히 '정규직 전환'이라고 보도하였지만, 실제로는 무기계약직으로 전환된 것에 불과하다. 최근 많은 공공기관의 비정규직의 정규직 전환 사례 역시 대부분 이러한 경우에 해당한다.

39

불법파견

"도급계약을 통해 외부업체 직원과 같이 근무하면 모두 불법파견이 되나요?"

상담사례(Question)

연일 뉴스에서 모 자동차 기업이 도급계약을 통해 외부업체 직원들과 사내에서 같이 근무한 것이 법원에서 불법파견으로 판정되었다는 보도가 이어지고 있습니다. 저희 회사는 IT Help Desk라고 하여 외부업체와 도급계약을 체결하고 직원들의 PC 유지 및 보수, 소프트웨어 설치 및 관리 등을 하는 외부업체 직원 2명이 사내에서 같이 근무하고 있습니다. 외부업체 직원들의 업무공간은 명확하게 저희 직원들의 업무공간과 분리되어 있으며 저희 직원들과 외부업체 직원들이 공동으로 수행하는 업무는 없습니다. 다만, 저희 직원들과 외부업체 직원들이 정기적인 미팅을 통해 상호 업무사항을 협의하고 조율하는 부분은 있습니다. 이렇게 도급계약을 통해 사내에서 외부업체 직원과 같이 근무하는 것이 이제 불법파견에 해당하게 되는 것인지 문의를 드립니다.

사내하도급과 불법파견

사내하도급과 불법파견의 문제는 2000년대 이후 노동시장에서 계속 제기되고 있는 가장 뜨거운 이슈 중 하나이다. 사내하도급의 원형은 원청회사가 도급계약을 체결하여 하청회사에게 사내의 특정업무를 위탁하여 외주화하는 것이다. 그런데 이와 같은 외부인력의 활용이 '간접고용'에 해당한다는 비판이 확대되었고, 그 실질은 사실상 '무허가 근로자파견'으로 '불법파견'이라는 대법원의 판결이 나오기에 이르렀다.[42)]

사내하도급을 불법파견으로 인정하는 법원 판례는 여러 가지 모습으로 나타났는데,[43)] 사내하도급에서 불법파견을 판단하는 메커니즘을 분명하게 정형화한 것은 대법원 2012. 2. 23. 선고 2011두7076 판결이라고 평가된다. 해당 판결은 하청회사의 실체성이 인정된다고 하더라도, 원청회사와 하청회사 근로자들이 동일한 장소에서 '혼재근무'를 하면서 원청회사가 하청회사 근로자들에게 '직접적인 지휘명령권'을 행사하였다는 점을 주요한 근거로 불법파견이라고 판단하였다.

해당 판결의 등장 이후, 사내하도급을 활용하는 다수의 회사에서는 원청회사와 하청회사 근로자의 '혼재근무', 원청회사의 하청회사 근로자들에 대한 '직접적인 지휘감독'이라는 불법파견의 2가지 주요 요소를 제거하여 불법파견의 법적 리스크를 최소화하기 위해 노력하였다. 이 과정에서 나타난 기업의 주요한 대응방법이 원청회사와 하청회사 근로자의 업무공간을 분리하고,[44)] 원청회사가 하청회사의 업무책임자(현장대리인)를 통

---

42) 2000년대 이전에도 하급심에서는 사내하도급이 불법파견에 해당하는지 여부를 두고 여러 상반된 판결들이 혼재하고 있었다. 그러나 이하에서는 대법원의 판결로 그 범위를 특정하기로 한다. 또한 실제 관련 판결들은 다양한 사실관계와 쟁점들을 포함하고 있어 일반적으로 정형화하여 설명을 하는 것 자체가 법 이론적인 입장에서는 다소 넌센스이지만, 인사실무적인 입장에서 최대한 간명하게 이해할 수 있도록 작성된 것임을 밝힌다.

43) 이에 대한 상세한 분석으로는 이철수, "판례를 통해 본 사내하도급의 법적 쟁점",『노동법실무연구(제1권)』, 노동법실무연구회, 2011, 757~777면; 류문호, "사내하도급에서 사용자 개념의 판단법리",『노동법포럼(제7호)』, 노동법이론실무학회, 2011, 208~227면 참조.

44) 어떤 회사에서는 '혼재근무'라는 요소를 제거하기 위해 동일한 사무공간 내에서 원청회사와 하청회사 근로자들 사이에 어느 정도 높이의 파티션을 설치하면 서로가 분리된 공

해 간접적으로 업무상 지휘감독을 시행하는 것이었다.[45] 그러나 사내하도급을 활용하는 회사의 활용 목적과 전략이 법원 판례에 대응하여 외형적으로 변화해 온 것은 사실이었지만, 그 실제 내용은 거의 동일한 모습을 유지하고 있다는 문제점을 계속 안고 있었다.

최근 불법파견 판결에서 나타난 변화양상

'혼재근무'와 '직접적인 지휘감독권의 행사'라는 요소를 제거한 사내하도급은 '적법도급'이라는 기업 현장에서의 일반적인 사고가 지배적인 가운데, 서울중앙지방법원의 모 자동차 회사에 대한 불법파견 판결[46]이 등장하면서 새로운 전환 국면을 맞게 되었다.

서울중앙지방법원 판결이 인사실무적으로 중요한 의미를 갖는 이유는 종래 불법파견 판단의 주요한 요소였던 '혼재근무'와 '직접적인 지휘감

간에서 업무수행을 하는 것으로 볼 수 있느냐고 문의를 한 적이 있었다. 예를 들어, 사람의 평균 신장보다 낮은 높이의 1m의 파티션은 일어서면 뻔히 옆자리가 다 보이기 때문에 불법파견에 해당할 가능성이 높고, 사람이 평균신장보다 높은 2m의 파티션은 일어나더라도 옆자리가 보이지 않기 때문에 불법파견에 해당할 가능성이 낮다고 생각한 것이었다. 이는 불법파견 판단기준에 대한 오해에서 비롯된 잘못된 생각이다. 혼재근무는 동일한 장소에서 동일한 업무를 수행하면서 그 '실질'이 어떠한지를 보아야 하기 때문에 단순히 형식적으로 동일한 장소에서 업무 공간만 구획(區劃)한다고 하여 이를 혼재근무가 아니라고 보기는 어렵다.

45) IT기기의 발달로 인하여 이제 물리적인 장소의 구분만으로 불법파견인지 여부를 판단하는 것은 유효하지 않다. 예를 들어, 사내하도급이 아닌 외부장소에서 하청회사가 독립적으로 업무수행을 하더라도 인트라넷, 메일, 전화 통화, 휴대폰 문자, 각종 메신저 등을 통해 상시적으로 원청회사가 하청회사 근로자들에게 업무상 지휘감독을 할 수 있는 개연성이 높아졌기 때문이다. 실제로 저자가 불법파견 점검을 나갔던 회사에서는 아예 원청회사가 OOO톡에 단체채팅방을 개설하고 하청회사 근로자들이 그 채팅방에 들어와 업무보고를 구체적으로 하게끔 한 곳도 있었다.

46) 서울중앙지방법원 2014. 9. 18. 선고 2010가합112481 · 112528 · 112535 · 112597 판결; 서울중앙지방법원 2014. 9. 18. 선고 2012가합70567 판결 등.

독권의 행사'라는 기준이 '실질적인 지휘감독권의 행사'라는 기준으로 변화하였기 때문이다. 즉, 외형적으로는 원청회사와 하청회사의 작업공정이 분리되어 있고 원청회사가 하청회사 업무책임자를 통해 간접적으로 업무상 지휘감독을 시행한다고 하더라도, 내용적으로는 원청회사가 하청회사 근로자들의 출퇴근 상황을 비롯해 근태 · 인원배치 현황을 파악하고 작업 · 휴게시간 · 작업량 · 작업방법 · 작업순서 등을 결정하였다면 '실질적인 지휘감독권'을 행사하여 불법파견에 해당한다는 것이 서울중앙지방법원 판결에서 나타난 변화된 태도라고 할 수 있다.

이는 대법원 2010. 3. 25. 선고 2007두8881 판결을 통해 등장한 '실질적 지배력설'이라는 법원 판례의 해석론과 상당한 유사한 맥락에 있다. 해당 판결은 하청회사의 노동조합에 대한 원청회사의 부당노동행위(지배 · 개입)을 인정한 최초의 사례로, "(근로계약의 유무에 관계없이) 근로자의 제반 근로조건에 실질적인 지배력을 행사하는 자를 근로기준법과 노동조합법상의 사용자로 인정할 수 있다."라는 '실질적 지배력설'의 입장이 반영된 것이었다.[47] 학계에서도 실질적 지배력설의 입장을 지지하는 입장이 크게 확산되었고, 그러한 입장이 반영된 대법원 판결들이 속속 등장하고 있다.[48]

---

47) 실질적 지배력설은 일본에서 수입된 이론이다. 일본 학계는 오래 전부터 일본 노동조합법 제7조의 사용자는 실질적으로 판단해야 한다는 입장에서 사용자란 '근로자의 노동관계에 영향력 내지 지배력을 미칠 수 있는 지위에 있는 일체의 자'라고 넓게 정의하여 왔으며, 1995년 일본 최고재판소의 '아사히(朝日)방송사건'을 통해 그 판단기준이 확립된 것으로 평가되고 있다(류문호, "노동조합법상 사용자 개념의 이원성(二元性) – 단체교섭 당사자와 부당노동행위(지배 · 개입) 주체의 해석 –",『노동정책연구(제14권 제2호』, 한국노동연구원, 2014, 5면).

48) 골프장 캐디를 노동조합법상 근로자로 인정한 사례(대법원 2014. 2. 13. 선고 2011다78804 판결), 전자제품 서비스센터 기사를 근로기준법상 근로자로 인정한 사례(경향신문, "도급계약 가전기사도 회사가 지휘 · 감독 땐 근로자, 첫 확정 판결", 2014. 9. 2.) 등을 들 수 있다.

인사실무적 제언

서울중앙지방법원의 모 자동차 회사의 불법파견 판결을 둘러싸고 노동계와 경영계는 지극히 엇갈린 평가를 내렸다. 노동계는 이를 계기로 불법파견의 온상인 사내하도급을 전면적으로 철폐해야 한다는 입장, 경영계는 지나친 사내하도급 규제로 인한 고용유연성 경직으로 노동시장이 위축될 것이라는 입장이다. 학계 및 법조계의 많은 전문가들도 다양한 의견을 개진하고 있지만 현재 시점에서 그 중론은 사실상 없다고 해도 과언이 아니다.

불법파견에 대한 법원의 입장이 다시금 변화양상을 보이고 있는 가운데, 상기 사례와 같이 회사가 도급계약을 체결한 외부업체 근로자를 활용하는 사내하도급의 형태가 불법파견인지 여부를 판단하는 것은 매우 어려운 일이다.

다만, 불법파견의 법적 리스크를 최소화하기 위해서는 다음의 3가지 사항을 반드시 고려해야 한다.

첫째, 도급으로 운영하려는 업무가 도급의 특성에 부합되는지 여부를 검토해야 한다. 도급업무는 하청회사에서 독자적으로 수행할 수 있는 업무이어야 하기 때문에 ① 원청회사가 수행하는 업무 프로세스 중 '일부'만을 분할하여 하청회사가 담당하게 하거나, ② 하청회사가 독립적으로 수행할 수 없는 업무, 즉 원청회사의 지속적인 개입이 필요한 업무를 도급 주는 것은 불법파견의 가능성을 높게 만드는 원인이 될 수 있다.

예를 들어, 모 회사에서 임원 운전기사들을 모두 도급으로 운영하였는데 임원이 통상 하청회사(수급회사)나 현장대리인을 통하지 않고 운전기사에게 직접 운행구간, 운행시각, 근무내용 등을 구체적으로 지시할 수 밖

에 없기 때문에 이러한 업무를 도급으로 운영해서는 안 된다.[49)]

둘째, 독자성이 있는 업무를 도급으로 위탁하기로 결정하였다면, 원청회사와 하청회사와의 업무관계, 하청회사 근로자의 조직체계 · 업무프로세스 · 업무공간 등에 있어서 불법파견 위험성이 발생하지 않도록 면밀한 설계가 필요하다. 그 설계에 있어서 현재 시점에서는 불법파견에 대한 법원 판례의 경향을 고려하여 최대한 보수적으로 접근하는 것이 바람직하다. 종래 법원은 외형적인 측면에서 혼재근무와 직접적인 지휘감독권의 행사 여부를 불법파견의 주요 요소로 판단하였지만, 최근 법원은 근태관리 · 근로시간 · 업무내용에 대한 '실질적인 지휘감독권' 의 행사 여부를 불법파견의 중요한 판단기준으로 삼는다는 점을 유념하여, 업무공간의 구획(區劃), 현장대리인의 선임 등 형식적 요소가 아니라 하청회사가 자신의 근로자들에 대한 근태 · 근로시간 · 업무내용 · 업무수행과정 등에 대한 실질적인 권한을 보유하고 이를 관리 · 감독할 수 있도록 해야 한다.

셋째, 실무상 도급의 경우 처음에는 적법한 형태로 설계 · 운영하더라도 시간이 지나면 업무의 효율성 등을 이유로 원청회사의 근로자가 직접 하청회사의 근로자에 대해 지휘명령을 하거나 하청회사 업무에 직접적으로 개입하는 경우가 자주 발생한다. 또한 불법파견에 대한 법원 및 고용노동부의 입장이 보다 엄격한 방향으로 전개되고 있기 때문에 과거의 판례 또는 행정해석 등에 근거하여 설계 · 운영 중인 도급시스템이 나중에는 위법하다고 판단될 수도 있다. 이에 회사는 일정한 시기 마다 도급 운영실태를 점검하여 불법파견과 관련된 위법성 요소를 조기에 진단하고 지속적으로 시정해 나가는 것이 필요하다.[50)]

---

49) 파이낸셜뉴스, "고법, 은행권 위장도급 관행 제동..' 임원 운전기사 직접 고용하라.'", 2015. 10. 4.

50) 고용노동부도 사내하도급에 대한 불법파견 여부를 점검하는 초기에는 단순히 서류상으

끝으로 서울중앙지방법원의 모 자동차 회사에 대한 판결이 불법파견을 인정하면서 "위와 같은 작업지시는 도급을 위한 지시권의 한계를 넘은 것으로 보인다."라는 표현을 사용한 점을 주목할 필요가 있다. 이 표현을 반대로 좀 더 풀어서 생각해 보면, "도급을 위한 (원청회사의) 지시권이 인정되며 그 지시권의 한계 내의 작업지시는 적법할 수 있다."라는 논리가 된다. 즉, 해당 판결은 도급계약이 정하고 있는 업무의 내용과 범위를 초과하는 원청회사의 하청회사 근로자에 대한 실질적인 개입 내지는 지휘감독권의 행사를 법적으로 제재하겠다는 것이지, 모든 사내하도급을 원천적으로 불법파견에 해당한다고 보는 것은 아니다.

사내하도급 계약의 근거가 되는 민법 제664조는 "도급은 당사자 일방이 어느 일을 완성할 것을 약정하고 상대방이 그 일의 결과에 대하여 보수를 지급할 것을 약정함으로써 그 효력이 생긴다."라고 규정하고 있다. 법문의 내용 그대로 사내하도급은 '일의 완성과 결과'가 계약의 주요 목적과 내용이 되어야 한다. 민법상 전형계약인 '도급'의 목적과 내용의 한도 내에서 사내하도급의 운영전략을 다시금 고민하고 새롭게 설정할 필요가 있는 시점임은 분명하다.

로 하청회사의 실체성 및 원청회사의 하청회사 근로자에 대한 업무상 지휘명령 여부 등을 체크하였다. 그러나 기업들이 형식상으로는 위와 같은 대응을 하자 그 실질을 살펴보기 위해 하청회사 근로자들을 실제로 만나 인터뷰 등을 통해 업무상 지휘명령을 누가 하는지 등에 대하여 면밀하게 물어보고 있다.

40

파견근로자의 직접고용의무

"2년 근무한 파견직을 다시 계약직으로 채용해도 되나요?"

상담사례(Question)

부사장님의 파견직 운전기사 甲은 지난 달 말일 부로 총 근무기간이 2년 되었습니다. 그런데 파견계약기간이 만료되었음에도 불구하고 파견직 운전기사 甲이 별다른 말을 하지 않고 그냥 근무하였을 뿐만 아니라 인사팀에서도 이번 달 중순이 되어서야 비로소 그러한 사실을 알았습니다. 부사장님께 이러한 사실을 보고 드렸더니 1년 정도 남은 본인의 임기가 끝날 때까지 甲을 계속 운전기사로 근무하게 해달라고 요청하셨습니다. 그런데 파견법상 2년을 초과하여 파견근로자를 사용하면 회사에서 해당 파견근로자를 직접 고용해야 하는 것으로 알고 있습니다. 이러한 경우, 부사장님의 잔여 임기(1년)에 맞게 甲을 계약직으로 다시 채용해도 문제 없는지 문의를 드립니다.

파견근로자에 대한 사용기간(2년) 제한

파견근로자는 파견사업주와 근로계약을 체결하여 고용되었지만, 파견사업주가 아닌 사용사업주의 사업장에 파견되어 근무하는 근로자를 말한다.

파견근로자보호 등에 관한 법률(이하, '파견법')은 파견근로자의 고용안정을 위해 사용사업주가 파견근로자를 2년 이상 사용할 수 없도록 사용기간에 대한 제한을 두고 있다.

파견법 제6조 제1항에서 근로자파견의 기간은 (원칙적으로) 1년을 초과할 수 없도록 하고 있지만,[51] 같은 조 제2항에 따라 파견사업주 · 사용사업주 · 파견근로자간의 합의가 있는 경우에는 파견기간을 연장할 수 있다. 이 경우 ① 1회의 연장기간은 최대 1년을, ② 연장된 기간을 포함한 파견기간은 총 2년을 초과해서는 안 된다. 그런데 파견법 제6조의2 제1항 제3호는 "(사용사업주가) 제6조 제2항을 위반하여 2년을 초과하여 계속적으로 파견근로자를 사용하는 경우에는 해당 파견근로자를 직접 고용하여야 한다."라고 규정하고 있다.

결론적으로 사용사업주는 파견근로자를 2년을 초과하여 사용해서는 안 되며, 파견근로자를 2년 초과하여 사용한 사용사업주에게는 해당 파견근로자를 직접 고용해야 하는 법률상 의무(이하, '직접고용의무')가 부과되는 것이다. 만약 사용사업주가 고용노동부의 직접고용 시정지시를 이행하지 않으면 행정적 제재로서 불법파견 근로자 1명당 최대 3천만원의 과태료에 처해진다.[52]

---

51) 출산 · 질병 · 부상 등으로 결원이 생긴 경우 또는 일시적 · 간헐적으로 인력을 확보해야 할 필요가 있는 경우는 예외로 한다(파견법 제5조 제2항).

52) 파견법 제46조 제2항. 파견법 시행령 제7조 및 별표2 '과태료의 부과기준(제7조 관련)'에 따르면 불법파견 적발 후 고용노동부의 직접고용 시정지시를 이행하지 않을 경우 1차 불이행 시 최대 1천만원, 2차 불이행 시 최대 2천만원, 3차 불이행 시 최대 3천만원의 과태료가 부과될 수 있다. 과태료는 불법파견 근로자의 인원 수에 각각 개별적으로 적용된다. 예컨대, 사용사업주가 10명의 불법파견 근로자를 사용한 것에 대해 고용노동부의 직접고용의무 시정지시(1차)를 이행하지 않을 경우 최대 1억원(1천만원x10명)의 과태료가 부과될 수 있다.

직접고용의무의 법률효과

파견법의 직접고용의무는 2년을 초과하여 파견근로자를 사용한 사용사업주가 해당 파견근로자를 직접 고용해야 하는 사법(私法)상의 의무를 의미한다.

단, 사용사업주에게 파견법의 직접고용의무가 부과되었다고 해서 사용사업주와 파견근로자 사이에 근로계약(관계)이 자동적으로 형성(의제, 擬制)되는 것은 아니다.[53] 사용사업주가 직접고용의무를 이행하여, 파견근로자와 근로계약을 체결해야만 비로소 사용사업주와 파견근로자 사이의 (직접)근로계약관계가 성립하기 때문이다.[54]

그런데 법원(대법원 2015. 11. 26. 선고 2013다14965 판결)이 사용사업주를 상대로 '근로자지위확인소송'을 제기한 불법파견 근로자들의 손을 들어주면서 이슈가 되고 있다. 해당 판결은 불법파견 시 직접고용의무 규정을 근거로 사용사업주와 불법파견 근로자 사이에 직접 근로계약관계가 성립할 수 있다는 '대법원의 첫 판결'이다.

해당 판결은 "파견근로자는 사용사업주가 직접고용의무를 이행하지 않는 경우 사용사업주를 상대로 '고용의 의사표시에 갈음하는 판결을 구할 사법상의 권리'가 있고, 그 판결이 확정되면 사용사업주와 파견근로자 사

---

53) 이와 명확히 구별해야 할 점은 기간제근로자를 2년을 초과하여 사용했을 때 적용되는 기간제 및 단시간근로자 보호 등에 관한 법률(이하, '기간제법') 제4조 제2항의 '고용의제' 규정이다. 고용의제는 직접고용의무와 달리 사용자와 근로자가 별도의 근로계약을 체결하지 않더라도 해당 규정이 적용되는 시점에서 사용자와 근로자 사이에 (직접)근로계약관계가 자동적으로 형성된다.

54) 그에 따라 사용사업주가 파견근로자를 2년 초과하여 사용했음에도 불구하고 파견근로자를 직접 고용하지 않으면(직접고용의무 미이행) 파견근로자는 사용사업주를 상대로 '직접고용의무 이행의 소'를 제기할 수 있을 뿐, (직접)근로계약관계의 성립을 전제로 한 부당해고구제신청, 근로자지위확인소송, 미지급임금청구소송 등은 제기할 수 없다는 것이 지금까지의 지배적인 입장이었다.

이에 '직접고용관계가 성립' 한다."라고 판시한 뒤, "파견근로자는 이와 아울러 사용사업주의 직접고용의무 불이행에 대하여 직접고용관계가 성립할 때까지의 임금 상당 손해배상금을 청구할 수 있다."라고 하였다.[55)]

해당 판결의 내용을 인사실무적인 관점에서 다시 순차적으로 정리해 보면 다음과 같다. ① 불법파견이라고 적발된 회사는 고용노동부의 불법파견 근로자에 대한 직접고용의무 시정지시를 불이행할 경우 행정상 불법파견 근로자 1명당 최대 3천만원의 과태료 처분을 받을 수 있다. ② 나아가 불법파견 근로자는 파견법상 직접고용의무 규정을 근거로 사용사업주를 상대로 부당해고구제신청, 근로자지위확인소송, 미지급임금청구소송 등의 사법(私法)적 구제수단을 통해 문제제기를 할 수 있다. ③ 그 결과 불법파견 근로자가 승소하는 경우, 사용사업주는 해당 불법파견 근로자에게 직접고용관계가 성립할 때까지 '임금 상당액' 의 손해를 배상해야 하고,[56)] 승소판결 이후로는 사용사업주가 불법파견 근로자에게 직접 고용된 '근로자' 로서 수령해야 할 '임금' 을 지급하여야 한다.[57)58)]

---

55) 이러한 결론은 구 파견법상 직접고용간주 규정과 현행 파견법상 직접고용의무 규정의 법률효과를 사실상 동일한 것으로 해석한 것이 되어 현행 파견법의 개정 취지를 훼손할 수 있다는 점에서 논란이 예상된다. 종래의 이론적 논의나 민사소송 등 법조실무적 측면에서도 이견이 많은 사안으로 향후 대법원 전원합의체를 통해 다시 다루어질 가능성도 배제할 수 없다고 본다.

56) 여기서 '임금 상당액' 의 손해배상은 사용사업주가 파견법상 의무를 위반하여 불법파견 근로자를 직접 고용하지 않은 '불법행위' 책임에 근거한 것이다.

57) 해당 판결에 따르면 불법파견 근로자가 소송에 승소하면 직접고용의무 규정에 근거하여 사용사업주와 불법파견 근로자 사이에 근로계약관계가 성립한다. 따라서 사용사업주가 불법파견 근로자에게 임금을 지급해야 할 법적 근거는 근로계약에 기초한 계약책임이다.

58) 최근 법원(대법원 2016. 1. 14. 선고 2013다74592 판결)은 "직접고용간주 규정에 따라 사용사업주가 직접 고용한 것으로 간주되는 파견근로자의 근로조건은 사용사업주의 근로자 중 해당 파견근로자와 동종 또는 유사업무를 수행하는 근로자가 있을 경우 그 근로자에게 적용되는 취업규칙 등에서 정한 근로조건과 동일하다고 보는 것이 타당하다."라고 판시하였다. 해당 판결은 구 파견법 하 '고용의제(간주)' 규정 하의 사안이지만, 현행

해당 판결에 따르면 고용노동부에서 불법파견으로 적발 시 법원의 소송에서 회사가 승소하지 않는 이상 불법파견에 따른 '사법(私法)' 적 효과를 회피할 수 있는 방안은 없다고 보아야 한다. 이에 대하여 많은 논란이 예상되지만, 해당 판결이 불법파견에 대한 파견법의 법률효과를 회피하는 일부 회사들의 실정에 대해 비판적인 경종을 울리고 있고 이와 같은 법원의 기조는 당분간 유지될 것으로 예상된다. 따라서 회사는 암묵적으로 불법파견을 운용하거나 불법파견 근로자를 직접 고용하지 않고 대응하는 일부 관행을 지양할 필요가 있다.[59)]

직접고용 시의 근로계약기간

사용기간이 2년을 초과한 파견근로자를 사용사업주가 직접 고용하기로 결정한 경우, 인사실무적으로 가장 혼선이 있는 사항은 직접고용 시의 '근로계약기간' 이다. 흔히 인사실무자들은 파견근로자로 2년을 초과하여 사용한 이후에 직접 고용해야 하는 근로자의 근로계약기간을 정규직근로자와 당연히 동일하게 해야 한다고 생각하는 경향이 있다.

그러나 파견법은 사용사업주가 파견근로자를 직접 고용할 때의 근로계약기간을 어떻게 정해야 하는지에 관해서 별다른 내용을 규정하고 있지 않다.[60)]

파견법 제6조의2(고용의무) 제3항 제1호에도 동일하게 규정하고 있다.

59) 고용노동부의 불법파견 적발 및 직접고용 시정지시가 명백하게 잘못된 것이라면 행정상 취소소송 등을 통해 대응해야겠지만, 그렇지 않을 경우 고용노동부의 직접고용 시정지시에 불응하는 것에는 막대한 금액의 과태료가 부과될 수 있는 만큼 상당히 신중한 검토 및 의사결정이 필요하다.

60) 한편, 파견근로자를 직접 고용할 때 '근로조건' 을 설정하는 것에 대해서는 파견법의 규정을 준수해야 한다. 파견법 제6조의2 제3항은 사용사업주가 사용기간이 2년을 초과한 파견근로자를 직접 고용할 때에는 "① 사용사업자의 근로자 중 당해 파견근로자와 동종 또는 유사업무를 수행하는 근로자가 있는 경우에는 그 근로자에게 적용되는 취업규칙 등

이와 관련하여 “사용자가 직접고용의무를 면하기 위한 것으로 볼 수 있을 만큼 직접 고용 시 근로계약기간을 짧게 설정하였다면, 이 경우에는 직접고용의무를 이행하지 않은 것으로 보는 것이 타당하다.”라고 한 고용노동부의 행정해석[61]이 있다. 하지만 현재까지 공론화된 학계의 해석이나 법원의 판례는 제시되고 있지 않다.[62]

요컨대, ① 파견법이 사용사업주가 파견근로자를 직접 고용할 때의 근로계약기간에 대해서 별다른 내용을 규정하고 있지 않은 이상, 해당 근로계약기간의 내용은 사용사업주와 직접 고용이 될 파견근로자가 상호 협의하여 결정할 사안이라고 볼 수 있다. ② 파견법상 직접고용의무를 회피하기 위한 목적이 아닌 이상, 회사의 사정과 업무상 필요성에 맞는 합리적인 근로계약기간을 설정하여 파견근로자를 직접 고용하는 것을 파견법 위반으로 볼 수 있는 명백한 현행법적 근거는 없다. ③ 그러나 최근 경향을 고려할 때 해당 근로자가 수행하는 업무의 내용에 관계없이 지나치게 짧거나, 동종 또는 유사업무를 수행하는 근로자와 차별적으로 다른 근로계약기간을 설정하는 경우에는 파견법 위반으로 판단될 가능성이 상당히 높아진 상황이라는 점을 유념할 필요가 있다.

상기 사례에서 회사가 파견직 운전기사인 甲을 2년 초과하여 사용할 경우, 초과된 시점 이후부터 회사는 甲을 직접 고용해야 하는 파견법상의 의

에서 정한 근로조건에 의하고, ② 사용사업주의 근로자 중 당해 파견근로자와 동종 또는 유사업무를 수행하는 근로자가 없는 경우에는 당해 파견근로자의 기존의 근로조건의 수준보다 저하되어서는 아니 된다.”라고 규정하고 있다.

61) 비정규직대책팀-154, 2008. 10. 21.; 비정규직대책팀-2424, 2007. 6. 26.

62) 이에 대하여 ① 파견법 제6조의2 제3항의 근로조건에는 근로기간도 포함된다는 견해, ② 기간의 정함이 없는 근로계약을 체결해야 한다는 견해, ③ 기간제법 제4조를 유추 적용할 수 있다는 견해 등 다양한 관점이 학계에서 제시되고 있다(보다 자세한 논의는 이병한, “위법한 파견근로와 직접고용간주”, 『노동법실무연구회(제1권)』, 노동법실무연구회, 2011, 139~140면 참조).

무(직접고용의무)를 지게 된다. 그러나 회사가 반드시 정규직이나 무기계약직으로 甲을 직접 고용해야 하는 것은 아니다. 파견법이 파견근로자를 직접 고용하는 경우의 근로계약기간에 대해서는 특별한 내용을 규정하고 있지 않으므로 회사가 부사장의 잔여 임기에 맞추어 甲의 근로계약기간을 1년으로 설정하고 그에 따라 甲을 다시 계약직 운전기사(1년의 기간제근로자)로 직접 고용한다고 해도 현행법적으로 명백히 위반이 되는 것은 아니다. 다만, 보는 이의 견해에 따라서는 근로기간도 근로조건으로 해석될 수 있다는 점에서 회사는 甲과 동종 또는 유사업무를 수행하는 근로자와 비교했을 때 차별적인 요인이 발생하지 않도록 유의해야 할 것이다.

41

노동조합법상 근로자

"회사와 근로계약을 체결하지 않은 사람도 조합원이 될 수 있나요?"

상담사례(Question)

얼마 전 신문에서 골프장 캐디는 사용자와 근로계약을 체결한 근로기준법상 근로자는 아니지만, 노동조합법상 근로자에는 해당한다는 취지의 대법원 판결내용을 보았습니다. 저희 회사에도 파견 · 용역(하청) · 위임 등 직접 근로계약을 체결하지 않은 분들도 함께 일하고 있습니다. 그렇다면 파견 · 용역(하청) · 위임 등의 형태로 일하는 분들도 모두 저희 회사와의 관계에서 노동조합법상 근로자에 해당하는 것인지 궁금합니다.

근로자에 관한 법률규정

근로기준법 제2조 제1항 제1호는 "근로자란 직업의 종류와 관계없이 임금을 목적으로 사업이나 사업장에 근로를 제공하는 자를 말한다.", 노동조합 및 노동관계조정법(이하, '노동조합법') 제2조 제1호는 "근로자라 함은 직업의 종류를 불문하고 임금 · 급료 기타 이에 준하는 수입에 의하여 생활하는 자를 말한다."라고 각각 근로자를 정의하고 있다.

근로기준법과 노동조합법에 규정된 근로자의 정의는 언뜻 보면 거의 유사하지만 약간의 차이가 있다. 근로기준법상 근로자는 '임금', '사업(사업장)', '근로를 제공하는 자'라는 범위에 한정되어 있고, 노동조합법상 근로자는 '임금·급료 기타 이에 준하는 수입', '생활하는 자'라고 하여 문언상으로 근로기준법보다 유연한 기준에서 근로자를 정의하고 있다.

학계의 견해

근로기준법과 노동조합법의 근로자는 서로 구별된다는 것이 학계의 대체적인 입장이다. 학계에서 근로기준법상 근로자는 사용자와 직접적인 근로계약관계에 있는 자로 본다. 한편 사용자와 근로계약관계에 있지 않더라도 근로의 의사를 가지고 임금 이외의 수입으로 생계를 유지하는 자(예컨대, 자영업자, 특수형태근로종사자, 실업자 등)라면 노동조합법상 근로자에 포함될 수 있다고 본다.[63]

이와 같은 학계의 입장은 근로기준법과 노동조합법의 입법목적에 차이가 있다는 점을 주된 근거로 한다. 근로기준법은 최저 근로조건의 강제를 입법목적으로 하는 만큼 근로계약관계에 있는 자만을 근로자로 인정할 수 있는 반면, 노동조합법은 노동3권의 보장을 입법목적으로 하기 때문에 사용자와 근로계약관계에 있지 않더라도 임금·급료 기타 이에 준하는 수입에 의해 생활하는 자도 노동조합법상 근로자로 인정된다는 것이다.[64]

---

63) 동일한 견지에서 "문언상으로는 노동조합법상의 근로자의 경우 특정한 사용자와의 종속관계가 요구되지 않는 것으로 보인다."라는 평가가 있다(김성식·고수현, "노동조합법상 기업별 노동조합에서의 근로자 개념 -대상판결 : 대법원 2004. 2. 27. 선고 2001두8568 판결-", 『노동법실무연구(제1권)』, 노동법실무연구회, 2011, 567면).

64) 김유성, 『노동법(Ⅱ)』, 법문사, 2000, 55면; 이병태, 『최신노동법』, ㈜중앙경제, 2008, 62면.

대법원의 판례

대법원의 판례는 "계약의 형식이 민법상의 고용계약인지 또는 도급계약인지에 관계없이 그 실질에 있어 근로자가 사업 또는 사업장에 임금을 목적으로 종속적인 관계에서 사용자에게 근로를 제공하였는지 여부에 따라 판단하여야 한다."라는 입장[65]에서 사용자와 '근로계약관계'[66]에 있는 자를 근로기준법상의 근로자로 인정하고 있다.

이와 같은 기준에 따라 대법원의 판례는 보험설계사,[67] 레미콘 운전기사,[68] 골프장 캐디,[69] 학습지 교사[70] 등 이른바 '특수형태근로종사자'는 사용자와의 근로계약관계가 인정되지 않는다는 점에서 근로기준법상 근

---

65) 이와 같은 대법원의 입장은 대법원 1994. 12. 9. 선고 94다22859 판결에서 처음으로 통일된 기준이 제시되었고, 그 후 같은 취지의 판결이 계속 이어지고 있다. 대법원의 판례는 근로기준법상 근로자를 판단하는 구체적인 기준으로 업무의 내용이 사용자에 의하여 정하여지고 취업규칙 또는 복무(인사)규정 등의 적용을 받으며 업무수행과정에 있어서도 사용자로부터 구체적, 개별적인 지휘 · 감독을 받는지 여부, 사용자에 의하여 근무시간과 근무장소가 지정되고 이에 구속을 받는지 여부, 근로자 스스로가 제3자를 고용하여 업무를 대행케 하는 등 업무의 대체성 유무, 비품, 원자재나 작업도구 등의 소유관계, 보수의 성격이 근로 자체의 대상적 성격이 있는지 여부와 기본급이나 고정급이 정하여져 있는지 여부 및 근로소득세의 원천징수 여부 등 보수에 관한 사항, 근로제공관계의 계속성과 사용자에의 전속성의 유무와 정도, 사회보장제도에 관한 법령 등 다른 법령에 의하여 근로자로서의 지위를 인정받는지 여부, 양 당사자의 경제 · 사회적 조건 등을 제시하고 있다.

66) 여기에서 근로계약관계는 근로자와 사용자가 반드시 '명시적인 근로계약'을 체결해야 하는 것은 아니고, (그 계약의 형식이 도급계약, 위임계약 등 인지에 관계없이) 근로계약으로 인정될 수 있는 실질을 갖추면 대법원은 해당 계약관계를 '실질적 · 묵시적인 근로계약관계'로 인정하고 있다(대법원 2001. 6. 26. 선고 99다5484 판결; 대법원 2002. 7. 26. 선고 2000다27671 판결; 대법원 2008. 5. 15. 선고 2008두1566 판결 등).

67) 대법원 2001. 1. 28. 선고 98두9219 판결.

68) 대법원 1997. 11. 28. 선고 97다7998 판결.

69) 대법원 1996. 7. 30. 선고 95누13432 판결.

70) 대법원 1996. 4. 26. 선고95다20348 판결.

로자에 해당되지 않는다는 입장을 유지하고 있다.

또한 대법원의 판례는 "노동조합의 구성원인 근로자와 사용자 사이에는 고용에 따른 종속관계가 있어야 하고 이러한 관계가 없는 자는 노동조합법이 정한 적법한 노동조합을 조직할 수 없다."라는 입장에서 노동조합법상 근로자에 해당하는지 여부를 판단하고 있다.[71] '고용에 따른 종속관계'는 실질적으로 근로계약관계를 의미하므로 결국 대법원이 노동조합법상 근로자를 판단하는 기준과 근로기준법상 근로자를 판단하는 기준은 동일하다고 할 수 있다(판단기준 : 근로계약관계의 존부).

대법원의 판례에 따르면, 사용자와 근로계약관계가 인정되는 자에 한해서만 해당 사용자와의 관계에서 근로기준법과 노동조합법의 근로자로 인정될 수 있다.[72]

산업별 노동조합을 전제로 한 예외적인 판례

상기 대법원의 일관된 판례는 사용자와 근로자가 1:1의 근로계약을 체결한 일반적인 '기업별 노동조합'을 전제로 한 것이다. 이와 달리 산업별·직종별·지역별 노동조합(이하, '산업별 노동조합')을 전제로 특정 사업주와 근로계약을 체결하지 않는 자를 노동조합법상 근로자로 인정한 일부 예외적인 판례가 있다.

대법원 2004. 2. 27. 선고 2001두8568 판결은 "원래부터 일정한 사

---

71) 대법원 1970. 7. 21. 선고 69누152 판결; 대법원 1992. 5. 26. 선고 90누9438 판결 등.

72) 물론, 실업자나 구직 중인 자도 산업별 노동조합의 차원에서는 노동조합법상 근로자로서의 지위를 누릴 수 있다(대법원 2004. 2. 27. 선고 2001두8568 판결). 언론에서 많이 거론되고 있는 '청년유니온'이나 '노년유니온'이 대표적인 사례라고 할 수 있다. 그러나 산업별 노동조합에 가입된 조합원이라고 해서 개별 사업주와 근로계약을 체결하지 않는 이상, 해당 개별 사용자와의 관계에서는 노동조합법상 근로자로 인정될 수 없다.

용자에의 종속관계를 필요로 하지 않는 산업별 노동조합의 경우에는 · · · 특정한 사용자에게 고용되어 현실적으로 취업하고 있는 자뿐만 아니라, 일시적으로 실업상태에 있는 자나 구직중인 자도 · · · 노동조합법상 근로자에 해당한다."라고 판시하였다. 최근 대법원 2014. 2. 13. 선고 2011다78804 판결도 비슷한 맥락에서 "(골프장 시설운영자가 골프장 캐디로 구성된 지역별 노동조합을) 노동조합으로 인정하여 단체협약과 별도의 합의나 노동쟁의 조정절차 등을 거쳐 왔고 (해당 골프장 캐디들은) 해당 (지역별) 노동조합 소속 조합원들로 활동하여 온 점에 비추어 골프장 캐디들을 (근로계약관계가 없는 이상 근로기준법상 근로자로 인정할 수는 없지만) 노동조합법상의 근로자로 인정할 수 있다."고 판시하였다.[73)]

이상, 근로기준법과 노동조합법의 근로자에 관한 법률규정, 학계의 견해, 대법원의 판례를 검토해 보았다. 근로기준법과 노동조합법의 근로자에 관한 법률규정은 내용이 분명치 않고, 그 2가지를 구별하는 학계의 견해와 법원의 판례도 일치하지 않아 인사실무상 혼선을 주고 있다.

그러나 최종적으로 대법원의 판례는 사용자와 근로계약관계에 있는 자만을 해당 사용자와의 관계에서 근로기준법과 노동조합법의 근로자에 해당한다고 보는 입장을 일관되게 유지하고 있다는 점을 주지하여야 한다. 단, 예외적으로 개별 사용자와 근로계약을 체결하지 않는 자에게도 산업별 노동조합을 조직하고 그에 가입할 수 있는 노동조합법상의 근로자 지위는 인정될 수 있다고 해석할 수 있을 것이다.[74)]

---

73) 물론, 이 판결은 골프장 캐디를 노동조합법상 근로자로 인정한 효시적인 판결은 아니다. 이미 대법원 1993. 5. 25. 선고 90누1731 판결에서 골프장 캐디가 노동조합법상의 근로자에 해당한다고 본 사례가 있다. 해당 판결은 대법원 1993. 5. 25. 선고 90누1731 판결의 논리를 좀 더 구체화하여 재확인한 판결이라고 볼 수 있다.

74) 좀 더 어려운 문제이기는 하지만 개별 사용자와 근로계약을 체결하지 않은 자가 산업별 노동조합에 가입한 후 해당 개별 사용자를 상대로 노동조합법상 근로자로서의 권리(예컨

요컨대, 이론적으로는 근로기준법과 노동조합법의 근로자가 구별될 수 있겠지만, 적어도 대법원의 판례는 사용자와 근로계약관계가 인정되는 자만을 기업별 노동조합의 해당 사용자와의 관계에서 근로기준법과 노동조합법의 근로자로 인정한다.[75] 산업별 노동조합을 전제로 한 일부 예외적인 판례를 기업별 노동조합의 사례에 확대 적용할 수는 없다. 상기 사례에서 사용자와 직접 근로계약을 체결하지 않고, 파견 · 용역(하청) · 위임 등의 계약형태로 일하는 자들은 원칙적으로 해당 사용자와의 관계에서 노동조합법상 근로자에 해당하지 않는다.

대, 단체교섭이나 쟁의행위)를 행사할 수 있는지 여부가 문제될 수 있다. 이에 대한 분명한 이론이나 판례는 없지만, 산업별 노동조합에 가입한 자라고 하더라도 근로계약을 체결하지 않은 개별 사용자를 상대로 한 노동조합법상 근로자로서의 권리를 현실적으로 행사하는 것이 현행 노동법 체계하에서는 불가능하다고 판단된다. 예컨대, 골프장 캐디와 같은 특수형태근로종사자들이 조직 · 가입한 산업별 노동조합이 산업별 차원에서의 노동운동을 하는 것은 가능하겠지만, 근로계약관계가 없는 사용자에게 근로조건의 향상과 관련하여 단체교섭을 요구할 수는 없고 당연히 단체교섭 거부를 이유로 한 쟁의행위도 불가능하기 때문이다.

75) 개인적으로 학계의 노동조합법상 근로자에 관한 논의는 기업별 노동조합과 산업별 노동조합의 경우에서 노동3권의 구체적인 실현방식을 구체적으로 고려하여 각각 달리 판단해야 한다고 생각한다. 이에 관한 인사실무상 혼선이 발생하지 않도록 좀 더 명확한 이론과 판례를 정립하는 것은 노동법학에 있어서 향후 중요한 과제일 것이다.

42

단체교섭의 사용자

"협력사의 노동조합과도 단체교섭을 해야 하나요?"

상담사례(Question)

회사 내에 협력사 직원들로 구성된 노동조합이 있습니다. 최근 협력사의 노동조합이 대법원 판례가 '실질적 지배력'을 행사하는 자를 사용자로 인정하고 있으므로, 저희 회사 역시 자신들과 단체교섭을 해야 한다는 취지의 공문을 보내왔습니다. 저희 회사는 협력사와 용역(도급)계약을 체결하여 회사 업무 중 일부를 수행하도록 할 뿐, 협력사 직원들과 근로계약을 체결하거나 직접적인 지휘 · 감독을 행사하고 있지 않습니다. 이와 같은 경우, 회사는 어떤 입장을 취하면 좋을지 의견을 부탁 드립니다.

단체교섭의 당사자로서 사용자

단체교섭의 당사자는 '단체교섭의 주체'로서 단체교섭의 법적 효과가 귀속되는 자를 의미한다. 즉, 단체교섭의 당사자란 자기 이름으로 단체교섭을 하고 단체협약을 체결할 수 있는 자를 말한다.

헌법 제33조 제1항은 "근로자는 근로조건의 향상을 위하여 자주적인 단결권 · 단체교섭권 및 단체행동권(노동3권)을 가진다."라고 규정하고 있지만, 노동조합법 및 노동관계조정법(이하, '노동조합법')에서 정하는 단체교섭권의 행사는 '노동조합'만이 할 수 있다.[76] 근로자 '개인'은 단체교섭의 '당사자'가 아닌 '담당자'로서 단체교섭을 수행할 수 있을 뿐이다.[77] 따라서 근로자측에서는 '노동조합'이,[78] 사용자측에서는 '사용자'와 '사용자단체'가 단체교섭의 당사자가 된다.[79]

단체교섭에서 사용자는 노동조합과 집단적으로 근로조건을 결정하는 당사자를 뜻한다.[80] 단체교섭 당사자로서 사용자는 근로자와 근로계약을 체결한 근로계약의 당사자가 되는 것이 원칙이다.[81] 노동조합법의 사용자는 광의로는 사업주, 사업의 경영담당자 또는 그 사업의 근로자에 관한 사항에 대하여 사업주를 위하여 행동하는 자를 말하지만,[82] 단체교섭 당사자로서의 사용자는 기본적으로 협의의 사용자, 즉 사업주를 의미한다. 법인사업의 경우에는 법인 그 자체, 개인사업의 경우에는 사업주 개인이 단체교섭의 당사자로서 사용자가 되며, 사업의 일부 조직(사업소, 지점 등)이나 기관(이사, 사업소장 등)은 단체교섭 당사자로서 사용자가 아니다.[83]

---

76) 임종률, 『노동법(제10판)』, 박영사, 2012, 108면.

77) 단체교섭의 '당사자(當事者)'와 '담당자(擔當者)'의 개념은 엄연히 구별된다. 단체교섭의 담당자는 단체교섭을 사실행위로서 직접 담당하는 자로서 노동조합의 대표자, 노동조합의 수임인 및 사용자, 사용자단체의 대표자 및 사용자(단체)의 수임인 등이 있다.

78) 단체의 명칭이나 형태에 관계 없이 그 단체가 실질적 요건과 조직을 갖추어 '노동조합'으로서 실체성을 갖추면 단체교섭의 당사자가 될 수 있다. 예컨대, 노동조합으로서 실체성을 갖춘 산업별 노동조합의 하부단체인 지부·분회는 단체교섭의 당사자로 인정되며(대법원 선고 2001. 2. 23. 선고 2000도4299 판결), 노동조합으로서 실체성을 갖추지 못한 '일시적 쟁의단(爭議團)'은 단체교섭의 당사자로 인정되지 않는다(대법원 1997. 2. 11. 선고 96누2125 판결).

79) 노동조합법 제29조 제1항, 제30조 제1항 및 제2항.

80) 권혁, 『단체교섭제도와 원하청관계』, 법문사, 2012, 14면.

81) 이상윤, 『노동법(제6판)』, 법문사, 2011, 616면.

82) 노동조합법 제2조 제2호.

83) 임종률, 『노동법(제10판)』, 박영사, 2012, 115면.

학계의 견해

학계에서는 대체로 노동조합법상 단체교섭의 당사자로서의 사용자는 반드시 근로계약의 체결여부에 국한될 필요가 없다는 입장을 취하고 있다.

단체교섭은 노사간 주장이 대립하는 사항에 관하여 합의를 형성하려는 사실행위라는 점에서 단체교섭의 상대방이 되는 사용자를 엄밀한 의미에서는 근로계약의 당사자에 한정할 필요는 없다는 견해,[84] 집단적 노사관계는 개별 근로자의 근로조건(고용 보장 · 안정 포함)에 관한 단체교섭을 중심으로 전개되므로 단체교섭 주체로서의 사용자는 해당 근로자의 근로조건에 대하여 실질적 지배력을 가지는 자를 말한다고 보는 견해,[85] 노동조합법의 사용자 개념은 노동조합법이 설정하고 있는 단체교섭 · 단체협약 등 제도의 취지에 비추어 합목적적으로 해석되어야 할 것이고 근로기준법상 근로계약관계의 당사자로 되는 사용자 개념의 틀 안에서 제한적으로 이해하는 것은 부당하다는 견해[86] 등이 있다.

반면, 단체교섭의 당사자로서 사용자와 근로계약의 상대방으로서의 사용자가 개념상 다르다고 보기 어렵다는 견해도 있다.[87] 단체교섭제도가 근로계약과 그 효과(규범적 효력)면에서 밀접하게 관련되어 있으므로 양자를 별개로 파악할 수 없다고 보는 것이다. 단체교섭을 한다는 것은 곧 근로계약의 내용을 새롭게 형성하거나 그 내용을 변경하는 과정이라는 점에서 단체교섭의 당사자로서 사용자와 근로계약의 상대방으로서 사용자가 개념적으로 동일하다는 입장이다.

---

84) 김유성, 『노동법Ⅱ』, 법문사, 1996, 123~124면.
85) 임종률, 『노동법(제10판)』, 박영사, 2012, 263면.
86) 김형배, 『노동법(제21판)』, 박영사, 2012, 27면.
87) 권혁, 『단체교섭제도와 원하청관계』, 법문사, 2012, 14면.

대법원 판례와 고용노동부 행정해석

대법원의 판례는 단체교섭의 당사자가 되는 노동조합법의 사용자 개념을 근로자와의 사이에 '명시적 · 실질적 · 묵시적인 근로계약관계(이하, '근로계약관계')가 있는 경우로 한정하고 있다.[88)]

"노동조합법 제2조 제2호는 사용자라 함은 사업주, 사업의 경영담당자 또는 그 사업의 근로자에 관한 사항에 대하여 사업주를 위하여 행동하는 자를 말한다고 규정하면서, 같은 법 제29조 제1항에서는 노동조합의 대표자는 그 노동조합 또는 조합원을 위하여 사용자나 사용자단체와 교섭하고 단체협약을 체결할 권한을 가진다고 규정하고, 같은 법 제81조 제3호에서는 사용자가 노동조합의 대표자 또는 노동조합으로부터 위임을 받은 자와의 단체협약체결 기타의 단체교섭을 정당한 이유 없이 거부하거나 해태 하는 행위를 부당노동행위의 하나로 규정함으로써 사용자를 노동조합에 대응하는 단체교섭의 당사자로 규정하고 있으므로, 위와 같은 법 조항에 규정한 '사용자'라 함은 근로자와의 사이에 사용종속관계가 있는 자, 즉 근로자와의 사이에 그를 지휘 · 감독하면서 그로부터 근로를 제공받고 그 대가로서 임금을 지급하는 것을 목적으로 하는 명시적이거나 묵시적인 근로계약관계를 맺고 있는 자를 말한다."라는 것이 대법원 판례의 일관된 입장이다.[89)]

고용노동부의 행정해석도 대법원 판례의 입장과 동일한 입장에서 "노동조합법 제29조 제1항에 따라 노동조합의 단체교섭 및 단체협약 체결요구에 응하여야 할 사용자는 원칙적으로 근로계약에 의하여 근로자를 채용

88) 김영문 · 이정 · 이상윤, 『부당노동행위제도와 원하청관계』, 법문사, 2012, 30면; 김정숙, "간접고용과 집단적 노사관계의 문제(사용자 개념을 중심으로)", 『행정재판실무연구 Ⅱ(재판자료 제114집)』, 법원도서관, 2008, 585면.

89) 대법원 1986. 12. 23. 선고 85누856 판결; 대법원 1993. 11. 23. 선고 92누13011 판결; 대법원 1995. 12. 22. 선고 95누3565 판결; 대법원 1997. 9. 5. 선고 97누3644 판결; 대법원 2008. 9. 11. 선고 2006다40935 판결 등.

하는 계약상의 당사자로서 통상 근로조건의 결정권이 있고 단체협약상의 권리와 의무를 부담하는 자라고 할 것이다."라고 의견을 밝히고 있다.[90]

요컨대, 학계에서는 근로계약의 체결여부에 관계 없이 근로조건에 '실질적 지배력'을 행사하는 자를 사용자로 보아야 한다는 이른바 '실질적 지배력설'의 입장을 취하고 있지만, '실질적 지배력설'은 오래 전 일본 학계에서 우리나라로 소개된 이후로 여전히 논의단계에 있는 법 이론이다.[91] 실무적으로는 근로자와 근로계약관계에 있는 사용자만이 해당 근로자들로 조직된 노동조합과 단체교섭을 실시할 의무가 있다는 것이 대법원 판례와 고용노동부 행정해석의 명확한 입장이다. 일부 노동법 교육이나 언론 보도에서 '실질적 지배력설'을 무비판적으로 원용하면서 근로자와 근로계약관계가 없는 자도 단체교섭에서 사용자가 된다고 설명하는 것은 인사실무상의 혼선을 야기하는 무책임한 태도이다.

상기 사례에서 회사는 협력사 근로자들과 근로계약관계에 있는 사용자가 아니므로 해당 협력사의 노동조합과 단체교섭을 실시할 법적 의무가 없다. 이러한 해석이 대법원 판례와 고용노동부 행정해석의 분명한 입장이라는 점을 다시 한 번 상기할 필요가 있다.

---

90) 노동조합과-117, 2008. 3. 12.

91) 물론, '실질적 지배력설'을 원용하면서 하청근로자와 근로계약관계가 없는 원청사업주를 부당노동행위(지배 · 개입)에 대한 구제명령을 이행하여야 할 사용자로 판단한 사례(대법원 2010. 3. 25. 선고 2007두8881 판결)가 있는 것은 사실이다. 그러나 해당 사례는 부당노동행위 중 지배 · 개입의 유형에 국한된 이례적인 1건의 대법원 판결로서 단체교섭의 해석과는 연계성을 찾기 어렵다(이 판결의 구체적인 분석에 관해서는, 황태윤 · 류문호 · 안성호 · 양랑해, "원청사업주의 부당노동행위에 대한 형사처벌과 죄형법정주의", 『홍익법학(제14권 제4호)』, 홍익대학교 법학연구소, 2013. 참조). 현재까지 근로자와 근로계약관계가 없는 자를 단체교섭 당사자인 사용자로 인정한 대법원 판결은 존재하지 않는다.

43. 직장의 내기문화: "월드컵 축구 내기, '1명당 5만원' 이면 도박 아닌가요?"

44. 미스터리 쇼퍼: "손님인척 하면서 매장 직원들을 몰래 관찰해도 되나요?"

45. 이메일 모니터링: "회사가 정보보안을 위해 직원들의 전자우편을 열람하면 불법인가요?

46. 경업금지 약정: "경업금지의무를 위반한 퇴직자에게 퇴직위로금 전액반납을 요구할 수 있나요?"

47. 사이닝보너스: "의무근무기간을 위반하여 사직한 직원에게 전속계약금의 반환을 청구할 수 있나요?"

48. 사내 불륜: "회사 동료간 불륜행위가 발생했을 경우, 해당자를 징계해도 되나요?"

49. 강제추행죄: "뒤에서 껴안으려다 멈추어도 법적으로 죄가 되나요?"

50. 사내 동호회와 산재: "직원들이 회사 산악회 활동 중 사고가 발생하면 회사에 책임이 있나요?"

43

직장의 내기문화

"월드컵 축구 내기, '1명당 5만원'이면 도박 아닌가요?"

상담사례(Question)

월드컵 시즌에 돌입하면서 직원들 사이에 돈을 걸고 승패와 점수를 맞추는 내기가 유행하고 있습니다. 최근 한 부서에서는 1명당 5만원씩 월드컵 축구 내기를 했는데, 예상 밖의 이변이 발생하여 네덜란드가 스페인을 5:1로 승리하는 것에 돈을 걸었던 직원 한 명이 총 70만원이 넘는 금액을 받아 회사 내에서 화제가 되기도 했습니다. 축구를 좋아하는 일부 직원들을 중심으로 대한민국의 경기뿐만 아니라 다른 나라의 경기들에 대해서도 상당히 큰 금액의 내기가 계속 이루어지는 듯 합니다. 단순한 오락 차원에서 이해할 수도 있지만, 내기 금액이 너무 큰 경우에는 회사 차원에서 어떻게 대응을 하는 것이 좋을지 문의를 드립니다.

오락과 도박 사이

우리나라는 '내기문화' 에 상당히 관용적인 사회인 것 같다. 명절에 가족 · 친지들이 옹기종기 모여 앉아 고스톱이나 윷놀이를 하는 것은 미풍양속으로 그려져 왔고, 학창시절에 '사다리 타기' 로 음료나 과자를 몽땅

사야 했던 추억을 떠올리는 사람들도 많을 것이다. 회사에서 내기로 돈을 딴 사람이 '한 턱' 쏘는 모습은 화기애애한 조직문화를 떠올리게 하는 장면이기도 하다. 부모와 자식간에도 시험성적을 두고 일정한 점수를 기준으로 내기를 하여 가족의 화합(?)을 이루어 가기도 하는 것이 우리 사회의 일상적인 모습이다.

그런데 내기문화만큼 우리나라의 도박 문제 역시 꽤 빈번하게 발생한다. 많은 사람들이 막대한 사이버머니가 오고 가는 온라인 게임을 하고 있으며, 여전히 경마장은 거액의 돈을 배팅하는 사람들로 주말마다 북적거린다. 주변을 가만히 둘러보면 형식은 오락이라고 하지만 실상은 사행성 게임장인 곳들이 버젓이 영업을 하는 모습을 심심치 않게 볼 수 있다.

어떤 사람들에게는 '오락' 인 것이 또 다른 사람의 관점에서는 '도박' 이 되어 사회적인 비판을 받거나 심할 경우 형사처벌을 받기도 한다.

도박의 법적 의미와 판단기준

형법 제246조(도박, 상습도박)는 "① 도박을 한 사람은 1천만원 이하의 벌금에 처한다. 다만, 일시(적인) 오락 정도에 불과한 경우에는 예외로 한다. ② 상습으로 제1항의 죄를 범한 사람은 3년 이하의 징역 또는 2천만원 이하의 벌금에 처한다."라고 규정하고 있다.

형법 제246조에서 '도박' 은 재물을 걸고 우연에 의하여 재물의 득실을 결정하는 것을 말한다. '우연' 은 주관적으로 당사자에게 있어서 확실히 예견 또는 자유로이 지배할 수 없는 사실에 관하여 승패를 결정하는 것을 말하고, (객관적으로 불확실할 것을 요구하지 아니하여) 당사자의 능력이 승패의 결과에 영향을 미친다고 하더라도 다소라도 우연성의 사정에 의하여

영향을 받게 되는 때에는 도박죄가 성립할 수 있다.[1)]

형법 제246조가 도박을 죄로 처벌하는 이유는 정당한 근로에 의하지 아니한 재물의 취득을 처벌함으로써 경제에 관한 건전한 도덕법칙을 보호하는데 있다. 따라서 그 처벌은 헌법이 보장하는 국민의 행복추구권이나 사생활의 자유를 침해할 수 없고, 일반 서민대중이 여가를 이용하여 평소의 심신의 긴장을 해소하는 일시적인 '오락'은 법적으로 처벌받지 않는다.[2)]

도박과 오락은 어떤 기준에서 구별이 될 수 있을까? 이에 대해서 형법은 구체적인 규정을 두고 있지 않다. 법원 판례[3)]도 "도박죄(에 있어서 위법성의 한계)는 도박의 시간과 장소, 도박자의 사회적 지위 및 재산 정도, 재물의 근소성, 그밖에 도박에 이르게 된 경위 등 모든 사정을 참작하여 구체적으로 판단하여야 한다."라고 하여 포괄적인 판단기준만을 제시하고 있을 뿐이다. 따라서 해당 행위가 도박인지 오락인지 여부는 구체적인 사실관계에 따라서 각기 달리 판단된다.

도박이 아닌 '일시적인 오락이라고 본 법원 판례'로는 ① 친목회 모임에서 다른 회원을 기다리는 사이 2점당 500원짜리 속칭 고스톱을 한 사례,[4)] ② 작업을 나간 차량이 돌아오기를 기다리는 동안 무료함을 달래기 위하여 자신들이 취식한 막걸리, 음료수의 값 4천원 상당을 각출하기 위하여 1회 3점에 300원씩, 판돈 합계 8,500원 상당의 화투를 한 사례,[5)] ③ 공영주차장 관리사무실에서 면식 있는 사람들과 카드 52장을 사용하여 1회에 1,000원 내지 4,000원을 걸고 30여 회에 걸쳐 속칭 '훌라'를

1) 대법원 2008. 10. 23. 선고 2006도736 판결.
2) 대법원 1983. 3. 22. 선고 82도2151 판결.
3) 대법원 1985. 11. 12. 선고 85도2096 판결.
4) 서울형사지법 1993. 7. 8. 선고 93노1220 판결.
5) 대법원 1984. 4. 24. 선고 84도324 판결.

한 사례[6] 등이 있다.

반면, 법원이 일시적인 오락이 아닌 '도박이라고 본 법원 판례'로는 ① 화투 48매 중 비, 오동을 제외한 화투 20매를 사용하여 1회에 10,000원 내지 50,000원씩을 걸고 수 십 회에 걸쳐 속칭 '도리짓고땡'을 한 사례,[7] ② 실내낚시터를 운영하는 사람이 물고기에 번호표를 부착하여 손님들이 낚은 물고기에 부착된 번호가 시간별로 우연적으로 변동되는 시상번호와 일치하는 경우 손님들에게 최대 300만원 상당의 문화상품권이나 주유상품권을 지급한 사례,[8] ③ 골프장에서 각자 핸디캡을 정하고 홀마다 또는 9홀마다 별도의 돈을 걸고 총 26 내지 32회에 걸쳐 합계 최고 8억여원 상당의 내기 골프를 한 사례[9] 등이 있다.

법원 판례는 대체로 사회상규상 그 금액이 크지 않은 경우에는 도박이 아닌 오락으로 판단하는 경향에 있다.

그러나 실제 일선에서 도박을 단속하는 경찰의 입장은 다르다. 언론기사에 따르면, 경찰은 인력사무소에서 판돈의 합계가 74,000원인 고스톱을 친 일용직 근로자 3명에게 도박죄를 적용하여 입건했다. 해당 일용직 근로자들은 심심풀이로 점당 100원 내기를 했다면서 억울함을 호소하였지만, 경찰은 일용직 근로자가 수입이 비교적 적고 일정하지 않은 직업인 점을 고려할 때 1명당 약 25,000원의 판돈은 결코 적은 돈이 아니라고 판단했다고 한다. 또한 단속현장에 원탁이 마련되어 상습적으로 도박이 이뤄졌던 것으로 보이는 점도 도박죄 적용의 한 이유였다고 한다.[10] 경찰은 일반적으로 판돈규모가 20만원 이하이고 참가자들이 도박전과가 없는 경

---

6) 부산지방법원 2008. 1. 28. 선고 2007고정4739 판결.

7) 대법원 1990. 12. 11. 선고 90도2250 판결.

8) 대법원 2009. 2. 26. 선고 2008도10582 판결.

9) 대법원 2008. 10. 23. 선고 2006도736 판결.

10) news1, "일용직 근로자 '점당 100원 고스톱'은 도박 ··· 왜", 2014. 2. 6.

우에는 훈방 또는 즉결심판에 회부하고 있으며, 20만원 미만이더라도 참가자들 가운데 도박전과자가 있는 경우 '상습도박' 협의로 형사입건 될 수 있다고 밝히고 있다.[11)]

월드컵 축구 내기의 도박죄 성립 가능성

그렇다면 월드컵 축구 내기도 도박죄가 성립할 수 있을까?

이와 관련하여 경찰청장은 언론사 기자들과의 간담회에서 "월드컵을 맞아 가벼운 식사나 술값 내기 정도는 도박으로 보지 않지만, 인터넷 등 매개체를 이용해 사람을 모으는 행위는 도박으로 간주해 처벌될 수 있다."라고 설명했다. 또한 경찰청은 "재산을 늘리기 위한 목적에서 재산을 승자가 모두 가져가면 도박이 되지만, 판돈의 액수가 크지 않고 일회성 내기에 그친다면 도박이라고 보긴 어렵다."고 입장을 밝혔다고 한다.[12)] 즉, 회사 동료들과 술값이나 밥값 등 바로 그 자리에서 써서 없애는 형태의 소액 내기는 도박이 아니라 단순한 오락으로 간주되지만, 불특정 다수를 참여시키거나 판돈이 '사회상규'에 비춰 지나치게 크다고 판단되면 불법으로 간주될 수 있는 가능성이 충분하다.

통상 회사에서 동료들끼리 재미 삼아 월드컵 축구 내기를 하고 퇴근 후에 내기에서 이긴 사람의 주최로 회식을 하여 친목을 도모하는 것은 도박이 아닌 일시적인 오락이라고 보아야 할 것이다. 그러나 상기 사례와 같이 축구 내기가 1명당 5만원, 내기 판돈의 합계가 70만원이 초과하는 경우라면 사회상규에 비추어 보았을 때 상당히 큰 금액이다. 더구나 그와 같은 축구 내기가 일회성에 그치지 않고 월드컵 기간 내내 지속적으로 이

11) 머니투데이, "설날 가족끼리 오손도손 '점 100원 화투판' 도박?", 2014. 1. 30.
12) 한겨레, "월드컵 축구 내기 ··· 오락과 도박 사이", 2014. 6. 23.

루어지는 것이라면 일시적인 오락이 아닌 도박으로 적발될 가능성도 배제할 수 없다. 따라서 통상적인 수준에 보았을 때, 지나치게 큰 금액을 걸고 반복적으로 축구 내기를 하는 행위는 법적으로 일시적인 오락이 아닌 도박이 될 우려가 있다는 점을 회사의 근로자들에게 환기시키는 것이 바람직하다.

저자 역시 신입사원 시절, 회사에서 축구 뿐만 아니라 다양한 소재의 내기에 반강제적(?)으로 자주 참여해야만 했다. 대체로 직장 선배들이 내기를 주도하였는데, 소위 '딸 만한 스코어'에는 대부분 선배들이 먼저 돈을 걸었기 때문에 이변이 발생하지 않는 이상 신입사원인 저자는 내기에서 돈을 잃는 경우가 많았다. 내기에서 이긴 선배들이 그 날 저녁 식사와 술을 사는 것이 관례이기는 했지만, 저자로서는 돈도 잃고 새벽까지 술도 마셔야 하는 말 못할 이중고를 겪어야만 했던 기억이 난다.

회사 생활에서 발생하는 스트레스도 풀고 동료들과 친목도 다질 수 있는 측면에서의 월드컵 내기는 오락으로서 분명 긍정적인 측면이 있다. 그러나 내기가 도박에 해당되는지 여부는 차치하더라도 과연 그러한 내기가 조직문화 관점에서 바람직한 것인지에 대해서는 다시금 생각을 해 볼 필요가 있다. 저자의 과거 경험과 같이 일부 선배들이 주도하는 내기에 휩쓸려 또 다른 이중고를 겪고 있는 근로자들이 다수일지도 모르는 일이기 때문이다. 인사보감

44

미스터리 쇼퍼(Mystery Shopper)

"손님인척 하면서 매장 직원들을 몰래 관찰해도 되나요?"

상담사례(Question)

저희 회사는 전국에 50여 개 영업점을 운영하고 있는 리테일 기업입니다. 개별 매장의 고객서비스 경쟁력 강화를 위해 '미스터리 쇼퍼' 제도를 도입하고자 합니다. 미스터리 쇼퍼의 운영이 법적으로 문제될 수 있는지, 인사관리상 미스터리 쇼퍼를 어떻게 운영하는 것이 바람직한지에 관해서 조언을 부탁드립니다.

미스터리 쇼퍼란?

'미스터리 쇼퍼'는 일반 고객으로 가장하여 매장 근로자의 친절도, 판매기술, 상황에 따른 대응태도, 분위기 등 회사에서 정한 서비스 항목을 점검한 후 평가하는 사람을 말한다.

미스터리 쇼퍼는 매장 위치, 근로자 수, 제품 등에 대한 체크리스트를 미리 작성한 뒤, 매장을 방문하여 근로자에게 제품에 대하여 물어보고, 구매를 하고, 환불을 요구하는 등 실제 고객이 하는 행동을 한다. 그 과정에서 매장 근로자들의 반응과 서비스, 제품에 대한 지식, 청결상태, 발생한 상황의 전말이나 개인적으로 느낀 점들을 종합적으로 점검 후 평가하는 것이 미스터리 쇼퍼의 역할이다.[13] 이에 미스터리 쇼퍼를 '내부 모니터링 요원' 이라고도 한다.

미스터리 쇼퍼는 서비스에 대한 소비자의 평가가 기업 매출에 큰 영향을 미치면서 생겨난 직업으로 프랑스의 '가이드 미슐랭(Guide Michelin)' 이 미스터리 쇼퍼를 활용해 세계 각국 레스토랑들의 랭킹을 매기는 것으로 유명해졌다.[14] 최근 국내에서도 외식업체, 금융회사, 백화점, 대형마트, 병원, 공항 등 고객서비스가 주된 업무인 여러 분야로 미스터리 쇼퍼의 활용이 확산되고 있다.

미스터리 쇼퍼를 활용한 인사관리의 문제점

회사는 미스터리 쇼퍼가 직접 점검하여 작성한 '현장 보고서' 를 바탕으로 매장의 서비스 수준을 평가한다. 매장의 고객서비스를 확인하고 향상시키려는 데 목적이 있는 미스터리 쇼퍼의 활용은 회사의 효율적인 경영과 판매영업을 위해 그 필요성이 인정된다.

그러나 미스터리 쇼퍼의 활용이 매장의 서비스 수준 점검과 평가를 뛰어넘어 그 후속단계인 인사관리상의 조치(제재)로 이어지는 다음의 경우에는 문제가 발생할 여지가 있다.

첫째, 미스터리 쇼퍼가 통상적으로 수인(受忍)하기 힘든 악의(惡意)적인 고객 행동을 일부러 실시하여 매장 근로자가 사규(社規)나 서비스 지침을 위반하도록 유도하는 경우이다.[15] 이 때 사규나 서비스 지침 위반행

---

13) 두산백과사전.

14) 시사상식사전, 박문각.

15) 예를 들어, 미스터리 쇼퍼가 백화점 화장품 매장에 찾아가 상품을 구매하면서 판매사원

위를 이유로 회사는 매장 근로자에게 징계와 같은 인사상 제재를 가할 수 있다. 그러나 법원이나 노동위원회는 매장 근로자의 해당 행위가 회사에 의해서 고의적으로 유도된 것이라는 점에서 징계(인사상 제재)의 정당성을 인정하지 않을 가능성이 높다.[16)]

둘째, 미스터리 쇼퍼가 '365일' 상시적으로 매장 근로자들의 근무태도와 서비스 수준을 '감시'하여 그 결과를 인사평가에 반영하는 경우이다. 근로자들에 대한 인사평가의 형태와 방식은 전적으로 회사의 인사권에 속하므로 미스터리 쇼퍼에 의한 상시적인 평가 자체가 위법이라고는 보기 어렵다. 그러나 매장 근로자들이 근무시간 중 잠시 화장실에 다녀오거나 휴식을 취하는 행동까지 감시를 하는 식으로 미스터리 쇼퍼를 과도하게 운영할 경우 그로 인해 근로자들이 심리적 압박감 · 피로를 극심하게 느꼈다면, (정신)건강권 · 프라이버시권 · 휴식권을 침해하였다는 이유로 근로자의 인권 침해 문제가 발생할 수 있다.[17)]

셋째, 판매업무 등을 도급의 형태로 수급회사(협력업체)에게 맡긴 경우에 있어 도급회사의 미스터리 쇼퍼가 수급회사 근로자들이 근무하고 있는 매장에 나가서 직접적으로 점검한 뒤, 그 결과를 수급회사 근로자들의 인사평가에 반영하는 경우이다. 이 때 도급회사가 미스터리 쇼퍼의 점검결과 수급회사와 재계약 여부를 결정하기 위한 자료로 활용하는 것은 도급

에게 과도한 샘플을 요구하는 경우 또는 자동차 전시장에 찾아가 영업사원에게 회사가 정한 판매조건을 위반하는 수준의 구매할인을 요구하는 경우를 말한다.

16) 다만, 회사의 지속적인 교육에도 불구하고 영업방침의 위반행위가 빈번하게 발생해 왔고, 그와 같은 위반행위를 적발하는 것이 쉽지 않아 부득이하게 미스터리 쇼퍼를 활용할 경우에는 정당성이 인정될 수 있다(서울고등법원 2006. 7. 14. 선고 2006나9516 판결).

17) 현행법상 구체적인 적용규정은 없기 때문에 법원이나 노동위원회에서 직접적으로 문제될 가능성은 낮다. 그러나 근로자가 인권 침해를 이유로 국가인권위원회에 제소하거나 단체교섭 과정에서 근로자의 인권 보장을 주장하는 경우에는 문제화될 가능성이 있다.

회사의 정당한 권한 범위 내에 있다고 할 수 있다. 그러나 해당 결과를 곧바로 수급회사 근로자 개인에 대한 인사평가 자료로 사용하게 되면 도급회사가 수급회사 근로자의 '업무수행에 대한 평가권한'을 직접 행사한 것으로 간주되어 '불법파견(위장도급)'의 문제를 야기할 수도 있다.

미스터리 쇼퍼의 바람직한 운영방안

미스터리 쇼퍼의 운영은 매장의 고객서비스 수준을 점검하고 향상시키려는 목적에 국한하여 활용하는 것이 바람직하다.

미스터리 쇼퍼가 매장을 방문하여 작성한 현장 보고서는 서비스 개선방안 개진, 내부 직무교육, 매장 환경 정비 등에만 활용하고, 매장 근로자들에게도 미스터리 쇼퍼의 운영목적을 사전에 충분히 주지시키는 점이 중요하다. 최근 미스터리 쇼퍼를 운영하는 것이 매장 근로자들의 정신건강과 인권을 침해하는 '감시(행위)'라는 비판이 계속 제기되고 있으므로 상시 운영하기보다는 매장별(번화가, 변두리), 시기별(명절, 세일기간), 시간대별(개 · 폐장시간, 피크타임) 차이를 충분히 반영하여 탄력적으로 운영하는 것이 바람직하다. 아울러 수급회사 근로자들에 대한 미스터리 쇼퍼의 점검 결과는 수급회사의 서비스 품질을 평가하는 자료로만 활용하고, 수급회사 근로자 개인에 대한 인사평가 자료로 사용하는 것은 지양해야 한다.

요컨대, 미스터리 쇼퍼의 운영이 현행법상 직접적으로 금지되는 것은 아니므로 회사의 재량에 따라서 그 구체적인 시행방법을 결정하면 된다. 다만, 미스터리 쇼퍼를 활용함에 있어 ① 회사가 고의적으로 매장 근로자의 사규(서비스 지침) 위반행위를 유도하는 경우, ② 근로자의 인권(건강권, 프라이버시권, 휴식권 등)을 침해할 정도로 과도한 경우(감시의 수준), ③ 수급회사 근로자들에 대한 직접적인 지휘감독을 위해 활용된 경우(불법파견, 위장도급)에는 법적 문제를 야기할 수 있다는 점을 유념해야 한다. 인사보감

45

이메일 모니터링

"회사가 정보보안을 위해 직원들의 전자우편을 열람하면 불법인가요?"

상담사례(Question)

저희 회사는 정보보안을 위해서 직원들이 사용하는 이메일을 모니터링 하는 시스템을 도입하고자 합니다. 모니터링 시스템은 회사에서 생성해 준 이메일 계정을 포함하여 웹메일과 아웃룩 익스프레스에 대해서도 정보보안을 점검할 수 있습니다. 보다 구체적으로는 이메일의 제목과 본문에 대한 특정 단어를 검색하여 정보보안이 의심되는 경우에는 이메일의 내용과 첨부파일도 함께 점검할 수 있도록 시스템을 도입할 계획입니다. 이와 같이 이메일 모니터링 시스템을 도입하는 것이 법적으로 문제가 되는 부분은 없는지 조언을 부탁 드립니다.

재산권 vs. 사생활의 자유 · 통신비밀

이메일(e-mail)은 더 이상 새로운 정보화 수단이라고 말하기 어려울 정도로 일상적인 삶의 도구가 된지 오래다. 회사에서는 대부분의 업무가 이메일을 통해 이루어지고 있어 그 중요성이 매우 크다.

회사의 기밀정보나 영업비밀은 헌법 제23조[18]의 보호대상이 되는 재산권(기본권)으로서 근로자가 이메일을 통해 회사의 기밀정보를 외부에 유출하는 행위는 사용자의 재산권을 침해하는 것에 해당한다. 이는 최근 많은 회사들이 근로자들의 이메일에 대한 모니터링 시스템을 도입하여 활용[19]하는 근거가 되고 있다.[20]

한편, 근로자 개인의 입장에서는 사생활의 자유와 통신비밀의 보호가 헌법 제17조[21]와 제18조[22]에서 보장하는 기본권에 해당한다. 따라서 회사의 이메일 모니터링은 근로자 개개인의 사생활의 자유와 통신비밀의 보호에 대한 법익을 침해하는 위법한 행위가 될 수 있다는 문제점이 제기된다.

이와 같이 근로자의 이메일에 대한 회사의 모니터링은 사용자의 재산권 보호와 근로자 개인의 사생활의 자유 및 통신비밀의 보호라는 법익이 서로 충돌하는 사안에 해당한다. 두 보호법익 중 어느 것이 더 우위에 있는

---

18) 모든 국민의 재산권은 보장된다. 그 내용과 한계는 법률로 정한다.

19) 2006년 한국일보 보도에 따르면, 우리나라의 경우 대기업의 60%, 공기업의 30% 이상이 근로자들의 이메일을 모니터링하고 있으며, 다수의 기업들이 근로자들의 회사 이메일은 물론 개인 이메일이나 메신저의 사용도 모니터링하고 있는 것으로 조사되었다. 이들 회사는 인터넷 메신저 사용금지, 폐쇄회로 TV 설치, 컴퓨터 하드디스크 모니터링 등을 통해서도 근로자들의 행동을 사실상 통제하고 있는 것으로 조사되었다고 한다(이재용, “사업장에서 근로자의 통신 프라이버시 보호에 관한 연구 – 전화, e-mail, fax 등에 대한 통신제한조치의 적법성을 중심으로 –”,『연세대학교 법학연구』, 연세대학교 법학연구원, 2009, 361면). 최근 이와 관련하여 공식적인 통계조사는 없지만, 그러한 추세는 훨씬 더 증가하였다고 보아야 할 것이다.

20) 회사가 근로자 이메일에 대한 모니터링의 정당성을 주장하는 주요 근거로는 ① 기업의 품위와 이미지 보호, ② 근로자의 생산성 유지, ③ 이메일을 통한 성적 또는 다른 불법적인 행위의 방지 및 억제, ④ 회사의 영업비밀이나 유사한 사업상의 기업누설 방지, ⑤ 근로자가 타인의 소프트웨어를 불법복제하여 사용함으로써 발생할 수 있는 지적재산권 침해행위의 방지 등이 있다(Peter Kim, “직장 내에서의 e-메일 검열에 관한 미국법의 고찰”, 『법률신문』, 2002. 6. 6, 15면.

21) 국민은 사생활의 비밀과 자유를 침해 받지 아니한다.

22) 모든 국민은 통신의 비밀을 침해 받지 아니한다.

지 여부는 쉽게 단정할 수 없고, 그에 대한 법적 판단은 궁극적으로 양자의 합리적인 이익형량을 필연적으로 요구하게 된다.[23)]

위법한 이메일 모니터링에 대한 법의 제재

회사가 재산권의 보호 측면에만 치중하여 전면적인 '감시'의 수준과 내용으로 근로자의 이메일을 모니터링 하는 행위는 근로자 개인의 사생활의 자유 및 통신비밀의 보호라는 법익을 크게 침해하여 위법한 것으로 판단될 가능성이 매우 높다.

위법한 이메일 모니터링에 대해서는 민사적 책임과 형사적 책임이 부과될 수 있다. 민사적 차원에서 위법한 이메일 모니터링은 근로자 개인의 인격권 및 행복추구권, 사생활의 비밀 및 통신비밀의 자유를 침해하여 민법 제750조[24)]에 의한 불법행위가 성립하여 동법 제751조 제1항[25)]에 의한 손해배상청구가 가능하다.[26)] 형사적 차원에서는 형법 제316조 제2항(전자기록등내용탐지죄),[27)] 통신비밀보호법 제3조 제1항,[28)] 정보통신망 이용

---

23) 하경효, "새로운 근로감시기술 도입에 따른 법적 문제", 『노동법학(제18호)』, 한국노동법학회, 2004, 110면.

24) 고의 또는 과실로 인한 위법행위로 타인에게 손해를 가한 자는 그 손해를 배상할 책임이 있다.

25) 타인의 신체, 자유 또는 명예를 해하거나 기타 정신상 고통을 가한 자는 재산 이외의 손해에 대하여도 배상할 책임이 있다.

26) 불법행위가 성립하기 위해서는 이메일 모니터링이 사적 영역에 관련된 사항이어야 하며, 사생활에 공공성이 없어야 하며, 사회적으로 용납되는 수인한도를 초과하여야 한다(이은영, 『채권각론(제3판)』, 박영사, 2001, 990~991면).

27) 형법 제316조 제2항에 따르면 비밀장치한 사람의 편지, 문서, 도화 또는 전자기록 등 특수매체기록을 기술적 수단을 이용하여 그 내용을 알아내는 행위는 전자기록등내용탐지죄에 해당하며, 이를 위반할 경우 3년 이하의 징역이나 금고 또는 500만원 이하의 벌금에 처한다.

28) 누구든지 이 법과 형사소송법 또는 군사법원법의 규정에 의하지 아니하고는 우편물의 검

촉진 및 정보보호 등에 관한 법률(이하, '정보통신망법') 제49조[29] 위반에 해당하여 형사처벌이 부과될 수 있다.[30]

즉, 회사가 아무런 사전 절차나 동의 과정 없이 실시간 · 전방위적으로 근로자의 이메일을 무단으로 모니터링 하거나 열람하는 행위는 민사상 불법행위책임, 형사상 전자기록등내용탐지죄 및 통신비밀보호법과 정보통신법 위반죄에 해당할 수 있다.

적법한 이메일 모니터링을 위한 인사실무

근로자의 이메일에 대한 회사의 모니터링이 적법하기 위해서는 우선적으로 당사자의 동의가 필요하다. 당사자의 동의가 있는 경우에는 형법상 전자기록등내용탐지죄 및 통신비밀보호법과 정보통신법 위반죄가 성립하지 않기 때문이다.[31] 회사가 근로자들의 이메일을 모니터링 하기 위해서는 합리적인 내용과 사전 절차를 통해 근로자들의 동의를 받는 것이 최선이라고 할 수 있다.

열 · 전기통신의 감청 또는 통신사실확인자료의 제공을 하거나 공개되지 아니한 타인간의 대화를 녹음 또는 청취하지 못한다. 이에 위반할 경우 10년 이하의 징역과 5년 이하의 자격정지를 병과할 수 있도록 하고 있다(같은 법 제16조 제1항).

29) 누구든지 정보통신망에 의하여 처리 · 보관 또는 전송되는 타인의 정보를 훼손하거나 타인의 비밀을 침해 · 도용 또는 누설하여서는 아니 된다.

30) 각 법률에 대한 위법성 검토에 관한 상세한 검토는 지면관계상 생략하였다. 이에 대해서는 이재용, "사업장에서 근로자의 통신 프라이버시 보호에 관한 연구 – 전화, e-mail, fax 등에 대한 통신제한조치의 적법성을 중심으로 –", 『연세대학교 법학연구』, 연세대학교 법학연구원, 2009, 365~382면을 참조할 수 있다.

31) 이에 대하여 당사자의 동의가 있다고 하더라도 회사가 근로자 이메일을 모니터링 하는 행위는 정보보호법 제49조에는 위반될 수 있다는 견해가 있다(이재용, "사업장에서 근로자의 통신 프라이버시 보호에 관한 연구 – 전화, e-mail, fax 등에 대한 통신제한조치의 적법성을 중심으로 –", 『연세대학교 법학연구』, 연세대학교 법학연구원, 2009, 376면).

모든 근로자들에 대하여 이메일 모니터링 매 건마다 모두 개별적인 동의를 얻는 것은 현실적으로 불가능하다는 점에서 "회사는 정보보안을 위해 이메일을 열람할 수 있다."라는 취지의 포괄적인 동의를 얻는 방법을 인사실무적으로 활용할 수 있다.[32)]

이 때에도 포괄적인 동의에 덧붙여 (근로계약 및 취업규칙 등에) ① 원칙적으로 회사의 컴퓨터 시스템을 이용하여 송수신하는 모든 이메일은 (최소한 업무시간 중에는) 업무용으로만 사용할 수 있다는 점, ② 업무상 이메일(업무시간 중 송수신한 이메일은 업무용으로 간주한다고 정할 수 있을 것임)이 열람되고 있거나 앞으로 열람될 수 있다는 점, ③ 열람목적, 열람방법 및 시간 등을 정하여 특정 이메일 열람에 대해 근로자들의 구체적인 동의를 얻을 수 있다는 점을 함께 고지하여 충분히 설명하는 것[33)]이 바람직하다.[34)]

요컨대, 회사가 근로자들의 이메일을 모니터링 하는 행위는 근로자 개개인의 사생활의 자유 및 통신비밀의 보호라는 법익을 침해할 수 있다는 점에서 이메일 모니터링의 시행목적과 운영방법, 보완조치 등을 구체적으로 강구하여 근로자들에게 사전에 동의를 구하는 절차를 반드시 거쳐야 할 것이다.

---

32) 근로자들에 대한 동의절차는 대부분 입사과정에서 이루어지기 마련이다. 입사 이후에는 근로자가 자신의 비위행위를 감추기 위하여 동의를 거부할 가능성이 있고, 이 경우 회사가 근로자의 동의를 받지 못해 이메일 열람에 제한이 있을 수 있기 때문이다.

33) 일반적으로 근로계약서에 '통신 수단 등의 열람'에 관한 조항이 포함된다. 예를 들어, "직원은 사내의 전자메일 · 음성사서함 · 컴퓨터 시스템 등을 업무상의 목적으로 사용하고 개인적 목적을 위한 사용을 자제하여야 하며, 회사가 경영상의 필요성, 회사 규정의 준수 여부, 불법 또는 부정의 사실 여부를 확인하기 위하여 이들 수단을 열람하거나 검사할 수 있다는 점에 동의한다."라고 근로계약서에 규정하고 있다.

34) 한봉희 · 조정욱 · 장재원, "이메일 무단 열람에 관한 사례 연구 - 2002도9492 통신비밀보호법위반등 사건을 중심으로", 『정보법학(제8권 제2호)』, 한국정보법학회, 2004, 20면.

이른바 '노동감시'라는 측면에서 회사가 근로자들의 이메일을 모니터링 하는 행위가 사회적으로 비판의 대상이 되고 있다.[35] 그러나 현실적으로 이메일 모니터링 이외에는 회사가 근로자 및 외부자의 불법적인 행위로 인한 비밀정보의 유출에 따른 재산권의 침해를 방지할 수 있는 방법이 없는 것이 사실이다. 이와 같은 상황에서 근로자의 사생활의 자유 및 통신비밀의 보호의 법익 침해 가능성이 있다는 이유만으로 회사의 이메일 모니터링이 무조건 위법한 것으로 보기는 어렵다. 회사의 이메일 모니터링에 대한 불가피성, 운영 목적과 범위, 그에 따른 보완조치를 구체적으로 강구하여 근로자들의 사전 동의를 구한다면 회사의 이메일 모니터링은 충분히 정당성을 인정받을 수 있을 것으로 판단된다.

끝으로, 근로자 이메일에 대한 회사의 모니터링이 위법한 것인지 여부는 사실 회사가 가장 잘 알고 있다. 형식적으로만 근로자들의 동의를 구하고, 실제로는 근로자 개개인의 일상과 업무를 감시하고 통제하는 이메일 모니터링은 어떤 기준에서도 정당화되기 어려울 것이다. 이메일 모니터링이 '노동감시'가 아닌 '회사의 재산권 보호'라는 법익을 보호할 수 있는 정당한 수단으로 활용될 수 있도록 하는 회사의 합리적인 의식과 노력이 요청된다. 인사보감

35) "당신의 메일, 회사는 이미 알고 있다?"라는 제목으로 심층 뉴스보도가 있었다(JTBC TV, 2014. 9. 22.).

46

경업금지 약정

"경업금지의무를 위반한 퇴직자에게 퇴직위로금 전액반납을 요구할 수 있나요?"

상담사례(Question)

2014년 6월 저희 회사는 희망퇴직을 실시하면서 희망퇴직자에게 법정퇴직금과 함께 24개월 분의 평균임금을 퇴직위로금으로 지급하였습니다. 그 대신 "희망퇴직 후 2년 이내에 경쟁사에 취업할 경우에는 희망퇴직 시 지급받은 퇴직위로금 전액을 회사에 반납한다."라는 약정이 포함된 서약서를 작성하였습니다. 그런데 당시 희망퇴직자인 A가 퇴직 후 2년이 경과하지 않은 2015년 11월 저희 회사의 경쟁사에 입사한 사실을 확인하였습니다. 회사는 희망퇴직 시의 약정에 따라 A에게 기 지급받은 퇴직위로금 전액을 회사에 반납할 것을 요구하려고 합니다. 이러한 회사의 요구가 법원에서 인정될 수 있는 것인지에 관하여 문의를 드립니다.

근로자의 경업금지의무

근로자가 근로관계의 존속 또는 종료 후에 ① 사용자와 경쟁적 관계에 있는 동종 사업을 스스로 영위하거나, ② 사용자와 경쟁적 관계에 있는 동종 사업체에 이직하는 등의 방법으로 사용자와 경쟁적 영업행위나 직업

활동을 하는 것(이하, '경업')을 피하여야 할 의무를 법률적으로 '경업금지의무'라고 한다.[36)]

경업금지의무는 근로계약에 따라 발생하는 것으로 원칙적으로 근로자가 회사에 재직하고 있는 중에만 부담하는 것이지만,[37)] 퇴직 후 일정기간에 대해서 경업금지의무를 부담하는 약정(이하, '경업금지 약정')을 체결하면 근로자는 퇴직 이후에도 경업금지의무를 부담하게 된다.[38)]

사용자의 입장에서는 자신의 기업에서 근무하면서 근로자가 체득한 지식과 경험을 다른 기업에서 활용하여 자신의 기업에 피해를 주는 것을 원하지 않기 때문에 가급적 많은 근로자를 대상으로 경업금지 약정을 체결

---

36) 경업금지의무와 구별되는 개념으로 겸업(겸직)금지의무가 있다. 겸업(겸직)금지의무는 사용자와 경쟁적 관계의 영업을 막고자 하는 것이 아니라 근로관계 존속 중에 근로자의 업무수행에 지장이 되는 부업(예컨대, 야간대리운전) 등 겸업으로 인해 사용자에 대한 근로제공의무가 부실해지는 것을 막기 위해 인정되는 것이어서 경업금지의무와는 그 목적이나 내용에 있어 차이가 있다(신권철, "근로자 경업금지의무에 관한 판례소고", 『노동법실무연구(제1권)』, 노동법실무연구회, 2011, 247면).

37) 통설은 근로계약상 근로자의 충실의무 또는 신의칙상 부수의무로서 경업금지의무를 인정하고 있다. 따라서 근로자는 근로계약 존속 중에는 경업금지 약정을 체결하지 않았다고 하더라도 경업금지의무를 부담한다.

38) 반드시 경업금지 약정을 체결해야만 근로자에게 경업금지의무가 발생하는 것은 아니다. 근로자는 경업금지 약정이 없어도 부정경쟁방지 및 영업비밀보호에 관한 법률(이하, '부정경쟁방지법')에 의하여 영업비밀을 침해하지 않을 '법적 의무'를 부담한다. 퇴직 후 경업금지 약정을 체결하거나 근로자가 전직한 회사에서 영업비밀과 관련된 업무에 종사하는 것을 금지하지 않고서는 회사의 영업비밀을 보호할 수 없다고 인정되는 경우에는 구체적인 전직금지 약정이 없다고 하더라도 부정경쟁방지법 제10조 제1항에 의한 침해행위의 금지 또는 예방 및 이를 위하여 필요한 조치 중의 한 가지로서 그 근로자로 하여금 전직한 회사에서 영업비밀과 관련된 업무에 종사하는 것을 금지하도록 하는 조치를 취할 수 있다(대법원 2003. 7. 16.자 2002마4380 결정). 또한 경업금지 약정을 체결하지 않았다고 하더라도 근로자의 경업이 불법행위(업무상 배임)나 부정경쟁방지법상의 영업비밀 침해행위 · 부정경쟁행위인 경우에는 그에 따른 사용자의 손해배상청구나 침해행위에 대한 금지청구가 허용될 수 있다(신권철, "근로자 경업금지의무에 관한 판례소고", 『노동법실무연구(제1권)』, 노동법실무연구회, 2011, 247면).

하고자 한다. 그러나 상대적으로 우월한 지위에 있는 사용자가 작성 · 체결 요청한 경업금지 약정의 효력을 그대로 인정하게 되면, 근로자의 이직이 제한되어 근로자의 헌법상 직업선택의 자유[39]를 제한 받는 문제가 발생한다.[40]

법원은 사용자와 근로자 간 경업금지 약정이 체결된 경우라고 하더라도 그 효력을 절대적으로 인정하는 것이 아니라 일정한 조건 하에서만 경업금지 약정의 유효성을 제한적으로 인정하는 방식으로 사용자와 근로자의 이익의 균형을 맞춰가는 판결을 하고 있다.

경업금지 약정의 유효성

경업금지 약정의 유효성은 사용자의 사업활동상의 정당한 이익과 비교형량하여 근로자의 직업활동(직업선택)의 자유를 제약하는 정도가 합리적이고 필요 불가결한 범위를 넘은 것인지 여부를 다양한 기준에 의해 종합적으로 판단해야 한다.[41] 법원 판례가 경업금지 약정의 유효성을 판단하는 기준에 대한 내용을 좀 더 구체적으로 살펴보면 다음과 같다.[42]

---

39) 헌법 제15조에서 "모든 국민은 직업선택의 자유를 가진다."라고 규정하여 직업선택의 자유를 보장하고 있다.

40) 대부분의 근로자들이 회사에서 동일 또는 유사한 직무를 장기간 수행하기 때문에 '배운게 도둑질' 이라고 회사를 그만 두더라도 그 수행하던 직무를 토대로 본인의 사업체를 영위하거나 다른 회사로 전직할 수 밖에 없는 것이 현실이다. 그러므로 사용자와 근로자 간 체결된 경업금지 약정을 폭넓게 인정하게 되면 솔직히 근로자 입장에서는 먹고 살 길이 없게 되는 것이다.

41) 대법원 2008. 7. 10. 선고 2006도8278 판결; 대법원 2008. 4. 24. 선고 2006도9089 판결; 대법원 2010. 3. 11. 선고 2009다82244 판결 등.

42) 노동법실무연구회, 『근로기준법주해(Ⅰ)』, 박영사, 2010, 148~149면; 권오상, "경업금지 약정의 유효요건 및 약정 위반 시 손해배상액의 감액", 『노동판례리뷰』, 한국노동연구원, 2014, 51면; 신권철, "퇴직근로자의 경업규제의 법리: 경업금지가처분을 중심으로", 『노동법의 존재와 당위』, 박영사, 2006, 177~179면.

첫째, 경업금지 약정이 유효하기 위해서는 우선 그 목적이 '합법적으로 보호할 가치가 있는 사용자의 이익'을 보호하는데 있어야 한다. 이와 관련하여 법원 판례는 '사용자의 합법적 보호이익'은 부정경쟁방지법상 '영업비밀'[43]을 포함하되 그보다는 다소 넓게 보고 있는 입장이다. 반드시 부정경쟁방지법상 영업비밀에 해당하지 않는다고 하더라도 사용자의 이익을 보호할 가치가 있는 것이라면 이에 해당한다.

둘째, 경업금지 약정의 목적을 고려할 때 근로자에게 불합리한 부담이 없어야 한다. 경업금지기간, 지역, 업종뿐만 아니라 근로자가 체득한 지식 · 기술 · 경험 · 사회적 관계를 계속 유지할 수 있는지 여부 등이 그 고려요소이다. 경업금지 약정으로 인하여 이직이 제한되는 기간 · 장소, 경쟁업체의 범위 등이 길거나 클수록 근로자에게 지나친 부담을 주는 것이므로 그 유효성이 인정될 가능성은 낮아진다.

그 중에서도 자주 문제되는 것은 경쟁업체로의 '이직제한기간'이다. 인사실무상 가장 많은 질문을 받는 것은 '과연 어느 정도가 적정한 제한기간이냐?'는 것인데 이는 다양한 요소를 고려해야 하기 때문에 일률적으로 판단하기 어렵다.[44] 통상 법원 판례는 경업금지 약정의 목적이 영업비

---

43) 부정경쟁방지법 제2조 제2호 : "영업비밀"이란 공공연히 알려져 있지 아니하고 독립된 경제적 가치를 가지는 것으로서, 상당한 노력에 의하여 비밀로 유지된 생산방법, 판매방법, 그 밖에 영업활동에 유용한 기술상 또는 경영상의 정보를 말한다.

44) "영업비밀이 부정경쟁방지법에 의하여 보호되는 시간적 범위는 침해행위자가 침해행위에 의하여 공정한 경쟁자보다 유리한 출발, 시간절약이라는 부당한 이익을 취하지 못하게 함으로써 공정하고 자유로운 경쟁을 보장하기 위해 필요한 시간적 범위 내로 제한되어야 하고, 그 범위를 정함에 있어서는 영업비밀인 정보의 내용, 영업비밀 보유자의 그 정보취득에 소요된 기간과 비용, 영업비밀의 유지에 기울인 노력과 방법, 침해자들이나 다른 공정한 경쟁자가 독자적인 개발이나 역설계와 같은 합법적인 방법에 의하여 그 기술정보를 취득하는데 필요한 시간, 침해자가 종업원인 경우에는 사용자와의 관계에서 근무기간, 담당업무나 직책, 영업비밀에의 접근 정도, 영업비밀보호에 관한 내규나 약정, 종업원이었던 자의 생계활동 및 직업선택의 자유와 영업활동의 자유, 지적재산권의 일종

밀 보호에 목적이 있다고 하더라도 통상 1년 이내의 기간을 인정하고, 2년 이상의 기간을 인정하는 것은 매우 드문 편이다.

셋째, 경업금지의무는 대상조치에 의해 보상되는지 여부도 중요한 고려 요소이다. 이는 경업금지 약정의 유효성 인정여부를 본질적으로 결정하는 요소라기 보다는 그 약정의 유효성 범위(특히 경업금지기간)를 강화시키는 고려 요소로 작용하고 있다. 사용자가 핵심직무에 종사한 근로자에 대하여 경쟁업체의 이직을 보다 장기간 제한하고 싶다면, 근로자에게 재직 중 또는 퇴직 후 그에 상응하는 대가를 지급하는 것이 필요하다.

넷째, 경업금지 약정은 대체로 근로자 자의에 의한 퇴직을 전제로 하고 있다는 점에서 근로관계의 종료사유가 부당해고나 정리해고 등인 경우에는 근로자에게 경업금지의무를 부담시키는 것이 정당하지 않을 수 있다.[45)]

최근 경향과 경업금지의무 위반에 대한 손해배상

경업금지 약정은 근로자의 직업선택 자유를 제한하고 현실적으로는 생계에 대한 위협을 줄 수 있다. 반면, 평생직장, 종신고용의 시대를 지나 근로자들의 이직이 빈번하게 이루어지는 상황에서도 핵심영업비밀을 보호하기 위해 경업금지 약정을 체결하는 회사가 점차 많아지고 있다.

으로서 존속기간이 정해져 있는 특허권 등의 보호기간과의 비교, 기타 심문에 나타난 당사자의 인적 · 물적 시설 등을 고려하여 합리적으로 결정하여야 할 것이다."라는 법원의 판결(대법원 1998. 2. 13. 선고, 97다24528 판결; 서울고법 2002. 11. 12. 선고 2002라313 판결 등)을 참고할 필요가 있다.

45) 이 밖에도 공공의 이익에 대한 침해가 있어서는 안 된다. 주로 의료나 교육 등 공공서비스가 경업금지 약정에 의해 제한되는 경우가 문제된다. 또한 영업비밀이 아닌 독점적 이익을 확보하기 위한 목적의 경업금지 약정은 공공의 이익을 침해할 우려가 있어 그 유효성을 인정받기 어려울 것이다(노동법실무연구회, 『근로기준법주해(Ⅰ)』, 박영사, 2010, 149면).

위에서 설명한 것처럼 사용자에게 보호할 가치가 있는 이익이어야 하고, 그 기간과 범위가 적정해야 하며, 경업금지의무에 대한 상응한 대가가 주어질 경우에는 법원에서 경업금지 약정의 유효성이 인정될 여지가 크다. 반대의 경우 법원은 경업금지 약정의 효력 자체를 부인하거나 인정하더라도 그 범위(특히 경업금지기간)를 일부만 인정하는 절충적 판결을 하고 있다.

특히, 경업금지 약정의 유효성에 대한 판단기준으로 경업금지의무에 대한 반대급부의 제공여부가 중요하게 다루어지고 있다.[46] 다만, 근로자가 경업금지의무를 위반했을 때, 해당 근로자가 회사에 배상해야 할 손해배상액을 산정함에 있어서는 주의가 필요하다. 경업금지의무 위반에 따른 손해배상액을 설정하는 것 자체를 위법한 것으로 보기는 어렵지만,[47] 경업금지의무 위반의 경위와 정도에 대한 구체적인 고려 없이 어떠한 경우에나 일률적으로 근로자에게 손해배상액을 부담하도록 하는 것은 공정성을 잃은 것으로 판단될 가능성이 높다.

실제로 최근 법원 판례[48]는 상기 사례와 유사한 사안에서, 2년의 경업금지의무를 위반하여 약 1년 6개월 후에 경업을 행한 근로자에 대하여 퇴직위로금 전액을 손해배상으로 청구하는 것은 해당 근로자에게 부당한 압

---

46) 권오상, “경업금지 약정의 유효요건 및 약정 위반 시 손해배상액의 감액”, 『노동판례리뷰』, 한국노동연구원, 2014, 51면.

47) 경업금지 약정을 체결하면서 일정한 손해배상의 예정을 하는 것이 근로기준법 제20조가 금지하고 있는 위약 예정의 금지에 해당하는 것이 아니냐는 견해가 있을 수 있다. 그러나 근로기준법 제20조가 예정하고 있는 위약 예정의 금지는 근로관계가 존속 중인 경우를 전제로 위약금의 예정을 통하여 강제근로를 금지하고자 하는 것이 기본적인 취지라는 점에서 퇴직 후의 법률관계를 규율하는 것을 내용으로 하는 경업금지 약정상의 손해배상 예정을 근로기준법 제20조가 금지하는 위약금 예정이라고 보기는 어렵다(권오상, “경업금지 약정의 유효요건 및 약정 위반 시 손해배상액의 감액”, 『노동판례리뷰』, 한국노동연구원, 2014, 52면).

48) 서울중앙지방법원 2013. 2. 6. 선고 2012가합75531 판결.

박을 가하여 공정성을 잃은 결과를 초래한다고 판단하였다. 이에 법원은 회사가 청구한 손해배상액을 1/4로 감액한 금액을 회사가 해당 근로자에게 청구할 수 있는 손해배상액으로 인정하였다.

요컨대, 근로자와 경업금지 약정을 체결할 시에는 위에서 살펴본 유효성의 판단기준에 맞게 그 약정의 내용을 설정하여야 한다. 경업금지 약정 위반에 따른 손해배상의 예정액은 "퇴직위로금 전액을 회사에 반납한다."와 같이 일률적으로 정하기 보다는, 경업의 시기와 내용 등에 따른 경업금지의무 위반의 수준을 고려하여 그 금액에 차등을 두어 설정하는 방식이 경업금지 약정의 유효성을 인정받는데 보다 도움이 될 것이다.

47

사이닝보너스

"의무근무기간을 위반하여 사직한 직원에게 전속계약금의 반환을 청구할 수 있나요?"

상담사례(Question)

중소기업인 저희 회사는 제품의 기술개발분야를 강화하고자 약 1년 전 A를 기술개발팀의 팀장으로 새롭게 영입하였습니다. A는 해당 기술개발에 정통한 기술자로 대기업에서 10년 가까이 근무하였습니다. 회사는 A를 영입할 때 약정된 연봉 외에 총 5천만원의 사이닝보너스를 지급하며, A는 3년간 의무적으로 회사에 근무하도록 하는 합의서를 작성하였습니다. 그런데 최근 A가 회사와 약정한 3년의 근무기간 중 2년만 채우고 개인적인 사유로 사직을 하였습니다. 이러한 경우 회사는 A에게 지급한 사이닝보너스의 반환을 청구할 수 있는지 문의를 드립니다.

사이닝보너스의 의미

기업은 우수한 인재를 확보하기 위해 유인(誘引)할 수 있는 여러 가지 방법을 활용하는데, 그 중 하나가 '사이닝보너스(Signing Bonus)'[49]를 지

49) 1975년 미국 메이저리그에서 자유계약선수(FA: Free Agent) 제도가 생기면서 나타난 용어로 알려져 있다. 프로선수가 한 팀에서 일정 기간 활동한 뒤에는 자유계약선수 자격

급하는 것이다. 사이닝보너스는 기업이 경력 있는 전문 인력을 채용하기 위한 방법으로 근로계약 등을 체결하면서 해당 인력에게 정해진 연봉(임금) 외 일회성의 인센티브 명목으로 지급하는[50] '금원'을 말한다.[51]

사이닝보너스[52]는 통상 '전속계약금'의 의미로 이해한다. 회사에서 사이닝보너스를 지급 받은 근로자는 의무적으로 근무를 해야 할 기간이 정해져 있고, 의무근무기간을 채우지 않고 사직할 경우에는 사이닝보너스(전부 또는 일부)를 회사에 다시 반환하는 것이 관행처럼 되어 있다.[53]

법원 판례도 사이닝보너스를 전속계약금의 성격으로 판단한 사례가 대부분이다. 법원 판례는 사이닝보너스 지급으로 인한 의무근무기간이 2~3년으로서 비교적 단기간이고, 회사가 근로자에게 계약 위반 시 사이닝보너스 그 자체 또는 근무일수에 비례한 사이닝보너스 중 일부 반환만을 요구한 사례에서 사이닝보너스 약정을 유효하다고 판단해 왔다.[54]

을 얻을 수 있고, 자격을 취득한 뒤에는 자신이 원하는 구단과 계약할 수 있다. 이 때 프로선수와 구단은 연봉 외에 별도의 이적료를 계약에 포함시키는데, 이 이적료 명목으로 계약에 포함시키는 보너스가 바로 사이닝보너스다.

50) 대법원 2015. 6. 11. 선고 2012다55518 판결. 사이닝보너스는 경영 · 인사관리 차원의 개념으로 여러 가지 정의가 가능할 것이다. 이하에서는 법적 논의에 국한하여 사이닝보너스의 의미와 유형을 새롭게 다룬 대법원 판결(대법원 2015. 6. 11. 선고 2012다55518 판결)을 근거로 논의한다.

51) 사이닝보너스가 근로자에게 지급된다고 하여 반드시 '임금'에 해당한다고는 단정할 수 없다. 회사가 임의적 · 일시적 · 은혜적 차원에서 지급되는 금원인 만큼 임금에 해당하지 않는다고 판단될 가능성이 더 높다.

52) 사이닝보너스 이외에도 사인온보너스(Sign-on Bonus)라는 용어를 사용하기도 한다.

53) 박정택, "사이닝보너스(Signing Bonus) 반환과 관련한 법적 쟁점", 『월간 노동법률』, ㈜중앙경제, 2010. 5, 74면.

54) 수원지방법원 2003. 5. 13. 선고 2002가합12355 판결; 창원지방법원 2007. 11. 16. 선고 2007나9102 판결; 서울중앙지방법원 2013. 4. 29. 선고 2013카합231 결정 등. 반대로 의무근무기간이 5년 이상으로서 장기간이고, 회사가 근로자에게 의무근무기간을 위반한 것을 근거로 사이닝보너스의 배액 또는 3배액에 달하는 금액을 배상금액으로 청구한 사안에서는 회사측의 조치가 과하다고 보아 근로기준법 제20조 위반으로 판단하는 것이 법

최근 대법원 판결의 소개

최근 대법원에서 사이닝보너스가 ① 전속계약금의 성격뿐만 아니라, ② 임금 선급금, ③ 이직사례금의 성격을 가질 수 있다고 본 판결이 등장하였다. 해당 판결[55]에서 원고(회사)는 피고(근로자)를 채용하면서 연봉과 별도로 사이닝보너스 1억원을 지급하되 원고는 7년간 고용을 보장하고 피고는 그 기간 동안의 근무를 보장하기로 약정하였다. 그런데 피고가 7년의 근무기간을 채우지 않고 사직하자 원고가 피고에게 사이닝보너스 1억원의 반환을 청구한 사례다.[56]

원심(서울고등법원)[57]은 사이닝보너스가 ① (7년간 의무근무를 하는 것에 따른) 전속계약금, ② 임금 선급금, ③ 이직사례금의 성격을 모두 갖는다는 점을 전제로 (사이닝보너스 1억원 중) 원고가 피고에게 7천만원의 반납을 청구할 수 있다고 보았다(원고 청구 일부인용).

그러나 이후 대법원에서 상고심(이하, '해당 판결')은 원심의 판단을 뒤집고 원고 회사가 피고 근로자에게 사이닝보너스의 반환을 청구할 수 없다고 판단하였다(원고 청구 기각). 해당 판결은 이 사건 채용합의서의 해석에 따르면, 사이닝보너스에서 ① 전속계약금 또는, ② 임금 선급금의 성격은 도출하기 어렵고, ③ 단지(이직에 대한 순수한 대가적 금원으로서) 이직사례금의 성격만 도출될 뿐이므로 피고가 이직하여 원고에 입사한 이상 위 사이닝보너스에 대한 반대급부는 이행된 것으로 보았다.[58]

원 판례의 경향임을 유의하여야 한다(박정택, "사이닝보너스(Signing Bonus) 반환과 관련한 법적 쟁점", 『월간 노동법률』, ㈜중앙경제, 2010. 5, 77면; 이원희, "일정한 조건하에 '사이닝보너스' 약정은 유효하다", 『월간 노동법률』, ㈜중앙경제, 2013. 8, 144면).

55) 대법원 2015. 6. 11. 선고 2012다55518 판결.

56) 원고는 근무기간 약정 위반을 원인으로 한 손해배상 및 7년간의 근무조건 불이행을 청구 근거로 주장하였다.

57) 서울고등법원 2012. 5. 24. 선고 2011나22827 판결.

58) 해당 판결의 입장에 따르면, 사이닝보너스를 전속계약금이나 임금 선급금으로 볼 경우 사이

해당 판결은 사이닝보너스가 순수한 대가적 금원으로서 '이직사례금'에 해당하는 이유를 상세하게 설명하고 있는데, 이를 유의하여 검토할 필요가 있다.

〈해당 판결이 사이닝보너스를 '이직사례금'으로 본 이유 및 결론〉

이유①: 이 사건 채용합의서에는 7년간의 전속근무를 조건으로 사이닝보너스를 지급한다거나 피고(근로자)가 약정근무기간 7년을 채우지 못하였을 경우 원고(회사) 이를 반환하여야 한다는 등의 내용은 기재되어 있지 아니한 점
이유②: 이 사건 채용합의서만으로는 원고와 피고가 약정근무기간과 고용보장기간을 각 7년으로 약정한 특별한 이유나 동기를 찾기 어려운 점
이유③: 원고는 신규사업을 추진하는 과정에서 로봇 관련 박사급 엔지니어가 필요하게 되자 S주식회사(이적 전 회사)에서 근무하던 피고를 급하게 스카우트한 것으로서, 이 사건 약정 체결 과정에서 피고에게 장기간 근무의 필요성이나 근무기간이 7년이어야 하는 구체적인 이유는 설명하지 아니한 것으로 보이는 점
이유④: 원고로서는 신규사업의 원활한 수행을 위하여 피고의 계속적인 근무가 중요하다고 판단하였을 수는 있으나, 그렇다고 하여 이 사건 약정 당시 피고에게 약정근무기간을 채우지 못할 경우 사이닝보너스를 반환하여야 한다는 사실은 고지하여 주지도 아니하였던 점
이유⑤: 피고로서도 근무기간 7년이 사이닝보너스의 반환과 결부된 의무근무기간이라고는 예상하기 힘들었을 것으로 보이는 점 등
이유⑥: 거기에 이 사건 약정의 체결 동기 및 구체적 내용, 약정 임금 액수, 사이닝보너스의 지급 경위와 지급 방식 및 액수, 피고의 종전 근로조건과 임금 액수 등 여러 사정을 종합하여 보면,
결론: 이 사건 사이닝보너스가 7년간의 전속근무 등을 조건으로 하여 지급되었다거나 7년간의 근무에 대한 임금의 선급 명목으로 지급되었다고 보기는 어렵다.

닝보너스를 지급받은 근로자가 약정된 의무근무기간을 채우지 못하고 사직하면 회사는 약정내용 및 근무기간을 고려하여 사이닝보너스의 반환을 청구할 수 있다. 그러나 사이닝보너스가 이직에 대한 순수한 대가적 금원으로서의 이직사례금 성격만 갖는다면 이미 이직이 완료되어 사이닝보너스를 지급한 이상 해당 근로자에게 사이닝보너스의 반환을 청구하기는 어려워진다. 해당 사이닝보너스가 이직에 따른 보상이나 근로계약 등의 체결에 대한 대가로서의 성격에 그칠 뿐이라면, 계약 당사자 사이에 근로계약 등이 실제로 체결된 이상 근로자 등이 약정근무기간을 준수하지 아니하였더라도 사이닝보너스가 예정하는 대가적 관계에 있는 반대급부는 이행된 것으로 볼 수 있다(대법원 2015. 6. 11. 선고 2012다55518 판결).

인사실무상 바람직한 운영방향

상기 대법원 판결은 상당히 복잡하게 그 이유를 설명하고 있는 듯 하지만, 유심히 살펴보면 해당 판결이 사이닝보너스를 이직사례금으로 본 이유는 사이닝보너스의 지급에 관한 사항을 규정한 '채용합의서의 내용이 불명확한 점' 에서 비롯되었다는 점을 알 수 있다.

해당 판결의 사안에서 회사(원고)는 '전속계약금' 의 의미로 사이닝보너스를 근로자(피고)에게 지급하였지만, 근로자는 회사의 사이닝보너스를 이직사례금으로 생각하고 스카우트 채용에 응한 것으로 보인다. 사이닝보너스의 의미와 성격에 대한 회사와 근로자의 생각이 달랐던 것이다. 그러나 채용합의서에는 회사가 전속계약금의 의미로 지급하고자 하는 사이닝보너스의 의미와 성격, 구체적인 지급조건(고용의무기간), 반환의무 등에 관한 사항이 구체적으로 명시되어 있지 않았다.

해당 판결은 채용합의서에 나타난 사이닝보너스의 의미를 근로자의 생각(이해가능성)을 기준으로 판단하여 이직사례금의 성격으로 해석하였다. 법원 판례는 당사자 사이에 계약의 해석을 둘러싸고 이견이 있어 처분문서에 나타난 당사자의 의사해석이 문제되는 경우에 '상대방(표시수령자)의 이해가능성(수령자 시계, 受領者 視界)을 기준' 으로 법률행위를 해석하기 때문이다.[59)]

요컨대, 사이닝보너스는 채용(근로계약 체결) 단계에서 회사와 근로자가 어떻게 약정(합의)을 하느냐에 따라서 그 구체적인 내용과 법적 성격이 달

---

59) 이를 법률행위의 해석방법에서 '규범적 해석' 이라고 한다. 구체적으로는 여러 사정 하에 적절한 주의를 베푼 경우에 상대방이 이해했어야 하는 표시행위의 의미를 탐구하여야 한다. 상대방이 실제로 어떻게 이해하였는가는 중요하지 않다. 상대방이 합리적인 자라면 제반 사정 하에서 표시행위를 어떻게 이해했어야 하느냐가 결정적이다(송덕수, 『민법총칙(제2판』), 박영사, 2014, 185면).

라진다. 상기 사례와 같이 회사가 의무근무기간에 따른 전속계약금의 형식으로 사이닝보너스를 지급하는 경우라면, 그 내용, 의무근무기간 등의 지급조건, 반환의무 발생 및 그 범위 등에 관한 사항을 구체적으로 명시하여 해당 근로자와 합의서를 작성해 두어야 한다.[60] 그렇지 않으면 회사와 근로자 사이에 사이닝보너스 반환에 관한 분쟁이 발생할 경우, 사이닝보너스가 전속계약금이라고 생각하고 지급했던 회사에게 예상치 못한 손해가 발생할 수 있음을 유의하여야 한다.[61]

60) 사이닝보너스가 약정된 의무근무기간에 대한 보상으로서 지급된다는 점과 약정된 의무근무기간을 지키지 않으면 사이닝보너스를 회사에 반환할 의무가 발생한다는 점을 명확하게 적시하는 것이 가장 중요하다. 판례의 경향을 고려하였을 때 근무기간에 비례한 금액뿐만 아니라 사이닝보너스 전체 금액에 대한 반환의무를 설정하는 것도 가능하다. 예를 들어, ① 사이닝보너스의 전액 반환 시 "사이닝보너스를 지급받은 경우 근로자는 입사일로부터 ○년까지 계속 근무하여야 하며, 해당 기간 이전에 사직 또는 기타 사유로 근로관계가 종료되는 경우 이미 지급받은 사이닝보너스 전액을 퇴사일로부터 ○일 이내에 즉시 회사에 반환해야 한다."라고 규정하고, ② 사이닝보너스의 비례 반환 시 "사이닝보너스를 지급받은 경우 근로자는 입사일로부터 ○년까지 계속 근무하여야 하며, 해당 기간 이전에 사직 또는 기타 사유로 근로관계가 종료되는 경우 이미 지급받은 사이닝보너스 금액에서 잔여 의무근무기간에 비례하여 산정(일할 계산)된 금액을 퇴사일로부터 ○일 이내에 즉시 회사에 반환해야 한다."라고 규정하면 된다.

61) 사이닝보너스에 관한 보다 구체적인 내용과 인사실무는 본서 제5장 제2절 "사이닝보너스에 관한 최근 대법원 판결과 인사실무"를 참조하시기를 바란다.

48

사내 불륜

"회사 동료간 불륜행위가 발생했을 경우, 해당자를 징계해도 되나요?"

상담사례(Question)

최근 남성 직원 A의 부인으로부터 자신의 남편(직원 A)과 같은 부서에 근무하는 10살 연하의 여성 직원 B가 서로 사귀고 있으므로 직원 A 및 직원 B를 같이 징계해달라는 편지가 동봉된 소포를 받았습니다. 그 소포에는 편지 이외에도 직원 A와 직원 B가 모텔에 함께 들어가는 사진과 내연관계로 짐작되는 문자메시지 등이 함께 들어 있었습니다. 회사는 직장 동료 간 소위 '불륜행위'라는 점에서 당혹스럽습니다만, 불륜이라는 행위가 개인의 사생활 영역일 수도 있다는 점에서 회사 차원에서 징계하는 것이 조심스러운 입장입니다. 이러한 경우, 회사는 어떻게 대응을 하는 것이 좋을지 문의를 드립니다.

사랑이냐 불륜이냐?

흔히 '불륜'이라고 하면 영화나 '부부클리닉 사랑과 전쟁'과 같은 드라마에서나 볼 수 있는 예외적인 일이라고 생각하기 쉽지만, 의외로 기업현장에서 직장 동료 간 불륜으로 인하여 직장 내 징계여부가 문제되는 경

우가 자주 발생한다.[62)]

물론 일반적인 남녀의 교제는 그로 인하여 직장 내 다툼이 발생하거나 근무환경을 저해하는 등의 사정이 없는 한 징계의 대상이 될 수 없다고 보는 것이 타당하다. 그러나 미혼 남녀의 연애가 아니라 그것이 소위 '불륜' 이라고 불리는 부적절한 관계라면 인사실무상 문제될 수 있다.

우스갯소리로 "내가 하면 로맨스(사랑), 남이 하면 스캔들(불륜)"(이른바, 내로남불)이라는 말을 하는데 과연 사랑과 불륜은 어떻게 구분할 수 있을까? 국어사전에서 불륜(不倫)은 '사람으로서 지켜야 할 도리에서 벗어난 데가 있음.' 을 의미하는 명사로 정의되어 있다. 통상 불륜이라고 하면 남녀 간의 부적절한 관계만을 의미하는 것으로 인식되지만, 불륜이라는 개념 자체는 사회와 조직에서 지켜야 할 윤리와 도덕기준을 벗어난 행위를 포괄하여 이르는 말이다.

사내 불륜행위에 대한 징계의 정당성

불륜행위 자체는 내밀한 사생활의 영역에 해당하며 근로의 제공과 직접 관련되는 것이 아니기 때문에 원칙적으로는 징계의 사유가 된다고 보기 어렵다.[63)] 다만, 그러한 근로자 간의 행위가 기업의 사업활동과 직접적인 관련이 있거나, 기업의 사회적 평가를 훼손할 염려가 있는 경우에는 해당 근로자들을 징계할 수 있고 그 정도가 심하다면 해고까지 이를 수도

---

62) 온라인 취업포털 사람인이 직장인 633명을 대상으로 직장 내에서 배우자처럼 친밀한 관계를 유지하는 이성의 동료를 일컫는 이른바 '오피스 스파우즈(office spouse)' 에 대한 생각을 조사한 결과, 42.8%가 '긍정적' 이라고 답했다(노컷뉴스, "오피스 스파우즈에 대한 당신의 생각은", 2014. 8. 14.). 오피스 스파우즈 관계까지는 별다른 문제가 없다고 하더라도 그 이상의 선을 넘어서는 경우, 불륜의 문제에 휘말릴 가능성이 있다.

63) 노동법실무연구회, 『근로기준법주해(Ⅱ)』, 박영사, 2010, 194면.

있다.[64)]

실제로 법원 및 노동위원회는 불륜행위로 인하여 직장 질서 위반 및 풍기문란이 심각하게 문제가 되는 경우에는 사내 불륜행위에 대한 징계(해고)의 정당성을 인정하고 있다.

구체적으로는 ① 유부녀인 여교사가 같은 학교에 근무하는 동료 교사의 남편에게 연정을 느끼고 애정을 표현하는 편지를 10여 회 보내고, 3회에 걸쳐 그와 단둘이 만나 노래방을 가거나 저녁식사를 하는 등의 행위로 동료 교사의 부부관계가 파탄에 이른 사례,[65)] ② 고속버스 운전기사가 같은 회사 내 버스안내양들과 수 차례의 성관계를 맺은 사례,[66)] ③ 같은 부서 내 후배 직원의 부인과 장기간 불륜행위를 하다가 그 사실이 직장에 공공연하게 유포된 사례,[67)] ④ 여성 직원이 다수인 사업장에서 기혼의 여직원과 1년여 동안 부적절한 관계를 맺어 해당 여직원이 이혼을 하게 되는 등 가정파탄을 초래하고 이러한 내용이 회사의 홈페이지(고객의 소리)에 게재되어 회사 내 다른 직원들이 이 사실을 인지하게 된 사례,[68)] ⑤ 부서 관리자이자 직장 상사의 지위에 있는 자로서 기혼자임에도 불구하고 미혼의 부하 여직원에게 교제를 요구해 부적절한 관계를 오랜 기간 지속했을 뿐만 아니라 관계의 청산을 요구하는 부하 여직원에게 폭력을 행사하고 상

---

64) 대법원 1994. 12. 13. 선고 93누23275 판결. 이 경우 기업의 사회적 평가를 훼손할 염려가 있다고 하기 위해서는 반드시 구체적인 업무 저해의 결과나 거래상의 불이익이 발생하여야 하는 것은 아니고 당해 행위의 성질과 정상, 기업의 목적과 경영방침, 사업의 종류와 규모, 그 근로자의 기업 내 지위와 담당 업무 등 여러 사정을 종합적으로 고려하여, 그 비위행위가 기업의 사회적 평가에 미친 악영향이 상당히 중대하다고 객관적으로 평가될 수 있어야 한다(대법원 2001. 12. 14. 선고 2000두3689 판결).

65) 대법원 1998. 2. 10. 선고 97누18523 판결.

66) 서울고등법원 1989. 6. 1. 선고 88구10376 판결.

67) 중앙노동위원회 2001부해156, 2001. 6. 28.

68) 중앙노동위원회 2009부해797, 2010. 1. 28.

해를 입혀 결국 부하 여직원이 퇴사하게 만든 사례[69] 등에서 사내 불륜행위를 저지른 자에 대한 징계(해고)가 정당한 것으로 판단되었다.

사내 불륜에 대한 실무적 대응

직장 동료 간의 불륜이 반드시 회사의 직장 질서 또는 사회적 평가에 부정적 영향을 미친다고 단정할 수는 없으므로 회사가 그에 대한 징계권을 행사하는 것은 신중할 필요가 있다.

배우자가 있는 자가 직장 동료와 성관계를 갖는 것은 불법행위에 해당할 수 있을 뿐만 아니라,[70] 그러한 사실이 직장 내에서 공공연하게 알려지는 경우에는 건전한 직장 질서 유지에 심각한 문제가 될 수 있다. 같은 부서 내에서 남녀 근로자(특히 상사와 부하인 경우)가 내연관계에 있을 경우, 직장 내 평가 · 업무 진행 등에 있어서 객관성을 기대하기 어렵고 이를 인지하게 된 동료 근로자들에게 부정적 영향을 줄 가능성도 상당히 높다. 상기 사례와 같이 불륜행위자의 배우자가 언론 등에 공식적으로 문제제기를 하여 회사의 명예와 사회적 평가가 크게 훼손되는 경우도 발생할 수 있으므로 회사 입장에서는 이를 사적인 일로 치부하고 모른 척하는 것도 바람직하지 않은 일이다.[71]

---

69) 서울행정법원 2006. 2. 10. 선고 2005구합10576 판결.

70) 불륜행위자의 배우자는 불륜행위자 및 상간자에 대하여 민사상 손해배상을 청구할 수도 있다. 실제로 2010년 서울가정법원은 직장 여성 C씨와 불륜 관계를 가진 2명의 직장 동료 남성들에게 "C씨와 부적절한 관계를 유지해 C씨의 남편에게 정신적 고통을 안긴 사실이 인정된다."며 각각 4,500만원의 보상금 지급 판결을 내린 바 있다.

71) 2012년 국내 한 금융사는 사장을 비롯한 고위 임원 5명이 임원 여비서 1명과 이른바 '문어발식 불륜관계'를 가진 것이 내부감사 결과 드러났다. 결국 임원 5명과 여비서 등 6명이 회사를 떠나면서 사건은 일단락되었지만 해당 회사는 한동안 논란의 중심에 있었다(머니투데이, "사장에 임원까지 男 5명과 문어발 불륜女 결국", 2014. 2. 19.). 최근에는 국내 대기업을 다니는 남자 직원의 부인이 남편과 직장 내 동료 여직원의 뜨거운

이에 기업에서는 '사내 불륜'이라고 명명하지는 않지만, '품행이 불량하거나 사내 문란 등 기타 직장 질서에 위배되는 행동을 했을 경우' 또는 '조직 내부의 분위기나 문화를 문란하게 한 행위' 등을 징계사유로 규정하여 회사 내 불륜행위를 처벌할 수 있는 근거를 두고 있다. 일부 회사에서는 사내 불륜사실이 드러나는 즉시 해고조치를 취하는 등 매우 강경한 입장을 취하는 것으로 알려져 있다.

단순히 불륜사실을 일부 근로자가 인지하게 되었다고 하여 바로 징계권을 행사하는 것은 한계가 있으므로 인사실무상으로 다른 접근방법이 필요하다. 직·간접적인 경로를 통해 사내 불륜에 대한 상황이 포착되면 관련 근로자들에 대한 사항을 최대한 비밀로 유지하면서 사실여부를 객관적으로 확인하는 과정이 우선되어야 한다. 불륜이 사실로 확인된다면, 회사는 해당 근로자들과 비밀리에 면담을 진행하여 회사가 해당 사실을 인지하게 되었다는 것을 본인들에게 확인시켜 줄 필요가 있다.[72] 해당 근로자들에게 자신들의 불륜행위로 인하여 회사에 부정적 영향을 주는 것을 자제하게 하는 의미도 있지만, 본인 스스로 자신의 행위에 대한 책임을 질 수 있는 기회를 부여하는 의미도 있다.[73]

밀애 현장이 찍힌 사진과 두 사람의 사원증, 문자, 카카오톡 대화내용을 회사의 노동조합 게시판에 올렸는데, 해당 내용은 모바일 메신저 등을 타고 빠르게 확산되었다. 결국 해당 기업의 이름을 인터넷 포털에 검색하면 '상간녀', '불륜', '스캔들' 등이 연관검색어로 등장하고, 다수의 언론에서 확인 전화가 걸려오는 등 회사의 명예와 사회적 평가가 크게 훼손되었다(일요시사, "〈재계뒷담화〉 유부 선임-미혼 후임 기막힌 불륜 풀스토리, 아내에게 딱 걸린 사내 밀애", 2014. 8. 11.).

72) 내밀한 불륜행위가 공공연하게 알려질 경우, 그에 따른 수치심 및 우울감 등으로 인하여 불륜행위 관련자가 자살 등 극단적인 선택을 하여 회사 대외적으로 더욱 큰 문제가 야기될 가능성도 배제할 수 없다. 따라서 사내 불륜행위가 발생했을 경우에는 매우 신중한 자세로 문제에 접근하고 대응방안을 모색할 필요가 있다.

73) 실례로 어느 기업에서는 영업 부서의 상사(기혼 여성)와 부하 직원(미혼 남성)이 근무시간 중 숙박업소를 이용하던 것을 다른 직원이 목격하여 회사에 보고된 적이 있다. 이에

회사의 이러한 조치에도 불구하고 해당 근로자들의 관계가 지속되어 회사에 부정적 영향을 주는 단계까지 이른다면, 회사는 부득이하게 공식적인 절차를 통하여 관련 근로자들의 근무장소를 분리(전보발령)하거나 징계절차를 진행할 수 밖에 없을 것이다. 인사보감

인사부는 신속히 해당 직원들을 외부에 불러 면담을 하였고, 그 결과 해당 직원들이 스스로 사직하는 것으로 해당 건이 마무리 되었다. 당시 해당 직원들은 회사에서 사직을 권고하기도 전에 회사 내 다른 직원들이 자신들의 불륜행위를 알게 되었다는 사실, 그리고 그러한 사실이 배우자가 있는 직원의 가정에 알려질 것을 두려워하여 사직서를 곧바로 제출하였다고 한다.

49

강제추행죄

"뒤에서 껴안으려다 멈추어도 법적으로 죄가 되나요?"

상담사례(Question)

최근에 모 부장이 다른 직원들은 모두 퇴근하고 혼자 남아서 야근 중인 여직원을 뒤에서 몰래 껴안으려고 시도를 한 사건이 발생했습니다. 다만, 여직원이 인기척을 느끼고 뒤돌아 보다가 깜짝 놀라서 "부장님! 지금 뭐 하시는 거예요?"라며 크게 비명을 지르자, 해당 부장은 자기도 당황하여 잠시 주춤하다가 "아 ··· 아 ··· 장난이야, 미안해."라고 말하고 도망치듯 퇴근하였다고 합니다. 여직원은 해당 부장의 행위로 성적 수치심을 느꼈다며 그 부장을 고소하겠다고 합니다. 회사는 해당 부장에 대한 징계를 행하려고 하는데, 과연 이런 경우까지도 법적으로 처벌되는지 여부가 궁금합니다.

강제추행죄

형법 제298조는 "폭행 또는 협박으로 사람에 대하여 추행을 한 자는 10년 이하의 징역 또는 1천500만원 이하의 벌금에 처한다."라고 '강제추행죄'를 규정하고 있다. 형법의 강제추행죄는 사람의 성적 자유 내지 성적 자기결정의 자유를 보호하기 위한 규정이다. 강제추행죄는 미수범도

처벌한다.[74]

강제추행죄에서 행위주체(가해자)는 제한이 없다. '남성' 도 강제추행제의 객체(피해자)가 되며, 기혼 · 미혼 또는 그 연령의 여하는 묻지 않는다.[75]

강제추행죄는 '폭행 또는 협박' 의 행위로 '추행' 하는 것이다. 첫째, 강제추행죄로 인정될 수 있는 '폭행 또는 협박' 의 정도가 문제된다. 강제추행죄가 성립하려면 그 폭행 또는 협박이 항거를 곤란하게 할 정도일 것을 요하고,[76] 상대방에게 폭행 · 협박을 가하여 그 항거를 곤란하게 한 뒤에 추행행위를 하는 경우 뿐만 아니라 폭행행위 자체가 추행행위라고 인정되는 경우도 포함된다. 폭행은 반드시 상대방의 의사를 억압할 정도의 것임을 요하지 않고, 상대방의 의사에 반하는 유형력의 행사가 있는 이상 그 힘의 대소강약을 불문한다.[77]

둘째, 강제추행죄에서 '추행' 은 객관적으로 일반인의 성적 수치심이나 혐오감을 일으키게 하고 선량한 성적 도덕관념에 반하는 행위로서 피해자의 성적 자기결정의 자유를 침해하는 것을 말한다.[78] 추행에 해당하는지 여부는 피해자의 의사, 성별, 연령, 행위자와 피해자의 이전부터의 관계, 그 행위에 이르게 된 경위, 구체적 행위태양, 주위의 객관적 상황과 그 시대의 도덕관념 등을 종합적으로 고려하여 신중히 결정되어야 한다.[79]

---

74) 형법 제300조.

75) 이하의 이론적인 내용에 대해서는 이재상, 『형법각론』, 박영사, 2014, 165~168면; 이인규 · 송헌철, 『형법강의』, 도서출판 ㈜학연, 2015, 449~501면 참조.

76) 대법원 2007. 1. 25. 선고 2006도5979 판결.

77) 대법원 2002. 4. 26. 선고 2001도3427 판결.

78) 대법원 2012. 7. 26. 선고 2011도8805 판결.

79) 대법원 2002. 4. 26. 선고 2001도3427 판결.

셋째, 강제추행죄가 성립하기 위해서는 폭행 · 협박에 의하여 사람에 대해 추행한다는 인식과 의사(고의)가 있어야 한다.[80)]

법원 판례와 최근 이슈

법원 판례에서 강제추행죄를 인정한 대표적인 사례들을 살펴보자. 법원 판례는 ① 춤을 추면서 옷 위로 피해자의 유방을 만진 경우,[81)] ② 어깨를 껴안아 항거 불능케 한 뒤 강제로 유방을 만지고 음부와 허벅다리를 더듬고 입술을 2회 맞춘 경우,[82)] ③ 엘리베이터라는 폐쇄된 공간에서 피해자들을 칼로 위협하는 등으로 꼼짝하지 못하도록 자신의 실력적인 지배하에 둔 다음 자신의 자위행위 모습을 보여주고 피해자들로 하여금 이를 외면하거나 피할 수 없게 한 경우[83)] 등에서 강제추행죄를 인정하였다.

그런데 인사실무자들이 주지해야 할 사실은 최근 법원이 강제추행죄의 인정범위를 확대 해석하는 경향을 보이고 있다는 점이다. 2008년 법원 판례는 골프장 사장과의 친분관계를 내세워 신분상의 불이익을 가할 것처럼 협박하여, 골프장 여종업원들로 하여금 목 뒤로 팔을 감아 돌림으로써 얼굴이나 상체가 밀착되어 서로 포옹하는 것과 같은 신체접촉이 있게 되

---

80) 성욕을 자극 · 흥분 · 만족시키려는 주관적 경향이나 목적이 있을 것은 요하지 않는다(대법원 2013. 9. 26. 선고 2013도5856 판결; 한 때 내연관계에 있던 피해자가 가해자의 머리채를 잡아 폭행을 가하자 보복의 의미에서 피해자의 입술, 귀, 유두, 가슴 등을 입으로 깨무는 등의 행위를 한 사안에서, 객관적으로 여성인 피해자의 입술, 귀, 유두, 가슴을 입으로 깨무는 행위는 일반적이고 평균적인 사람으로 하여금 성적 수치심이나 혐오감을 일으키게 하고 선량한 성적 도덕관념에 반하는 행위로서, 피해자의 성적 자유를 침해하였다고 보는 것이 타당하다는 이유로 가해자의 행위가 강제추행죄의 '추행'에 해당한다고 한 사례).

81) 대법원 2002. 4. 26. 선고 2001도2147 판결.

82) 대법원 1986. 6. 10. 선고 85도2761 판결.

83) 대법원 2010. 2. 25. 선고 2009도13716 판결.

는 이른바 '러브샷'의 방법으로 술을 마시게 한 경우도 강제추행죄가 성립한다고 인정하였다.[84)]

나아가 길을 가던 여고생을 뒤따라가 껴안으려는 순간 피해자가 소리를 질러 가해자(남성)가 멈춰 선 경우 신체접촉이 없었더라도 강제추행미수죄에 해당한다는 대법원 판례가 있다.[85)] 해당 판례에서 회사원 A는 2014. 3. 25. 22:10경 버스에서 내려 혼자 걸어가는 여고생 B를 발견하고, 마스크를 착용한 채 200m 정도를 뒤따라갔다. 그러다가 인적이 없고 외진 곳에 이르러 A는 B를 껴안으려 했으나, 인기척에 B가 뒤돌아보며 "왜 이러세요?"라고 소리쳤다. 이에 A도 그대로 멈춰 몇 초 동안 B를 빤히 쳐다보다가 다시 오던 길로 되돌아 간 사안이다.[86)]

해당 판례의 요지는 다음과 같다. ① 피고인은 피해자를 추행하기 위해 뒤따라간 것으로 추행의 고의를 충분히 인정할 수 있고, 피고인이 피해자에게 가까이 접근해 갑자기 뒤에서 껴안는 행위는 일반인에게 성적 수치심이나 혐오감을 일으키게 하고 선량한 성적 도덕관념에 반하는 행위로서 피해자의 성적 자유를 침해하는 행위라 할 것이어서 그 자체로 '기습추행' 행위로 볼 수 있다. ② 실제로 피고인의 팔이 피해자의 몸에 닿지는 않았다 하더라도, 양팔을 높이 들어 갑자기 뒤에서 피해자를 껴안으려는 행위는 피해자의 의사에 반하는 유형력의 행사로서 폭행행위에 해당하고, 그 때에 '기습추행'에 관한 실행의 착수가 있다고 볼 수 있다. ③ 그런데 마침 피해자가 뒤돌아보면서 '왜 이러세요?'라고 소리치는 바람에 피해자의 몸을 껴안는 추행의 결과에 이르지 못하고 미수에 그친 것이므

84) 대법원 2008. 3. 13. 선고 2007도10050 판결.

85) 대법원 2015. 9. 10. 2015도6980 판결.

86) 로이슈, "대법원 껴안으려다 '왜 그래요' 비명 놀라 멈춰도 강제추행미수죄", 2015. 10. 6.

로, 피고인의 행위는 아동 · 청소년에 대한 강제추행미수죄에 해당한다고 봄이 타당하다.[87]

상기 사례에서 여직원을 껴안으려다가 놀라 도망간 부장의 행위는 강제력의 행사나 신체 접촉이 없었다는 점에서 법적으로 처벌될 수 있는지 여부가 문제된다. 대법원 판례의 내용을 고려할 때, 그러한 행위도 강제추행미수죄에 해당할 수 있다. 물론, 해당 대법원 판례는 야밤에 미성년자를 몰래 뒤따라가 발생하였다는 등의 점에서 상기 사례와는 다소 차이가 있지만, 강제추행죄의 인정범위를 넓게 보는 최근 법원 판례의 경향을 고려한다면 강제추행미수죄 인정 가능성도 충분히 있다고 판단된다.

반드시 형법상 강제추행죄에 해당하지 않는다고 하더라도, 직장 내에서 발생한 성희롱 행위에는 해당하는 사안이다. 회사 근무기강 확립 차원에서도 해당 부장에게 징계를 행함으로써 근로자들의 미온적인 생각에 경종을 울리고, 향후에는 그와 같은 유사한 사건이 발생하지 않도록 예방하는 것이 바람직하다. 인사보감

87) 항소심인 서울고등법원(서울고등법원 2015. 4. 24. 선고 2015노226 판결)은 피고인이 피해자를 뒤따라 가다가 1m 정도 간격을 두고 양팔을 높이 들어 벌린 자세를 취한 행위나, 피해자가 뒤돌아보며 '왜 이러세요?' 라고 소리치자, 그 상태로 몇 초 동안 피해자를 빤히 쳐다본 행위만으로는 피해자의 항거를 곤란하게 하는 정도의 폭행이나 협박이라고 보기 어렵고, 달리 이러한 폭행 · 협박을 인정할 증거도 없어 피고인의 행위만으로 강제추행의 실행의 착수가 있었다고 볼 수 없다고 판단하였다. 대법원은 그와 같은 항소심 판결을 뒤집은 것이다.

50

사내 동호회와 산재

"직원들이 회사 산악회 활동 중 사고가 발생하면 회사에 책임이 있나요?"

상담사례(Question)

지난 주 직원 10명이 산악회를 조직하여 사내 동호회로 승인하여 줄 것을 요청하면서 금번 가을 산행을 기점으로 산악회 활동을 시작하고 싶다고 합니다. 회사에서는 직원들로 하여금 자율적으로 동호회 활동을 하되, 회사에서 승인을 할 경우 동호회 활동에 따른 소정의 활동비(매월 1명당 2만원)를 복리후생 차원에서 지원하고 있습니다. 그런데 사장님께서 산악회의 경우 등산 중 예상치 못한 사고가 발생할 염려가 있으므로 회사 차원에서 미리 대비해야 할 사항을 검토하라고 지시하셨습니다. 만약 직원들이 사내 동호회로 승인된 산악회 활동 중 사고가 발생했을 경우, 그 사고가 산재로 인정될 가능성이 있는지 여부를 문의 드립니다.

근로자들의 화합 및 여가생활을 위해 다양한 유형의 사내 동호회가 운영되는 기업이 많다. 사내 동호회는 근로자들이 자율적으로 운영하는 것이 원칙이지만, 사내 동호회 활동이 원활하게 운영이 될 수 있도록 회사가 경비, 장소, 차량 등을 복리후생 차원에서 일정 부분 지원하는 경우도 꽤 있다. 그런데 그와 같은 사내 동호회 활동 중 사고가 발생했을 때, 그 사고가 과연 업무상 재해(이하, '산재')에 해당하는지 여부가 종종 문제된다.

산업재해보상보험법의 규정

산업재해보상보험법 제37조는 산재로 인정될 수 있는 '업무상 사고'의 다양한 유형을 규정하고 있다. 특히, 같은 조 제1항 제1호 라목은 '사업주가 주관하거나 사업주의 지시에 따라 참여한 행사나 행사준비 중에 발생한 사고'를 산재로 보고 있다.

아울러 같은 법 시행령 제30조는 운동경기 · 야유회 · 등산대회 등 각종 행사에 근로자가 참가하는 것이 사회통념상 노무관리 또는 사업운영상 필요하다고 인정되는 경우로서 ① 사업주가 행사에 참가한 근로자에 대하여 행사에 참가한 시간을 근무한 시간으로 인정하는 경우(제1호), ② 사업주가 그 근로자에게 행사에 참가하도록 지시하는 경우(제2호), ③ 사전에 사업주의 승인을 받아 행사에 참가한 경우(제3호), ④ 그 밖에 제1호부터 제3호까지의 규정에 준하는 경우로서 사업주가 그 근로자의 행사 참가를 통상적 · 관례적으로 인정한 경우(제4호) 중 어느 하나에 해당하면 근로자가 그 행사에 참가(행사 참가를 위한 준비 · 연습을 포함)하여 발생한 사고는 산재로 보고 있다.

법원 판례의 동향

법원 판례는 근로계약 등에 근로자의 의무사항으로 규정되어 있지 않은 사내 동호회와 같은 회사 행사 중 사고가 산재로 인정되기 위해서는 "그 행사나 모임의 주최자, 목적, 내용, 참가인원과 그 강제성 여부, 운영방법, 비용부담 등의 사정들에 비추어 사회통념상 그 행사나 모임의 전반적인 과정이 사용자의 지배 · 관리를 받는 상태에 있어야 한다."[88]라는 입장을 기본적으로 취하고 있다.

좀 더 구체적으로 법원 판례는 낚시 동호회 활동을 하고서 귀가 중 교통사고를 당한 사안[89]에서 ① 회사 내에서 동호인 모임을 조직하여 적극 지원한 점, ② 행사 시 비회원도 참여할 수 있게 한 점, ③ 행사에 대하여 회사의 허락을 받았으며 소요경비도 지원받은 점, ④ 회사가 동호회 활동을 적극 지원하고 있어 중견간부인 망인이 회장으로서 불참하기 어려웠던 점, ⑤ 행사를 금요일 근무시간 중에 출발하였던 점 등을 고려했을 때, 해당 행사는 회사의 업무수행의 연장으로서 사회통념상 그 전반적인 과정이 회사의 관리를 받는 상태하에 있어 행사 중 사고가 산재에 해당한다고 판단하였다.

또한 법원 판례는 노무관리 일환으로 실시한 단합대회 중 사고가 발생한 사안[90]에서 ① 해당 행사가 (근로시간이 아닌 휴무일에 개최되기는 했지만) 단체협약의 규정에 따라 노사화합을 위해 매년 공식적으로 실시된 점, ② 근로자들 대부분이 참석한 점, ③ 회사가 야유회 경비 명목의 돈을 참가하는 근로자들에게 지급한 점, ④ 회사 팀장이 회사의 위임을 받아 그 책임하에 노무관리의 필요에서 행사를 실시한 점 등을 고려했을 때, 해당 행사는 회사의 지배 · 관리 범위 내의 행사로 이 행사 중에 발생한 사고는 산재라고 판단하였다.

반면, 법원 판례는 기숙사에서 숙식하는 근로자들이 야유회 중 교통사고가 발생한 사안[91]에서는 ① 회사 근로자들 중 기숙사에 숙식하는 사람

---

88) 대법원 1995. 5. 26. 선고 94다60509 판결; 대법원 2008. 10. 9. 선고 2008두9812 판결 등.

89) 대법원 1997. 8. 29. 선고 97누7271 판결.

90) 서울행정법원 2001. 3. 14. 선고 2000구34484 판결.

91) 대법원 1992. 10. 9. 선고 92누11107 판결.

들만이 자기들의 친목을 도모하고자 스스로 비용을 각출하여 자율적으로 행사를 마련한 점, ② 그 참가가 원칙적으로 기숙사 숙식 근로자로 한정된 점, ③ 회사가 그 경비를 제공한다든가 인솔자를 보내어 참가자들을 통제하지 않는 점 등을 고려했을 때, 회사 소유의 통근버스가 행사 참가자들을 위한 교통수단으로 제공되었다는 사정만으로는 회사의 지배 · 관리를 받는 상태에 있었다고 볼 수 없어 산재에 해당하지 않는다고 판단하였다.[92]

사내 동호회 활동 중 사고의 산재 해당성

산업재해보상보험법과 법원 판례의 동향을 고려할 때, 사내 동호회 활동을 공식적인 업무수행의 연장으로 볼 수 있는지 또는 (공식적인 업무수행은 아니지만) 사내 동호회 활동이 회사의 지배 · 관리 범위 내의 활동인지 여부가 사내 동호회 활동 중 사고의 산재 해당성을 판단하는 핵심기준이라고 볼 수 있다. 회사가 사내 동호회 활동을 근로자들이 자율적으로 조직 · 운영하도록 하는 방침을 정했다고 하더라도 인적(지휘통솔자의 임명) · 물적(장소 · 경비 · 차량 등) 측면에서 직 · 간접적으로 지배 · 관리와 지원이 이루어진 사실이 인정된다면, 해당 행사중의 사고가 산재로 판단되어 회사에게도 법적 책임이 발생할 가능성이 높아진다.[93]

상기 사례에서는 근로자들이 사내 동호회 일환으로 산악회를 조직하

---

92) 유사한 입장에서 행사 중 사고의 산재가 인정되지 않는 사안으로 대법원 1995. 5. 26. 선고 94다60509 판결; 대법원 1997. 3. 28. 선고 96누16179 판결; 대법원 1997. 9. 26. 선고 97다4494 판결 등.

93) 법원은 사내 동호회 활동을 동호회에서 자율적으로 결정해 주관한 것인지 여부, 회사가 근로자들에게 참석을 지시 · 강요하였는지 여부, 그 활동에 들어간 비용의 대부분이 어디에서 충당되었는지 여부, 회사의 관리자가 행사에 관여하였는지 여부 등을 고려하여 사용자의 지배나 관리를 받는 상태에 있었는지를 판단하는 것이다.

여 회사에 지원 신청을 하고, 회사는 복리후생 차원에서 그에 대하여 매월 일정한 활동비를 지급하고 있다.[94] 이러한 경우에 발생한 사고가 산재에 해당하는지 여부를 판단하기 위해서는 행사의 내용, 참가인원과 그 강제성 여부, 근로시간 인정 및 승인여부, 운영방법, 비용부담 등을 종합적으로 검토하여야 한다. 그러하기 때문에 사내 동호회 활동 중 사고가 산재에 해당되는지 여부를 명확하게 판단하는 것이 결코 쉽지 않다.[95] 다만, 회사의 승인을 통해 지원여부가 결정되는 점, 동호회가 승인이 되면 회사가 소정의 활동비를 매월 지급하고 있는 점은 해당 활동 중 사고가 산재로 인정될 가능성을 높여주고 있는 요소라고 판단된다.

사내 동호회 활동에 대해서는 해당 활동의 조직 · 운영에 관한 사항을 근로자들이 최대한 자율적으로 결정하도록 하고 회사가 활동여부를 개별적으로 승인하는 절차 등은 거치지 않는 것이 바람직하다. 인적 차원에서 사내 동호회 활동을 지휘통솔 하는 인원을 회사에서 별도로 지정하여 전

---

94) 회사가 사내 동호회 활동에 일정 경비를 지원하였다거나 후생복리적 급부(차량 제공 등)를 지원하였다는 사정만으로 무조건 사내 동호회 활동 중 사고가 산재로 인정되는 것은 아니다. 그러나 일부 근로자들은 위와 같은 사정만 알고 인사담당자에게 찾아와 무조건 산재로 인정해 달라거나 공상으로 처리해 달라고 떼를 쓰는 경우가 종종 있다. 이 경우 산재로 인정되지 않는 사고에 대하여 회사가 공상으로 처리해 줄 법적 의무는 없지만, 회사에 대한 근로자의 충성도를 높이는 차원에서 금전적 지원을 고려해 볼 수 있을 것이다.

95) 저자가 예전에 모 회사의 인사팀에 재직할 때 사내 동호회 관리를 담당한 적이 있었다. 그 때의 기억을 더듬어 보면 사내 동호회 활동 중 가장 많이 사고가 발생하는 경우로 축구 동호회나 스키 동호회에서 시합 도중 근로자의 승부욕, 경쟁심리 등으로 인하여 다리 골절, 십자인대 파열, 심지어 아킬레스건 파열까지 당해 장기간 입원하는 근로자들이 상당하였다. 예를 들어, 동종업계 또는 그룹 내 계열사 간 축구동호회 축구대회를 하게 되면 회사의 자존심이 달려 있는 문제라 회사가 적극적으로 나서서 대회 전 훈련비 지급, 경기용품 지급, 단체 유니폼 지급, 근로시간 배려 등 전폭적인 지원을 하면서 우승해 오라고 독려를 하는 경우가 있는데, 이 경우에는 그 대회 중 발생한 사고가 산재에 해당할 가능성이 높다. 한편, 근로자들이 단순히 친목 도모 차원에서 자율적으로 조기 축구회와 친선경기를 하다가 발생한 사고는 산재에 해당할 가능성이 상대적으로 낮다고 볼 수 있다.

반적인 활동을 관리 · 감독하거나, 장소 · 경비 · 차량 등 물적 지원이 과하여 근로자들의 자율적인 활동이 아닌 회사 주도의 공식적인 활동으로 오인되지 않도록 할 필요가 있다. 물론, 무엇보다도 동호회 활동 시 준비운동, 안전관리 등을 철저히 하도록 당부하여 사고를 미연에 예방하는 것이 최선임은 두말할 나위가 없다.[96]

96) 회사가 사내 동호회 활동을 적극적으로 지원을 하되, "사내 동호회 활동 중 사고는 산재로 처리되지 않습니다."와 같은 문구를 사내 동호회 규정에 기재하는 경우가 있다. 그러나 그와 같은 규정이 그 사고의 산재 인정 판단에 영향을 주는 것은 아니다.

제5장

심화 사례연구

제1절 '채용내정 취소 법리'의 재검토
– 이른바 '근로계약 성립설'에 대한 비판적 접근 –
제2절 사이닝보너스에 관한 최근 대법원 판결과 인사실무
– '대법원 2015. 6. 11. 선고 2012다55518 판결'을 중심으로 –
제3절 부당해고 후 원직복직에서 '원직'을 둘러싼 분쟁과 해결
제4절 부당해고에 따른 근로자의 정신적 고통은 어떻게 회복될 수 있는가?
제5절 직장 내 폭행 문제, 어떻게 접근하는 것이 좋은가?
– 근로기준법 제8조(폭행의 금지)의 새로운 접근 –

제1절 '채용내정 취소 법리'의 재검토

– 이른바 '근로계약 성립설'에 대한 비판적 접근 –

1. 들어가며

학부시절 노동법 수업에서 채용내정의 취소는 '해고'에 해당한다는 교수님의 설명을 듣고 놀랐던 기억이 난다. 근로계약을 체결한 것은 아니지만 기업이 사실상 취업지원자의 채용을 통지한 이상, 취업지원자에게 특별한 결격사유가 없는데도 채용내정을 취소하는 것은 부당해고라는 설명이었다. 채용내정의 취소를 해고와 동일하게 취급한다는 노동법 특유의 법리 설명이 인상적이었다.

현재 대부분의 노동법 교과서도 채용내정을 이른바 '근로계약 성립설'의 입장에서 기술하고 있다. 기업이 취업지원자에게 채용내정을 하게 되면 근로계약은 성립하는 것이고, 채용내정을 취소하는 것이 정당화될 수 있는 사유가 있는 경우에 한하여 해당 채용내정에 의해 성립한 근로계약을 해지할 수 있다는 것이다.[1] 이와 같은 채용내정 취소에 대한 법리는 이론과 실무의 영역에서 통상적·보편적인 것으로 인식되고 있다.

그러나 저자들은 채용내정을 근로계약 성립설의 입장에서만 설명하는

* 이하 제5장의 심화 사례연구로 실린 글들은 2015년 노사신문사의 월간 노사저널에 기고한 글들을 이 책의 목적과 구성이 맞게 다시 엮은 것임을 밝혀둔다. 대부분의 내용들이 앞선 장에서 검토한 내용들을 기초로 하고 있으므로, 좀 더 구체적인 내용이나 학술적 사항에 대해서 고민해 보고 싶은 분들께서는 제5장의 글들을 읽어보시기를 권한다.

1) 그에 따라 '근로계약 성립설'을 '근로계약 해지권 유보설'이라는 표현으로 설명하기도 한다.

것은 문제가 있다는 점을 제1절을 통해 밝히고자 한다. 즉, 일반적인 채용내정은 '근로계약 성립설'을 근거로 설명하여도 크게 문제가 없지만, 근로계약이 성립하지 않거나 근로계약이 성립하였는지가 불분명한 채용내정의 형태는 근로계약 성립설만을 가지고는 문제해결이 어렵다.

근로계약이 성립하였는지 여부를 기준으로 채용내정의 유형을 구별하는 실익은 사용자가 정당한 사유 없이 채용내정을 취소하는 경우의 법률효과를 설명하는데 있다.

근로계약이 성립하는 채용내정의 경우 사용자가 정당한 사유 없이 채용내정을 취소하는 행위는 '부당해고'에 해당하므로 근로자는 실제 일하기로 약정한 날부터 발생한 임금 상당액의 손해배상을 청구할 수 있다. 반면, 근로계약이 성립하지 않는 채용내정의 경우 사용자가 정당한 사유 없이 채용내정을 취소하게 되면 해당 기간 다른 곳에 취업을 하지 못함으로 인하여 발생한 손해의 배상을 청구할 수 있다.[2)]

상기 두 경우 모두 채용내정이 취소된 근로자가 사용자에게 손해배상을 청구할 수 있다는 점은 같다. 하지만 그 손해배상을 청구할 수 있는 근거가 근로계약을 근거로 한 계약불이행책임인지 아니면 불법행위책임인지는 분명히 차이가 있다.

현재 노동법 이론과 실무에서는 그와 같은 구별이 정확히 이루어지지 않은 채 채용내정의 취소는 당연히 근로계약의 성립을 전제로 한 해고와 같다는 설명이 대부분이다. 다소 무례한 표현이지만, '근로계약 성립설'에만 기초한 채용내정 취소의 법리는 '반쪽 설명'에 그친다는 문제가 있다.

이하에서는 채용내정을 근로계약이 성립하는 경우와 그렇지 않은 경우로 나누어 각각의 사례 및 법원 판례를 살펴본 후, 각 유형별로 채용내정

---

2) 근로계약이 성립하지는 않았으므로 임금 상당액을 직접적으로 청구할 수는 없다.

취소의 법적 성격과 법률효과를 노동법 이론적으로 어떻게 구분하여 설명하는 것이 좋을지 논의하고자 한다.

2. 사례의 소개

[사례1]

甲은 현재 A사에 재직 중이다. 최근 B사로부터 현재보다 좋은 연봉과 근로조건으로 스카우트 제의를 받고 B사의 면접절차를 거쳐 합격하여 12월 1일부터 근무하기로 했다. 이에 甲은 11월 2일자로 A사에 전직을 이유로 사직서를 제출했다. 그런데 11월 23일 갑자기 B사로부터 "미안하지만 해당 직책 및 직무를 수행하기에는 경력이 다소 부족하다는 경영진의 의견이 있어 정식채용은 어려울 것 같다."라는 전화를 받았다. 甲은 잘 다니던 A사에 이미 그만 둔다고 사직의 의사표시를 하였고, 환송회까지 한 상황에서 이러지도 저러지도 못 하는 낙동강 오리알 신세가 되어 너무 난감할 따름이다.

[사례2]

C사는 조선소에 부품을 납품하는 중소기업으로 몇 개월 전 5명의 신입직원을 선발하여 최종합격을 통지하였다. 그런데 최근 조선업계의 갑작스런 불황 여파로 납품물량이 급격히 감소하여 선발했던 신입직원을 채용하는데 문제가 발생하였다. C사는 여러 번 경영정상화를 시도하였지만, 현재 일하고 있는 직원들에게도 임금을 정상적으로 지급하기 어려운 상황에서 신입직원들을 채용하기는 어렵다고 판단하였다. 그에 따라 몇 개월 전 선발한 5명의 신입직원에 대해 지금까지 회사의 출근 및 인사발령을 계속 미루고 있다.

3. 채용내정 취소 법리의 2가지 해석방식

공개적인 모집과정을 거쳐서 채용이 최종 결정되면, 일정한 기간이 지난 뒤 새로운 회사에 출근해서 정식으로 근로계약서를 작성하고 근무를 시작하는 것이 일반적이다. 회사에서는 채용이 결정된 자가 정식으로 출근하여 근무하기 전까지의 기간 동안 주민등록등본, 최종학교 졸업 · 성적증명서, 경력증명서, 관련 자격증 · 면허증 등 입사에 필요한 제반 서류를 확인하면서 해당자가 근무할 수 있도록 준비를 하게 된다. 아울러 회사가 학교 졸업예정자를 채용시험에 합격시킨 뒤 졸업 후 채용한다는 의사표시를 미리 해 놓기도 한다. 이는 회사가 우수한 근로자를 미리 확보하고, 다른 한편 일단 시험이나 전형에 합격된 자가 회사에 기여할 수 있을 것인가를 일정한 기간을 두어 신중히 검토하고자 하는 차원이다. 이와 같이 회사에 정식으로 출근하기 이전에 채용에 대한 합격통지를 미리 해 놓은 상태를 법률 용어로 '채용내정(採用內定)' 이라고 한다.[3]

가. 노동법 관점에서 해석과 적용

노동법 관점에서 채용이 내정된 자의 정식채용을 취소하는 행위, 즉 채용내정의 취소는 근로기준법상 '해고' 에 해당한다고 보는 것이 통설적인 견해다. 근로기준법 제17조에 의거 근로계약서를 정식으로 체결한 것은 아니지만, 회사가 채용내정을 통지하는 시점에 근로계약은 성립하는 것

---

3) 채용내정은 그 계약유형이 계약 당사자에 따라 각각 다르기 때문에 법적 성질에 관하여 일률적으로 논하기는 어려운 점은 있다. 채용내정 통지가 근로계약을 완성시키는 '사용자의 승낙의 의사표시' 인가 아니면 '근로계약 체결의 예정' 인가는 통지의 문언과 그 의미, 단체협약 · 취업규칙 등의 채용절차에 관한 규정, 관행, 기타 개별적인 사정 등을 종합하여 판단하는 것이 필요하다. 인사실무상으로 대개 채용내정은 근로계약이 성립한 것으로 보고 있다. 학설도 근로계약 체결과정설, 예약설, 근로계약 성립설 등으로 나뉘고 있지만, 채용내정은 조건이나 기한 등의 부관(附款)이 붙어 있는 근로계약에 해당하는 설이 다수설이다.

으로 간주된다는 설명이다.[4] 이에 따라 '근로기준법 제23조 제1항'[5]에서 규정하고 있는 이른바 '정당한 이유'가 없는 채용내정의 취소는 '부당해고'가 된다.

다만, 채용내정 단계에서는 근로자의 구체적인 근로제공이 없으므로 채용내정의 정당한 취소사유는 통상적인 해고사유와는 달리 볼 수 밖에 없다. 예를 들어, ① 회사에서 관련 면허의 소지를 채용의 전제로 한 경우 채용내정자가 예정된 시점에 그 면허를 취득하지 못하게 되면 채용내정을 취소할 수 있다.[6] ② 근무예정시기에 심각한 질병이나 신병의 구속상태 등으로 인하여 현실적으로 근무를 할 수 없게 된 때 역시 정당하게 채용내정을 취소할 수 있다. ③ 채용 당시 제출한 이력서, 경력증명서 등에 허위사실을 기재한 경우에도 그 허위기재의 내용과 정도가 중대하여 업무수행에 부적격하다면 채용내정의 취소가 정당한 것으로 볼 수 있다.

요컨대, 채용내정의 취소는 근로자가 담당할 업무의 내용과 성질에 비추어 볼 때 정식 채용을 하기에는 적합하지 않다고 볼 만한 객관적이고 합리적인 이유가 있거나 사회통념상 수긍될 수 있을 만한 사유가 있는 경우에 가능하다.[7] 즉, 채용내정의 정당한 취소사유로 ① 학교를 졸업하지 못하거나 관련 면허를 취득하지 못한 경우, ② 회사가 요구한 채용서류를 제출하지 않은 경우, ③ 근로자가 제출서류를 허위로 기재한 경우, ④ 채용내정 당시에 비해 근로자에게 노동력의 현저한 질적 저하사유가 발생한

4) 대법원 2000. 11. 28. 선고 2000다51742 판결; 대법원 2002. 12. 10. 선고 2000다25910 판결 등.

5) 사용자는 근로자에게 정당한 이유 없이 해고, 휴직, 정직, 전직, 감봉, 그 밖의 징벌(懲罰)을 하지 못한다.

6) 간호학과 졸업예정자를 대상으로 우수인력 확보차원에서 미리 공채를 통하여 합격자에 대한 채용내정을 해 놓은 상황에서 그 이후 간호사 면허시험에서 탈락한 경우를 말한다.

7) 대법원 2006. 2. 24. 선고 2002다62432 판결.

경우, ⑤ 근로자가 정상적인 근로가 불가능한 질병에 걸린 경우, ⑥ 근로자가 형사사건으로 인해 구속 · 기소된 경우 등을 들 수 있다. 아울러 법원[8]은 ⑦ 회사의 경영상황이 현저하게 악화되었을 경우에도 채용내정의 취소가 가능하다고 보고 있다.

정당한 사유가 없음에도 불구하고 사용자가 일방적으로 채용내정을 취소하는 행위는 '부당해고'로 취급될 수 있고, 노동위원회나 법원에서 부당해고라는 판단이 내려질 경우 사용자는 해당 근로자에게 채용을 내정하여 근무하기로 약정한 날로부터 발생한 임금 상당액을 지급하여야 한다. 소송의 관점에서 보면 채용내정을 취소 당한 근로자는 이미 근로계약이 체결되었다는 점을 전제로 부당해고에 따른 임금 상당액의 손해배상을 청구할 수 있다. 이는 채용내정을 통해 근로계약이 성립하며, 그러한 채용내정을 취소하는 행위는 해고에 해당한다는 노동법 관점에 기초를 둔 것이다. 명시적으로 근로계약서가 체결되지 않았음에도 근로계약이 성립하였다고 보아 임금 상당액의 손해배상을 인정하는 노동법 특유의 해석이라고 할 수 있다.

나. 계약법 관점에서 해석과 적용

그렇다면 상기 노동법 관점에서 해석과 적용에 의해 채용내정의 취소 문제를 모두 해결할 수 있는가? 결론부터 말하자면 그렇지 않다. 구체적인 논의에 앞서 '계약'의 기본 개념을 살펴본 뒤, 계약법의 관점에서 채용내정 취소에 관한 이론과 법원 판례를 검토하기로 한다.

현대 사회에서 이루어지는 법률행위의 가장 전형적인 모습은 계약(契約)이다. 사람들은 서로가 원하는 사항에 대하여 상대방의 의사를 확인한 뒤, 상호 이해관계 및 의사가 일치하는 수준에서 '합의'를 하는데 그 합

8) 서울지방법원 1999. 6. 18. 선고 98가합67930 판결.

의가 바로 '계약'이다.[9] 계약이 성립되면 법적인 구속력이 발생하며, 계약의 당사자는 그 계약의 내용에 따른 의무를 이행하여야 한다. 그렇지 않은 경우 '채무불이행'에 따른 민법상의 계약책임을 지게 된다. 통상 계약의 상대방이 계약의무를 이행하지 않았을 때, 사람들이 입버릇처럼 "손해배상을 청구하겠다."라고 말하는 것이 바로 계약위반, 즉 채무불이행에 따른 법률효과다. 계약위반에 대한 법률효과는 계약의 내용대로 의무가 이행되지 않은 이상 그에 상응하는 손해의 배상을 받을 수 있도록 하는 공평의 법 관념에 기초한다.

문제는 당사자가 계약을 체결하기 위해 논의 · 협상을 하는 준비과정에서 장애사유가 발생했을 경우다. 사람들은 누구와도 자유롭게 계약의 체결을 위해 논의 · 협상을 할 수 있고, 그 과정에서 이해관계가 맞지 않으면 계약체결 이전에는 언제든지 계약의 논의 · 협상을 중단할 수 있다. 계약이 체결되지 않은 이상, 그에 구속되어야 할 법적 의무는 발생하지 않으며 당사자는 더 나은 조건과 이익을 확보할 수 있는 새로운 계약 상대방을 찾으면 된다.

그런데 계약이 체결되지 않았다는 이유만으로 계약의 준비단계에 임하였던 당사자에게 어떠한 법적 책임도 없다고 보는 것이 공평의 법 관점에

9) 계약의 가장 본질적인 요소는 의사표시의 합치(합의)이고, 반드시 문서로 된 '계약서(契約書)'가 있어야만 계약이 성립하는 것은 아니다. 다만, 당사자 간 합의의 내용을 문서로 명확히 해 두지 않으면 향후 분쟁의 소지가 발생할 염려가 있으므로 합의의 내용을 '계약서'라는 문서로 남겨두는 것이 일반적이다. 근로계약 역시 반드시 서면으로 체결해야 할 법적 의무는 없지만, 근로기준법은 분쟁 예방을 위해 근로계약에 관하여 특별한 규정을 두고 있다. 즉, 근로기준법 제17조에 의거 사용자는 근로계약을 체결할 때 반드시 근로자에게 임금, 소정근로시간, 주휴일, 연차유급휴가, 취업의 장소와 종사하여야 할 업무에 관한 사항, 취업규칙의 내용 등을 명시하고, 이 중에서 중요한 의미를 갖는 일부 근로조건(임금의 구성항목 · 계산방법 · 지급방법, 소정근로시간, 주휴일, 연차유급휴가)에 대해서는 반드시 서면으로 명시하여 교부하여야 한다는 점을 유의해야 한다.

비추어 타당하지 않은 경우가 있다. 예컨대, 계약이 '사실상' 성사단계에 이르렀음에도 불구하고 상대방이 돌연 계약을 하지 않겠다고 일방적으로 통지하는 경우가 있을 수 있다. 이 때 다른 상대방은 계약의 성립을 믿은 것에 따르는 기회비용 내지는 신뢰이익의 손해가 발생할 수 있다. 그러한 경우는 계약의 준비단계에서 발생한 문제로서 '계약' 자체는 성립되지 않은 상황이기 때문에 상대방에게 계약상 의무를 이행하지 않은 것, 즉 계약책임에 근거한 손해배상을 청구할 수는 없다.[10)]

대신 법원 판례는 진행 중인 계약상담을 부당하게 파기하거나, 계약교섭단계에서 당사자 일방이 그에게 책임 있는 사유로 상대방의 생명 · 신체 · 재산을 침해한 경우에는 계약책임이 아닌 '불법행위책임'에 근거하여 손해배상을 인정할 수 있다는 입장에 있다.[11)]

채용내정 취소와 관련하여 법원 판례는 학교법인이 사무직원에게 채용통지를 하였다가 1년 정도 발령을 지체하다가 채용하지 않은 사안에서 "학교법인은 불법행위자로서 원고가 위 최종합격자 통지와 계속된 발령 약속을 신뢰하여 직원으로 채용되기를 기대하면서 다른 취직의 기회를 포기함으로써 입은 손해를 배상할 책임이 있다."라고 판시하였다.[12)]

---

10) 이러한 경우 역시 계약체결에 대한 확실한 기대를 바탕으로 하여 형성된 특별한 신뢰관계를 근거로 한 중대한 신의칙 위반, 즉 계약책임을 물을 수 있다는 견해도 있다.

11) 민법 제750조(불법행위의 내용) 고의 또는 과실로 인한 위법행위로 타인에게 손해를 가한 자는 그 손해를 배상할 책임이 있다.

12) 학교법인이 원고를 사무직원 채용시험의 최종합격자로 결정하고 그 통지와 아울러 "1989. 5. 10.자로 발령하겠으니 제반 구비서류를 1989. 5. 8.까지 제출하여 달라."는 통지를 하여 원고로 하여금 위 통지에 따라 제반 구비서류를 제출하게 한 후, 원고의 발령을 지체하고 여러 번 발령을 미루었으며, 그 때문에 원고는 위 학교법인이 1990. 5. 28. 원고를 직원으로 채용할 수 없다고 통지할 때까지 임용만 기다리면서 다른 일에 종사하지 못한 경우 이러한 결과가 발생한 원인이 위 학교법인이 자신이 OO대학의 재정형편, 적정한 직원의 수, 1990년도 입학정원의 증감 여부 등 여러 사정을 참작하여 채용할 직원의 수를 헤아리고 그에 따라 적정한 수의 합격자 발표와 직원채용통지를 하여야

또한 법원 판례[13]는 "원고와 피고 사이에는 위와 같은 피고의 채용내정 사실 통지로 인하여 장차 정식 취업 시로부터 근로를 제공하기로 하는 내용의 일종의 근로계약이 성립한 것으로, 원고로서는 상당한 기간 내에 피고 회사에 정식채용 될 것이라는 정당한 기대를 갖게 된다고 할 것이다. 피고로서는 당초 채용내정 과정에서부터 피고회사의 계획사업의 내용 및 규모, 그 진행전망 등 피고의 제반 사정을 면밀히 검토하여 채용할 직원의 수와 그 구성을 정하고 그에 따라 적정한 수의 합격자만을 발표 및 채용내정 하여야 할 주의의무가 있음에도 불구하고, 이를 게을리 한 과실로 그 실행 가능성이 충분히 검토되지 아니한 사업부문의 인력으로 원고를 채용내정 하여 그와 같은 통지를 한 후, 뒤늦게 해당부문 사업을 진행할 수 없게 되었다는 사유로 원고를 정식채용 하지 않기로 하였으니, 피고는 원고가 위 기간 동안 피고의 직원으로 정식채용 되기를 기대하면서 다른 취업의 기회를 포기함으로써 입게 된 손해를 배상할 책임이 있다."라고 판시하였다.[14]

요컨대, 채용내정 후 채용이 취소된 취업예정자는 해당 사용자의 불법행위책임을 근거로 채용내정(최종합격)을 신뢰하여 채용되기를 기대하면서 또 다른 취직의 기회를 포기한 것에 따라 발생한 손해의 배상을 사용자에게 청구할 수 있다. 이는 채용내정만으로는 근로계약이 성립되었다고

하는데도 이를 게을리 하였기 때문이라면 위 학교법인은 불법행위자로서 원고가 위 최종합격자 통지와 계속된 발령 약속을 신뢰하여 직원으로 채용되기를 기대하면서 다른 취직의 기회를 포기함으로써 입은 손해를 배상할 책임이 있다(대법원 1993. 9. 10. 선고 92다42897 판결).

13) 서울지방법원 2003. 8. 27. 선고 2002나40400 판결.

14) 해당 판례는 채용내정만으로 정식채용이 확정된 것은 아니라고 보았다. 하지만 정식채용 여부에 대한 분명한 답변을 요구하고 그 대책 등에 대하여 지속적으로 문의하거나 정식채용을 거절할 것에 대비하여 다른 일자리를 구하는 등의 조치를 강구해야 했음에도 그를 게을리한 원고에게도 50%의 책임을 인정하였다는 점을 눈여겨 볼 필요가 있다.

는 볼 수 없으므로 근로계약 성립을 전제로 한 부당해고나 임금 상당액의 배상은 주장할 수 없고, 대신 사용자가 정당한 사유 없이 일방적으로 채용내정을 취소한 것은 위법한 행위이므로 불법행위책임에 기초한 손해배상을 인정하는 계약법의 고유한 해석이라고 할 수 있다.

4. 채용내정 취소의 해석과 적용이 엇갈리는 이유

여기까지 읽은 독자라면 뭔가 이상하다는 생각이 들 것이다. 채용내정의 취소라는 동일한 행위에 관하여 노동법에서는 근로계약의 성립을 전제로 한 '부당해고 여부'를 다루는 반면, 계약법에서는 채용내정만으로는 근로계약이 성립하지 않았으므로 부당해고로는 다툴 수 없고 불법행위책임에 기초한 손해배상만을 인정할 수 있다는 아주 상반된 결론이 나오기 때문이다. 채용내정 취소의 법률효과를 이해하고자 하는 인사실무자들은 난감할 수 밖에 없다. 왜 이러한 상반된 채용내정 취소의 해석과 적용현상이 발생하는 것일까?

그 정답은 '채용내정'이라는 행위의 법적 성격을 보다 면밀하게 살피는 과정에서 찾을 수 있다.

일반적으로 회사가 채용내정을 하게 되면 취업예정자에게 최종합격을 통지하고 입사에 필요한 제반 서류의 제출을 요구한다. 그리고 정식으로 입사하여 근무하게 될 날짜와 연봉, 근로시간, 기본적인 근로조건, 직무, 직책, 근로장소 등의 사항을 알려주게 된다. 인사실무상 근로계약서에 준할 정도로 'Offer Letter'를 통해 이러한 사항들이 기재된 서면을 취업예정자에게 교부하기도 한다. 이와 같은 채용내정의 경우에는 '근로계약 성립설'이 적용되어 그 채용내정을 정당한 사유 없이 취소할 경우 부당해고에 해당할 가능성이 높다.

한편, 그와 다른 채용내정의 유형으로 회사가 취업예정자에게 합격했다는 사실만을 통지하고 근무를 시작하게 될 날짜나 기본적인 근로조건에 관한 사항은 구체적으로 밝히지 않은 채 나중에 알려 주겠다며 정식채용을 미루는 경우도 있다. 이는 주로 대졸 예정자와 같이 신입직원 채용 때 나타난다. 이와 같은 채용내정의 경우에는 '근로계약 성립설'이 적용되지 않고, 그 채용내정을 정당한 사유 없이 취소할 경우 불법행위에 기한 손해배상이 인정될 가능성이 높다.

상기 두 가지 채용내정의 유형은 얼핏 보면 비슷해 보이지만 결정적인 차이가 있다. 전자의 경우는 근로계약의 중요 부분이라고 할 수 있는 근무 시작일, 임금, 근로시간, 직무, 직책, 근로장소 등에 관해 사용자가 채용예정자에게 이미 통지를 하고 근로자가 그에 대해 동의를 해 놓은 상태인 반면, 후자의 경우는 근로계약을 구성하는 중요 부분에 관한 구체적인 합의가 없이 단순히 사용자가 채용예정자에게 합격을 통지한 행위만 있다.

계약이 성립하기 위해서는 계약의 '중요 부분'에 관해 당사자 간 '합의'가 반드시 존재하여야 한다는 점은 이론의 여지가 없는 법리다. 대부분의 노동법 교과서에서는 채용내정의 통지행위는 사용자의 청약이고 근로자가 그를 승낙할 경우 당사자간 합의가 있으므로 근로계약이 성립한다는 논거로 설명을 하지만, 그러한 논거 역시 계약의 성립에 관한 법리를 간과하는 측면이 없지 않다.

즉, "① 계약이 성립하기 위하여는 당사자간의 서로 대립하는 수 개의 의사표시의 객관적 합치가 필요하고, ② 객관적 합치가 있다고 하기 위하여는 당사자의 의사표시에 나타나 있는 사항에 관하여는 모두 일치하고 있어야 하는 한편, ③ 계약내용의 '중요한 점' 및 계약의 객관적 요소는 아니더라도 특히 당사자가 그것에 중대한 의의를 두고 계약성립의 요건으로 할 의사를 표시한 때에는 이에 관하여 합치가 있어야 계약이 적법 · 유효하게 성립하는 것이다. ④ 계약이 성립하기 위한 법률요건인 청약은 그에 응하는 승낙만 있으면 곧 계약이 성립하는 구체적, 확정적 의사표시여야 하므로 청약은 계약의 내용을 결정할 수 있을 정도의 사항을 포함시키는 것이 필요하다."라는 것이 계약의 성립에 관하여 대법원 판례가 확립하고 있는 법리다.[15)]

근로계약도 계약의 한 형태로서 계약의 성립에 대한 민법의 일반 법리가 존중될 필요가 있다. 근로계약이 계약으로 성립하기 위해서는 근로계약의 중요 부분이라고 할 수 있는 임금, 근로시간 등 근로조건에 대한 구체적인 '합의'가 존재하여야 할 것이다.

채용내정의 취소에 대한 법원 판례의 상반된 입장은 채용내정 시 근로조건의 중요 부분에 대한 합의가 있어 근로계약이 성립되었다고 볼 수 있는지 여부에 따라 달라진다는 것이 저자들의 생각이다.

첫째, 사용자가 채용내정을 할 때 근로자에게 주된 근로조건을 함께 고지하는 등의 행위를 할 경우에는 근로계약의 중요 부분에 대한 합의가 있어 채용내정 시 근로계약이 성립된 것으로 볼 수 있다. 이러한 경우 법원 판례는 이미 근로계약이 성립된 이상 해당 채용내정을 정당한 사유 없이 취소하는 행위를 부당해고로 보고 사용자에게 임금 상당액을 배상해야 할 책임을 지운다.

둘째, 사용자가 단순히 합격통지만 하였을 뿐 임금, 근로시간 등 근로조건에 관한 사항은 명확하게 밝히지 않은 경우라면 근로계약의 중요 부분에 대한 사용자와 근로자 사이의 합의가 없어 근로계약이 성립하였다고 보기 힘들다. 법원 판례는 이러한 채용내정의 취소는 계약책임에 근거한 부당해고의 문제로 다루지 않고, 위법한 채용내정의 취소행위(불법행위)에 대한 손해배상책임을 지운다.

---

15) 대표적인 법원 판례로 대법원 2003. 4. 11. 선고 2001다53059 판결(이른바, 무역센터 조형물 사건)을 들 수 있다. 원문자는 저자들이 편의상 가필한 것이다.

5. 사례의 검토

'사례1' 은 연봉 및 기타 근로조건, 근무를 시작할 날짜 등 근로계약의 중요 부분에 합의가 존재하는 채용내정에 해당한다. 회사가 정당한 사유 없이 그 채용내정을 취소할 경우 부당해고에 해당하고, 회사는 해당 '근로자' 에게 해고 기간 동안의 약정된 임금 상당액을 지급해야 한다는 판단이 내려질 가능성이 높다.

'사례2' 는 연봉 및 기타 근로조건 등 근로계약의 중요 부분에 합의가 존재하지 않고 근무를 시작할 날짜가 결정되지도 않은 채 단순히 합격만을 통지한 채용내정에 해당한다. 회사가 정당한 사유 없이 그 채용내정을 취소할 경우 부당해고에 해당하지 않고, 회사는 해당 '취업지원자' 에게 다른 취업을 포기함으로써 발생한 손해를 배상하여야 한다는 판단이 내려질 가능성이 높다.

'사례2' 의 경우, 회사는 조선업계의 불황에 따른 경영상 어려움으로 인하여 채용내정자들을 최종 고용할 수 없는 상황인 것으로 판단된다. 회사의 경영상황이 현저하게 악화되었을 경우에는 채용내정의 취소가 가능하다는 법원 판례가 있지만,[16] 경영상황의 어려움에 따른 채용내정 취소의 정당성을 일률적으로 판단하기는 쉽지 않은 문제이다. 반대로 회사는 그러한 사정을 미리 예상하고 신중하게 채용여부를 결정하였음에도 불구하고 채용내정의 취소에 대한 책임이 있음을 부인하기 어렵고, 그 취소를 정당화할 수 있는 채용내정자들의 귀책사유도 특별히 발견되지 않는다. 회사가 채용내정자들에 대하여 채용 취소를 결정하여 통지할 경우, 채용내정의 취소가 경영상 어려움을 이유로 정당화될 수 있는지 여부는 논외로 하더라도 회사의 불법행위에 근거한 손해배상책임이 발생할 가능성은

---

16) 서울지방법원 1999. 6. 18. 선고 98가합67930 판결.

상당히 높다고 판단된다.

6. 맺음말

저자들은 기존 노동법의 영역에서 대학자분들의 논의가 집대성된 부분보다는 아직 본격적인 논의가 이루어지지 않은 새로운 현상이나 인사실무의 문제를 함께 고민하며 연구해 왔다.

제1절에서 채용내정의 취소의 법리를 저자들의 시각에서 재검토한 것은 "채용내정의 취소는 곧 부당해고"라는 현재 노동법의 설명이 채용내정의 실제 사례에 비추어 타당하지 않다고 생각하였기 때문이다. 앞서 살펴보았듯이 근로계약이 성립되었다고 볼 수 없는 채용내정이 분명히 존재하고, 그 관점에서 내려진 법원의 판례도 다수 있다. 그럼에도 여전히 대부분의 노동법 교과서는 '근로계약 성립설'의 입장에서 채용내정의 취소는 부당해고라는 식의 설명만 하고 있다.

근로계약이 성립하지 않은 경우의 채용내정 취소가 부당해고가 아닌 불법행위책임으로 취급된다는 관점은 노동법의 영역이 아니라고도 볼 수 있지만, 실제 인사실무에서 발생하는 문제인 만큼 이 문제도 노동법의 차원에서 해석하고 적용할 수 있는 이론으로 발전시키는 것이 올바른 방향이라고 생각한다.

노동의 문제라고 해서 반드시 노동법만으로 해결할 수 있는 것은 아니고, 종국적으로는 노동법도 '법(法)'의 체계와 울타리 안에서 다른 법과의 연관관계를 고민하는 해석과 적용을 해야 한다. 그런 차원에서 이 글을 통해 다른 채용내정의 취소 법리도 통합적인 법의 관점에서 설명되고 다루어지길 기대한다.

제2절 사이닝보너스에 관한 최근 대법원 판결과 인사실무

- '대법원 2015. 6. 11. 선고 2012다55518 판결' 을 중심으로 -

1. 들어가며

신입사원을 선발하여 유능한 인재로 장기간 육성해 가는 것이 과거의 채용시스템이었다면, 현재는 전문성을 갖춘 경력사원을 다른 기업에서 스카우트 해 와서 기업에 필요한 역량을 단기간에 강화하는 채용시스템이 많이 활성화 되었다. 이에 따라 많은 기업이 외부에서 우수한 인력을 유인(誘引)할 수 있는 여러 가지 방법을 활용하는데, 그 중 하나가 바로 '사이닝보너스(Signing Bonus)' 제도다.

사이닝보너스는 1975년 미국 메이저리그에서 자유계약선수(Free Agent, 이하, 'FA') 제도가 생기면서 사용되기 시작한 용어로 알려져 있다. 선수가 한 팀에서 일정 기간 활동한 뒤에는 자유계약선수 자격을 얻어 자신이 원하는 구단과 계약하는 것이 FA 제도의 골자다. 이 때 선수와 구단은 연봉 외에 별도의 이적료를 계약에 포함시키는데, 이적료 명목으로 계약에 포함시키는 금액이 사이닝보너스다.

사이닝보너스는 말 그대로 계약한 선수에게 감사의 의미로 건네주는 '일회성 인센티브' 다. 메이저리그에서는 대개 계약 총액의 5~10% 정도를 사이닝보너스로 책정한다. 스포츠에는 예상치 못한 부상과 부진이라는 불확실성이 존재하기 때문이다. 가령, 선수가 부상으로 돌연 은퇴하게 될 경우에 연봉은 지급하지 않아도 되지만 사이닝보너스는 지급해야 한다.[17)]

---

17) 데일리안, "FA 거품의 원흉, 비정상 계약금+옵션 난맥상", 2015. 1. 3.

기업 인사실무에서 사이닝보너스라는 용어는 동일하지만 프로스포츠에서 FA의 경우와는 조금 다른 의미로 활용되는 측면이 있다. 프로스포츠에서 사이닝보너스가 이적에 대한 '보상(사례금)'의 의미가 강하다면, 기업에서의 사이닝보너스는 회사가 외부에서 스카우트한 인력에게 일정한 의무근무기간을 부여하는 대신 지급하는 '전속계약금'으로 보는 것이 일반적이다. 대부분의 기업도 사이닝보너스를 전속계약금으로 보고 관련 인사실무를 처리하고 있고, 법원 판례 역시 그 동안 유사한 입장에서 사이닝보너스를 둘러싼 법률분쟁을 다루어 왔다.

그런데 최근 대법원에서 사이닝보너스가 전속계약금이 아니라 근로자의 이직 자체에 대한 사례금(보상금)의 의미만 갖는다고 본 판결이 나와서 눈길을 끈다. 사이닝보너스는 그 의미를 전속계약금으로 보는지, 아니면 이직사례금으로 보는지에 따라 그 법률효과가 크게 달라질 수 있다. 제2절에서는 사이닝보너스의 의미와 종래 법원 판례의 입장, 최근 대법원 판결의 쟁점을 함께 확인해 보면서 사이닝보너스에 대한 바람직한 인사실무 방향에 대해서 검토해 보고자 한다.

2. 사례의 소개

중소기업인 A사는 제품의 기술개발분야를 강화하고자 약 1년 전 근로자 甲을 기술개발팀 팀장으로 새롭게 영입하였다. 甲은 해당 기술개발에 정통한 기술자로 대기업에서 10년 가까이 근무하였다. A사는 甲을 영입할 때 정해진 연봉 외에 총 5천만원의 사이닝보너스를 함께 지급하기로 하였다. 한편, 甲은 3년간 의무적으로 A사에 근무하기로 채용합의서에 약정하였다.

그런데 최근 甲이 A사와 약정한 3년의 근무기간 중 2년만 채우고 개인적인 사유로 사직을 하였다. A사는 甲이 3년간 근무하기로 한 채용합의를 위반한 것으로 판단하여, 3년의 의무근무에 따른 보상으로 기 지급한 사이닝보너스의 반환을 청구하고자 한다.

3. 사이닝보너스의 의미

기업 인사실무에서 사이닝보너스는 경력 있는 전문 인력을 채용하기 위한 방법으로 근로계약 등을 체결하면서 해당 인력에게 정해진 연봉(임금)외 일회성의 인센티브 명목으로 지급하는 '금원' 을 말한다.[18]

근로자에게 사이닝보너스가 지급된다고 해서 반드시 '임금' 에 해당한다고는 단정하기 어렵다. 회사가 임의적 · 일시적 · 은혜적 차원에서 지급하는 금원인 만큼 임금에 해당하지 않는다고 판단될 가능성이 높다. 고용노동부 행정해석은 유사한 사례에서 리텐션보너스가 단체협약, 취업규칙 등에 특별하게 정한 내용이 없고, 사용자가 일시적으로 또는 임의로 지급하는 경우라면 근로기준법상 임금으로 볼 수 없다고 한 사례가 있다.[19]

인사실무에서 사이닝보너스는 통상 '전속계약금' 의 의미로 이해된다. 회사에서 사이닝보너스를 지급 받은 근로자는 의무적으로 근무를 해야 할 기간이 정해져 있고, 의무근무기간을 채우지 않고 사직할 경우에는 사이닝보너스의 전부 또는 일부를 회사에 다시 반환하는 것이 관행처럼 되어 있다.[20]

---

18) 대법원 2015. 6. 11. 선고 2012다55518 판결. 사이닝보너스 이외에도 사인온보너스(Sign-on Bonus)라는 용어를 사용하기도 한다. 사이닝보너스는 경영 · 인사관리 차원의 개념으로 여러 가지 정의가 가능할 것이다. 이 글은 법적 논의에 국한하여 사이닝보너스의 의미와 유형을 새롭게 다룬 최근 대법원 판결(대법원 2015. 6. 11. 선고 2012다55518 판결)을 근거로 논의하였다.

19) 2010. 4. 27, 근로기준과-883.

20) 박정택, "사이닝보너스(Signing Bonus) 반환과 관련한 법적 쟁점", 『월간 노동법률』, ㈜중앙경제, 2010. 5, 74면.

법원 판례도 사이닝보너스를 전속계약금의 성격으로 판단한 사례가 대부분이다. 법원 판례는 사이닝보너스 지급으로 인한 의무근무기간이 2~3년으로서 비교적 단기간이고, 회사가 근로자에게 계약 위반 시 사이닝보너스 그 자체 또는 근무일수에 비례한 사이닝보너스 중 일부 반환만을 요구한 사례에서 사이닝보너스 약정을 유효하다고 판단해 왔다.[21)]

다만, 법원 판례는 의무근무기간이 5년 이상으로서 장기간이고, 회사가 근로자에게 의무근무기간을 위반한 것을 근거로 사이닝보너스의 배액 또는 3배액에 달하는 금액을 배상금액으로 청구한 사안에서는 회사측의 조치가 과하다고 보아 근로기준법 제20조[22)] 위반으로 판단하는 경향이 있다.[23)]

4. 최근 대법원 판결의 소개

가. 개 요

최근 대법원에서 사이닝보너스가 ① 전속계약금의 성격뿐만 아니라 ② 임금 선급금, ③ 이직사례금의 성격을 가질 수 있다고 본 판결이 등장하였다.

해당 판결[24)]에서 원고(회사)는 피고(근로자)를 채용하면서 연봉과 별도로 사이닝보너스 1억원을 지급하되 원고는 7년간 고용을 보장하고 피고는 그 기간 동안의 근무를 보장하기로 약정하였다. 그런데 피고가 7년의 근

---

21) 수원지방법원 2003. 5. 13. 선고 2002가합12355 판결; 창원지방법원 2007. 11. 16. 선고 2007나9102 판결; 서울중앙지방법원 2013. 4. 29. 선고 2013카합231 결정 등.

22) 근로기준법 제20조(위약 예정의 금지) 사용자는 근로계약 불이행에 대한 위약금 또는 손해배상액을 예정하는 계약을 체결하지 못한다.

23) 박정택, “사이닝보너스(Signing Bonus) 반환과 관련한 법적 쟁점”, 『월간 노동법률』, ㈜중앙경제, 2010. 5, 77면; 이원희, “일정한 조건하에 ‘사이닝보너스’ 약정은 유효하다”, 『월간 노동법률』, ㈜중앙경제, 2013. 8, 144면.

24) 대법원 2015. 6. 11. 선고 2012다55518 판결.

무기간을 채우지 않고 사직하자 원고가 피고에게 근무기간약정 위반을 원인으로 한 손해배상 및 7년간의 근무조건 불이행을 근거로 사이닝보너스 1억원의 반환을 청구한 사례다.

나. 법원의 판단

원심(서울고등법원)[25]은 사이닝보너스가 ① (7년간 의무근무를 하는 것에 따른) 전속계약금, ② 임금 선급금, ③ 이직사례금의 성격을 모두 갖는다는 점을 전제로 (사이닝보너스 1억원 중) 원고가 피고에게 7천만원의 반납을 청구할 수 있다고 보았다(원고 청구 일부인용).

그러나 이후 대법원의 상고심(이하, '해당 판결')은 원심의 판단을 뒤집고 원고 회사가 피고 근로자에게 사이닝보너스의 반환을 청구할 수 없다고 판단하였다(원고 청구 기각).

해당 판결은 이 사건 채용합의서의 해석에 따르면, 사이닝보너스에서 ① 전속계약금 또는 ② 임금 선급금의 성격은 도출하기 어렵고, ③ 단지 (이직에 대한 순수한 대가적 금원으로서) 이직사례금의 성격만 도출될 뿐이므로 피고가 이직하여 원고에 입사한 이상 위 사이닝보너스에 대한 반대급부는 이행된 것으로 보았다.

다. 검 토

해당 판결의 입장에 따르면, 사이닝보너스를 전속계약금이나 임금 선급금으로 볼 경우 사이닝보너스를 지급받은 근로자가 약정된 의무근무기간을 채우지 못하고 사직하면 회사는 약정내용 및 근무기간을 고려하여 사이닝보너스의 반환을 청구할 수 있다.

그러나 사이닝보너스가 이직에 대한 순수한 대가적 금원으로서의 이직사례금 성격만 갖는다면 이미 이직이 완료되어 사이닝보너스를 지급한 이

25) 서울고등법원 2012. 5. 24. 선고 2011나22827 판결.

상 해당 근로자에게 사이닝보너스의 반환을 청구하기는 어려워진다.[26)]

해당 판결은 사이닝보너스가 순수한 대가적 금원으로서 '이직사례금'에 해당하는 이유를 상세하게 설명하고 있다. 사이닝보너스를 의무근무기간에 따른 전속계약금이나 임금 선급금의 의미로 활용하고자 하는 기업이라면, 아래 〈표〉에 정리한 사이닝보너스를 이직사례금으로 본 해당 판결의 이유를 신중하게 검토하여 인사실무에 반영할 필요가 있다.

〈표〉 해당 판결이 사이닝보너스를 '이직사례금'으로 본 이유 및 결론

이유①: 이 사건 채용합의서에는 7년간의 전속근무를 조건으로 사이닝보너스를 지급한다거나 피고(근로자)가 약정근무기간 7년을 채우지 못하였을 경우 원고(회사) 이를 반환하여야 한다는 등의 내용은 기재되어 있지 아니한 점
이유②: 이 사건 채용합의서만으로는 원고와 피고가 약정근무기간과 고용보장기간을 각 7년으로 약정한 특별한 이유나 동기를 찾기 어려운 점
이유③: 원고는 신규사업을 추진하는 과정에서 로봇 관련 박사급 엔지니어가 필요하게 되자 S주식회사(이적 전 회사)에서 근무하던 피고를 급하게 스카우트한 것으로서, 이 사건 약정 체결 과정에서 피고에게 장기간 근무의 필요성이나 근무기간이 7년이어야 하는 구체적인 이유는 설명하지 아니한 것으로 보이는 점
이유④: 원고로서는 신규사업의 원활한 수행을 위하여 피고의 계속적인 근무가 중요하다고 판단하였을 수는 있으나, 그렇다고 하여 이 사건 약정 당시 피고에게 약정근무기간을 채우지 못할 경우 사이닝보너스를 반환하여야 한다는 사실은 고지하여 주지도 아니하였던 점
이유⑤: 피고로서도 근무기간 7년이 사이닝보너스의 반환과 결부된 의무근무기간이라고는 예상하기 힘들었을 것으로 보이는 점 등
이유⑥: 거기에 이 사건 약정의 체결 동기 및 구체적 내용, 약정 임금 액수, 사이닝보너스의 지급 경위와 지급 방식 및 액수, 피고의 종전 근로조건과 임금 액수 등 여러 사정을 종합하여 보면,
결론: 이 사건 사이닝보너스가 7년간의 전속근무 등을 조건으로 하여 지급되었다거나 7년간의 근무에 대한 임금의 선급 명목으로 지급되었다고 보기는 어렵다.

26) 해당 사이닝보너스가 이직에 따른 보상이나 근로계약 등의 체결에 대한 대가로서의 성격에 그칠 뿐이라면, 계약 당사자 사이에 근로계약 등이 실제로 체결된 이상 근로자 등이 약정근무기간을 준수하지 아니하였더라도 사이닝보너스가 예정하는 대가적 관계에 있는 반대급부는 이행된 것으로 볼 수 있다(대법원 2015. 6. 11. 선고 2012다55518 판결).

5. 법률행위의 해석과 계약실무

해당 판결은 복잡하게 그 이유를 설명하고 있지만, 유심히 살펴보면 해당 판결이 사이닝보너스를 이직사례금으로 본 결정적인 이유는 사이닝보너스의 지급에 관한 사항을 규정한 '채용합의서의 내용이 불명확한 점'에서 비롯되었다는 점을 알 수 있다.

해당 판결의 사안에서 회사(원고)는 '전속계약금'의 의미로 사이닝보너스를 근로자(피고)에게 지급하였지만, 근로자는 회사의 사이닝보너스를 이직사례금으로 생각하고 스카우트 채용에 응한 것으로 보인다. 즉, 사이닝보너스의 의미와 성격에 대한 회사와 근로자의 생각이 달랐던 것이다.

그러나 채용합의서에는 회사가 전속계약금의 의미로 지급하고자 하는 사이닝보너스의 의미와 성격, 구체적인 지급조건(고용의무기간), 반환의무 등에 관한 사항이 구체적으로 명시되어 있지 않았다.

법원 판례는 당사자 사이에 계약의 해석을 둘러싸고 이견이 있어 처분문서에 나타난 당사자의 의사해석이 문제되는 경우에 '상대방(표시수령자)의 이해가능성(수령자 시계, 受領者 視界)을 기준'으로 법률행위를 해석한다. 이를 법률행위의 해석방법에서 '규범적 해석'이라고 한다. 규범적 해석에 따르면 여러 사정 하에 적절한 주의를 베푼 경우에 상대방이 이해했어야 하는 표시행위의 의미를 탐구하여야 한다. 상대방이 실제로 어떻게 이해하였는가는 중요하지 않고, 상대방이 합리적인 자라면 제반 사정 하에서 표시행위를 어떻게 이해했어야 하느냐가 결정적이다.[27]

27) 송덕수, 『민법총칙(제2판)』, 박영사, 2014, 185면. 참고적으로 법률행위의 해석은 밝히는 해석과 보충적 해석으로 대별되고, 밝히는 해석은 다시 자연적 해석과 규범적 해석으로 세분된다. 해석은 밝히는 해석에서 시작하되, 사실적으로 일치하는 이해의 확정 가능성의 징후가 보이는 경우에는 자연적 해석을 하여야 하며, 자연적 해석의 가능성이 없거나 또는 일치하여 이해한 것으로 이해하지 않는 경우에는 규범적 해석을 하게 된다. 규범적 해석의 결과 틈이 발견되는 때에는 보충적 해석으로 넘어가게 된다. ① 자연적 해석이란 어

해당 판결은 양 당사자의 생각이 일치하지 않은 상황에서 채용합의서에 나타난 사이닝보너스의 의미를 규범적 해석에 따라 판단하였다. 즉, 해당 판결은 근로자의 입장에서 사이닝보너스의 의미를 이직사례금의 성격으로 해석하였다고 볼 수 있다.

일반적으로 근로계약은 대개 정형화 되어 있어서 분쟁의 소지가 많지 않다. 하지만 외부시장에서 인력을 스카우트하는 경우에는 채용하는 인력의 조건과 경력 등에 따라서 계약내용이 유동적이기 때문에 그 내용을 분명하게 문서(계약서 또는 합의서)로 작성하여 두지 않으면 향후 분쟁이 발생했을 때 대응에 어려움이 발생할 수 있다. 사이닝보너스가 그 대표적인 사례로, 사이닝보너스 지급에 관하여 회사와 근로자간 합의된 사항은 최대한 상세하고 분명하게 계약서의 내용으로 마련해 두는 것이 실무적으로 중요하다.

6. 사례의 검토

사이닝보너스는 채용(근로계약 체결) 단계에서 회사와 근로자가 어떻게

떤 일정한 의사표시에 관하여 당사자가 사실상 일치하여 이해한 경우에는 그 의미대로 효력을 인정하여야 한다는 것이다. 사실상 일치하여 의욕된 것은 문언의 일반적인 의미에 우선하며, '그릇된 표시'는 해가 되지 않는다. 표의자가 표시의 의미를 착오로 다른 의미로 이해했는가 여부는 묻지 않는다. 착오가 있는 때에도 생각한 의미대로 효력이 있다. 상대방이 표의자의 진정한 의사를 인식하지 못한 경우는 자연적 해석에 포함되지 않는다(이설 있음). ② 규범적 해석이란 법률행위에 있어서 사실상 일치하는 이해가 확정되지 못한 경우에 '표시행위'의 객관적, 규범적 의미를 탐구하는 것이다. 이것이 본래적 의미의 해석이다. 규범적 해석의 방법은 의사표시의 상대방(수령자)이 적절한 주의를 베푼 경우에 이해되었어야 하는 의미를 탐구하는 것이다. 수령자의 이해가능성에 의한 해석이라고 한다. 민법이 상대방 있는 의사표시에 관하여 도달의 필요성을 요구함으로써(제111조 제1항) 상대방의 인식가능성을 목표삼고 있는 것과 일치한다. ③ 보충적 해석이란 틈 있는 법률행위의 보충을 의미한다. 이 해석은 자연적 해석과 규범적 해석에 의하여 법률행위의 성립이 인정된 후에 비로소 문제된다. 관습, 임의규정, 제반 사정과 신의칙의 순으로 보충한다(송덕수, 『신민법사례연습(제3판)』, 박영사, 2013, 5~7면).

약정(합의)을 하느냐에 따라서 그 구체적인 내용과 법적 성격이 달라질 수 있다.

상기 사례와 같이 회사가 의무근무기간에 따른 전속계약금의 성격으로 사이닝보너스를 지급하는 경우라면, 그 내용, 의무근무기간 등 지급조건, 반환의무 발생 및 그 범위 등에 관한 사항을 구체적으로 명시하여 해당 근로자와 합의서를 작성해 두어야 한다.

그렇지 않으면 회사와 근로자 사이에 사이닝보너스 반환에 관한 분쟁이 생길 경우, 사이닝보너스가 전속계약금이라고 생각하고 지급했던 회사에게 예상치 못한 손해가 발생할 수 있다. 사이닝보너스가 약정된 의무근무기간에 대한 보상으로서 지급된다는 점과 약정된 의무근무기간을 지키지 않으면 사이닝보너스를 회사에 반환할 의무가 발생한다는 점을 명확하게 적시하는 것이 가장 중요한 이유다.

법원 판례의 경향을 고려하였을 때, 근무기간에 비례한 금액뿐만 아니라 사이닝보너스 전체 금액에 대한 반환의무를 설정하는 것도 가능하다. 예를 들어, ① 사이닝보너스의 전액 반환 시 "사이닝보너스를 지급받은 경우 근로자는 입사일로부터 ○년까지 계속 근무하여야 하며, 해당 기간 이전에 사직 또는 기타 사유로 근로관계가 종료되는 경우 이미 지급받은 사이닝보너스 전액을 퇴사일로부터 ○일 이내에 즉시 회사에 반환해야 한다."라고 규정하고, ② 사이닝보너스의 비례 반환 시 "사이닝보너스를 지급받은 경우 근로자는 입사일로부터 ○년까지 계속 근무하여야 하며, 해당 기간 이전에 사직 또는 기타 사유로 근로관계가 종료되는 경우 이미 지급받은 사이닝보너스 금액에서 잔여 의무근무기간에 비례하여 산정(일할 계산)된 금액을 퇴사일로부터 ○일 이내에 즉시 회사에 반환해야 한다."라고 규정할 수 있을 것이다.

7. 마치며

프로야구 FA 계약에 관한 기사에 따르면, 메이저리그에 비하여 우리나라 프로야구 선수의 FA 계약에서 보장된 계약금의 비중이 과도하게 높다는 비판적인 분석이 있다.[28)]

메이저리그에서는 선수의 부상과 부진이라는 불확실성을 고려하여 FA 계약 총액의 5~10% 정도만 계약금으로 지급한다. 그런데 우리나라의 프로야구에서 체결된 유명 선수의 FA 계약을 보면 계약 총액의 거의 절반이 선수에게 보장된 계약금이다. 2014년 국내 프로야구 FA 계약에서 소위 '대박' 을 터트린 상위 3명의 연봉과 계약금을 살펴보면, 각각 86억 중 42억, 84억 중 40억, 80억 중 48억원으로 연봉 대비 '보장된 계약금' 의 비중이 거의 절반에 가깝다. 이와 같은 국내 프로야구 시장의 FA 계약은 미국이나 일본의 사례에서는 찾아보기 힘든 사례다.[29)]

프로야구와 기업의 인사실무에서의 사이닝보너스를 단순 비교하기에는 무리가 있지만, 합리적이라고는 보기 힘든 과도한 보장금액이나 장기간의 의무근무기간을 내용으로 하는 사이닝보너스의 지급 사례가 기업 인사실무에서도 유사하게 나타난다. 사이닝보너스에 대한 회사와 근로자의 합의 내용을 명확하게 계약으로 마련하는 것도 중요하지만, 보다 근본적으로는 현재와 같은 전속계약금 형태의 사아닝보너스 지급관행이 과연 합리적인가에 대한 고민이 근본적으로 필요하다.

---

28) 데일리안, "FA 거품의 원흉, 비정상 계약금+옵션 난맥상", 2015. 1. 3.

29) LA 다저스와 6년간 3,600만 달러의 계약을 맺은 류현진은 500만 달러의 사이닝 보너스가 책정됐다. 거액 몸값을 자랑하는 팀 동료 클레이튼 커쇼(7년간 2억 1,500만 달러)와 잭 그레인키(6년간 1억 4,700만 달러) 역시 각각 10%에 못 미치는 1,800만 달러와 1,200만 달러가 계약금이다. 일본 프로야구도 마찬가지다. 지난해 소프트뱅크로 이적한 이대호는 3년간 14억 5,000만엔의 대박을 터뜨렸고, 이 가운데 계약금은 5,000만엔에 불과했다(데일리안, "FA 거품의 원흉, 비정상 계약금+옵션 난맥상", 2015. 1. 3.).

국내 프로야구계에서 거액의 FA 계약을 체결한 뒤로 기량이 급격하게 하락하는 소위 '먹튀' 오명을 쓰는 선수들을 볼 수 있다. 거액의 돈을 이미 확보(?) 하였다는 생각 때문에 그와 같은 '먹튀 선수' 가 나온다고는 단정할 수 없지만, 적어도 그러한 FA 계약이 선수의 기량 하락에 부정적인 영향을 미칠 수 있다는 점을 부인하기 어렵다.

거액의 FA 계약을 체결하고 성공한 선수보다는 정해진 연봉 이외에 일정한 성적을 달성하였을 때 지급되는 옵션조항을 설정한 선수의 성공사례를 인사담당자들이 눈 여겨 볼 필요가 있다.

기업 인사실무에서도 사이닝보너스와 구별되는 개념으로 리텐션보너스(Retention Bonus)가 있다. 채용 당시 약정된 금원을 '선불(先拂)' 성격으로 지급하는 사이닝보너스와 달리, 리텐션보너스는 일정한 성과를 내면서 약정된 기간을 근무할 경우 '후불(後拂)' 성격으로 지급하는 보너스를 말한다.[30] 근로자의 입장에서는 정해진 금원을 채용 당시에 한꺼번에 모두 지급 받는 것이 유리하겠지만, 기업의 입장에서는 리텐션보너스가 근로자의 동기를 고취하고 우수인력의 유출을 막는데 보다 유리하다.

요컨대, 인사담당자들은 현재와 같은 사이닝보너스의 계약 · 지급 관행을 아무런 고민 없이 답습하기 보다는 사이닝보너스와 리텐션보너스가 가진 각각의 장점을 유기적으로 결합하여 외부 우수인력을 채용할 때 활용하는 것이 바람직하다. 일부 금액은 사이닝보너스를 통해 이직사례(보상)금의 형태로 지급하되, 나머지 금액은 해당 근로자의 장기근속과 지속적인 성과 창출을 위하여 리텐션보너스로 활용하는 방안을 고려할 수 있다.

---

30) "회사는 2013. 1. 1.자 연봉의 20%를 (3년 근무 후인) 2016. 1. 1.에 리텐션보너스로 지급한다. 이는 2013. 1. 1.부터 2016. 1. 1.까지 OOO(근로자명)가 회사와의 근로관계를 정상적으로 유지하고 2013. 1. 1. 부여된 직무를 충실히 수행한다는 조건 하에 지급된다."라는 리텐션보너스 지급에 관한 규정의 예를 생각해 보면 리텐션보너스의 개념 또는 성격을 이해할 수 있다.

'과유불급(過猶不及)' 이라고 했다. 좋은 취지에서 도입한 사이닝보너스가 오히려 공들여 어렵게 스카우트 한 직원을 '먹튀 직원' 으로 전락시키는 수단으로 전락하거나, 추후 사이닝보너스 분쟁과정에서 그에 대한 세부 정보가 유출되어 다른 근로자들의 위화감마저 조성하는 '우(愚)' 를 범해서는 안 될 것이다.

제3절 부당해고 후 원직복직에서 '원직'을 둘러싼 분쟁과 해결

1. 들어가며

노동위원회에서 부당해고라는 판정이 있거나 법원에서 해고가 무효라는 판결이 내려지면, 사용자는 근로자를 해고 당시 종사하고 있었던 직무 · 직책 · 직위 · 직급 등(이하, '직')에 복직시키고, 해고기간 동안 받지 못한 임금의 상당액을 지급해야 할 의무가 발생한다.

전자를 사용자의 '원직복직(原職復職)' 의무라고 표현하는데, 이론적으로 해고가 무효일 때 근로자를 원직복직 시켜야 하는 법률효과는 지극히 당연하고 자연스러운 것으로 느껴진다.

그런데 원직복직의 문제를 인사실무적으로 처리하는 일은 생각보다 그렇게 간단하지 않다. 해고 관련 분쟁은 짧게는 몇 개월, 길게는 수 년에 걸쳐 다투어지기도 하는데, 그렇다고 해서 해고된 근로자의 공백으로 인해 회사의 업무마저 정지되는 것은 아니다. 회사가 해고된 근로자의 자리에 대체 근로자를 채용(배치)하는 등의 변화가 있기 마련이다.

실제로 부당해고라고 판정을 받은 근로자를 상당한 시일이 지나 회사에 복직시키려고 보면, 해당 근로자가 일했던 직에는 이미 다른 근로자가 근무하고 있는 경우가 대부분이다.

이와 같은 경우, 현재 원직에서 일하고 있는 근로자를 다른 직으로 발령하고, 부당해고로 복직하는 근로자를 원직에 그대로 복직시켜야 하는 것인가? 원직복직에 대한 구체적인 법 규정은 현재 마련되어 있지 않다. 노동법 교과서에는 원직복직의 의미에 대한 이론적인 설명은 특별히 없는 것 같다. 결국 인사실무자들은 법원 판례를 참고로 하여 이러한 문제를 해결할 수 밖에 없어 부당해고에 대한 인사실무의 어려움을 가중시키는 요인이 되고 있다.[31)]

법원 판례와 더불어 노동위원회의 판정례도 하나의 기준이 될 수 있다. 다만, 이 문제에 대한 노동위원회의 판정례와 법원 판례의 입장이 기본적으로 동일하다는 점에서 이하에서는 법원 판례를 중심으로 해당 문제를 살펴 보기로 한다.

2. 사례의 소개

A사는 약 2년 전 비위행위를 저지른 甲을 징계해고 하였는데, 최근 대법원에서 징계양정이 과하다는 이유로 해고가 무효라는 판결이 내려졌다. A사는 대법원의 판결에 따라 甲을 다시 복직시키고자 한다.

그런데 A사는 甲을 복직시키는데 있어 현실적인 난관에 부딪혔다. 甲이 해고 전에 일했던 자리에는 이미 인사이동이 이루어져 다른 근로자 乙이 정상적으로 근무하고 있는데 해당 직무에 여러 명의 근로자를 두기에는 무리가 있다. 나아가 현재 일하고 있는 乙의 업무성과도 상당히 뛰어나 인위적으로 乙을 다른 부서 · 직무로 조정하는 것도 쉽지 않다.

A사는 甲을 종전에 일했던 부서 · 직무에는 복직이 어렵지만, 가능한 유사한 부서 · 직무에 배치하는 방식으로 복직시키려고 계획하고 있다. A사는 그 계획에 대해서 甲과 협의하였는데, 甲은 자신이 예전에 근무하

31) 실제 해고된 근로자를 복직시킬 때에는 원직복직 이외에도 인사실무상 신경 쓸 것이 상당히 많다. 예를 들어, 상실처리 된 4대보험의 문제, 이미 지급한 퇴직금 · 미사용연차휴가수당 · 해고예고수당 등 반납 · 처리의 문제, 년도가 지난 경우의 연말정산 재정산의 문제, 해고기간 동안의 복리후생 소급적용의 문제 등이 있을 수 있다.

던 부서 · 직무, 즉 '원직' 이 아닌 이상 '원직복직' 이 아니기 때문에 회사의 조치를 납득할 수 없다고 주장하고 있다. 회사가 원직이 아닌 다른 부서 · 직무로 복직시킬 경우 다시 법적 문제를 제기하겠다고 한다.

이러한 상황에서 A사는 부당해고로 복직하는 甲을 어떻게 '원직' 에 복직시키는 것이 바람직한지 고민하고 있다.

3. 원직복직에 대한 법원 판례의 해석과 판단

가. '원직' 의 의미

'원직복직' 에서 우선적으로 고민해 보아야 할 문제는 '원직' 의 의미가 무엇인가 하는 점이다. 원직의 의미를 엄격하게 문언적 의미에서 보면 근로자가 부당해고 이전에 일했던 직과 '동일한 직' 을 의미할 것이다. 한편, 그 의미를 좀 더 유연하게 보아 반드시 동일한 직이 아니더라도 원직복직에서 '원직' 의 의미로 볼 수 있을까?

법원 판례는 그에 긍정적이다. 즉, '원직' 의 문언적 의미는 해고 당시 근로자가 수행하고 있었던 것과 같은 '동일한 직' 을 의미하지만, 비교형량의 대상이 되는 사용자의 인사권 · 노무지휘권 · 직장질서 유지 등 여러 법익의 중요성 등을 고려할 때 해고된 근로자가 해고되기 전과 동일한 직에 복귀하지 않았다고 하더라도 그와 '유사한 직' 을 부여 받은 경우에는 원직복직에 해당한다는 것이 법원 판례의 입장이다.

대표적인 법원 판례로 서울행정법원 2012. 3. 22. 선고 2011구합37121 판결이 주로 소개된다.[32] 해당 판결은 해고 전에 사회복지법인 산

32) 이 사건의 원고 근로자는 사회복지법인의 산하기관에 입사하여 사회재활교사, 생활교사로 근무하였고, 그 후 간병인으로 발령받아 근무하다가 징계해고되었다. 서울지방노동위원회는 부당해고 구제명령을 발하였고, 이에 사회복지법인은 원고의 해고 직전 보직인 간병인 자리가 없어져 사회복지사로 복직 발령하였다. 복직 발령 약 2주 후 사회복지법

하기관의 간병인으로 근무하던 근로자를 부당해고 판결 이후 또 다른 산하기관의 요양보호사로 복직시킨 사회복지법인의 인사조치를 정당한 복직에 해당한다고 판단하였다.

법원 판례는 부당해고 후 원직복직은 원래와 동일한 직으로 하는 것이 원칙이지만, 현실적으로 그러하기 힘든 상당한 이유가 있는 경우에는 원직복직에서 원직의 의미를 넓게 보아 분쟁의 계속화 보다는 해고 근로자의 현실적인 직장으로의 복귀를 유도하고 있는 것으로 보인다.

나. 원직이 아닌 '원직과 유사한 직' 으로 원직복직이 인정되는 사유

그렇다고 모든 경우에 원직이 아닌 '원직과 유사한 직' 으로 원직복직이 인정되는 것은 아니다.

법원 판례는 사용자는 해고되었던 근로자를 복직시키면서 해고 이후 복직할 때까지 그 해고가 유효함을 전제로 이미 이루어진 ① 인사질서,[33] ② 사용자의 경영상 필요,[34] ③ 작업환경의 변화[35] 등을 고려하여 복직하는 근로자에게 그에 합당한 일을 시킨 경우, 그 일이 비록 종전의 일과 다

인은 산하기관의 정원 초과를 이유로 원고를 또 다른 산하기관의 요양보호사로 발령하였고, 원고는 이 사건 복직명령이 부당하다고 주장하면서 서울지방노동위원회에 부당전보 구제신청을, 중앙노동위원회에 재심신청을 하였으나 모두 기각되었다(해당 판결의 구체적인 내용은 조용만, "부당해고에 따른 원직복직의 정당한 범위", 『노동법학(제43호)』, 한국노동법학회, 2012. 9., 346~347면 참조).

33) 예컨대, 대표이사의 업무집행을 보좌하는 부사장의 직무수행을 위해서는 대표이사와 신뢰관계가 바탕이 되어야 하는데, 해고분쟁을 통해 이 같은 신뢰관계는 깨진 것으로 보아 부사장이 아닌 관리소장으로 복직을 시킨 것은 정당하다(서울고등법원 2015. 8. 27. 선고 2015누33655 판결).

34) 예컨대, 해고되기 전에 근무한 부서의 정원이 초과하여 다른 부서로 복직이 된 것은 정당하다(중앙노동위원회 1998. 8. 28. 98부노51).

35) 근로자가 해고 당시 담당했던 원직이 해고 후에 사용자의 경영조치(영업재산의 양도, 외주화 등)로 인해 더 이상 존재하지 않는 경우 원직과는 업무내용 등을 달리하는 직으로 근로자를 복직케 하는 경우 등을 말한다.

소 다르더라도 이는 사용자의 고유권한인 경영권의 범위에 속하는 것이므로 정당하게 복직시킨 것으로 본다.[36)]

상기 서울행정법원 2012. 3. 22. 선고 2011구합37121 판결은 원직이 아닌 '원직과 유사한 직'으로 원직복직을 시킨 조치가 정당하다고 본 이유로, ① 사회복지법인이 근로자를 해고할 당시 담당하던 산하기관의 간병인의 직무에 복귀시키지 아니한 것은 종래의 인사질서, 경영상의 필요에 따른 것이라는 점,[37)] ② 사회복지법인의 근로자에 대한 일련의 인사조치는 근로자의 동의에 기초하였다는 점,[38)] ③ 간병인의 직무와 요양보호사의 직무가 개호의 대상을 달리하는 등 그 업무내용에 있어 다소간의 차이가 있다고 보이기는 하나, 위 각 직무가 간병의 대상, 직무내용, 자격사항과 관련하여 전혀 다른 성질의 직무에 해당한다거나 그 노동강도의 차이가 지나치게 과도하다고 보기 어렵고, 근로자의 직무가 당사자간의 약정 기타 원인에 의하여 간병인에 한정되어 있었다고 볼 별다른 자료가 없으며, 근로자가 입게 될 생활상의 불이익(출퇴근 거리 및 시간이 다소 늘어나는 것)이 통상 감수하여야 할 정도를 현저하게 벗어난 것이라고 볼 수도 없는 점 등을 제시하고 있다.

요컨대, 부당해고 후 원직복직은 원래와 동일한 직으로 하는 것이 원칙

---

36) 대법원 1997. 5. 16. 선고 96다47074 판결; 서울고등법원 2015. 8. 27. 선고 2015누33655 판결; 서울행정법원 2003. 11. 13. 선고 2003구합16105 판결.

37) 징계해고 후 사회복지법인은 해고 근로자가 담당했던 간병인의 자리에 다른 근로자를 임명하여 해고 근로자가 복직될 당시에도 여전히 다른 근로자가 근무하고 있었고, 해당 산하기관은 계속 거주하는 생활인이 줄어 거주생활인 대비 직원의 정원 초과 상태가 발생하고 있었다.

38) 사회복지사로 복직시킬 당시 근로자로부터 동의를 받았고, 이후 인력운용상의 필요에 따라 원고에게 선택권을 부여한 후 그 선택에 따라 근로자를 또 다른 산하기관의 요양보호사로 배치했으며, 근로자 또한 그 요양보호사로 근무한다는 내용의 근로계약서를 작성하였다.

이지만, 인사질서 · 사용자의 경영상 필요 · 작업환경의 변화 등의 사유가 있는 경우에는 예외적으로 원래와 유사한 직으로도 원직복직을 시키는 것이 가능하다.

법원 판례의 입장은 타당하다고 본다. '원직'이라는 문언적 의미를 너무 엄격하게 해석하면, 인사실무상 문제해결에 장벽이 되는 경우가 많을 것이다. 예컨대, 택시운전기사로 근무하는 근로자가 해고 후 복직을 하였는데, 회사가 자신이 원래 운행하던 '소나타Ⅲ'가 아닌 '스텔라'로 배차를 하자 '원직'에는 '차량'의 동일함도 포함한다는 이유로 노동위원회에 부당배차구제신청을 한 다소 황당한 과거의 사례가 있었다.[39] 해당 사례에서 노동위원회가 근로자의 주장을 받아들이지는 않았지만, '원직'이라는 의미를 너무 엄격하게 해석하는 경우에 발생할 수 있는 문제를 잘 보여준다고 할 수 있다.

다. '유사한 직'으로 원직복직을 시킬 때의 유의점

첫째, 원래와 동일한 직이 아닌 유사한 직으로 근로자를 원직복직 시켜야만 하는 사유가 존재한다고 하더라도, 원직과 유사한 직 간의 노동강도, 근로조건 등 유사한 직으로 일을 하게 됨에 있어서 발생하는 근로자의 생활상 불이익을 면밀하게 검토하고 해당 근로자와 성실하게 협의를 할 필요가 있다.

해고된 근로자를 부득이한 사유로 '유사한 직'에 복직시켰을 경우, 이미 복직이 된 이상 다시 부당해고가 문제되지는 않지만,[40] 원직과는 다른 직으로 복직을 시킨 회사의 처분은 사실상 '전보발령'으로서 그 정당성을 갖추어야 하기 때문이다.

---

39) 중앙노동위원회 2000. 3. 15. 99부해825; 중앙노동위원회 1998. 11. 6. 98부노102.
40) 대법원 2002. 2. 8. 선고 2000두7186 판결.

근로자에게 현저하게 큰 생활상의 불이익이 발생함에도 회사가 일방적으로 원직과는 다른 '유사한 직'으로 복직을 강행한다면, 부당해고 구제명령을 이행하였음에도 불구하고 '부당전보'라는 또 다른 문제가 야기될 수 있다.

근로계약에 근로자의 근무내용이나 근무장소가 특별하게 한정이 되어 있을 경우에는 더욱 유의해야 한다.[41] 근로계약에서 근로내용이나 근무장소를 특별히 한정하고 있는데 사용자가 근로자를 정당한 이유 없이 해고한 후 노동위원회의 원직복직 명령에 따라 복직시키면서 근로내용이나 근무장소 등이 원직과 다른 곳으로 전보시키는 경우에는, 근로자의 동의 또는 사전 협의절차 등 정당화 요건을 엄격히 갖출 것이 요구된다. 근로계약에 의하여 근무장소가 특정되어 있음에도 근로자의 동의를 받지 않았음은 물론이고 성실한 협의절차도 거치지 않은 채 이루어진 원직복직은 인사권을 남용한 것으로서 위법하다고 본 법원 판례가 있다.[42]

둘째, 원직이 아닌 유사한 직으로의 복직이 실질적으로는 노동조합의 활동을 방해 · 저지하기 위해 이루어진 것일 경우에는 불이익처분 및 지배 · 개입의 부당노동행위에 해당할 수도 있다는 점도 유의하여야 한다.

예컨대, 중앙노동위원회 2000. 12. 13. 2000부노110 판정의 사건을 살펴보면, 노동위원회는 부당해고로 판결된 노조 간부를 조합원 자격이 없는 기획실장으로 복직시킨 것은 부당노동행위라고 판정하였다. 중앙노동노동위원회는 경영상의 필요성은 원직에 상응한 복직발령의 표면적인

---

41) 전보발령(전직)의 효력에 관한 일반 법리에 따르면, 근로계약에서 직무를 특정한 경우 다른 직무로의 전보발령은 원칙적으로 근로자의 동의가 있어야 유효하기 때문이다.

42) 서울고등법원 2015. 3. 13. 선고 2014누45538 판결. 최근 저자가 자문한 회사에서 해고 근로자를 원직과는 다른 유사한 직으로 복직시키는 대신, 원직과 동일하게 급여를 보전해 주고 부제소특약을 작성하는 등의 방법으로 추후 발생할 수 있는 분쟁의 소지를 최소화하였다.

이유일 뿐 실질적으로는 근로자의 활발한 노동조합 활동을 불가능하게 하기 위한 것으로 판단되어 기획실장으로의 복직발령은 노동조합 활동상에 불이익을 주었을 뿐만 아니라 노동조합 운영에 지배 · 개입하여 노동조합 조직을 약화시키기 위한 부당노동행위로 인정하였다.[43]

셋째, 사용자가 원래와 동일한 직이 아닌 유사한 직으로 근로자를 원직복직 시켰을 경우 그 근로자가 복직을 거부하는 경우가 있을 수 있다. 이와 같은 경우 회사가 근로자의 '복직거부'를 이유로 다시 징계를 할 수 있는지 여부가 문제된다. 사용자가 해고 근로자를 원직과 다른 유사한 직에 복직시키는 것이 유효하다면, 근로자의 복직거부는 당연히 무단결근에 해당하여 징계사유가 된다고 볼 것이다. 그러나 원직복직을 둘러싼 분쟁의 경우, 불명확한 기준으로 인해 또 다른 분쟁이 발생할 수 있다는 점을 고려하여 곧바로 징계를 강행하기 보다는 해당 근로자와 보다 적극적인 협의(대화)를 통해 원만한 복직을 유도하는 것이 인사실무상 더 바람직하다.

4. 최근 법원 판례와 인사실무

최근 법원에서 해고 근로자를 원직인 부사장이 아닌 관리소장으로 원직복직 시킨 사안에서 이전과 다른 직책에 배치했더라도 무조건 부당전직으

---

43) 좀 더 구체적으로 ① 회사는 해고 근로자를 2년 2개월여만에 복직발령하면서 동시에 홍보부 업무를 기획실로 이관하는 직제규정을 개정하고 기획실만이 근로자의 원직에 상응하는 부서라고 주장하는 점, ② 노동조합 사무국장으로서 노동조합의 중추적인 역할을 수행하는 근로자를 당해 연도 단체교섭을 앞두고 기획실장으로 복직시켜 조합원 자격을 갖지 못하게 함으로써 노동조합이 제대로 기능하지 못하게 한 점, ③ 과거에도 근로자를 부당하게 전보 · 대기발령을 하고 끝내는 해고처분까지 하였다가 법원으로부터 부당해고 판결을 받은 점, ④ 잇따른 노조 간부의 부당한 전보발령과 노동쟁의 상태에서의 정직처분 등으로 인해 30여명이던 조합원이 7명으로 현저히 감소한 점 등에 비추어 보아 해당 근로자를 노동조합으로부터 배제하여 노동조합을 무력화 할 의도가 있다고 보았다.

로 볼 수는 없다는 판결이 나왔다.[44] 인사질서 유지나 경영상 필요에 따른 것이라면 허용된다는 취지다.

해당 판결은 회사가 해고 근로자를 원직인 부사장의 직무에 복귀시키지 않은 것은 기존의 인사질서 유지나 경영상의 필요에 따른 것으로 봐야 한다고 보았다. 즉, 대표이사의 업무집행을 보좌하는 부사장의 직무 수행을 위해서는 대표이사와의 신뢰관계가 바탕이 되어야 하는데 해임 이후 이와 같은 신뢰관계가 깨졌다고 판단된다며 회사로서는 해고 근로자를 아파트 관리사무소장으로 전보시킬 업무상 필요성이 있었다고 판시한 것이다.

또한 취업규칙에 따라 만 62세 정년이 보장됐던 이전과 달리 고용안정이 동일한 수준으로 보장되지 않고 임금이 이전보다 줄어든 사실은 인정되지만, 회사측이 급여 차액을 보전해주고 만 62세까지 아파트 관리사무소장으로 근무할 수 있도록 약속한 만큼 근로자가 입게 될 생활상의 불이익도 대부분 해소됐다고 보았다.

이는 회사가 해고 근로자를 원직이 아닌 유사한 직으로 원직복직 시킬 사정이 있다고 하더라도 그에 따른 근로조건의 변화는 가능한 최소화 시키는 것이 정당성 확보에 보다 유리하는 것을 시사한다.

---

44) 서울고등법원 2015. 8. 27. 선고 2015누33655 판결. 참고로 부사장 겸 업무이사로 일하던 해고 근로자는 2013년 6월 금품수수 혐의 등으로 해고됐다가 지방노동위원회로부터 부당해고를 인정받아 복직했다. 그러나 회사측은 그 사이 부사장 직위를 폐지하는 등의 직제 개편이 있었다며 해고 근로자를 부사장이 아닌 아파트 관리사무소장으로 임명했고, 해고 근로자는 불복해 소송을 냈다. 1심은 "부사장 직제가 폐지됐더라도 회사 측이 이에 상응하는 지위를 신설해 최씨에게 부여하거나 기존에 있는 임무를 부여하면서 상응하는 대우를 해줄 수 있었을 것으로 보인다."며 근로자의 주장대로 부당전직으로 판단했다(법률신문, "[판결] 부당해고로 복직한 근로자 다른 직책으로 전보했어도 "인사질서 유지 · 경영상 필요 땐 위법 아냐"", 2015. 9. 14.).

5. 사례의 검토

부당해고 후 원직복직에 대한 이상의 논의를 종합하여 볼 때, 법원 판례는 두 단계를 통해 원직복직의 유효성 여부를 판단하고 있음을 알 수 있다.

첫째, 법원은 우선적으로 회사가 원직이 아닌 원직과 유사한 직으로 근로자를 복직시켜야 하는 이유가 있었는지를 판단한다. 이에 따라 인사질서, 사용자의 경영상 필요, 작업환경의 변화 등이 인정될 경우에는 예외적으로 그러한 복직을 유효한 것으로 인정한다. 반면, 그와 같은 사유가 존재하지 않음에도 불구하고 해고 근로자에 대하여 그러한 복직을 행하는 경우에는 부당해고에 따른 노동위원회의 구제명령 또는 법원 판결에 따른 법률상 의무를 이행하지 않은 것이 된다.

둘째, 법원은 사용자가 원직이 아닌 원직과 유사한 직에 근로자를 복직시키는 경우, 원직과 원직과 유사한 직 간의 노동강도, 근로조건 등의 차이, 생활상 불이익 여부를 종합적으로 보아 해당 복직이 '부당전보'에 해당하는지 여부를 검토한다.

상기 사례에서도 A사가 甲을 원직이 아닌 원직과 유사한 직으로 복직시키는 행위가 유효한 것으로 인정받기 위해서는 우선적으로 甲을 원직과 유사한 직으로 복직시킬 수 밖에 없는 사유가 존재하여야 한다. 단지 甲의 원직에 다른 근로자가 근무하고 있다는 이유만으로는 부족하고, 인사질서 · 경영상 필요 · 작업환경의 변화 등의 종합적인 측면에서 합리적인 이유가 존재하여야 할 것이다. 나아가 그러한 사유가 존재한다고 하더라도 A사는 甲이 원직이 아닌 원직과 유사한 직에 복직함에 따라 발생하는 근로조건 및 생활상 불이익을 없애거나 다른 방식으로 보전해 주는 등의 노력을 해야만 부당전보라는 문제가 발생하지 않을 것이다.

6. 맺음말

법은 현실을 반영하지만 현실은 계속 변화한다. 법의 해석은 변화하는 현실에 맞추어 갈 필요가 있고, 경우에 따라서는 입법적 개선이 필요한 경우도 있다. 노동관계법령을 보면 규정과 현실의 차이가 너무 명백하여 입법적 개선이 필요함에도 불구하고 여전히 사법기관의 판단에만 의존하는 경우가 상당수 있다. 부당해고에서 '원직복직'의 문제도 그 중 하나라고 생각한다.

부당해고 후 원직복직에 따른 문제를 실무적으로 처리하다 보면, 실제 원직으로 복직이 되는 경우보다 원직과 유사한 직으로 복직이 되는 경우가 더 많다. 그러나 "원직이 아닌 유사한 직으로 원직복직이 된다."라는 표현 자체가 '원직복직'이라는 단어와 상충되어 어색한 것은 분명하다. 그렇다면 어떤 방식을 생각해 볼 수 있을까?

참고로 남녀고용평등과 일 · 가정 양립 지원에 관한 법률을 살펴보면 힌트를 찾을 수 있다. 동법 제19조(육아휴직) 제4항은 "사업주는 육아휴직을 마친 후에는 휴직 전과 같은 업무 또는 같은 수준의 임금을 지급하는 직무에 복귀시켜야 한다."라고 규정하고 있다. 이 규정도 육아휴직 후 복직하는 근로자가 인사이동, 직제개편 등 여러 가지 경영상 이유로 원직에 복직할 수 없는 상황이 현실적으로 많이 발생하고 있어 그러한 사정을 고려하여 만들어진 것으로 본다.

부당해고에서 원직복직의 문제도 입법론적인 차원에서 해고 전과 같은 업무 또는 같은 수준의 임금을 지급하는 직무에 복직시켜야 한다는 내용으로 법을 규정해 놓으면, 노사가 원직복직의 의미를 명확하게 주지할 수 있어 원직복직을 둘러싼 불필요한 분쟁이 발생하는 것을 방지하는 등 현실에 보다 부합하지 않을까 생각한다.

제4절 부당해고에 따른 근로자의 정신적 고통은 어떻게 회복될 수 있는가?

1. 들어가며

부당해고를 당한 근로자는 해고가 무효라는 점을 확인하고 해고기간 동안의 임금 또는 임금에 상당한 금액의 지급을 구하는 형태로 노동위원회나 법원에 부당해고구제신청 또는 민사소송을 제기한다.[45] 이는 근로자가 노동위원회의 부당해고구제신청, 법원의 해고무효확인 및 임금청구소송에서 승소하여 해고기간 동안의 임금 전액을 지급받게 되면 근로자의 손해가 모두 '전보(塡補)'[46]된다는 관점이 반영된 부당해고 구제방법이다.

그러나 부당하게 해고를 당한 근로자는 그 해고기간 동안 회사에서 장기간 근무하지 못하고 긴 소송의 과정을 거치면서 경제적으로 임금을 지급받지 못할 뿐만 아니라 정신적으로도 상당히 힘든 과정을 거치게 되는 경우가 상당히 많다.

실제 인사실무 현장에서 근로자가 해고와 관련하여 장기간(대법원까지 고려하는 경우 2~3년 소요) 쟁송을 벌이는 경우, ① 그 소송에 들어가는 비용을 감당하지 못해 퇴직금을 모두 탕진하고 빚까지 지거나, ② 처음에는 해고가 억울하다며 응원해 주던 주변의 가족, 지인들마저 등을 돌리고, ③ 긴 병에 효자 없다고 자신을 가장 잘 이해해 줄 것으로 알았던 배우자

45) 노동법실무연구회, 『근로기준법주해(Ⅱ)』, 박영사, 2010, 349면.
46) 채무의 이행에 갈음하는 손해의 배상을 의미하는 용어로서 민법에서 빈번하게 사용된다.

가 경제적 이유 등을 대며 이혼을 요구하기도 하며, ④ '해고'라는 주홍 글씨가 계속 따라다녀 재취업을 하기도 어려운 사례를 흔치 않게 접할 수 있다.

위와 같은 경우에는 부당해고에 대한 구제로서 단순히 회사에 복직하고 해고기간의 임금상당액을 지급받는 것만으로 해당 근로자가 해고기간 동안 받았던 정신적 손해가 모두 회복된다고 보기는 분명 부족함이 있다.

부당해고에 따른 근로자의 정신적 고통에 대한 손해배상청구권을 인정하는 법원 판례가 없는 것은 아니다. 하지만 그를 위해서는 부당해고가 '불법행위'[47]에 해당하여야 하고 그 요건도 까다로운 편이다. 나아가 부당해고가 불법행위에 해당하지 않는 경우에는 부당해고에 따른 근로자의 정신적 고통에 대한 손해배상청구권을 인정하는 사례를 거의 찾아보기 힘들다.

부당해고는 일응 '위법한' 행위이다. 그럼에도 부당해고가 불법행위에 해당하는 경우로 요건을 한정하여 정신적 고통에 대한 손해배상청구권이 인정될 수 있다고 보는 것은 문제가 있다.[48]

---

47) 고의 또는 과실로 인한 위법행위(違法行爲)로 타인에게 손해를 입히는 행위이다(민법 제750조). 불법행위로 인하여 생긴 손해는 가해자가 배상하여야 되며(민법 제751조), 이 손해배상의무(損害賠償義務)는 계약과 더불어 채권발생의 원인이 되는 2가지 축이 되고 있다. 일반적인 불법행위의 성립요건은 다음의 5가지로 나눌 수 있다. ① 가해자에게 고의(故意), 과실(過失)이 있을 것, ② 행위자(가해자)에게 책임능력이 있을 것, ③ 위법성이 있을 것, ④ 손해가 발생할 것, ⑤ 가해행위와 손해 발생 사이에 인과관계가 존재할 것(이른바, 상당인과관계를 말함).

48) 민법은 위법행위를 제390조 이하의 채무불이행과 제750조 이하의 불법행위의 2가지 차원으로 구분하여 규율하고 있다. 통상 전자에 해당하는 책임을 계약책임, 후자에 해당하는 책임을 불법행위책임이라고 한다. 또한 '위법'과 '불법'이라는 용어는 대개 구분 없이 혼용되는 경우가 많지만, 형법적인 논의에서 엄밀하게 말하면 위법은 질(質)의 개념, 불법은 양(量)의 개념으로 설명된다. 똑같은 위법한 행위일지라도 불법성의 정도에 따라 그에 대한 법의 제재나 처벌의 수위가 달라질 수 있다. 예컨대, 살인과 상해는 모두 위법

제4절에서는 부당해고에 따른 손해배상에 대한 기본적인 이론과 법원 판례의 경향을 살펴보고, 그에 대한 문제점 및 개선방향에 대하여 검토해 보고자 한다.

2. 부당해고로 인한 '재산적 손해(임금)'의 배상

민법 제537조는 "쌍무계약[49]의 당사자 일방의 채무가 당사자 쌍방의 책임없는 사유로 이행할 수 없게 된 때에는 채무자는 상대방의 이행을 청구하지 못한다."라고 규정하고 있다.[50] 쌍무계약의 당사자 일방의 채무가 채무자의 책임없는 사유로 이행이 불가능하게 되어 소멸한 경우에 그에 대응하는 상대방 채무의 운명은 어떻게 되느냐의 문제를 '위험부담'이라고 한다. 민법 제537조는 위험부담의 원칙을 '채무자주의'로 정하고 있다. 따라서 이행불능으로 소멸한 채무의 위험은 채무자가 부담하는 것이 원칙이다.

한 행위이지만 살인이 상해에 비하여 불법성의 정도가 크기 때문에 더 높은 형벌이 적용되는 것이다. '위법'이나 '불법'이라는 용어를 정확하게 구분하여 쓰는 것은 쉽지 않은 일이지만, 이하에서 사용되는 2가지 개념은 그와 같은 관점에서 이해하면 될 것이다.

49) '쌍무계약(雙務契約)'이란 문자 그대로 계약의 당사자 쌍방이 동시에 서로 대응하는 의무를 부담하는 계약을 말한다. 예컨대, A가 자신의 승용차를 B에게 1,000만원에 팔기로 하는 계약은 A는 B에게 자신의 승용차의 소유권을 이전하고 인도해야 할 의무를, B는 A에게 매매대금을 지급해야 할 의무를 진다. 이와 같은 계약을 쌍무계약이라고 하며, 통상 일상생활에서 이루어지는 계약은 거의 대부분 쌍무계약이라고 볼 수 있다. 쌍무계약의 반대개념을 '편무계약(片務契約)'이라 하는데, 증여의 경우와 같이 당사자 일방만이 급부를 하고 상대방은 반대급부를 하지 않는 계약을 말한다. 민법에서 정하고 있는 14가지 전형계약 중 증여 이외에 소비대차, 무상의 위임, 무상의 임치, 사용대차가 편무계약에 속한다.

50) 예컨대, A와 B 사이에서 A가 자신의 승용차를 B에게 팔기로 하는 계약을 체결하였는데, A가 B에게 계약의 내용을 이행하기 전에 해당 승용차가 폭우로 떠내려가 못쓰게 된 경우에는 민법 제537조에 따라 A는 B에게 승용차에 대한 매매대금을 청구할 수 없다(물론, A는 B에게 승용차의 소유권을 이전하고 인도해야 할 의무도 면한다).

한편, 민법 제538조는 위험부담의 원칙(채무자주의)의 예외로서 '채권자주의'를 정하고 있다. 동조 제1항에 따르면 쌍무계약의 당사자 일방의 채무가 '채권자의 책임있는 사유'로 이행할 수 없게 된 때와 '채권자의 수령지체' 중에 당사자 쌍방의 책임없는 사유로 이행할 수 없게 된 때에는 채무자는 상대방의 이행을 청구할 수 있다.[51)]

근로계약은 근로자가 사용자에게 노무(노동력)를 제공해야 할 의무를 지고, 사용자는 근로자에게 임금을 지급해야 할 의무를 지는 쌍무계약의 한 유형이다. 근로자와 사용자 쌍방의 귀책사유 없이 근로자가 사용자에게 노무를 제공하지 못했을 경우에 근로자는 사용자에게 임금의 지급을 청구하지 못한다(위험부담에 대한 민법 제537조의 채무자주의 적용).

하지만 법원이나 노동위원회에서 근로자에 대한 사용자의 해고가 '부당해고'라고 판정이 내려지면, 그 부당해고에 대한 귀책사유는 '사용자'에게 있게 된다. 이 경우에는 위험부담에 대한 민법 제538조의 채권자주의가 적용되어 근로자는 사용자에게 노무(노동력)의 제공 없이도 그 기간 동안의 임금을 청구할 수 있게 된다.[52)]

---

51) 예컨대, 위의 A와 B의 승용차 매매계약의 사례에서 A의 승용차가 B에게 인도되기 전에 B의 과실로 불에 타 전소(全燒)되어 버렸다면, 이는 채권자 B의 책임있는 사유(과실)로 채무(승용차 소유권 이전 및 인도의무)가 이행할 수 없게 된 것(전소)에 해당한다. 따라서 채무자 A는 채권자 B에게 승용차 매매대금을 청구할 수 있다(물론, A는 B에 대한 승용차 소유권 이전 및 인도의무를 면한다).

52) 해고 또는 퇴직처분이 무효이거나 취소된 때에는 근로자가 근로제공을 하지 못한 것이 사용자의 귀책사유로 인한 것이므로 근로자는 (민법) 제538조 제1항에 의하여 계속 근로하였을 경우에 받을 수 있는 임금 전부의 지급을 청구할 수 있다."라고 판시하고, 부당전직의 경우에도 근로자는 사용자에게 "종전 근무지에서 계속 근로하였을 경우에 받을 수 있는 임금의 지급을 청구할 수 있다(대법원 1981. 12. 22. 선고 81다626 판결; 대법원 1993. 9. 24. 선고 93다21736 판결; 대법원 2002. 5. 31. 선고 2000다18127 판결 등).

요컨대, 부당해고라고 확정되면 근로자는 민법 제538조 제1항에 따라 사용자에게 계속 근로를 제공하였다면 그 반대급부로 받을 수 있는 임금 전부의 지급을 구할 수 있다.[53] 이는 근로자와 근로계약을 체결한 사용자가 부당하게 임금지급채무를 이행하지 않은 '계약책임(채무불이행)'을 근거로 한 것이고, 근로자는 사용자에 대하여 임금지급청구권을 행사하여 부당해고로 인한 재산적 손해를 회복할 수 있다.

3. 부당해고로 인한 '정신적 손해(위자료)'의 배상

부당해고의 구제에 대한 기본적인 이론과 법원 판례의 틀은 '부당해고'를 사용자가 근로계약상 임금채무를 불이행 하여 근로자에게 재산적 손해를 가한 위법행위로 보고 있다.

그런데 실제 부당해고를 경험하는 근로자는 해고기간 임금을 수령하지 못하는 재산적 손해와 함께 정상적으로 직장생활을 할 수 없고 또 긴 소송과정을 거치는 과정에서 발생하는 정신적 손해도 함께 감내해야 한다. 그렇다면 부당해고에 따른 근로자의 정신적 손해는 어떻게 배상을 받을 수 있는가?[54]

---

53) 대법원 1981. 12. 22. 선고 81다626 판결.

54) 손해는 재산적인 손해와 정신적인 손해로 나눌 수 있는데 정신적인 손해에 대한 배상도 인정되고 이에 대한 배상을 '위자료(慰藉料)'라고 한다. 생명 · 신체 · 자유 · 명예 · 정조 등의 침해로부터 발생하는 손해의 배상인 것이 보통이다. 그렇다면 '위자료'는 어느 정도의 금액으로 산정되어 지급되고 있을까? 이에 대한 법률의 규정은 없으나, 법원은 위법성과 장해정도 등을 고려하여 나름의 위자료 산정기준을 만들어 판결에 적용하고 있다. 법원 판례의 사안을 보면 개인정보를 임의로 유출한 기관에게 개인당 50만원의 위자료 지급을 인정한 사례, 환자에게 수술내용 및 예상결과를 설명하지 않은 의사에게 1천만원의 위자료 지급을 인정한 사례(수술 후 환자는 사망함), 인기 연예인의 초상권을 임의로 사용한 경우 3백만원의 위자료 지급을 인정한 사례 등이 있다. 이처럼 법원이 정신적 손해에 대한 배상을 위해 인정하는 위자료의 금액은 일반인들이 생각하는 것처럼 대

법원 판례[55]는 부당해고가 근로계약상 사용자가 임금채무를 이행하지 않은 계약책임을 넘어 '불법행위'로 인정되는 경우에는 부당해고에 따른 정신적 손해배상책임이 인정될 수 있다는 입장이다.[56]

대법원 1993. 10. 12. 선고 92다43586 판결은 "근로계약에 따른 근로자의 근로제공이 단순히 임금의 획득만을 목적으로 하는 것이 아니고 사용자가 근로자를 부당해고 한 것이 반드시 임금지급채무를 이행하지 아니한 것에 불과하다고만 말할 수는 없고, 이것이 불법행위를 구성하는 경우도 있을 수 있다. 이 경우에는 임금채무나 그에 대한 지연손해금을 받게 된다고 하여 이것만 가지고 불법행위로 인한 정신적 고통의 손해가 완전히 치유되는 것이라고 할 수 없다."라고 하여 부당해고에 따른 정신적 손해배상책임이 인정될 수 있다는 입장을 명확히 하였다.[57]

대법원 1993. 12. 21. 선고 93다11463 판결은 "근로자는 인간으로서 존엄과 가치를 지닌 인격체이고 근로자의 근로제공은 단순히 임금획득을 위하여 근로계약을 이행하는 것에만 의미가 있는 것이 아니고 근로를 통하여 이러한 인격을 실현한다는 측면도 있다."라고 하면서, "해고 등 불이익처분의 효력이 부정되는데 그치는 것이 아니라 위법하게 상대방에게 정신적 고통을 가하는 것이 되어 근로자에 대한 관계에서 불법행위를 구

단히 큰 수준이 아니다. 참고로 서울중앙지방법원은 2015년 3월부터 교통사고, 산업재해 등으로 사망한 피해자의 위자료 기준금액을 '1억원'으로 상향조정하기로 결정했다. 위자료 기준금액은 해당 금액을 전액 지급하는 것이 아니라 과실비율에 따라 감액되어 지급된다는 점을 고려할 때 실제로 지급되는 금액은 훨씬 적다고 볼 수 있다.

55) 대법원 1993. 10. 12. 선고 92다43586 판결.

56) 이 문제는 1980년대 후반부터 하급심 실무를 통해 급증하였으며, 그 후 수 차례 대법원 판결을 거치면서 하나의 판례로 정립되기에 이르렀다. 해당 법원 판례들의 구체적인 검토와 평가에 대해서는 정진경, 『부당해고의 구제』, 경인문화사, 2009, 176면 참조.

57) 이하의 판결에 대한 평가와 분석에 대해서는 노동법실무연구회, 『근로기준법주해(Ⅱ)』, 박영사, 2010, 350~356면 참조.

성하는 경우에는 해당 근로자의 정신적 고통에 대한 위자료의 지급을 명하는 것은 정당하다."라고 하여 근로의 제공에는 '임금 획득' 이라는 재산적 가치뿐만 아니라 '인격의 실현' 이라는 정신적 가치도 있다는 점을 밝히면서 부당해고에 따른 정신적 손해배상책임을 인정하였다.

최근 대법원 2011. 3. 10. 선고 2010다13282 판결은 "사용자가 근로자들에게 어떠한 해고사유도 존재하지 아니함에도 노동조합 활동을 혐오한 나머지, 경영상 어려움 등 명목상 이유를 내세워 사업 자체를 폐지하고 근로자들을 해고함으로써 일거에 노동조합을 와해시키고 조합원 전원을 사업장에서 몰아내고는 다시 기업재개, 개인기업으로의 이행, 신설회사 설립 등 다양한 방법으로 종전 회사와 다를 바 없는 회사를 통하여 여전히 예전의 기업 활동을 계속하는 것은 우리의 건전한 사회통념이나 사회상규상 용인될 수 없는 행위이므로, 이러한 위장폐업에 의한 부당해고는 근로자에 대한 관계에서 불법행위를 구성한다. 그와 같은 위장폐업에 의한 부당해고는 사회통념이나 사회상규상 용인될 수 없는 것이어서 불법행위를 구성하므로, 사용자는 그로 인하여 근로자들이 입게 된 정신적 고통에 대한 위자료를 배상할 책임이 있다."라고 판시하였다.

부당해고의 불법행위책임이 인정되기 위한 법원 판례의 판단기준을 좀 더 구체적으로 살펴보면, ① 사용자가 근로자를 징계해고 할 만한 사유가 전혀 없는데도 오로지 근로자를 회사에서 몰아내려는 의도(고의)로 명목상의 해고사유를 내세워 해고한 경우, ② 해고의 이유로 한 사실이 해고사유에 해당되지 않거나 해고사유로 삼을 수 없는 것임이 객관적으로 명백하고, 조금만 주의를 기울이면 이와 같은 사정을 쉽게 알아볼 수 있는데도 그것을 이유로 해고에 나아간 경우, ③ 그 밖에 해고(징계권)의 남용이 건전한 사회통념이나 사회상규상 용인될 수 없음이 분명한 경우에는 부당해고가 '위법' 하게 상대방에게 정신적 고통을 가하는 것이 되어 근로자에 대한 관계에서 불법행위가 성립되어 그에 따라 입게 된 근로자의 정신적 고통에 대하여도 사용자가 배상할 의무가 있다.[58)]

요컨대, 사용자가 근로자를 해고할 만 사유가 없음(사회통념상 용인될 수 없음)을 있거나 알 수 있었음에도 근로자를 사업장에서 몰아내려는 의도 하에 객관적으로 존재하지도 않는 해고사유를 조작하여 부당한 해고를 시도함으로써 근로자에게 정신적 고통을 주었다면,[59)] 계약책임과는 별개로 불법행위책임이 인정되어 해당 근로자의 정신적 고통에 대한 손해를 배상하여야 한다.

객관적인 사정 등으로 보아 사용자가 해고사유에 해당된다고 판단한 것이 무리가 아니고 절차상으로도 소정의 적법한 절차를 거친 것인 경우나,[60)] 법률전문가가 아닌 징계위원들이 징계의 경중에 관한 관련법령의 해석을 잘못한 데 불과한 경우[61)]에는 부당해고에 대한 불법행위책임이 있다고 보기 어렵다는 것이 법원 판례의 입장이다.[62)]

---

58) 대법원 1993. 10. 12. 선고 92다43586 판결; 대법원 1996. 2. 27. 선고 95다11696 판결; 대법원 1996. 2. 27. 선고 95다11696 판결; 대법원 2007. 12. 28. 선고 2006다33999 판결, 대법원 2011. 3. 10. 선고 2010다13282 판결 등.

59) 2007. 7. 1. 부당해고에 대한 형사처벌 조항을 삭제하는 대신 이행강제금 제도가 도입되었다. 그 이전에는 사용자가 형사처벌 조항(5년 이하의 징역 또는 3,000만원 이하의 벌금)에 대한 부담으로 인해 의도적인 해고를 하는데 망설였지만, 요즘에는 "결국 나중에 가보면 돈과 시간이 있는 회사가 이기더라."라는 생각을 가지고 근로자를 악의적으로 괴롭히거나 퇴출하고자 하는 수단으로 해고를 자행하는 사용자를 종종 볼 수 있다. 그에 따라 노동계에서는 다시 부당해고에 대한 형사처벌을 재도입 해야 한다는 주장이 나오고 있다.

60) 대법원 1996. 2. 27. 선고 95다11696 판결.

61) 대법원 1996. 4. 23. 선고 95다6823 판결.

62) 일부 사용자는 더 나아가 근로자가 부당해고에 대한 소송을 제기한 것에 대하여 격분하며, 오히려 사용자 자신이 재산적(금전적) · 정신적 손해를 보고 있다면서 혹시 그러한 손해에 대하여 배상청구를 할 수는 없는지를 문의하는 웃지 못할 인사실무 현장의 사례들을 종종 접할 수 있다.

4. 현행 해석론에 대한 비판적 검토

가. 문제의 소재

법원 판례는 부당해고를 원칙적으로 '임금채무불이행'이라는 계약책임의 관점에서 접근하되, 예외적으로 정신적 고통을 가하는 '불법행위책임'의 관점을 가미하여 임금지급청구권에 의한 재산적 손해배상과 함께 위자료지급청구권에 의한 정신적 손해배상을 인정하고 있음을 알 수 있다.

그런데 부당해고를 당한 근로자가 정신적 손해배상으로서 위자료의 지급을 청구하기 위해서는 반드시 부당해고가 불법행위로 인정되어야만 하는 것인가라는 의문이 남는다.[63]

이에 대하여 채무불이행, 즉 부당해고로 인하여 근로자에게 재산상의 손해배상으로 전보되지 못하는 정신적 고통이 있는 경우에는 위자료가 인정될 수 있다는 입장이 학계의 통설이다. 이 견해는 우리나라 민법에는 독일과 같이 법률에 특별한 규정이 있는 경우에만 위자료를 인정한다는 규정이 없고,[64] 채무불이행이든 불법행위이든 보호법익에 대한 침해와 그로 인한 정신적 고통이 있는 경우에는 그에 대한 배상이 이루어져야 한다는 점을 논거로 한다.[65]

나. 현행 민법구조 하에서의 해석

민법은 '채무불이행'과 '불법행위'의 2가지 책임에 근거하여 손해배상책임을 인정하는데, 주로 재산적인 손해배상을 그 대상으로 하고 있다.

---

63) 곽윤직, 『채권총론(신정판)』, 박영사, 1997, 197면; 김형배, 『채권총론(제2판)』, 박영사, 1999, 242면; 이은영, 『채권각론(제5판)』, 박영사, 2005, 765면.

64) 독일 민법 제253조는 법률에 규정이 있는 경우에 한하여 비재산적 손해의 금전에 의한 배상을 인정하고 있다.

65) 정진경, 『부당해고의 구제』, 경인문화사, 2009, 184면.

민법은 불법행위 가운데에는 비재산적인 손해배상을 인정하는 명문규정(제751조,[66] 제752조[67]) 을 두고 있는 반면, 채무불이행에 관해서는 비재산적인 손해배상을 인정하는 규정을 별도로 두고 있지 않다.[68]

법원 판례[69]는 "정신적 고통은 그 재산적 손해에 대한 배상이 이루어짐으로써 회복된다고 보아야 할 것이므로, 재산적 손해의 배상만으로는 회복될 수 없는 정신적 고통을 입었다는 특별한 사정이 있고, 채무불이행자가 그와 같은 사정을 알았거나 알 수 있었을 경우에 한하여 정신적 고통에 대한 위자료를 인정할 수 있다."라고 판시하여, 채무불이행에 따른 정신적 손해의 배상은 '특별손해'의 성격으로 파악하고 있다. 즉, 채무불이행에서 정신적 손해는 특별손해로서 채무자가 그 사정을 알았거나 알 수 있었을 때에 한하여 배상책임이 있다.[70]

이와 같은 법원 판례에 따르면, 부당해고가 불법행위에 해당하지 않더라도 사용자의 인식이나 예측가능성이 있었을 경우에는 부당해고에 따른 근로자의 정신적 고통에 대한 손해배상이 인정될 수 있는 가능성이 있다. 하지만 실제 법원 판례에서 부당해고가 불법행위에 해당하지 않는 경우에 근로자의 정신적 고통에 대한 손해배상을 인정한 사례는 아직까지 존재하

---

66) 제751조(재산 이외의 손해의 배상) ① 타인의 신체, 자유 또는 명예를 해하거나 기타 정신상 고통을 가한 자는 재산 이외의 손해에 대하여도 배상할 책임이 있다. ② 법원은 전항의 손해배상을 정기금채무로 지급할 것을 명할 수 있고 그 이행을 확보하기 위하여 상당한 담보의 제공을 명할 수 있다.

67) 제752조(생명침해로 인한 위자료) 타인의 생명을 해한 자는 피해자의 직계존속, 직계비속 및 배우자에 대하여는 재산상의 손해없는 경우에도 손해배상의 책임이 있다.

68) 송덕수, 『채권총론(제2판)』, 박영사, 2015, 175면.

69) 대법원 1994. 12. 13. 선고 93다59779 판결; 대법원 1996. 12. 10. 선고 96다36289 판결; 대법원 2004. 11. 12. 선고 2002다53865 판결 등.

70) 민법 제393조(손해배상의 범위) ① 채무불이행으로 인한 손해배상은 통상의 손해를 그 한도로 한다. ② 특별한 사정으로 인한 손해는 채무자가 그 사정을 알았거나 알 수 있었을 때에 한하여 배상의 책임이 있다.

지 않는다.[71)]

이와 같은 법원 판례의 입장에 대하여 근로자의 인격적 이익에 대한 침해로서 불법행위를 구성하는 것과 채무불이행으로 이론구성을 하는 것은 사실상 차이가 없다는 점, 예견가능성이 필요한 특별한 손해는 정신적 손해와는 무관한 것이고 오히려 정신적 손해배상의 인정여부는 불법행위책임과 계약책임을 구별하는 중요한 요소라는 점 등에서 부당해고에 있어 정신적 손해의 인정근거를 불법행위로 인한 근로자의 인격적 이익의 침해에서 구하는 판례의 태도는 타당하다는 평가가 있다.[72)]

다. 비판적 검토

그러나 부당해고에 따른 정신적 손해배상의 문제를 현행 민법상 계약책임과 불법행위의 구조 및 통상손해와 특별손해라는 손해배상의 범위와 같은 법 체계의 관점에 중심을 두고 해석하는 것은 타당하지 않다고 생각한다.

이 문제는 현대 노동시장에서 '근로계약', 더 근본적으로는 '노동'의 의미를 어떻게 이해하느냐에 보다 중점을 두어야 할 필요가 있다.

부당해고가 불법행위에 해당하는 경우에만 부당해고로서 근로자에게 가한 정신적 손해배상이 가능하다는 법원 판례 및 이론적 견해의 출발점에는 근로계약은 쌍무계약으로서 근로자는 사용자에게 '노동(력)'을 제공하고, 사용자는 그 노동에 대한 대가로서 '임금'을 제공하는 경제적 가치

---

71) 판례는 문언만으로 보면 부당해고를 채무불이행(재산권 침해)에 대한 특별손해로서 정신적 손해배상청구에 대한 인용가능성을 인정하고 있는 듯하나, 자세히 검토하여 보면 결론에 있어서는 모두 정신적 손해배상을 부정하고 있고 결국 위와 같은 판례의 문틀은 사실상 위자료 청구권을 배척하는 경우에 사용하고 있는 것으로 보아도 무방하다(정진경, 『부당해고의 구제』, 경인문화사, 2009, 187면).

72) 정진경, 『부당해고의 구제』, 경인문화사, 2009, 199~200면.

의 교환으로 보는 인식이 자리 잡고 있는 듯 하다. 사용자의 부당한 해고로 인하여 사용자에게 노동(력)을 제공하지 못하여 임금을 지급받지 못한 경우에는, 사용자가 해고기간에 대한 임금을 해당 근로자에게 소급하여 모두 지급함으로써 근로계약이 최초에 예정하고 있었던 경제적 가치의 교환이 완성되고 부당해고로 인한 경제적 가치의 훼손도 회복된다는 입장인 것이다.

하지만 "임금 전액의 소급 지급에 의해 부당해고로 인한 근로자 개인의 손해가 모두 회복될 수 있었는가?"라는 질문을 실제로 수 년간의 부당해고 쟁송에 휘말렸던 근로자에게 물어본다면 어떤 대답을 얻을 수 있을까? 그 대답에 대한 결과는 실제로 묻지 않아도 충분히 예상이 가능하다.

특히, 법원 판례가 부당해고를 불법행위로 인정한 사례에서 주요하게 나타나는 요건들 – ① 사용자가 근로자를 징계해고 할 만한 사유가 전혀 없는데도 오로지 근로자를 회사에서 몰아내려는 의도(고의)로 명목상의 해고사유를 내세워 해고한 경우, ② 해고의 이유로 한 사실이 해고사유에 해당되지 않거나 해고사유로 삼을 수 없는 것임이 객관적으로 명백하고, 조금만 주의를 기울이면 이와 같은 사정을 쉽게 알아볼 수 있는데도 그것을 이유로 해고에 나아간 경우, ③ 그 밖에 해고(징계권)의 남용이 건전한 사회통념이나 사회상규상 용인될 수 없음이 분명한 경우 – 의 경우에는 근로자가 사용자의 부당해고로 인하여 인격, 감정, 명예 기타 직장 및 사회생활을 통해 향유할 수 있는 제반 정신적 가치들에 대한 손해(고통)을 받았다고 보는 것이 통상적인 경험칙의 입장에서 타당하다.

법원 판례 및 학설이 계약책임 위반에 따른 정신적 손해배상(위자료)은 채무불이행에서 특별손해로서 사용자(채무자)가 그 사정을 알았거나 알 수 있었을 때에 한하여 배상책임이 있다고 보는 관점에서도, 그러한 경우 근로자의 정신적 손해에 대한 사용자의 인식 또는 예측가능성은 충분히 있었다고 볼 수 있어 특별손해로서의 인정이 가능하다.

부당해고가 불법행위에 해당하지 않는 이상 근로자의 정신적 손해는 사용자의 인식 또는 예측가능성이 없는 특별손해로서 인정하기 어렵다는 법원 판례의 입장 및 그 입장을 지지하는 이론적 견해는 재고(再考)가 필요하다.

5. 맺음말

현대 사회의 대부분의 국가에서는 예전과 같은 절대적 빈곤이나 의식주 자체에서 오는 생존권의 문제를 겪는 사람들은 많지 않다.[73] 근로조건, 근로자의 사회적 · 경제적 지위, 국민경제의 규모는 노동법이 태동할 당시와는 비교할 수 없을 만큼 성장하였다. 노동을 통해 삶을 살아가는 사람들의 관심사는 더 이상 물질적 빈곤이나 생존권의 위협에 머물기 보다는 정신적 만족과 행복에 관한 것으로 점차 옮겨가고 있다. 그러나 여전히 우리의 노동법은 열악한 근로조건으로부터 임금, 기타 반대급부의 유지 및 향상을 통한 근로자의 경제생활의 안정을 도모하는 재산법적인 보호를 중심으로 규정되어 있다.[74]

현대 노동시장에서 노동은 경제적 가치뿐만 아니라 근로자의 인격과 정신의 가치를 함께 포함하는 의미가 강화되고 있다. 근로계약을 단순히 근로자의 노동(력)과 사용자의 임금이 교환되는 경제적 약속관계로만 파악하는 관점은 지양되어야 한다. 그렇게 본다면 사용자의 악의적인 부당해

---

73) 흔히 "요즘 삼시 세끼 못 먹고 사는 사람이 어디 있습니까?"라고 할 정도로 우리 사회가 절대적 빈곤을 탈출한지는 이미 오래 지났다고 본다.

74) 저자들은 이 문제야 말로 현대 노동법학이 극복하고 변화해야 할 가장 중요한 과제라고 보고 있다. 경제적 가치만을 근로조건으로 하는 기존의 사고방식에서 벗어나, 널리 근로자의 인격과 정신적 가치를 포함하는 노동의 의미를 좀 더 적극적으로 재고해 볼 필요가 있다.

고는 근로자의 경제적 · 정신적 가치를 모두 훼손하는 위법한 행위로서 평가될 여지가 충분하다.

경제적 가치에 대한 손해배상만으로는 노동 및 근로계약이 예정하고 있었던 근로자의 인격이나 정신적 가치가 충분히 회복되지 않는 경우가 많다. 저자들은 부당해고 구제에 있어서 임금의 회복뿐만 아니라 정신적 고통에 대한 위자료 인정을 좀 더 적극적으로 고려해야 한다고 생각한다. 특히, 법원에 비하여 부당해고의 구제에 있어 좀 더 행정적인 재량의 여지가 있는 노동위원회에서 원직복직, 임금상당액의 지급명령에 더하여 근로자의 정신적 고통에 대한 위자료의 지급을 인정할 수 있는 정책적 고려를 할 수도 있다고 본다.

부당해고에 있어 정신적 손해배상의 인정을 모든 부당해고의 구제에 있어 확대하자는 의견은 아니다. 사용자가 악의적으로 근로자를 배제할 의도를 가지고 아무런 해고사유가 없음에도 불구하고 표면적인 해고사유를 내세워 해고를 하는 등과 같이 부당해고의 위법성이 지극히 상당하여 해당 근로자에게 정신적 고통을 줄 수 있다고 보여지는 것이 명백한 경우에 한하여 부당해고에 따른 정신적 손해배상을 인정할 수 있을 것이다.[75]

'해고'는 사용자가 일방적으로 근로계약을 종료시키는 의사표시로서 가능한 모든 수단을 검토한 후 행사할 수 있는 최후의 수단으로서 인정되어야 한다. 해고라는 행위자체가 근로자에게 가하는 경제적 · 정신적 고통과 손해가 매우 크기 때문이다. 사용자에게는 그러한 점을 신중하게 고려하여 해고를 시행하여야 할 '의무'가 있는 것이고, 그러한 의무는 근로자와 근로계약을 체결한 사용자에게 발생하는 계약책임의 관점에서 충분

75) 반대로 사회통념상 누가 보더라도 사용자와 충분히 부당해고를 주장하고 다툴 수 있는 사유가 있고 근로자에게 그에 대한 과실이 인정되는 경우까지 근로자의 정신적 고통에 대한 위자료를 인정할 필요는 없을 것이다.

히 인정될 수 있다.

요컨대, 악의적으로 근로자를 사업장에서 배제할 의도를 가지고 아무런 해고사유가 없음에도 불구하고 표면적인 해고사유를 내세워 해고를 하는 사용자에게는 부당해고에 대해서 보다 높은 차원의 책임을 물을 필요가 있고 부당해고에 대한 정신적 손해배상의 인정을 그 방법론 중의 하나로 활용할 수 있을 것이다.

제5절 직장 내 폭행 문제, 어떻게 접근하는 것이 좋은가?

– 근로기준법 제8조(폭행의 금지)의 새로운 접근 –

1. 들어가며

최근 한 조사에 따르면, 직장인 6명 가운데 1명(16%)은 직장에서 폭행을 당한 경험이 있는 것으로 나타났다. 요즘 같은 세상에 어떻게 직장에서 폭행이 일어날 수 있느냐고 생각하는 것이 일반적이라고 본다면 꽤 놀라운 조사수치다.[76] 물리적 폭행에서 나아가 고함, 폭언, 욕설 등 직장 내 괴롭힘을 당한 적이 있다고 응답한 사람의 비율은 무려 80%에 달했다.[77]

상기 조사결과만 놓고 보자면 우리나라 직장인의 6명 중 1명은 직장에서 폭행을 경험하고, 직장 내 괴롭힘은 거의 일상화 되어 있는 수준이다. 가해자는 대부분 직장 상사였고, 상사로부터 잦은 욕설과 폭행에 시달리면서 끝내 회사를 떠나는 사람들도 많은 것으로 밝혀졌다.

---

* 제5절은 개별적 노동관계에서 근로자의 기본적 인권에 대한 저자들의 공동연구의 연장선에 있는 글이다. 저자들은 지난 3~4년 동안 직장 내 괴롭힘, 직장 내 무례함, 정보통신사회에서 노동감시, 직장 스트레스와 자살 등의 문제에 관하여 계속 관심을 가지고 문제를 제기하며 글을 써 왔다. 저자들은 그러한 문제가 앞으로 더 심각해 질 것이라고 강조하여 왔는데, 직장생활의 문제점들을 고발하는 최근의 뉴스들을 보면 저자들의 생각이 틀리지 않았다는 생각이 든다. 제5절에서 다루는 직장에서의 폭행 문제 역시 앞으로 더욱 중요한 이슈가 되리라고 본다.

76) SBS, "막말 해 놓고 "불만 있냐?" ··· 직장 괴롭힘 충격 실태", 2015. 9. 15.

77) 해당 기사에서 직장 내 괴롭힘의 사례로 든 폭언은 "바로 바로 보고해야 할 거 아니야? 개념이 없어? 내 말 다 듣고 얘기해, 이 XX야!"였다. 통상의 사람들은 이 사례가 직장 내 괴롭힘에 해당하느냐고 반문할 수도 있지만, 그러한 생각을 한다는 자체가 이미 우리의 직장생활에 직장 내 괴롭힘이 일상화 되었다는 의미일 것이다.

문제는 여기에서 그치지 않는다. 2014년 모 대기업의 지방 공장에서 근무하던 10대 직원이 수습기간 3개월 동안 직장 동료의 폭행과 폭언 등으로 인해 투신자살하는 사건이 발생하였고, 2015년 근로복지공단은 해당 직원의 사망을 극도의 스트레스로 인한 업무관련성 자살로 판단하고 산업재해로 인정하였다.[78)]

일주일에도 몇 번씩 직장 내에서 발생하는 폭언, 폭행, 괴롭힘 등의 문제가 언론을 통해 보도되고 있다. 심지어는 이 글을 읽는 독자들도 "어? 나도 겪고 있는 문제인데 · · ·"라고 생각할지도 모른다.

제5절은 직장에서 발생하는 그와 같은 여러 가지 문제 가운데, 주로 '폭행' 에 중점을 두어 살펴보기로 한다. 전형적인 폭행이라고 보기는 어렵지만 충분히 직장생활 중 발생할 수 있는 폭행의 사례를 살펴본 뒤, 형법 제260조가 규정하고 있는 '폭행죄' 의 의미를 검토한다. 근로기준법 제8조 역시 사용자의 '폭행의 금지' 를 규정하고 있는데, 이 규정의 의미를 개관하여 본 뒤 현재 발생하고 있는 직장의 근로관계에서의 문제점을 규율할 수 있는 새로운 접근방향에 대한 저자들의 생각도 함께 이야기하려고 한다.

2. 사례의 소개

A사에서는 지난 주 모 부서 내부회의 중 TV 드라마에서나 볼 수 있는

78) 머니투데이, "미성년 현장실습생 자살, 첫 산재 인정", 2015. 3. 4.; 경향신문, "사내 폭행에 불안감 커져 자살 실업고 수습사원 첫 산재 인정", 2015. 3. 4. 등 다수 언론기사 참조. 해당 근로자는 동료 직원에게 뺨을 맞거나 엎드려뻗쳐를 당한 채 신발로 머리를 밟히기도 했다. 근로복지공단은 "어린 나이에 현장근무에 투입되어 받는 스트레스와 직원 간 불화로 급성 우울상태에 빠져 정상적인 판단력을 상실해 발생한 일이고, 실습생이란 위치의 취약성으로 인해 자살을 저지르기 전에 정신적 안정을 지지 받기 어려운 상황"이라며 산재 사망을 인정했다.

사건이 발생하였다.

부서장 甲이 부하직원 乙에게 일을 할 때마다 보고를 제대로 하지 않는다고 강하게 질책을 하였다. 乙이 계속 변명을 하면서 잘못을 수긍하지 않자 화가 머리 끝까지 난 甲은 乙에게 "이런 싸가지 없는 XX를 봤나. 지금 나한테 대놓고 개기는 거야?"라고 욕을 하면서 앞에 있던 물컵으로 얼굴에 물세례를 퍼붓는 사건이 발생하였다.

乙은 甲을 회사 차원에서 강력하게 징계하지 않으면 경찰에 폭행죄로 고소하겠다며 강경한 입장을 취하고 있다. A사는 본 사건을 가능한 원만하게 처리하고자 하는데, 부서장 甲이 부하직원 乙에게 물세례를 한 행위가 법적으로 어느 정도 문제가 되는지 고민을 하고 있다.

3. '물세례' 행위도 죄가 될까?

가. 문제의 소재

드라마나 영화에서 주인공, 비련의 여인, 악녀, 불륜남녀 등이 한 번쯤은 꼭 겪는 일이 있다. 바로 상대방에게 물세례를 맞는 일이다. 컵에 들어있는 물, 와인, 주스를 뿌리거나 대야 또는 양동이에 물을 가득 담아 힘껏 상대방에 쏟아 붓는 등의 장면은 드라마나 영화에서 마치 공식처럼 나온다. 물세례를 장면을 보면 대부분이 통쾌하거나 안타까운 마음을 가질 것이다. 그런데 만약 물세례를 받은 주인공이 그 일을 가지고 곧장 경찰서로 달려간다면 어떤 일이 벌어질까?

나. 폭행의 의미

어떤 사람이 상대방에게 물세례를 한 경우, 그 물이 상대방의 얼굴이나 몸, 옷 전반에 닿은 경우를 생각해 볼 수 있다. 상대방의 얼굴이나 몸, 옷은 정상적인 상태와는 다르게 젖게 될 것이며, 물이 아닌 주스나 와인 등이라면 피해는 더 두드러질 것이다. 이를 강학적인 측면에서 보자면, 물세례를 한 사람은 상대방에게 '유형력(有形力)'[79]을 행사하였다고 표현한다.

형법은 사람에게 유형력을 행사하는 행위를 '폭행'으로 규정한다. 물론, 여기서 '폭행'이라고 해서 무조건 우리가 알고 있는 '폭행죄'에 해당하는 것은 아니고, 폭행에도 여러 유형이 존재한다. 폭행의 다양한 의미를 잠시 살펴보자.

① 사람이나 물건에 대한 일체의 유형력의 행사는 '최광의(最廣義)의 폭행'으로, 공공의 평온을 해칠 정도여야 한다. '내란죄(형법 제87조)'나 '다중불해산죄(형법 제116조)'[80]가 그에 해당한다.

② 사람에 대한 직·간접적의 유형력의 행사는 '광의(廣義)의 폭행'으로 분류된다. 반드시 사람의 신체에 가해 질 필요는 없다. 물건에 대한 간접적인 것도 사람에 대한 것으로 볼 수 있고 상대방의 의사결정, 의사활동에 영향을 줄 수 있으면 인정된다. '공무집행방해죄(형법 제136조)'나 '강요죄(형법 제324조)'가 여기에 해당한다.

③ '협의(狹義)의 폭행'은 사람의 신체에 대한 직접적인 유형력의 행사로서 직접폭행만을 의미하고 간접폭행은 포함되지 않는다. 다만, 행사된 유형력이 반드시 사람의 신체에 직접적으로 접촉할 필요는 없다. 우리가 흔히 알고 있는 '폭행죄(형법 제260조)'가 이에 해당한다.

④ 마지막으로 상대방의 반항을 불가능·억압하거나, 현저히 곤란할

---

79) 국어사전에는 유형력에 대한 정의가 나오지 않지만, 한자를 고려해 보았을 때 물리적·외형적·시각적으로 실체가 있는 힘이라고 생각할 수 있을 것이다.

80) 폭행·협박·손괴의 행위를 할 목적으로 다중이 집합하여 그를 단속할 권한이 있는 공무원으로부터 해산명령을 3회 이상 받았음에도 불구하고 해산하지 않는 죄를 말한다.

정도의 가장 강력한 유형력의 행사는 '최협의(最狹義)의 폭행'이다. 이 정도의 유형력의 행사라면 직접폭행과 간접폭행을 모두 포함하며, '강도죄(제333조)'나 '강간죄(제297조)'를 예로 들 수 있다.[81]

다. 형법상 폭행죄

폭행을 죄로 처벌하는 가장 대표적인 유형으로 '폭행죄'가 있다. 형법 제260조 제1항은 "사람의 신체에 대하여 폭행을 가한 자는 2년 이하의 징역, 500만원 이하의 벌금, 구류 또는 과료에 처한다."라고 하여 '폭행죄'를 규정하고 있다. 참고로 형법상 폭행죄는 '반의사불벌죄(反意思不罰罪)'로서 피해자의 명시한 의사에 반하여 공소를 제기하여 처벌할 수 없다(동조 제3항).[82]

폭행죄에서의 '폭행'은 '사람의 신체'에 대한 '직접적'인 '유형력'의 행사를 말한다(협의의 폭행).

유형력은 직접 '사람의 신체'를 대상으로 해야 한다. 사람의 신체에 대한 유형력의 행사로 족하고 반드시 신체에 직접 접촉할 것을 요하지는 않는다. 예컨대, (직접 피해자의 신체에 접촉하지 않아도) 근접하여 욕설을 하면서 때릴 듯이 손발이나 물건을 휘두르거나 던지는 행위,[83] 안수기도행위

---

81) 이상의 형법적 논의에 대해서는 이재상, 『형법각론』, 박영사, 2014, 59~62면 참조.

82) 처벌을 희망하는 의사표시가 없어도 공소를 제기할 수 있으나, 처벌을 희망하지 아니하는 의사표시가 있거나 처벌을 희망하는 의사표시를 철회하였을 때에는 공소를 제기할 수 없고, 이미 공소를 제기한 때에는 공소기각의 판결을 선고하여야 한다(형사소송법 제327조 제6호). 반의사불벌죄는 해제조건부범죄라고도 한다. 구법에서 본죄를 고소가 있어야만 공소를 제기하여 처벌할 수 있는 '친고죄(親告罪)'로 규정하였던 것을 반의사불벌죄로 개정한 것은 피해자가 후환이 두려워 고소를 주저하는 사정을 고려한 것이다(이재상, 『형법각론』, 박영사, 2014, 63면). 참고로 처벌불원의 의사표시는 1심 판결 전까지 해야 한다(형사소송법 제232조 제3항).

83) 대법원 1990. 2. 13. 선고 89도1406 판결.

과정에서 가슴과 배를 반복하여 누르거나 때린 경우[84)]는 폭행죄에 해당한다. 하지만 죽여버린다고 폭언을 하면서 잠긴 방문을 여러 차례 발로 찬 경우[85)]나 비닐봉지에 넣은 인분을 타인의 집 앞마당에 던진 경우[86)]는 '물건'에 대한 유형력의 행사이므로 폭행죄가 성립하지 않는다.

유형력은 육체적 · 정신적으로 고통을 가하는 '일체의 힘'을 의미한다. 예컨대, 사람의 면전에서 폭언을 수차 반복하거나,[87)] 최면술 · 마취약으로 의식을 몽롱하게 하거나 가스총을 발사하여 일시 기절시키는 것도 폭행죄에 해당한다. 신체의 청각기관을 직접적으로 자극하는 음향도 유형력에 포함될 수 있는데, 전화를 하면서 고성 등 특수한 방법으로 청각기관을 자극하여 수화자를 극심하게 고통스럽게 하는 경우도 폭행죄가 성립할 수 있다.[88)] 그러나 단순히 욕설 또는 폭언을 하는 것만으로는 폭행죄가 성립하지 않는다.[89)]

요컨대, 폭행죄에서의 '폭행'이란 유형력의 행사, 즉 신체적 고통을 주는 물리적 작용을 의미한다. 흔히 알고 있는 구타나 밀치는 행위뿐만 아니라 얼굴에 침을 뱉는 행위나 공간적으로 근접하여 폭언이나 욕설을 수차례 반복하는 행위도 폭행죄에 해당한다고 할 수 있다.

라. 근로기준법상 사용자의 '폭행의 금지'

근로기준법에도 직장 내의 폭행을 금지하는 규정이 있다. 근로기준법 제8조는 "사용자는 사고의 발생이나 그 밖의 어떠한 이유로도 근로자에

---

84) 대법원 1994. 8. 23. 선고 94도1484 판결.
85) 대법원 1984. 2. 14. 선고 83도3186 판결.
86) 대법원 1977. 2. 8. 선고 75도2673 판결.
87) 대법원 1956. 12. 12. 선고 4289형상297 판결.
88) 대법원 2003. 1. 10. 선고 2000도5716 판결.
89) 대법원 2001. 3. 9. 선고 2001도277 판결.

게 폭행을 하지 못한다."라고 규정하고 있다. 동조는 근로관계에서 발생할 수 있는 폭행을 금지함으로써 근로자의 인격권을 보호하고, 근로관계의 전근대성을 타파하려는 데에 목적이 있다.[90]

근로기준법 제8조의 폭행의 금지 규정은 형법 제260조의 폭행죄 규정과 요건상 다른 점이 몇 가지 있다. 차이가 있는 요건들의 의미를 잠시 살펴본다.

첫째, 근로기준법 제8조에서 폭행의 주체는 '사용자'로 국한하고 있다. 사용자는 근로기준법에 따른 사업주 또는 사업경영담당자 그 밖에 근로자에 관한 사항에 대하여 사업주를 위하여 행위하는 자를 말한다.[91] 그에 따라 사용자가 아닌 직장 동료 간의 폭행은 근로기준법상 폭행이 아닌 형법상 폭행에 해당한다.

둘째, '사고의 발생'이란 사업장에서 근로과정 중에 일어나는 사고의 발생을 말하며, 그것이 고의 또는 과실에 의한 것인지는 묻지 않는다. '그 밖의 어떠한 이유'라 함은 근로자가 회사의 질서 유지에 지장을 초래하였기 때문이라든가 또는 상사가 부하 직원을 지도하기 위한 의도에서였다는 등 사고 발생을 제외하고 근로관계에서 발생하는 모든 이유를 말한다. 이러한 사유에는 회사의 질서 문란 야기, 무단 결근 등 징계사유가 되는 행위, 직장 상사에 대한 불복종과 반항 행위, 사용자의 부당노동행위 기타 노동관계법령 위반 사실을 신고하는 행위 등이 해당된다.[92] 근로자의 고

---

90) 한편, 근로기준법 제7조(강제 근로의 금지)는 "사용자는 폭행, 협박, 감금, 그 밖에 정신상 또는 신체상의 자유를 부당하게 구속하는 수단으로써 근로자의 자유의사에 어긋나는 근로를 강요하지 못한다."라고 규정하고 있다. 동법 제7조는 근로자의 자유의사를 부당하게 구속하는 수단에 의한 근로의 강요를 금지하려는 것임에 반하여, 동법 제8조의 폭행 금지 규정은 폭행이나 구타행위 그 자체를 금지하려 한다는 점에서 차이가 있다(노동법실무연구회, 『근로기준법주해(Ⅰ)』, 2010, 451~452면).

91) 근로기준법 제2조 제1항 제2호.

92) 노동법실무연구회, 『근로기준법주해(Ⅰ)』, 2010, 453~454면.

의 · 과실로 사고나 손해가 발생하거나 사업장에 부정적인 영향을 끼쳤다고 하더라도 그 근로자에게 민 · 형사책임을 묻거나 징계를 행할 수 있을 뿐, 그 어떠한 경우에도 폭행은 허용되지 않기 때문이다.

셋째, 근로기준법 제8조를 위반하여 근로자에게 폭행을 가한 사용자에 대해서는 형법상 폭행죄보다 높은 형량이 가해진다. 근로기준법 제8조 위반 시 5년 이하의 징역 또는 3천만원 이하의 벌금에 처한다.[93]

넷째, 형법상의 폭행이 피해자의 의사에 반하여 죄를 논할 수 없는 '반의사불벌죄' 인 반면, 근로기준법 제8조 위반의 죄는 처벌조건에 제한이 없다.[94]

다섯째, 근로자가 동료 근로자를 폭행한 경우 그러한 폭행이 사용자의 사주를 받거나 업무와 관련하여 발생하면 민법 제756조의 사용자 배상책임이 있다.[95] 폭행의 장소가 사업장 밖이었거나 폭행이 근무시간 외에서 일어났다 하더라도 사용자의 지휘 · 명령 아래서 이루어진 경우에는 사용자에게 책임을 물을 수 있다.[96]

---

93) 근로기준법 제107조.

94) 참고로 형법상 폭행죄에서 '폭행' 과 근로기준법 폭행의 금지에서 '폭행' 의 의미가 다른 것인가 문제된다. 이에 대한 세부적인 논의는 거의 없는데, 사실상 동일한 의미로 보는 것이 아닌가 싶다. 이에 대하여 임종률 교수는 폭행이 형법상 범죄로서 금지되고 있으므로 굳이 근로기준법에서 이를 금지하는 규정을 둘 필요는 없다는 견해를 밝히고 있다(임종률, 『노동법(제10판)』, 박영사, 2012, 365면).

95) 타인을 사용하여 사무에 종사하게 한 자는 피용자가 그 사무집행에 관하여 제3자에게 가한 손해를 배상할 책임이 있다. 그러나 사용자가 피용자의 선임 및 그 사무감독에 상당한 주의를 한 때 또는 상당한 주의를 하여도 손해가 있을 경우에는 그렇지 않다.

96) 대법원 1989. 2. 28. 선고 88다카8682 판결. 본 판결은 근로자들의 친선을 위하여 회사의 현장소장이 주관하고 노무대리가 진행을 지휘한 배구대회 중 심판 판정문제를 둘러싸고 잠시 시비가 있었으나 곧 속행되어 경기가 종료되었는데 그 직후 패한 팀의 대표인 가해자가 심판을 보았던 피해자를 인근 구석으로 데리고 가서 구타하여 상해를 입게 하였다면, 그 경기의 진행책임을 맡았던 노무대리로서는 공식적으로 개최된 경기와 관련된 분규의 재발을 방치한 사무집행상의 과실이 있고 가해자는 그의 사무집행 그 자체는 아

여섯째, 근로기준법 제8조의 폭행의 금지 규정은 동법 제115조에 의거 양벌규정이 적용된다. 위반행위를 한 자가 '근로자에 관한 사항에 대하여 사업주를 위해서 행위하는 자' 인 경우에는 행위자를 벌할 뿐만 아니라 그 사업주에게도 각 해당 조문의 벌금형을 과한다.[97] 다만, 사업주가 그 위반행위를 방지하기 위하여 해당 업무에 관하여 상당한 주의와 감독을 게을리하지 아니한 경우에는 그러하지 아니하다.[98]

마. 근로기준법상 폭행의 인정 사례

인정된 사례로는 ① 경비반장이 경비원에게 업무명령에 복종하지 않는다는 이유로 시말서를 징구하고 해고하겠다고 위협하면서 폭행을 하는 행위,[99] ② 버스여객회사의 안내양들이 취침하고 있는 장소에 회사 간부(남녀)가 침입하여 몸수색을 한 행위[100] 등이 있다.

반면, 부정된 사례로는 여객회사에서 손님으로 가장하여 행한 암행감시, 즉 사용자의 근로자에 대한 업무감시행위[101]가 있다.

니지만 그 사무집행과 밀접하게 관련된 행위 중 폭행을 한 것이므로 결국 회사에게 사용자책임이 있다고 보았다.

97) 근로기준법 제115조 본문.

98) 근로기준법 제115조 단서.

99) 근기 68207-1329, 1994. 8. 24.

100) 노정근 1455.9-3828, 1968. 8. 8. 이러한 행위가 주거침입(형법 제319조), 폭행(형법 제260조) 등의 범죄를 구성할 수 있느냐의 여부는 별도이나 몸수색을 한 행위는 이유 여하에 불구하고 근로기준법상 폭행에 해당된다고 본다. 즉, 소지품 검사나 몸수색은 기본적 인권에 관한 사항으로 근로자의 의사에 반할 때에는 형법 제260조에 위반되는 것이 원칙이다. 그러나 검사의 방법, 정도에 있어서 합리적인 이유가 있는 범위 내에서 단체협약, 취업규칙 등에 규정하여 제도적으로 실시할 수 있다.

101) 근기 68207-2452, 1993. 11. 24.

4. 최근 법원 판례의 경향 및 인사실무

최근에는 커피 머그컵을 손으로 쳐서 넘어뜨려 컵 안에 있던 커피가 얼굴에 튀게 한 경우에도 폭행죄가 성립한다는 다소 황당한 듯한 법원 판결이 화제가 되었다.[102)]

해당 판결의 사안에서 모 회사 상무이사는 사무실에서 앉아 있는 직원을 보고 화가 났다. 대기발령 중인 직원에게 "귀가해 집에서 대기하라."는 상무이사인 자신의 지시에 따르지 않아서였다. 이에 상무이사는 "죽여버릴 거야."라는 등으로 욕설을 하며, 직원의 책상 위에 있던 커피 머그컵을 직원의 얼굴을 향해 손으로 쳤다. 이로 인해 커피가 직원의 얼굴에 튀었고, 검찰은 폭행 혐의로 기소했다. 서울중앙지방법원은 폭행 혐의로 재판에 넘겨진 상무이사에게 유죄를 인정해 벌금 30만원을 선고하였다.[103)]

폭행죄에 직접 해당한 사안은 아니지만 여성 상사가 첫 출근을 한 부하 여직원에게 "아기 낳은 적 있어?", "무슨 잔머리가 이렇게 많아?", "어젯밤 남자랑 뭐했어?" 등의 발언을 한 것에 대하여 "갓 입사한 부하 직원을 지도 · 감독해야 할 직장상사가 사회통념상 일상생활에서 허용되는 단순한 농담의 범위를 넘어 굴욕감이나 모욕감을 느끼게 해 인격권을 침해했다."라며 무려 500만원의 배상을 결정한 판결이 있었다.[104)]

저자 역시 기업의 인사노무 자문을 하면서 유사한 사례를 경험한 적이 있다. 부서장이 부하 직원에게 똑바로 일하라고 하면서 등을 3~4회 세게

---

102) 서울중앙지방법원 2015. 9. 11. 선고 2015도1682 판결.

103) 로이슈, "법원, 화내며 머그컵 쳐 커피가 얼굴에 튀게 했다면 폭행죄", 2015. 10. 2.

104) 서울중앙지방법원 2015. 7. 1. 선고 2014가단1947 판결. 해당 판결은 "팀장을 맡은 직원이 자신의 업무 수행과 시간적 · 장소적 근접성이 인정되는 상황에서 우월적 지위를 이용해 신입 사원의 인격권을 침해한 것은 이 연구소의 사무집행행위 과정에서 일어난 것으로 볼 수 있다."라며 회사측에 대해서도 손해배상책임(사용자 책임)을 인정하였다.

두드렸다가 부하 직원이 폭행죄로 고소하여 벌금형에 처해진 것이다.[105)]

인사실무자들은 폭행죄에 대한 개념 및 법원 판례의 경향을 주지할 필요가 있다. 분노조절장애, 우울증, 조울증, 번아웃증후군 등 근로자의 마인드나 정신건강이 크게 위협받고 있는 현재, 설마 우리 회사에서 폭행이 일어나겠냐는 식의 안일한 생각은 조속히 버려야 한다. 특히, 관리자 교육 시 직장생활에서 일어나는 행위 중 폭행죄에 해당할 수 있는 부분을 상세히 안내하여 직원 간에 불측의 폭행사건이 발생하지 않도록 해야 하며, 폭행사건이 발생하였을 때에는 단호한 제재로 대응하여야 한다.

2015년 2월 인천 모 병원의 전공의가 여자 후배 의사에게 일을 못한다면서 폭언, 폭행을 하고 수치스러운 체벌을 가한 혐의 등으로 징역 4월에 집행유예 1년을 선고 받았는데 가해자가 병원에 다시 복직함으로 인해 오히려 피해자가 같이 근무할 수 없다며 사직한 사례가 회자되고 있는데, 잘못된 인사관리의 사례라고 할 것이다.[106)]

5. 사례의 검토

상기 사례에서 컵에 담긴 물을 상대방의 얼굴에 뿌리는 행위도 상대방의 신체에 대한 유형력의 행사로서 충분히 폭행에 해당할 수 있다. 부서장이 부하 직원에게 컵에 담긴 물을 뿌린 행위에 대한 폭행의 고의가 부정되지 않는 한 폭행죄에 해당한다고 판단될 가능성이 높다.[107)]

---

105) 공사 현장에서 반장이 점심식사 하는데 반원인 부하 직원이 먼지를 날리며 일했다는 이유로 옆에 있던 망치로 머리를 가격한 사례, 회식하다가 술에 취한 부서장이 평소 말을 잘 듣지 않는 부하 직원의 머리를 소주병으로 가격한 사례, 회의 중 임원이 부하 직원에게 자신의 지시사항을 잘 이행하지 않았다며 결재판을 집어 던져 부하 직원의 이마가 찢어졌던 사례 등 심각한 정도의 폭행도 심심치 않게 발생한다.

106) SBS, "폭행 가해자 멀쩡히 복직···직장 떠난 피해자 눈물", 2015. 10. 7.

107) 쌍방 간에 장난으로 한 행위 등 폭행의 고의를 인정할 수 없거나, 사회상규에 반하지

부서장의 행위는 근로기준법 제8조에서 규정하고 있는 폭행의 금지에도 위반될 수 있는 여지도 있다. 문제는 근로기준법 제8조가 규정하고 있는 폭행의 주체가 '사용자'라는 점인데, '부서장'의 지위나 책임을 얼마나 사용자에 준하여 평가할 수 있는지에 따라 결론이 달라질 수 있을 것이다.[108] 근로기준법 제8조의 해석에 따르면, 근로자가 회사의 질서 유지에 지장을 초래하였기 때문이라든가 또는 상사가 부하 직원을 지도하기 위한 의도에서였다는 이유, 상사에 대한 불복종과 반항행위 등이 폭행을 정당화할 수 있는 사유가 되지 못한다.

회사는 부서장의 행위가 형법상 폭행죄에 해당할 수 있다는 점, 반드시 해당 부서장이 사용자의 지위에 있다고 볼 수 없다고 하더라도 근로기준법이 직장 내에서의 폭행을 엄격하게 금지하고 있는 점 등을 고려하여 회사 내부적으로 강한 제재(징계) 조치를 내리되, 형사고소로 진행되지 않도록 당사자 간 원만한 합의를 이끌어 내는 것이 바람직하다.

6. 맺음말: 근로기준법 제8조에 대한 새로운 접근

저자들은 제5절을 쓰면서 근로기준법 제8조의 규정을 좀 더 새로운 의미로 접근해 보고자 많은 고민을 하였다.

형법상 폭행죄의 '폭행'과 근로기준법상 '폭행'의 의미를 같은 것으로 보는 것이 일반적인 관점인 것 같고, 형법이 폭행죄를 규율하고 있기 때문에 근로기준법 제8조의 폭행의 금지 규정이 불필요하다는 견해도 있었다.

않을 정도였다면 폭행죄가 인정되지 않을 수 여지도 있다.

108) 아울러 부서장의 폭행을 회사(사용자) 측의 책임으로 볼 수 있는지 여부도 문제된다. 이에 대하여 근로자에 대한 폭행이 회사(사용자)의 지시 하에 이루어졌거나 업무와 관련해서 일어났다면 근로기준법 제8조에서 규정한 '사용자'의 의미를 넓게 보아 회사(사용자)에게도 책임을 물을 수 있다는 견해가 있다(박홍규, 『근로기준법론』, 삼영사, 1998, 165면).

그러나 형법상 폭행죄의 규정이 있음에도 불구하고 근로기준법이 폭행의 금지를 별도로 규정한 것은 분명 다른 이유가 있다고 본다. 일반적인 사람관계에서 발생하는 폭행과 달리 근로관계, 특히 사용자와 근로자의 상하관계에서 발생하는 폭행은 폭행행위를 정당화하거나 폭행죄의 적발을 어렵게 만드는 요인이 많다. 예컨대, 수십 년 전 부모 세대의 직장생활 이야기를 들으면 근무 중에 소위 '조인트'를 까이거나 얼차려를 받는 경우도 많았고, 직장 상사의 욕설은 아예 당연한 수준이었다. 직장 내 폭행이 만연되었던 것은 "맞아야 정신을 차린다."라는 폭행의 정당화 명분이 있었기 때문이었다. 그와 같은 사회와 조직의 분위기 아래 직장 내 폭행 사건에 대해 문제를 제기하기가 쉽지 않았을 것이다.

현재 시점으로 눈을 돌려보자. 최근에는 예전과 같이 대놓고 물리적 폭행행위를 하는 사람은 크게 줄었다. 대신 "차라리 한 대 맞는 것이 더 편하다."라고 생각이 들 정도의 교묘하고 치밀한 괴롭힘 행위들이 발생하고 있다. '(정신적) 직장 내 괴롭힘'이나 '직장 내 무례함'이 대표적이다. 그와 같은 행위들은 '유형력'의 행사가 명확하게 나타나지 않기 때문에 폭행죄에 곧바로 해당한다고는 보기 어렵지만, 폭행에 준할 만큼 사람을 괴롭히고 피해를 준다.[109)]

국회에서는 직장 내 괴롭힘 방지법을 제정해야 한다는 논의가 시작되었고, 사업장 내에서의 폭행 · 폭언 문제를 사전에 차단하고 예방하기 위해 사용자와 근로자가 함께 참여하는 예방교육을 의무적으로 시행하는 내용의 근로기준법 일부개정법률안이 발의되기도 하였다.[110)] 이와 같은 일련

---

109) 직장 내 괴롭힘과 직장 내 무례함의 현상들과 개념적 구분에 대한 상세한 내용에 관해서는 안성호 · 류문호, 『인사보감(제2권) - 갑을관계를 둘러싼 노동법의 이슈와 쟁점』, 노사신문사, 2015, 55~70면 참조.

110) 이투데이, "4명 중 1명은 직장서 폭언 · 폭행 겪어 · · · 강동원 의원 예방법안 발의", 2015. 9. 1.

의 입법적 논의들은 그만큼 '직장 내 괴롭힘' 이나 '직장 내 무례함' 의 행위들에 기인한 현실적인 피해에 대하여 '법률적인 공백' 이 발생하고 있다는 의미다.

저자들은 이에 관한 대안으로서 개별적인 입법이 아닌 기존 근로기준법 제8조의 폭행의 금지 규정을 좀 더 적극적으로 해석할 수 있지 않을까 생각한다. 직장 내 폭행이 반드시 사용자에 의해서만 발생하는 것은 아니라는 점에서 해당 조항에서 폭행의 주체로서 '사용자' 의 요건을 삭제하고, '폭행' 의 의미를 형법에서의 일반적인 '폭행' 의 의미(유형력의 행사)보다 넓게 해석할 필요가 있다.

현재의 관점에서는 사람에 대한 '유형력' 의 행사가 있어야만 '폭행' 에 해당한다. 그러나 그러한 관점에서만 사람에게 피해를 줄 수 있는 폭행인지 의문스럽다. 특히, 직장 내 지위를 전제로 한 근로관계에서는 유형력의 행사가 잘 드러나지 않는 '직장 내 괴롭힘' 이나 '직장 내 무례함' 의 행위들이 보다 빈번하게 발생한다. 그러한 행위들 중 심각하여 법적으로 처벌받은 사례들이 언론을 통해서 보도가 되고 있지만, 이는 빙산의 일각에 불과할 것이다.

요컨대, 최근 여러 가지 유형으로 나타나고 있는 '직장 내 괴롭힘' 이나 '직장 내 무례함' 의 행위들에 대하여 개별적인 입법을 통해 접근할 수도 있겠지만, 근로기준법 제8조의 규정을 직장에서의 폭행문제를 해석적으로 통제하는 '일반규정' 으로 활용하는 것도 하나의 방법이라는 점을 제안하고 싶다. 인사보감

저자소개

안 성 호

AK LABOR CONSULTING 대표 공인노무사

- 연세대학교 상경대학 경제학과 졸업
- 고려대학교 노동대학원 노동법학과 석사과정 졸업
- 한국외국어대학교 일반대학원 법학과 박사과정 수료
- 제12회 공인노무사 시험 수석합격 / 수석수료(고용노동부장관상)
- (前) 삼성서울병원, 김&장 법률사무소, 노무법인 솔로몬
- E-mail: shahn@tynak.com

류 문 호

인사실무연구소 공감(共感) 책임연구위원

- 한국외국어대학교 법과대학 법학과 졸업
- 한국외국어대학교 일반대학원 법학과 석사과정 졸업
- 한국외국어대학교 일반대학원 법학과 박사과정 수료
- 원광대학교 법학전문대학원(로스쿨) 석사과정 재학
- (前) 한국외국어대학교 법과대학 강사(노동법 강의)
- E-mail: mhryu@tynak.com

[공동 저서 및 연구]

- 인사보감[제1권]
  :인사실무자들이 꼭 알아야 할 50가지 이론과 실무(2014, 저서)
- 인사보감[제2권]
  :갑을관계를 둘러싼 노동법의 이슈와 쟁점(2015, 저서)
- 직장 내 디지털 정보 활용의 법적 쟁점과 실무(2014, 연구논문)
- 심리적 부검에 의한 공무상 질병의 판단(2014, 연구논문)
- '갑을노동(甲乙勞動)' 에 대한 시론적 연구(2015, 연구논문)
- 직장 내 괴롭힘의 이해와 법적 과제 Ⅰ · Ⅱ(2013, 기고문)
- 직장 내 무례함의 이해와 인사실무상 바람직한 관점(2014, 기고문)
- 회사 상품 강매(强賣)의 법적 문제와 근로자의 정신건강(2014, 기고문)
- 진상고객에 대한 법적 대응과 인사실무(2015, 기고문)
- 왜 '갑을노동' 인가?(2015, 기고문) 등 다수